U0139130

中國政府與政治新論：
政治發展、政治制度及政治過程

楊光斌 ★ 著

Chinese Government
and Politics
Introduction

Political development,
political system and
the political process

二版序

　　寫一本教科書而讓讀者基本理解中國政治，無疑是一項巨大的挑戰。讓我欣慰的是，幾年前到日本法政大學開會，東京大學的中國問題專家高原明生教授專程拜訪我，說他正在使用我的《中國政府與政治導論》作爲教科書，和我探討書中的幾個疑點。臺灣政治大學等不少臺灣的大學多年來也在使用本書作爲大陸政治課的教科書，爲此臺灣五南圖書公司2007年出版了繁體版，並幾次再版。更有挑戰性的是，如何讓時時刻刻身處中國政治之中的中國大陸讀者讀後而有所獲益？一位同仁告訴我，一位曾做過知名大學政治學教師後來官至高位的學者型官員在一次演講中說：「在我所閱讀的眾多當代中國政治著作中，楊光斌教授的《中國政府與政治導論》算是基本上把中國政治說清楚了。」這位深諳中國政治之道的官員的評價讓我深感不安，因爲10年前版的《中國政府與政治導論》雖有些與眾不同之處，尤其是關於黨政關係的描述，但我個人認爲很難說已經把中國政治說清楚了。

　　爲了把中國政治說清楚，在「時間去哪兒了」的緊張、忙碌的研究日程裡，有責任拿出時間修訂這本教材。十年過去了，中國政治依然在「不變」中「變化」著。在過去十年裡，自己在中國政治研究上也有不少心得和收穫，出版了論文集《中國政治發展的戰略選擇》，發表了不少政治評論文章。將自己的研究成果轉化成教科書產品，是我的一貫做法，比如《政治學導論》（第4版），以避免和其他教科書的雷同。

　　怎麼才能把中國政治說清楚？當代中國政治至少包括具有內在邏輯關

係的三大部分：中國政治是怎麼來的──當下的政治制度是什麼樣的──政治制度是怎麼運作的。如果按照法條文本講乾巴巴的靜態的制度規定，不但學生覺得乏味而聽不下去，教師自己也會覺得無味而講不下去。因此，必須從歷史的、動態的視野講授中國政治。不但要講政治制度是什麼樣的，更重要的是政治關係和政治過程是什麼樣的。

基於此，有必要對《中國政府與政治導論》做結構性的重大修訂。此次修訂版由四個部分構成，首先講當代中國政治發展即中國政治是怎麼來的，制度部分分兩篇即最為重要的「黨和國家領導體制」和「立法─行政─司法體制」，最後是政治制度下的動態的、真實的政治關係和政治過程。如果說「不變」的是基本政治制度，而「變」的則是中國政治發展和政治制度下的政治關係、尤其是政治過程。此次修訂版把政治制度分為兩篇分別加以闡述，新增加了「政治關係與政治過程」部分。

在基本制度不變的前提下，中國的政治權力結構即政治關係都發生了重大變化，諸如黨政關係的變化、國家─社會關係的變化、政治─市場關係的變化，以及中央─地方關係的變化。政治的結構性變化必然導致政治過程的變化，其中最大的變化是公眾參與政策過程的程度前所未有。

變化著的權力關係和政治過程告訴我們，我們不能再簡單地運用一些舶來品【比如「威權主義」、「專制」、「極權主義」】而一成不變地套在中國身上，這是一種思想上的偷懶，也很洋教條主義。正如我多次所呼籲的，中國不應該只是理論的試驗場，更應該是理論的發源地。所以這樣說，作為政治學理論和比較政治學的研究者，我深知很多理論和概念都有特定的歷史語境，要麼是對特定國家的特定歷史經驗的量身定制，要麼是冷戰時期的高歌自己、妖魔化對手的政治鬥爭的需要。不僅如此，歷史上中國人似乎一直不擅長將自己的事務概念化理論化，而善於概念製造的西方人又製造出太多的概念和理論，以至於概念氾濫。就這樣，華人世界的很多學人總是不得不浸淫於過密化的概念世界，自覺不自覺地成了觀念的

囚徒。結果，在比較治理意義上，相對於可比的發展中大國諸如印度、巴基斯坦、墨西哥、俄羅斯、印尼等，中國治理的成就和相對優勢雖然有目共睹，但很多人、包括不少中國精英層人士卻認為中國錯了，而印度和墨西哥是對的。何來觀念與現實的如此巨大的反差？一個原因就是以一些舶來品盲目地評判中國。

　　為此，中國急需基於自己歷史文化和現實經驗而形成的新概念新表述。我認為，「國家治理體系與治理能力的現代化」是一個不錯的概念，它不但是對中國政治制度和政治關係的理論概括，也是對政治過程的一種理論總結。為此，本書的最後一章便是「國家治理體系與治理能力的現代化」，我相信它將是未來相當長的時期內引領中國政治建設的總目標。

　　在此，特別感謝香港中文大學王紹光教授授權使用其「中國公共政策議程設置的模式」一文中的思想成果、感謝中國人民大學康曉光教授和鄭州大學韓恒副教授授權使用其「分類控制」一文中的部分成果，相信本教科書因此而增色不少。

　　一如既往地歡迎讀者的支持、批評與指正，讓本書和變化著的中國政治一道健康地成長！

楊光斌

中國人民大學明德國際樓909室

2014年5月18日星期日

目錄
CONTENTS

緒　論　當代中國的政治發展

重點問題

◎如何認識中國革命的政治意義？
◎新中國成立初期制度建設成功的經驗是什麼？
◎如何認識「大躍進」與「文化大革命」的關係？
◎「文化大革命時期」的政治特徵是什麼？
◎觀念與1980年代的制度變遷是什麼關係？
◎當前中國政治的基本特徵是什麼？

　　在瞭解中國的基本政治制度之前，很有必要對新中國成立以來的政治發展做一個線索性的勾畫。當代中國的政治發展不僅是理解當代中國政治制度的基礎，也是當代中國政治制度的一個動態過程。當然，要理解當代中國的政治發展和政治制度的運作，還應該具備中國政治傳統、蘇聯政治和中國共產黨歷史方面的基本背景知識。

　　新中國成立以來，政治發展總體上可以劃分為以下幾個時期：1949-1956年制度建設時期、1957-1977年制度的曲折與衰退時期、1978年以來制度的恢復與發展時期。

第一節　新制度的建立

一、革命的意義

　　在介紹新制度的建立之前，有必要簡單交代一下中國共產黨革命的意義。

我們一般把毛澤東領導的革命理解爲社會主義和共產主義意義上的革命。其實，這場革命的意義遠不止於此。從民族—國家建設的意義上看，這場革命還是一場推動民族國家重新整合的革命。

馬克思主義關於革命的基本觀點是，歷史上的任何一次眞正的革命，都將使社會發生急劇的變化和促進社會飛躍發展，因爲它宣告了舊制度的滅亡和新制度的誕生。這是歷史發展中的質變，或者說，革命是政治現代化的重要手段。杭廷頓說：「一場全方位的革命，包括摧毀舊的政治制度和合法性模式，動員新社會集團參與政治，重新界定政治共同體，接近新的政治價值標準與合法性的新概念，由新的、更有活力的政治精英掌握政權，以及建立新的、更強有力政治制度。就政治參與的擴張而言，一切革命都包含著現代化；就新的政治秩序模式的建立而言，某些革命還包含著政治發展。」[1] 這不僅是對某些資產階級革命成果的總結，更是對社會主義革命作用的評價。因爲社會主義革命大多是在政治經濟文化相對落後的國家裡發生的。革命不僅使這些國家的經濟飛速發展，也使這些國家建立起了更先進的政治制度。革命使中國眞正開始了政治現代化。

第一，完成了民族獨立、國家統一的大業。晚清以後，中國處於半殖民地狀態，殖民主義強國的「勢力範圍」到處可見。「九一八」事變後，日本侵占了東三省。在中國內部，軍閥主義盛行，國家處於分裂狀態。社會主義革命趕走了外國勢力，實現了中國大陸的眞正統一。從政治現代化標準來看，國家的統一或國家權力的統一是政治現代化必不可少的條件。革命創造了一個自立性政權，即對外獨立、對內統一行政。

第二，實現了道德更新。革命勝利以前的中國像一盤散沙，缺少共同的利益意識。具體地說，舊中國的政治制度腐敗，政治四分五裂，地方勢力猖獗，追求私利成爲人們的目標，人們效忠的對象是家族和其他小集團。革命摧毀了舊的社會秩序，同時也消滅了舊的社會階級、多元狀態和狹隘的效忠意識。革

1　〔美〕塞繆爾·杭廷頓：《變遷社會中的政治秩序》，301頁，北京，華夏出版社，1987。

命創造了新的、更普遍的道德觀念和合法性源泉，新的道德觀念是全國性的而非地域性的。在舊秩序下，公共利益被彼此衝突的地方勢力分割；在新秩序下，公共利益表現為全國的、人民的、革命的利益。自中國近代以來，沒有哪一個政權獲得過比共產黨政權更多的支持和擁護。如果說認同是落後國家進行現代化的一個關鍵因素，那麼中國的社會主義革命就解決了這一問題。革命是有代價的，但這種代價不是徒勞的，在革命中誕生的共產黨政權給中國帶來了前所未有的政治穩定以及經濟增長所必需的政治結構。因此，革命創造了一個具有高度凝聚力的合法性政權。

第三，革命所創立的政治制度也具有高度的複雜性。和近代以來許多國家的革命一樣，中國的革命也建立了一種全新的政治制度，即民主集中制，它有效地使革命形成的權力合法化和制度化。一個強大的政黨能使群眾的支持制度化。共產黨透過它的社會聯繫紐帶，如共青團、工會和婦聯組織，成功地聯繫著群眾，瞭解群眾的要求。政府則充當政策輸出的角色。政黨還在政府各部門進行政治上和組織上的領導。這種政治結構上的複雜性有力地保證了共產黨的領導。同時，在社會層面，各企事業單位有力地執行黨和政府的政策，使單位成了連結黨與社會的重要橋樑。這些複雜的政治機制保證了政治功能的靈活性及應付複雜問題的能力。

總之，社會主義革命建立的新政權使廣大人民群眾成了國家的主人，人民群眾參與政治的熱情空前高漲；而政治體系的高度制度化則為滿足人民的參政要求和推動社會變革提供了制度保障。

社會主義革命帶來了政治現代化。但革命不是萬能的，一個國家不能永遠處於革命性的政治運動狀態，否則，這個國家就沒有機會進行現代化建設。

二、統治秩序的確立

統治秩序是社會各階級經過特殊鬥爭和較量之後形成的，是鬥爭的勝利者強加於整個社會的統治行為。因此，政治統治的第一步是以暴力為後盾，建立有利於自己的統治秩序。為了建立新的政治秩序，取得革命勝利以後的中國共

產黨首先做了以下幾件事情：

1. 土地改革

　　中國的社會主義革命在某種意義上是一場中國共產黨領導的農民革命，大多數革命者的基本訴求是擁有自己的土地，因此，土地改革運動可以認為是鞏固革命成果的一個根本舉措。1950年冬天開始的在新解放區開展的土地改革運動到1953年春天基本完成，全國三億多無地少地的農民無償分得了土地和其他生產資料。土地改革運動徹底消滅了封建制的土地制度，是中國歷史上規模最大的一次土地制度的革新，使新政權從根本上獲得了大多數人的衷心支援，使社會中的大多數底層人物第一次有了主人的感覺。

2. 鎮壓反革命

　　朝鮮戰爭爆發後，新政權的敵對勢力空前猖獗，他們組織武裝暴亂，襲擊、圍攻區、鄉政府，甚至攻擊縣政府。僅在1950年春天到秋天的半年時間內，新解放區就有四萬名幹部和群眾被殺害。為此，1950年10月開始鎮壓反革命，重點是土匪（匪首、慣匪）、特務、惡霸、反動會道門頭子和反動黨團骨幹份子。到1951年10月，在運動中共殺、關、管各類新政權敵對份子300萬人，保證了新政權的穩定和各項工作的順利推進。

3. 「三反」和「五反」

　　1951年底在共產黨內開展了一場反對貪污、反對浪費、反對官僚主義的「三反」運動，同時在私營企業裡開展了一場反對行賄、反對偷稅漏稅、反對偷工減料、反對盜竊國家財產、反對偷竊國家情報的「五反」運動。「三反」、「五反」運動使城市中的工人階級有了更加強烈的階級鬥爭意識，加強了共產黨在私人企業中的工會和黨組織的建設，為大規模地推行計畫經濟做好了組織上的準備。

　　上述三次大規模的政治運動是在抗美援朝的大的國際背景下發生的，目的是為了鞏固新政權和建設一個全新的社會。

4. 重建社會道德

　　1950年5月，中央人民政府頒布的婚姻法規定：廢除包辦強迫、男尊女卑、漠視子女利益的封建主義婚姻制度。實行男女婚姻自由、一夫一妻、男女權利平等，保護婦女和子女合法利益的新民主主義婚姻制度。這是新中國反封建鬥爭的一次深入。與此同時，新政權還採取堅決措施，徹底取締舊社會遺留的賣淫嫖娼、販毒吸毒、賭博等各種社會醜惡現象，使社會風氣大為好轉。

5. 改革文化教育制度和改造知識份子的思想

　　政治合法性不僅來自受惠者組織上的支持，更重要的是思想上的認同。因此，改革舊的文化教育制度是新政權的必然任務。首先，各地軍管會立即接管各級學校，在組織上建立共產黨組織、共青團、少先隊、學生會和教工組織，在教學上開設馬克思列寧主義和毛澤東思想等理論課程。不僅如此，新政權還組建了自己的大學。1949年12月，政務院決定開辦中國人民大學作為培養國家建設幹部的新型正規大學。其次，接管外國勢力所辦的文化、宗教和傳媒機構。再次，改革舊的社會文化事業，建立共產黨領導文化事業的組織，使所有作家、文藝工作者都納入黨所領導的協會之中，例如從事創作的藝術家都被編入中國文學藝術界聯合會。在這個聯合會內，各個學科又有自己的組織，如中國作家協會、中國戲劇家協會，這些協會在各個省和各大城市又有分會。

　　在組織上進行整合的同時，新政權也開始了人類歷史上最具有挑戰性的工程，即改造人的思想，把具有舊思想的人改造為具有新思想的人，把自私的人改造為毫不利己、專門利人的人。在所有人群中，最需要改造的是知識份子。毛澤東說：「思想改造，首先是各種知識份子的思想改造，是中國在各方面徹底實現民主改革和逐步實現工業化的重要條件之一。[2]」從1951年9月開始，在全國範圍內開展了一場知識份子思想改造運動，使知識份子學習和運用馬克思主義的基本觀點和方法。

　　但是，由於政治掛帥的原因，在這場思想改造運動中，學術問題變成了政

2　《毛澤東文集》，第6卷，184頁，北京，人民出版社，1999。

治問題，學術討論變成了政治批判，例如對電影《武訓傳》的批判。「以對電影《武訓傳》的批判爲發端，毛澤東後來在思想文化領域又發動過幾次批判運動，都有消極的方面，對新中國文化教育事業的發展帶來嚴重的損害，其經驗教訓是值得深刻汲取的。[3]」

　　至此，新的政治格局在新中國成立後的四年內基本建立起來。

三、制度建設和法律建構

　　統治階級依賴暴力後盾是爲了確立有利於自己的政治制度，統治者首先應健全和完善各種制度或政治機構。政治制度越複雜，政治體系也就越穩定，因爲不同的政治部門有解決不同問題的功能。制度建設通常主要表現爲法律建構。法律是掌握國家管理權力的統治階級的意志的體現，是統治階級把現存的統治關係固定化的形式，也是統治階級達到利益普遍化目的的最好手段。所謂利益普遍化，就是統治階級把自己的利益和意志變成全社會的利益和意志，使統治階級的利益要求上升爲社會公共利益的要求，並且獲得普遍效力，從而直接制約和指示著社會經濟生活的所有領域和整個過程。利益以法律面貌出現，自然容易獲得權威性認可。歷史上很少有向法律挑戰的現象，法律越完備、越健全，統治階級的地位就越牢固。因此，成熟的統治階級十分注重以法律手段去保護政治制度，國家力量或暴力也往往以法律爲中介而表現出來。

　　在統治秩序基本確立以後，新政權就立即開始了制度與法律的建構。

（一）政治制度的建構

　　在建構正式的政治制度之前，作爲執政黨的共產黨首先建立了黨委會制度和黨組制度以加強黨對政府的領導。在加強黨的領導的同時，新中國政府並沒有忽視政權合法化的問題。1954年9月，第一屆全國人民代表大會在北京召開，大會通過了《中華人民共和國憲法》（簡稱《憲法》）、《中華人民共和國全國人民代表大會組織法》、《中華人民共和國國務院組織法》、《中華人

---

[3]　何沁主編：《中華人民共和國史》，66頁，北京，高等教育出版社，2002。

民共和國人民法院組織法》、《中華人民共和國人民檢察院組織法》、《中華人民共和國地方各級人民代表大會和地方各級人民委員會組織法》等一系列法律。

關於國家的性質和政治制度，《憲法》規定：「中華人民共和國是工人階級領導的、以工農聯盟爲基礎的人民民主專政的社會主義國家。」「中華人民共和國的一切權力屬於人民。人民行使國家權力的機關是全國人民代表大會和地方各級人民代表大會。」全國人民代表大會是最高國家權力機關，是行使國家立法權的唯一機關。人民代表大會實行民主集中制原則。

憲法規定了公民的基本權利和義務，規定在少數民族集中的地區實行民族區域自治。

憲法和相關的組織法確立了中國政治制度的基本框架。憲法表明，新中國的政治統治方式在短短幾年時間裡發生了根本性變化，由軍事統治轉變爲文職管理。

（二）經濟制度的建構

無論是農業還是工業，在新政權建立後的短短幾年內都完成了從私有到國家所有的巨變。這種產權關係的變更顯然不是建立在交易基礎上而自然形成的，而是國家依靠其強制力量創建的。

1949年建立新的國家的同時，沒收了國外企業、官僚資本企業並將之改造爲社會主義全民所有制企業。從1953年開始，國家開始對私人所有的工業、商業進行改造，到1956年完成，同時土地集體化運動也達到高潮。這樣，中國的經濟制度即產權制度發生了根本性變化，公有產權基本上取代了在中國存在了幾千年的私有產權。

隨著對土地、工業、商業所有權改造的完成，新的國家建立了計畫管理體制，國家計畫委員會[4]成爲經濟制度中舉足輕重的一環。計畫經濟實際上就是

4　國家計畫委員會於1998年更名爲國家發展計畫委員會，又於2003年將原國務院體改辦和國家經貿委部分職能併入，改組爲國家發展和改革委員會。

一種中央集權制經濟。

　　計畫經濟不僅表現爲中央集權制，還直接體現爲產權與政權的合一性。國有產權的主體在理論上是國家，但國家是抽象的，國家的權力由各級政府直接實施，因而，國家所有實際上就是各級政府所有，是中央各部門和地方政府所有。在政企合一的體制下，企業單位已經不再是傳統意義上的經濟組織，而是政治制度中的重要部分。這種政治與經濟的特殊關係決定了領導人對政治的態度和行爲直接決定著企業的命運。不僅如此，在中央集權制下的幹部委任制中，由於企業是行政權力的一環，企業具有行政功能和行政級別，在很長的時間裡，企業領導人的政治追求往往大於對經濟利潤的追求，從而直接約束企業的創新動力。

　　土地制度改造的完成和計畫經濟體制的建立，標誌著中國完成了社會主義國家基本的制度建設。社會主義國家在經濟上體現爲以公有制爲基礎的計畫經濟制度。

（三）文化制度的建構

　　在新制度主義看來，作爲軟性制度的政治文化、意識形態是與硬性的政治制度和經濟制度相輔相成的。因此，在建設新的政治制度和經濟制度的同時，勢必要批評舊思想或與馬克思列寧主義、毛澤東思想相左的思想。從1954年開始，在思想文化領域開展了對「資產階級唯心主義思想」的批判，其中重點批判了俞平伯的《紅樓夢》研究、胡適的學術思想和胡風的文藝思想。既然是政治批判，就自然地把學術問題上升到政治問題，同時採取了全盤否定的非歷史唯物主義的態度。[5]在經過幾年的馬克思列寧主義和毛澤東思想基本理論的普及和對一系列思想的批判以後，毛澤東認爲天下已由大亂達到大治，於是在1956年4月提出「百花齊放、百家爭鳴」的著名的「雙百」方針。但是，在一年以後，「雙百」方針在反右運動中蕩然無存。

　　至此，新中國的基本政治制度、經濟制度和文化制度已經全部建立起來，

5　參見何沁主編：《中華人民共和國史》，106頁。

在蘇聯的幫助下，新中國在工業、農業和教育方面都取得了非凡的成就。

四、成功的經驗

根本經驗是黨內的團結，雖然其間出現了「高饒事件」。黨內團結的根本原因在於：第一，新政權一致認同蘇聯模式就是新中國的社會主義道路，因而在如何建設新中國的問題上沒有異議。第二，黨內民主。雖然毛澤東是黨內核心，但多年戰爭所形成的戰友式的關係使其他領導人還能比較平等地與毛澤東探討問題。第三，與第二個方面相聯繫，是毛澤東個人的作用。在抗美援朝勝利以後，毛澤東的個人威望在黨內又得到進一步提高，毛澤東的絕對權威對領導核心的穩定起了關鍵作用。在這一時期，毛澤東對黨內的紛爭起到了公正的仲裁者的作用。同時，他對自己不太熟悉的領域比如經濟建設方面還能保持謙虛和審慎的態度，這對充分發揮以陳雲為代表的經濟專家和技術專家的作用很有幫助。

但是，在制度不健全的條件下，個人的作用是不確定的。接下來的歷史表明，毛澤東的權威為領導集體的團結提供了可能性，但卻不是這種團結的保證。

五、政治特徵

這一時期的基本政治特徵如下：

（一）在政治上，確立了以中國共產黨為領導核心的政治制度。黨的組織不僅在黨內建立起來，也在政府機關和社會團體中建立起來。

（二）在經濟上，確立了基於公有產權之上的中央集權的計畫經濟體制，根本性地改變了幾千年以來以私有制為主體的經濟制度；

（三）在國家與社會關係上，由於政治上黨的組織向基層社會的延伸和經濟上計畫經濟體制的形成，以及單位體制的建立，形成了國家對社會的全面控制和個人對國家的全面依附關係。

（四）在意識形態上，共產主義理想是整合社會道德的主導政治思想，同時很多人也自覺地以這一新思想要求自己的言行，為國家奉獻自己的一切。

　　這樣，新中國建立起來的政治模式是一個具有高度動員性的、為克服過去一百多年社會全面危機的政治體制。這樣的政治又被稱為全能主義政治，即國家的組織和控制延伸到社會的每一個角落以進行政治統治。

第二節　制度的曲折與衰退

　　政治發展過程中不僅有前進，也有曲折甚至衰退；政治發展的方向也是多方面的，可能有民主的方向，也可能有反民主的方向。而政治衰退和反民主方向的發展都會導致現代化的中斷。很多發展中國家的現代化過程都出現過中斷，而中國的「文化大革命」帶來的政治衰退事實上就是現代化中斷。

一、制度的曲折時期

　　1954年憲法可以認為是一部關於社會主義人民民主的制度架構的規定，1956年黨的八大明確肯定了黨內民主的主張，毛澤東提出的「雙百」方針和《關於正確處理人民內部矛盾的問題》（1957年2月）可以認為是對新中國建設社會主義民主的鼓勵。但是，從1957年開始，新中國在制度發展上陷入了曲折時期，其標誌是反右運動、「大躍進」中的廬山會議和「大躍進」中的法律虛無主義。

（一）反右運動

　　反右運動的國際背景是1956年匈牙利的「十月事件」，事件的發生讓毛澤東感到不安。1957年春天，毛澤東決定在全黨開展整風運動，批判官僚主義以防「匈牙利事件」在中國重演。一改過去黨內整風的做法，毛澤東要求動員黨外人士向共產黨提出批評、建議。

　　在對執政黨的批評建議中，絕大部分意見是中肯的和積極的。但也有少數人攻擊黨和社會主義制度，把共產黨在國家和社會生活中的領導地位說成是「黨天下」，攻擊現實「政治黑暗，道德敗壞」，提出「根本辦法是改變社會

主義制度」，鼓吹「輪流坐莊」[6]。

　　對於極端言行進行反擊是情理中的事，但是，反右派鬥爭嚴重擴大化。55.28萬人被劃爲「右派份子」，其中絕大部分都是錯劃的。反右派鬥爭的擴大化釀成了嚴重的後果：

　　1.嚴重侵害了憲法規定的「言論自由」的公民權利，損害了社會主義民主，打擊了廣大知識份子對建設社會主義的積極性，造成國內政治生活的不正常，扭曲了國家與社會之間的關係。

　　2.使中國在發展方向上陷於誤區。反右派鬥爭以後，毛澤東修改了黨關於社會主要矛盾的正確判斷，認爲中國當時的主要矛盾仍然是無產階級和資產階級、社會主義道路和資本主義道路之間的矛盾，最終使黨和國家長期陷入階級鬥爭擴大化的誤區。

　　反右派鬥爭擴大化實際上是毛澤東的繼續革命理論的最初實踐。既然是革命，就會無視制度的規定和法律的約束，更談不上制度的建設。因此，反右派鬥爭的擴大化是中國政治發展陷入曲折歷程的開端。

（二）「大躍進」和廬山會議

　　「大躍進」的原因可以簡單地歸結爲：毛澤東對建設速度的不滿意；毛澤東對蘇聯模式中技術官僚主導方式的不滿意；毛澤東對自己不能在經濟建設中發揮實際主導作用的不滿意。[7]於是，毛澤東決定選擇一套自己熟悉的辦法來

6　參見朱正：《1957年的夏季：從百家爭鳴到兩家爭鳴》，第4章、第8章，鄭州，河南人民出版社，1998。

7　毛澤東在1958年1月召開的南寧會議上抱怨說，幾年來財政部總是把一大堆非常專業化、非常複雜的計畫報表呈送給政治局，致使他只好不看就簽字。2月18日在政治局擴大會議上，毛澤東又說：「政治設計院究竟在哪裡？章伯鈞說國務院都是拿成品，他不滿意，他要有權參與設計。我們政治局委員可不可以有權參與設計呢？過去這個五年計畫，實際上是無權參與設計。……每年的年度計畫，總是請你簽字，叫做強迫簽字。我有個辦法，不看。你強迫我嘛，我事先沒有預聞，事先沒有接觸嘛。老是在國務院討論，總是拿不出來。千呼萬喚不出來，爲什麼不出來呢？說沒有搞好，等到梳妝打扮一跑出來的時候，我們說不行，時間遲了！這事實上是一種封鎖。」還批評說：有人想把大權攬過去，讓黨委

建設社會主義，這就是透過政治動員，進行「大躍進」式的群眾運動。毛澤東相信，建設一個他理想中的新社會要比打敗蔣介石容易。

結果，「大躍進」把剛走上正規發展道路的中國經濟帶向崩潰的邊緣。「大躍進」的失敗實際上也是毛澤東個人的失敗，儘管黨的其他領導人也有一定的責任。在這種情形下，任何對「大躍進」和毛澤東個人的批評都可能被毛澤東認為是對自己權威的挑戰。因此，1959年8月在廬山召開的糾「左」會議變成了反右和進一步推動「大躍進」的會議，批評「大躍進」的彭德懷等人被定為「反黨集團」。

「大躍進」和廬山會議的政治後果是：第一，黨內民主遭到嚴重損害，並形成了個人崇拜。在黨的領導核心中以階級鬥爭的辦法解決意見分歧，破壞了多年來黨內上層的民主傳統。如果說反右派鬥爭的擴大化破壞了社會民主，那麼廬山會議則破壞了黨內民主。廬山會議之後，黨內有數十萬人被重點批判和定為「右傾機會主義」。

第二，經濟問題變成政治問題。在以後的社會主義經濟建設中，任何不同的經濟建設主張都可能被扣上政治帽子，從而使經濟建設變成了政治運動。

第三，為「文化大革命」埋下種子。在如何評價「大躍進」所帶來的經濟後果的問題上，毛澤東等人堅持認為後果不太嚴重，而劉少奇等人則實事求是地認為必須採取一些農民能夠接受的辦法來恢復農村經濟。事實上，劉少奇的經濟路線對恢復「大躍進」後的中國經濟有非常積極的作用。這樣，毛澤東在黨內的權威受到影響，轉而以階級鬥爭擴大化的方式主導政策。可以認為，「文化大革命」之前的黨內分歧都是因「大躍進」而引起的。

第四，黨的領導變成了黨政不分、黨的「一元化」旗幟下的個人領導，從而形成了鄧小平後來深刻批判的種種政治弊端。「大躍進」既然是革命式的群

搞點小權。這樣就沒有集中了。集中只能集中於黨委、政治局、常委、書記處，只能有一個核心。」（薄一波：《若干重大決策與事件的回顧》，下卷，650頁，北京，中共中央黨校出版社，1993。）

眾運動，勢必要加強黨的領導。在「大躍進」期間，許多黨政不分的體制得以完型。

（三）法律虛無主義

爲了鼓勵「大躍進」中群眾的熱情，1958年毛澤東公開提出「不能靠法律治多數人」，說「我是和尙打傘無法無天」，定下了人治的基調。劉少奇等領導人也公開說人治比法治要好。1959年以後，「要人治不要法治」的說法甚囂塵上。中央政法小組在《關於人民公社化後政法工作一些問題向主席、黨中央的報告》中認爲，刑法、民法和訴訟法已經沒有必要制定。1959年4月，撤銷了國家司法部和監察部，不久又撤銷了國務院法制局。國家最高權力機關也在急劇萎縮之中，1959年以後，全國人大常委會機關的工作人員被裁減至100多人。

這樣，新中國建立起來的基本制度，尤其是法律體制被嚴重削弱，表明中國已經陷入了制度困難時期。

二、制度的衰退

「文化大革命」使中國進入全面的制度衰退時期。「文化大革命」發生的原因可以簡要地歸結爲：第一，毛澤東對社會問題判斷的失誤。「大躍進」以及隨後的三年困難時期使城鄉矛盾、就業問題、升學問題空前突出，資源的短缺使有權者具有先天的擁有資源的優勢，因此毛澤東認爲黨內已經形成一個官僚主義階級，毛澤東要以群眾的力量消滅這個新階級。第二，蘇聯的國內政治變化和中蘇衝突使得毛澤東相信中國有可能走蘇聯式的「變修」道路。第三，「文化大革命」是「大躍進」後黨內分歧的總爆發，毛澤東希望以革命的手段徹底解決問題。

毛澤東之所以能夠發動「文化大革命」，根本原因在於：第一，長期的個人崇拜所形成的深厚的群眾基礎。群眾會一呼百應地批判被毛澤東定性的「階級敵人」，因而可以認爲，劉少奇和很多幹部死於「大批判的政治」。第二，根據我黨的決議，是江青文人集團、林彪軍事集團的別有用心的支持和利用。

　　「文化大革命」對政治制度造成的衝擊是：第一，由毛澤東支持1967年1月上海造反派奪權開始，全國省市一級掀起了奪權風暴，從而使政府機關陷於癱瘓之中。奪權以後形成了「三結合」的政治格局，即由造反派、遺留黨政幹部和軍隊各出代表組成「革命委員會」取代了憲法規定的行政機關，地方政府的職能部門被「革命委員會」的各種工作小組所取代。

　　第二，「文化大革命」領導小組雖然名曰在政治局常委會的領導下工作，卻是事實上的最高決策機關，凌駕於政治局和政治局常委會之上，從而使我黨規定的最高決策機關陷入癱瘓。

　　第三，在「踢開黨委鬧革命」的指示下，造反狂潮擴展到社會生活各個領域，從而使黨的領導陷入癱瘓狀態。

　　第四，紅衛兵運動極大地破壞了社會秩序和法制。紅衛兵運動由最初的破除「四舊」（即所謂的舊思想、舊文化、舊風俗和舊習慣）發展爲抄家、打人、砸物。無數優秀的文化典籍被付之一炬，大量國家文物遭受洗劫，許多知識份子、民主人士和幹部遭到批鬥。

　　第五，法制被徹底踐踏。當時作爲公安部長的謝富治公然號召「砸爛公檢法」，縣委書記集法院和檢察院職能於一身而審案定案；「大鳴、大放、大字報、大批判」公然蔑視憲法，製造了「大批判的政治」氛圍。在「大批判的政治」下，只有觀念上的對與錯，道德上的好與壞，就是沒有法律上的標準。國家主席劉少奇被定性爲「叛徒」、「內奸」、「工賊」，最後被慘無人道地迫害致死。國家主席的基本公民權利都得不到保證，可以想像一般民眾的人權狀況。

　　在「文化大革命」初期，由於「文化大革命」領導小組凌駕於政治局常委會之上，造反派踢開黨委鬧革命，使得國家政治生活面臨全面的危機，政權本身也面臨喪失權威的危機。爲此，毛澤東不得不重建權力機制，並於1969年召開了黨的第九次代表大會，大會確定林彪爲毛澤東的接班人。但是，在1500位代表中，軍人占45%的席位，這不能不讓毛澤東感到不尋常。1971年9月，發

生了林彪軍人集團陰謀奪權事件。

　　從1969年國家主席劉少奇的被迫害致死，到1971年粉碎林彪集團的陰謀奪權，再到1973年借「批林批孔」而批判實際主持工作的周恩來，又到1975年「反擊右傾翻案風」並於1976年「四五」事件而打倒實際主持工作的鄧小平。在整個「文化大革命」的十年期間，國家的政治生活處於極度的不正常狀態之中，暴露了接班人制度的根本缺陷。

　　「文化大革命」最直接的後果是2億人受到株連，教育文化事業備受摧殘，派系政治無處不在並造成政治分裂，共產黨面臨合法性危機。其長遠後果是：「文化大革命」中的「打砸搶」行爲事實上是民族道德的淪喪，從而造成了中華民族生存的危機。

三、政治特徵

　　制度曲折與衰退的根本原因首先在於公然鼓吹人治而形成的個人崇拜，使我黨失去了糾正領袖個人錯誤的能力；其次是封建主義政治思想在中國根深蒂固的影響。在這種背景下，1957年以後尤其是十年「文化大革命」的政治具有下列特徵：

　　1.實行人治，個人的權力大於黨和法律，黨的領導制度被嚴重破壞，法律制度蕩然無存，公民的基本權利被踐踏。

　　2.扭曲了國家政權的性質，法西斯主義行爲盛行。鄧小平說，「文化大革命」是林彪、江青集團的法西斯專政。肯定「文化大革命」成果的1975年憲法將1954年憲法中人民民主專政的國家性質改爲「無產階級專政」，將「無產階級專政」說成是上層建築中包括各個文化領域內的全面專政。在此旗號下，林彪和江青集團公然實行法西斯專政，法西斯專政的典型是謝富治夥同陳伯達、張春橋合謀炮製的《公安六條》，說任何反對「文化大革命」和毛澤東、林彪的言行「都是現行反革命，應當依法懲辦」。

　　3.在經濟領域，政治掛帥使得經濟全面依附於政治，全面爲政治服務。

　　4.在意識形態上實行被徹底歪曲的馬克思列寧主義，實行「無產階級專政

下繼續革命」的理論。

　　總之，1957年以來，中國政治進入了不正常的時期，而「文化大革命」徹底摧毀了共產黨執政以來建立的政治制度和法律體系，使中國政治出現了全面的衰退。

第三節　制度的恢復、建設與新走向

　　1976年10月「四人幫」失敗後，「文化大革命」並沒有徹底結束。華國鋒等人為了使自己的地位具有合法性，提出了「兩個凡是」，即「凡是毛主席作出的決策，我們都堅決維護，凡是毛主席的指示，我們都始終不移地遵循」；1978年初通過的憲法繼續堅持「以階級鬥爭為綱」，堅持「無產階級專政下繼續革命」的理論，強調要「鞏固和發展無產階級文化大革命的偉大成果」。只是經過真理標準大討論和1978年底黨的十一屆三中全會以後，中國的制度才開始恢復與發展。我們把1978年以來的政治大致劃分為兩個階段：1978年到1991年和1992年至今。

一、從1978年到1991年

　　制度的恢復與發展並不是一帆風順的，「文化大革命」說明，中國必須改革。在社會主義國家進行改革本身就是一個探索的過程，因此，如何在中國進行改革，是一個「摸著石頭過河」的過程，其間1980年代的政治經濟關係體現了「收放」迴圈的特徵。巧合的是，雙年份總體上體現為「放」的特徵，而單年份則體現為「收」的特徵，當然這種劃分並不絕對，在有些年份，收放有時交替進行。更重要的是，鑒於「文化大革命」的慘痛教訓，在1980年代的最初幾年，以鄧小平為核心的黨的第二代領導人一直在進行新的制度建設。

　　第一輪，1978-1979年。1978年的標誌性事件是「真理標準大討論」和確定中國政治方向的黨的十一屆三中全會的召開，中國從此步入了正確的歷史軌

道。真理標準大討論針對的是「兩個凡是」和如何認識「文化大革命」，大討論解放了人們的思想。十一屆三中全會決定將我黨的工作重心轉向經濟建設，這是經歷了十年政治動盪以後我黨第一次將經濟工作作為中心，表明中國共產黨的角色正在由革命黨轉向執政黨。在經濟體制上，安徽個別地區開始實行農村聯產承包責任制，傳統的土地制度開始出現鬆動。

1979年鄧小平提出了「四項基本原則」，即中國必須堅持馬克思列寧主義、堅持中國共產黨的領導、堅持社會主義道路、堅持人民民主專政。「四項基本原則」是針對當時以魏京生為代表的一些人在「要人權」的口號下否定共產黨領導和馬克思列寧主義而提出的。這一年修改通過的《中華人民共和國選舉法》將直接選舉的範圍由1953年《中華人民共和國選舉法》規定的縣級擴大到鄉一級，並規定推薦人大代表的團體可以以任何方式介紹其候選人。在經濟上，繼續推動土地制度的變革。

第二輪，1980-1981年。1980年是政治和經濟開始全面改革的一年。在經濟上，除了全面推動土地制度的變革以外，決定在深圳、珠海、汕頭和廈門建立經濟特區。在政治上，鄧小平在政治局擴大會議上的關於《黨和國家領導制度的改革》的講話，標誌著鄧小平決心啟動政治體制改革工程。在講話中，鄧小平入木三分地指出了存在於黨和國家領導制度中的根本性問題是黨政不分和黨的「一元化」領導口號下的個人專權。在政治實踐上，1980年開始縣級以下的人民代表大會的直接選舉。

1981年在意識形態上批判電影《苦戀》。《苦戀》事實上是一種傷痕文學，說什麼「我愛我的母親，我的母親不愛我」。傷痕文學在打倒「四人幫」以後就開始出現，到1980年代初達到頂峰，主要是揭露人們在「文化大革命」時期的苦難歷程以及人性的變異。但是《苦戀》這種主題並不利於正處於轉折時期的中國。在經濟上，由於經濟過熱，中央開始部分地控制、壓縮經濟建設規模。

第三輪，1982-1983年。1982年黨的十二大召開，提出「建設有中國特色的社會主義」思想，強調社會主義精神文明和物質文明都要靠社會主義民主來

保證。與此同時，1982年憲法也恢復了1954年憲法的基本原則。1982年憲法和《中國共產黨章程》（簡稱《黨章》）要求黨在憲法範圍內活動。

　　1983年黨內整風並在理論上反對「精神污染」。1982年前後在理論界和文藝界集中討論人道主義和異化問題，這其實是傷痕文學在政治理論界的反映。其主要觀點是，馬克思主義的一個核心是人道主義，但是社會主義制度建立以後，制度本身卻成爲扭曲人性的工具，因而是對馬克思主義的異化。中共中央認爲，這實際上是在攻擊馬克思主義和社會主義制度。在1983年10月召開的中共十二屆二中全會上，鄧小平提出在思想戰線上反對資產階級自由化和精神污染。「根據這次會議精神開展的反對精神污染，即反對資產階級自由化的鬥爭，由於黨的總書記胡耀邦的消極對待，未能進行下去，造成嚴重後果。」[8]

　　第四輪，1984-1985年。1984年以城市爲重點的整個經濟體制改革開始啓動，經濟改革從農村走向城市，開始觸及中國經濟的根本體制。1984年10月，中共中央作出了《關於經濟體制改革的決定》。該決定第一次提出建立有計畫的商品經濟，商品經濟是社會發展不可逾越的階段。同年，中央決定開放14個沿海城市。在文學藝術界，由於對自由化的消極態度，資產階級自由化傾向繼續蔓延。

　　1985年經濟上收縮和調整，在理論上批評資產階級自由化。在政治上，召開了黨的全國代表會議，一大批中央委員退休，標誌著共產黨集體退休制度的正式啓動。這是制度化建設的一個歷史性進步。

　　第五輪，1986-1987年。1986年中共中央公布鄧小平在1980年關於《黨和國家領導制度的改革》的講話，預示黨中央和鄧小平決定正式啓動政治體制改革的艱巨工程。在思想上，以劉賓雁、方勵之和王若望爲代表的自由化代表人物對1986年底的全國性的學潮起到了推波助瀾的作用。

　　1987年初，胡耀邦因反自由化不力而辭去總書記職務，全國開始大規模地開展反對資產階級自由化運動。這次反對資產階級自由化的運動時間不長，且

8　何沁主編：《中華人民共和國史》，301頁。

限定在思想領域而未波及經濟建設，黨中央和鄧小平也沒有因此而動搖政治改革的決心。1987年10月召開的黨的十三大提出社會主義初級階段理論，十三大的政治主題是關於黨政分開的政治改革，由於受1989年政治風波和1991年蘇聯共產黨垮臺的影響，十三大的政治改革設計被擱置。

第六輪，1988-1989年。開始於1987年底的關於「新權威主義」的討論在1988年鋪天蓋地。「新權威主義」的核心是在政治上實行集中管理，在經濟上實行市場經濟。「新權威主義」大討論實際上起始於時任總書記趙紫陽的政策顧問班子，預示著中國準備學習東亞一些國家和地區的發展模式，以權威政治渡過經濟改革中的價格難關和產權難關，建設趨向自由的經濟制度。是年，經濟過熱誘發的經濟短缺和經濟雙軌制引起的「官倒」腐敗使社會矛盾加劇。

1989年4月由胡耀邦的逝世引發的震驚中外的政治風波，對黨和國家造成重大傷害，中國經濟也陷入低潮，嚴重干擾了改革開放和經濟建設的進程。1989年政治風波的原因是：第一，因經濟短缺和價格雙軌制而造成的以「官倒」為主要特徵的腐敗加劇，激化了民眾與政府之間的矛盾，人民反腐敗的呼聲甚高；第二，在一段時間內，黨內少數領導同志在推行經濟改革和大力發展經濟的同時，對堅持建設精神文明和加強黨的建設缺乏一貫性，思想政治工作受到削弱，使得很多黨的幹部對資產階級自由化思潮警惕不夠；第三，由於黨的思想工作的放鬆，到1989年春天各種思潮都粉墨登場，西方國家的思想和政治滲透進一步加強。這樣，胡耀邦的逝世就成為這場政治風波的導火線。

1989年的政治風波迫使中央收緊各項政策。經濟政策的調整到1991年完成，政治思想工作受到改革開放以來的空前重視，黨在各方面的領導進一步加強。

收放循環的政治經濟關係在1992年鄧小平南方談話後終於結束，中國從此走上了比較平穩的發展道路。

如何解釋1978年到1991年間的政治經濟關係的迴圈表現？第一，政治與經濟的共振性。在沒有實現以市場經濟為導向的改革中，政治和經濟的關係是基

於公有權之上的孿生兄弟，經濟波動會帶來政治上的波動，而政治上的問題又會引發經濟波動。例如，1989年的政治風波與1988年由經濟過熱而導致的經濟短缺、「官倒」有直接關係。

第二，發展方向上的爭論。雖然改革是一個大方向，但是中國向何處去？不同的思想觀念導致不同的行為模式，因而意識形態爭論使得中國在改革過程中出現鐘擺現象。

第三，外源突發性事件的影響。由於政治體制的敏感性和制度的相似性，一些社會主義國家的事態直接影響著我黨的決策，儘管這些事態和中國的政治與經濟沒有直接的聯繫。例如，1980-1981年波蘭團結工會的出現影響著中國當時的政治改革進程，因為1980年鄧小平關於政治改革的講話表明了其政治改革的決心。1991年蘇聯共產黨的突然垮臺，使鄧小平在1992年春天而不是原來決定的1991年發表南方談話。

二、從1992年至2012年

從1992年開始，中國經濟實現了軟著陸，高發展低通脹，扭轉了過去幾十年那種一放就亂、一收就死的惡性循環。根本原因是鄧小平的南方談話徹底擺脫了意識形態上的爭論，在黨內達成共識。同時，經過十幾年的改革實踐，培養了一些勇於改革並真正懂經濟的技術專家，共產黨的執政能力空前提高，設計出一套適合中國國情的經濟改革方案。

首先，觀念的轉變。以鄧小平南方談話為基礎的中共十四大決定，中國經濟改革的目標是建立社會主義市場經濟體制。1992年2月，鄧小平在南方談話中指出：「計畫多一點還是市場多一點，不是社會主義與資本主義的本質區別。」[9]計畫經濟不等於社會主義，資本主義也有計畫；市場經濟不等於資本主義，社會主義也有市場。計畫和市場都是經濟手段。這個精闢論斷，使共產黨在計畫與市場關係上的認識有了新的重大突破，擺脫了「改革要問姓什麼」的教條主義的意識形態的羈絆。

9　《鄧小平文選》，1版，第3卷，373頁，北京，人民出版社，1993。

　　1997年9月召開的中共十五大的核心是把鄧小平理論寫進黨章。在實踐中，由於堅持以鄧小平理論為指導，經濟發展中也突破了「姓公姓私」的束縛。

　　2002年11月召開的中共十六大把中國共產黨代表中國先進生產力的發展要求、代表中國先進文化的前進方向、代表中國最廣大人民的根本利益即「三個代表」重要思想寫進黨章。從長遠來看，「三個代表」重要思想將是共產黨建設的一個重大的里程碑。不僅如此，也是政治制度建設的重大舉措，因為「三個代表」重要思想要將改革開放以後產生的新的社會力量透過黨的管道納入制度之中，而這正是制度發展和穩定的根本保證。歷史上的有產階級的革命都是因為經濟利益在政治上不能得到保證而發生的。「三個代表」重要思想還表明，中國共產黨從一個革命性質的政黨真正轉變為執政性質的政黨。

　　2007年的中共十七大政治報告指出建設社會主義和諧社會，是針對經濟發展起來以後建設什麼類型的生活方式和社會制度問題而提出來的。在這個過程中，出現了靠金錢買穩定的「維穩政治」，結果出現一定程度、一定範圍的法治不彰現象。「薄熙來事件」事實上是有違社會主義法治的政治現象，此事留給我們最大的教訓就是依法治國的重要性。當法治不彰時，首先受到威脅的是執政黨。

　　2012年的中共十八大政治報告的一個亮點是提出社會主義核心價值體系。這意味著，當中國這樣的巨型國家在經濟上崛起之後，立國價值適時地提上議事議程。

　　其次，體制改革和制度建設。這一時期最引人注目的成就是行政體制改革，1998年大改革將政府的41各部門減少到29個，這是中國政治改革的標誌性事件，因為行政改革大大刺激了市場經濟，而市場經濟的形成必然帶來經濟主體的多元化以及由此而來的社會結構的多元化和一定程度的社會自主性。到新世紀，中國又提出建設現代的大部門制政府。

　　隨著市場經濟的推進，政治體制上由1980年代的黨政分開改革轉變為加強

黨的建設以及加強黨的執政能力的建設。2004年黨的十六屆四中全會的主題就是加強黨的執政能力建設，而其背景則是強烈的危機意識，認識到黨受到一系列重大挑戰，比如社會結構的變化、人們觀念的變化以及由此而來的利益意識的變化。

中共十四大以來的政治發展表明，中國已經步入以經濟發展為主要導向的政治時期，政治改革在很大意義上是指行政體制的改革。行政改革在中國具有深遠的政治意義。

三、政治特徵

要總結改革開放以來的政治特徵或政治模式並不是一件輕鬆的工作，中國二十幾年的政治發展並不是僅用幾條簡單的線索就可以歸納的。但是，從黨政關係、中央和地方關係、經濟走向、國家與社會關係和意識形態幾個核心指標來看，又不難總結出改革開放以來的政治特徵。

第一，在黨政關係方面，1980年代強調黨政分開，1990年代以來強調黨如何執政。1980年代一直在討論黨政不分問題，其集大成之作是1987年黨的十三大所設計的黨政分開的藍圖。

但是，1989年政治風波以及1991年蘇聯共產黨的垮臺都給黨政如何分開提出了新課題。在理論上，1990年代以來，已經不再是黨政分開的問題，而是黨如何執政的問題。十六大報告將政治體制改革歸結為：堅持和完善社會主義民主制度；加強社會主義法制建設；改革和完善黨的領導方式和執政方式；改革和完善決策制度；深化行政體制改革；推進司法體制改革；深化幹部人事制度改革以及加強對權力的制約監督。

在實踐中，我黨加強了對政府、人民代表大會和社會團體的領導。在地方政府一級，有的省委書記兼任過省長，市委書記兼任過市長，而在更多的地方，則是省委書記兼任省人大常委會主任。在地方政治中，過去縣委書記和縣長一般是由上一級的黨的部門任命，現在則一般是由省委組織部門負責考察和任命，任命幹部的權力大幅度上移。這些事實表明我黨已經加強了對政府和人

民代表大會的領導。

第二，在中央和地方關係方面，鑒於1980年代和1990年代初中期的「諸侯經濟」制約了中國統一市場的形成，1990年代中期中央政府明確提出要加強中央的權威，服從中央政府的統一的經濟政策。同時在政治上透過「講學習、講政治、講正氣」加強地方黨政幹部思想上的統一認識，加強對地方黨政幹部的監督和管理。

黨管幹部制度和中央與地方經濟關係的變化也能夠保證地方對中央的服從。在1978年以前，中央與地方的關係是在中央高度集權的體制下運行，地方政府的主要任務是動員民眾執行中央的政策，由於財政上的統收統支，地方政府並沒有積極性超額完成經濟生產。在1978年以後，隨著財政體制的改革，地方政府成為一級利益主體；中央把經濟權力下放給地方的同時，保留給地方規定的各項指標，例如，如果國家的經濟增長率定在8%左右，中央政府分解給不同的地方政府的指標可能分別是10%或6%左右。為了證明自己的能力，地方政府在報表中一般還要提出高於中央的指標。這樣，在黨管幹部的體制下，這種壓指標的做法就形成了普遍的壓力型體制。[10]為了完成上級的經濟指標，各級政府層層量化分解指標，甚至分解至官員個人。經濟指標的完成情況成為評價幹部的主要標準。壓力型體制推動了地方政府發展經濟的積極性。但存在的問題是，為了完成經濟指標，有些地方政府和官員會濫用權力，造成與當地民眾的緊張關係。

第三，在經濟走向方面，1980年代的經濟改革是摸著石頭過河，經濟走向並不明確，因而經濟制度在激烈的意識形態爭論中改革和前進。1992年鄧小平的南方談話和黨的十四大確立了社會主義市場經濟的正確方向，從此，中國沒有爭論地走向市場經濟。憲法的修改記錄了中國走向市場經濟的前進歷程。

1988年《中華人民共和國憲法修正案》（簡稱《憲法修正案》）基本上確

10　參見榮敬本等：《從壓力型體制向民主合作體制的轉變》，北京，中央編譯出版社，1998。

立了私營企業的合法地位，規定「國家允許私營經濟在法律規定的範圍內存在和發展。私營經濟是社會主義公有制經濟的補充。國家保護私營經濟的合法的權利和利益，對私營經濟實行引導、監督和管理」。還規定，土地使用權可以有償出租、轉讓，第一次承認了私有財產。1988年憲法修正案基本上反映了當時的實際情況，私營經濟只是社會主義公有制經濟的補充。

1993年憲法修正案標誌著經濟體制的根本變革，明確提出「國家實行社會主義市場經濟」，「國家加強經濟立法，完善宏觀調控」。以「農村中的家庭聯產承包為主的責任制」取代了「農村人民公社、農業生產合作社」，確立了農村的基本經濟制度。

1999年憲法修正案第一次把非公有制經濟作為合法的經濟主體，與公有制經濟平等地列在一起。不僅規定「國家在社會主義初級階段，堅持公有制為主體、多種所有制經濟共同發展的基本經濟制度」，「在法律規定範圍內的個體經濟、私營經濟等非公有制經濟，是社會主義市場經濟的重要組成部分」，並規定「國家保護個體經濟、私營經濟的合法的權利和利益」，這是一個相當重大的突破。

除了在憲法上就私營經濟的法律地位進行規定外，國家還於1999年頒布了《中華人民共和國個人獨資企業法》，賦予了個人獨資企業與其他企業同等的市場主體地位，對於保護個人獨資企業和投資人的合法權益意義重大。

第四，在國家與社會關係方面，從1980年代的緊張與衝突轉變為1990年代的相對緩和與和諧。在1980年代，由於國家剛剛開始改變中央集權制的經濟體制，行政控制仍然是管理各行各業的習慣性做法。在農業領域，農民要求自主耕作，而地方政府就可能不容許；在商業領域，業主要求自由流通，政府也可能不容許；為保護群體利益而要求組織起來，也可能受到政府的限制；在意識形態領域，由於一些人堅持把馬克思主義教條化和推行不切實際的教育方法和政策，就可能引起年輕學生的反感，同時一些人以民主、自由、人權為由，反對共產黨的領導和否定馬克思列寧主義、毛澤東思想。這樣我們看到，幾乎所有領域都處於限制與反限制的狀態之中，國家與社會的關係異常緊張。這是從

計劃經濟向市場經濟轉型過程中的必然反映。1989年政治風波在某種程度上與這種緊張關係有關。

1989年是國家與社會關係的轉捩點，加上1991年蘇聯共產黨垮臺以後的可怕後果，在國內的大多數人中形成了一個基本的共識，即中國不能沒有共產黨的領導，共產黨的命運不僅在於一黨之得失，還關係到民族國家建設的得失。

有了這樣一個共識，再加上共產黨推行社會主義市場經濟體制建設，也就大大緩解了政府與很多渴求經濟機會的個人和群體的關係。有產階級是最渴望政治穩定的，只要他們有機會去進一步發展。由於歷史上的動盪不安，東方社會的有產階級對社會穩定的願望總體上非常強烈。

由於推行市場經濟就意味著推行溫和的、理性的和現實性的思想，知識份子尤其是青年學生也不再像1980年代那樣排斥主流意識形態。

總之，市場經濟讓企業精英、知識精英都得到了益處，從而獲得了他們對政府的支持。

第五，在意識形態方面，朝更加理性和合理化的方向推進。如前所述，在1980年代，意識形態不時以極端的方式表現出來，既有極左也有極右，「改革要問姓什麼」就是極左的典型，而要求「全盤西化」則是極右的典型。這樣，意識形態就成了關於對與錯、好與壞的爭論。這種爭論反映在政治生活中，就是經濟政策的鐘擺。

經歷了十幾年的爭論以後，鄧小平1992年南方談話終於終止了這種有礙經濟發展的爭論。意識形態與經濟發展密切相關。先進的和落後的意識形態對經濟發展的作用在歷史上有很多案例可循，而意識形態衝突則更是制約經濟發展的重大因素。「文化大革命」時期「寧要社會主義的草，不要資本主義的苗」的關於經濟發展的意識形態把中國的經濟推向崩潰的邊緣；1980年代的意識形態上的爭論使中國的經濟政策出現鐘擺；臺灣經濟長期陷入低迷狀態，與李登輝、陳水扁挑起的本土與外來族群之爭、統獨之爭不無密切關係，難怪臺灣學者稱李登輝、陳水扁治下的臺灣是政治掛帥。

　　但是，在進入新世紀的最初十年，中國的觀念之爭又重新燃起，不僅有不能溝通的左—右之爭，還有傳統文化的進場。這意味著，當中國經濟崛起以後，立國價值已經是一個迴避不了的大問題。在此大背景下，執政黨提出「社會主義核心價值體系」，可謂正當其時。作為一種立國價值，必須包容自由、社會主義和中國傳統思想中的精髓如民本思想。

　　總之，鄧小平1992年南方談話以來的政治模式是，在政治上加強了中央政府的權威和共產黨的領導，在經濟上正在傾向自由的社會主義市場經濟。

四、優勢與問題

　　與其他發展中國家或後發達國家和地區相比較，中國現行的政治模式具有明顯的優勢，同時也存在著難以迴避的問題。優勢是：

（一）能夠集中精力發展經濟

　　黨管幹部原則能夠保證全黨和政府官員把行動統一到中共中央。自中共十四大到十六大，中共中央的戰略就是經濟發展優先。從比較政治學而言，這一戰略選擇是正確的。對後發達國家而言，在政治經濟關係上，確實有一個選擇優先性問題。是政治優先還是經濟優先，對很多發展中國家而言是一個兩難的選擇，其中的人民面臨情感與理性的劇烈的、痛苦的衝突。蘇聯選擇了一條政治優先改革之路，其結果不但是蘇聯共產黨的不幸，也是民族國家建設的不幸。以韓國為代表的一些後發達國家和地區，選擇的是經濟發展優先、政治民主滯後的戰略，結果走上了發達國家和地區的行列。中國在經濟改革的同時也在推動政治改革，這對保證中國的經濟發展起到了不可忽視的作用。對現實的中國而言，民生畢竟是首先需要解決的問題，而現行的政治模式正是這種戰略選擇的必然反映。

（二）技術專家型政治家能夠保證中國的戰略選擇的實施

　　對後發達國家而言，治國者一般要經歷革命家向技術專家的轉變。中國的第一代領導人都是革命家，以鄧小平為核心的第二代領導人是由革命家向技術

專家過渡的一代，以江澤民同志爲核心的第三代領導集體和第四代以胡錦濤同志爲總書記的領導集體是人類政治歷史上最爲典型的技術專家治國，所有的政治局常委都有工程師或高級工程師背景，畢業於工程專業。如此多的政治家具有如此劃一的專業背景，堪稱人類政治發展史上的奇蹟。我們知道，作爲革命家的政治傢俱有強烈的意識形態情結，革命的動因是意識形態，建設的目標自然也是革命時期的訴求。技術專家則以解決問題爲擅長，他們對經濟發展就如同對設計工程圖紙一樣有興趣，因此，他們把主要精力都集中在經濟發展問題上。

存在的問題有：

1. 腐敗問題

「權力有腐敗的傾向，絕對的權力導致絕對的腐敗」，這一政治學上的至理名言在任何時候、任何地方都是適用的，因爲權力是由活生生的個人擁有和行使的，而對擁有權力的個人不能在道德上期望他徹底忘掉個人利益和謀取私利的欲望，對他的制約方式只能是制度和法律。中共十六大報告指出：需要建立結構合理、配置科學、程式嚴密、制約有效的權力運行機制，從決策和執行等環節加強對權力的監督，保證把人民賦予的權力眞正用來爲人民謀利益。中國嚴重的腐敗就在於制約權力的機制不健全。如果官員只對上負責而無視其轄區內民眾的要求，就必然會濫用權力。因此，建立完善的對官員和權力的制約制度，不僅要有黨、政府和人大的管道，還應該有權力的主人即民眾的管道，否則，濫用權力和無視民眾利益的腐敗就不可能得到治理。

2. 農民與基層政府的矛盾

由於前述的壓力型體制和過多的幹部編制要拿工資，基層政府盤剝農民的現象並不是個別案例。2000年2月10日，湖北省監利縣棋盤鄉黨委書記李昌平寫給國務院領導的《一個鄉黨委書記的心裡話》，揭開了長江中游一個多年的「全國產糧冠軍縣」——監利縣的眞相，指出「現在農民眞苦、農村眞窮、農業眞危險！」陝西一位縣委組織部長的《向農民道歉》一書，更是眞實地反映了地方幹部如何濫用權力向貧困的農民斂錢的現象。

　　農民問題直接影響到中國的政治穩定。根據發展中國家的經驗教訓，如果農村不穩定，將會導致全局性的不穩定。如何解決這一根本性的問題？我們知道，基層幹部之所以能如此肆無忌憚地盤剝農民，說到底是因為農民沒有辦法制約他們，沒有權力制約機制。因此，應該建立讓農民參與的政治機制，建立起民主合作的體制，[11]即讓農民有機會影響地方幹部的任免，讓農民有機會影響關係到他們自身利益的決策。

3. 社會公正問題

　　在1992-2012年的20年間，中國的政治結構、經濟體制、社會體制都發生了巨大的、甚至是革命性變化。在走向社會主義市場經濟的過程中，權力體制與市場的適應性越來越強，結果形成了一定程度的官商勾結和官商同盟，這一點在地方政治中尤其突出。這樣，國家壟斷的資源越來越多，而比如大型國有企業和礦產和地產企業的壟斷利益越來越顯著。以此同時，由於市場經濟和互聯網帶來的社會結構的多元化以及社會的自主性，表達利益的願望更加自主和強烈，對社會不公正現象的感知更為突出。因此，一方面是發展越來越快，得到好處的人越來越多，而另一方面對社會現狀不滿的人也更有意願去表達利益訴求，讓人更強烈地感知到經濟發展帶來的副產品即社會不公正。

　　應該說，所有這些問題都是共產黨所要致力解決的，中共十四大以來的所有政治報告都涉及這些問題。這些問題的解決將使中國的政治發展更加平穩、更加合理。

　　如果說1980年代的改革以開放為主、1990年代的改革以建設社會主義市場經濟為主，那麼2013年中共十八屆三中全會通過的《中共中央關於全面深化改革若干重大問題的決定》則是中國政治發展中的新階段和新走向，其目標是推進國家治理體系和治理能力的現代化。這一問題將在本書最後一部分討論。

11　參見榮敬本等：《從壓力型體制向民主合作體制的轉變》，82～109頁。

第一部分

黨和國家領導體制

第一章　當代中國政治制度的基本性質與原則

重點問題

◎如何認識中國政治制度中黨章與憲法的關係？
◎黨章關於中國政治運行機制的規定有哪些？
◎如何認識中國政治制度中的人民主權原則？
◎如何認識中國政治中的依法治國原則？

在理解中國政治制度的基本問題之前，有必要先弄清楚中國政治制度的基本性質以及指導具體制度建制的基本原則。不同於其他國家的政治，中國政治制度的基本性質和基本原則不僅由憲法規定，而且也體現在中國共產黨黨章之中。也就是說，當代中國政治的制度規範是由憲法和黨章共同決定的，它們規定了中國政治的基本性質與制度框架。

第一節　中國政治制度的法律性淵源：憲法與黨章

一、《中華人民共和國憲法》

除了1949年中國人民政治協商會議通過的憲法性文件《中國人民政治協商會議共同綱領》以外，中國共頒布過四部憲法，即1954年憲法、1975年憲法、1978年憲法和1982年憲法，其中對1982年憲法又有一系列的修改。作為國家的根本性法律，憲法的歷史最典型地體現了一個國家的制度變遷歷史。這裡所討論的憲法是現行憲法即1982年憲法。

　　通常認爲，憲法是國家的根本大法，具有最高法律效力。但這只是說明了作爲法律的憲法在整個法律體系中的地位與作用。要想說明憲法與政治制度之間的關係，特別是憲法對中國政治制度的規範性影響，必須要明確憲法所調整的基本對象。童之偉認爲，「憲法是分配法權並規範其運用行爲的根本法」[1]。此處的「法權」是指權利權力統一體或法定之權，「根本法」一詞用來說明憲法的外在特徵，「法權」說明憲法的實質特徵，即規範和調整國家權力與社會／公民權利之間的關係。憲法主要在以下幾方面體現了它是中國政治制度的法律性淵源之一。

1. 憲法規定了中國政治制度的宏觀架構

　　憲法作爲一個國家的根本法，它的首要任務就是組織國家政權。中國現行憲法首先以最高法、根本法的形式確定了中國的國體和政體。一國的國體和政體是整個政治制度系統的基礎和根本所在。國體是指社會各階級在國家中的地位，即哪個階級處於統治地位，哪個階級處於被統治地位。而統治階級在國家中的地位直接決定著國家的階級屬性，體現國家的階級本質和階級利益內容。政體是國家政權的組織形式，即特定社會的統治階級採取何種原則和方式，組成並代表國家系統地行使權力，以實現階級統治任務的政權機關體系。它表現爲最高國家權力機關的組成，及其與其他國家機關、公民的關係。關於中國的國體，《憲法》序言明確指出：憲法以法律的形式「規定了國家的根本制度」，即《憲法》第一條中所說的社會主義制度。《憲法》第一條還具體規定：「中華人民共和國是工人階級領導的、以工農聯盟爲基礎的人民民主專政的社會主義國家。」這是中華人民共和國的國體。對於中國的政體，《憲法》第二條規定：「中華人民共和國的一切權力屬於人民。[2]人民行使國家權力的

1　童之偉：《法權與憲政》，262頁，濟南，山東人民出版社，2001。

2　「人民」概念繼承了傳統的「民」的概念中作爲國家構成的基本要素、作爲廣大社會公眾以及作爲國家之「本」的內涵，透過引入西方民主理論對「民」的概念進行改造，在當代政治話語體系中，人民便被提升爲國家的本體、國家的主人，或者說，人民就是國家。作爲一個抽象的整體，它被賦予國家最高權力。不過，在當代主流政治意識形態中，這種賦予即使在理論上也是不徹底的。在有的場合，人民仍處於附屬的地位。〔參見叢日雲：

機關是全國人民代表大會和地方各級人民代表大會。」《憲法》第三條規定：「中華人民共和國的國家機構實行民主集中制的原則。全國人民代表大會和地方各級人民代表大會都由民主選舉產生，對人民負責，受人民監督。國家行政機關、審判機關、檢察機關都由人民代表大會產生，對它負責，受它監督。」

其次，憲法規定了中國政治制度的基本機構設置及其基本職權、組成、運行規則。

憲法規定中國政治制度的中央機構由最高權力機關（全國人民代表大會）、國家元首（中華人民共和國主席）、最高國家行政機關（國務院）、國家武裝力量領導機關（中央軍事委員會）、最高檢察機關（最高人民檢察院）、最高審判機關（最高人民法院）組成；地方機構由地方各級人民代表大會和地方各級人民政府、各級檢察院、法院組成；並對中央和地方權力機關、行政機關、司法機關的基本職權責任、組成與運行規則做出了規定（詳見《憲法》第三章國家機構）。

2. 憲法規定了中國政治制度中的宏觀法權關係

憲法的實質在於其以國家最高法、根本法的形式，來規範和調整法權及其運行。所以憲法在規定政治制度基本設置的同時，必須對它們之間的權力責任關係做出基本規定，從宏觀上保證政治制度運行的基本穩定。

憲法明確規定的政治制度中的宏觀法權關係主要有：第一，國家行政機關、審判機關、檢察機關都由人民代表大會產生，對它負責，受它監督（第三條、第一百二十八條、第一百三十三條）。第二，司法審判獨立是現代政治制度的主要原則。薩托利認為，司法審判必須真正獨立，憲法不僅意味著一個國家偶然具有什麼結構，而且還意味著一種明確的保障，即對權力行使者真正加

《當代中國政治語境中的「群眾」概念分析》，載《中國政法大學學報》，2005(2)〕在很長的一個歷史時期裡，人民概念還經歷了階級性的改造。（參見任劍濤：《中國現代思想脈絡中的自由主義》，227～225頁，北京，北京大學出版社，2004）

以約束和限制的結構。[3]憲法規定，人民法院依照法律規定獨立行使審判權，不受行政機關、社會團體和個人的干涉（第一百二十六條）。司法系統內部實行垂直領導，即最高人民法院監督地方各級人民法院和專門人民法院的審判工作，上級人民法院監督下級人民法院的審判工作（第一百二十七條）；最高人民檢察院領導地方各級人民檢察院和專門人民檢察院的工作，上級人民檢察院領導下級人民檢察院的工作（第一百三十二條）。第三，中央統一領導地方，同時充分發揮地方的主動性、積極性的原則（第三條）。這樣，憲法以最高法、根本法的形式規定了政治制度內部的權責（委託—代理）關係，確立了不同政治機構之間的基本關係規則，使整個政治制度系統的運行有了可遵循的宏觀規則。

從現代國家的現實與發展趨勢看來，作為國家的根本大法的憲法所要調整的核心法權關係是社會／公民權利與國家權力之間的關係。美國憲法學家杜利索里尼曾說：「憲法有雙重功能，即授予權力並限制權力。」[4]除此之外，中國憲法還規定了公民的基本權利與義務，並從某種程度上體現了公民基本權利對國家權力的限制。《憲法》第二章規定，國家尊重和保障人權；公民在法律面前一律平等，享有言論、出版、集會、結社、遊行、示威的自由，宗教信仰自由，人身自由，通信自由，創作自由，選舉權和被選舉權，人格權，居住權，休息權，保障權等。國家機關不得以非法的形式剝奪公民的權利與自由。一旦發生對公民權利自由的侵犯，公民有權利進行申訴、控告、檢舉，造成損失的，有索賠的權利。這些規定從根本大法的高度明確了政治制度運行必須以不損害、不侵犯、不剝奪公民的這些權利與自由為前提。同時，任何權利和自由都不是沒有限度的，否則，整個社會最終只能陷入霍布斯式的戰爭狀態，所以，憲法也規定公民在行使自由和權利的時候，不得損害國家的、社會的、集體的利益和其他公民的合法的自由和權利。憲法對公民權利與自由的授予與限制，表明它在尋求公民權利與國家權力之間的適度平衡，這也是中國政治制度

3　〔美〕喬‧薩托利：《民主新論》，444頁，北京，東方出版社，1998。

4　Tresolini, Rocco J., American Constitutional Law, p. 9, New York, The Macmillian Company, 1959.

所要面對和解決的基本問題。有學者指出，中國憲法有國家權力本位傾向，因而不利於保護公民權利，結果是有憲法而無憲政。[5]但是，客觀地講，憲法或憲政的功能並不在於偏向張揚公民權利與自由，或者過度支持國家權力，而在於明確公正地界定二者之間的關係，為二者提供公平的博弈根本法則。在中國政治的現實中，國家權力過於強大，公民權利存在一定程度的缺失為批評者提供了論據。但中國政治制度要實現憲政，最主要的不是簡單地限制國家權力、張揚公民個人權利與自由的問題，憲政的目標是建立一個有效的、負責的、公正的、保護個人基本權利的政治和法律體系，而這就要求憲法賦予國家足夠的、有效的權力來管理公共事務和保持社會安全及穩定。[6]

此外，憲法確定「一切權力屬於人民」，並規定民主選舉產生人民代表大會，其他國家機關由人民代表大會選舉產生並對它負責，接受它的監督，這些原則都體現了中國政治制度中公民權利對國家權力制約的理念。現在的問題是如何把人民主權這一抽象原則透過公民具體權利體現到政治實踐中來。

3. 憲法確立了中國政治制度的基本價值取向與原則

憲法不僅規定了中國政治制度的基本機構設置、法權關係，還確立了政治制度的基本價值取向與原則。

堅持中國共產黨的領導和黨的指導思想。憲法敘述了堅持中國共產黨領導的合法性的歷史資源。《憲法》序言中指出：「中國新民主主義革命的勝利和社會主義事業的成就，是中國共產黨領導中國各族人民，在馬克思列寧主義、毛澤東思想的指引下，堅持真理，修正錯誤，戰勝許多艱難險阻而取得的。」憲法宣示中國共產黨是建設中國特色社會主義的領導力量，並堅持以黨的指導思想為價值取向。「中國各族人民將繼續在中國共產黨領導下，在馬克思列寧主義、毛澤東思想、鄧小平理論和『三個代表』重要思想指引下，堅持人民民

5　參見馮崇義、朱學勤主編：《憲政與中國》，香港，香港社會科學出版社有限公司，2004；季衛東：《憲政新論》，北京，北京大學出版社，2002。

6　參見李波：《法、法治與憲政》，載《開放時代》，2003（5-6）。

主專政，堅持社會主義道路，堅持改革開放，不斷完善社會主義的各項制度，發展社會主義市場經濟，發展社會主義民主，健全社會主義法制，自力更生，艱苦奮鬥，逐步實現工業、農業、國防和科學技術的現代化，推動物質文明、政治文明和精神文明協調發展，把中國建設成為富強、民主、文明的社會主義國家。」這確立了中國政治制度在意識形態方面的規定性和價值取向。

人民主權：人民主權是現代憲法與政治制度公認的價值理念。中國《憲法》第二條規定：「中華人民共和國的一切權力屬於人民。」如前所述，憲法對人民代表大會及其產生、運作與其他國家機構的關係的規定，以及對公民基本權利與自由的規定都體現了人民主權的價值理念，從而也就規定了中國政治制度必須堅持人民主權這一基本價值理念。在具體政治行為上，《憲法》第二十七條要求「一切國家機關和國家工作人員必須依靠人民的支持，經常保持同人民的密切聯繫，傾聽人民的意見和建議，接受人民的監督，努力為人民服務」。

依法治國：《憲法》第一百二十六條規定，人民法院依照法律規定獨立行使審判權，不受行政機關、社會團體和個人的干涉。這體現了中國政治制度中司法獨立的原則和「法治」（rule of law）精神，但1999年以前提倡的是「法制」（rule by law）、「依法行政」，「法治」並沒有作為治國的總體理念。1999年《憲法修正案》第十三條，在原第五條增加一款，作為第一款，規定：「中華人民共和國實行依法治國，建設社會主義法治國家。」標誌著中國國家治理理念從法律工具主義的法制觀到法律至上的法治觀的轉變，同時也是中國政治制度運行的基本原則與具體政治行為價值指導上的重大轉變。

此外，憲法還規定，中華人民共和國的國家機構實行民主集中制的原則。

如上所述，中國憲法明確規定了政治制度的宏觀架構、法權關係、基本價值取向與原則。這樣，憲法在法律體系中作為國家最高法、根本法的權威性，就從文本意義上轉化為基本政治制度、規則、價值的權威性與合法性。但這種文本意義上的轉化能否真正具有實踐意義上的政治制度的權威性與合法性，取決於憲法本身的權威性能否在實踐中得到制度支持（如憲法司法化、違憲審查

等）等諸多因素。[7]實際上，憲法與政治制度運行處於一個政治系統中，二者是互動的，政治制度實際如何運行對文本憲法能否變成實踐憲法有重要影響。如果政治制度的主體有違憲行為，卻沒有制裁違憲行為的制度，不僅會有損政治制度本身的權威性與合法性，而且會銷蝕憲法的權威性。正如有的學者指出的：「雖然法律和政治之間常常相互作用，但基本方面是政治決定法律，政治控制法律。」[8]「憲法擁有權威的關鍵不在於公民是否服從它，恰恰在於政府自身是否服從它。」「憲法有沒有權威，即有沒有最高效力，不取決於法律上的文字遊戲，也不取決於各不相同甚至是各自對立的道德觀念，而是取決於各自力量的對比。」[9]在中國幾部憲法的制定和現行憲法的修訂過程中，政治對憲法的影響，而不是憲法對政治的影響表現得更為明顯。從發展的觀點來看，中國憲法如何對中國政治制度的塑造發揮作用，主要取決於中國政治將來能否把憲政精神融入到憲法中去，並把體現完整憲政精神的憲法原則運用到社會政治實踐中去建立憲政制度體系。

二、《中國共產黨章程》

和憲法一樣，黨章也經歷了多次修改。在中國，黨章的修訂不僅反映著中國政治制度的變化，也反映著共產黨自身的結構、組織以及指導思想的發展與完善。這裡所討論的黨章是2002年中國共產黨十六大所修訂並通過的黨章。

《中國共產黨章程》是中國共產黨的最高行為規範，是黨內政治生活和黨內關係的基本準則。[10]中國共產黨是中國的唯一執政黨的現實決定了《中國共

7　傑佛瑞・賴曼指出：「因為紙上的文字本身並不能限制任何東西。相反地，必須存在這樣一種社會實踐，在其中，對這些文字的引用通常能夠有效地把政府行為限制在這些文字所允許的範圍內。我們可以把這種意義上的憲法稱為作為社會實踐的憲法，或者簡稱為作為實踐的憲法。」（傑佛瑞・賴曼：《憲法、權利和正當性的條件》，見〔美〕阿蘭・S・羅森鮑姆編：《憲政的哲學之維》，180頁，北京，三聯書店，2001）

8　〔美〕萊斯利・里普森：《政治學的重大問題——政治學導論》，201頁，北京，華夏出版社，2001。

9　龔祥瑞：《論憲法的權威性》，見王焱等編：《市場邏輯與國家觀念》，190、194頁，北京，三聯書店，1995。

10　多數論者把黨章比作黨的「根本大法」、黨內「憲法」。這是不恰當的，因為法律的實施

產黨章程》成爲當代中國政治制度的重要法律性淵源之一。

首先，黨章闡述了中國共產黨在中國政治制度中的領導地位。

黨章在總綱中明確指出中國共產黨是「中國特色社會主義事業的領導核心」，「堅持社會主義道路、堅持人民民主專政、堅持中國共產黨的領導、堅持馬克思列寧主義毛澤東思想這四項基本原則，是我們的立國之本」。而社會主義制度則是「國家的根本制度」。黨對社會主義的領導是全方位的，江澤民同志指出：「工農兵學商，黨是領導一切的。」[11]更具體一點講，包括發展經濟和社會主義民主政治，建設社會主義政治文明和精神文明，堅持對人民解放軍和其他人民武裝力量的領導，維護各民族的團結和國家統一等。

《黨章》總綱簡明而宏觀地論述了黨的指導思想及其形成過程，以及黨在各階段取得的巨大成就，這實際上可以看作是對黨在政治制度中居於領導地位進行的歷史論證。《黨章》規定：「中國共產黨是中國工人階級的先鋒隊，同時是中國人民和中華民族的先鋒隊，是中國特色社會主義事業的領導核心，代表中國先進生產力的發展要求，代表中國先進文化的前進方向，代表中國最廣大人民的根本利益。」指明了黨的性質，是黨在政治制度中居於領導地位的根本所在。

黨章還明確了黨的中央和地方組織在國家政治制度中的基本權力劃分原則。《黨章》第十五條規定：「有關全國性的重大政策問題，只有黨中央有權作出決定」。黨按行政區劃建立黨的地方組織，並在軍隊中建立各級黨的組織（由中國人民解放軍總政治部負責管理），這實際上是對政治的最強有力的控制與領導。

其次，黨章對中國政治制度的直接規定與影響。

是以強制力乃至暴力爲基礎的，但黨章規定對違犯黨的紀律的最高處罰是開除黨籍，並不以暴力爲基礎。

[11]　江澤民：《論黨的建設》，359頁，北京，中央文獻出版社，2001。

作爲黨的最高行爲規範和行動準則，黨章把四項基本原則作爲「立國之本」，這與憲法是一致的。黨章把「始終做到『三個代表』」確立爲黨的「立黨之本、執政之基、力量之源」，把依法治國和以德治國結合起來，作爲執政黨的治國方略。這實際上是對黨以什麼樣的姿態出現在政治制度中，通過什麼樣的途徑使政治制度得以順利運行，做出了規定。

我們對照黨章規定的黨運作的基本原則和憲法規定的中國政治制度運行的基本原則，可以看出，前者與後者有許多相同之處。如民主集中制、爲人民服務、依法治國等。這實際上是作爲唯一執政黨的中國共產黨的領導原則轉化爲政治制度的結果。

再次，黨章是中國共產黨黨員的基本行爲規範。

中國的主要政治精英是從共產黨員中選拔出來的，中國政治制度的機構與中國共產黨的組織設置又並列重疊，所以作爲共產黨員基本行爲規範的黨章必然對中國政治制度的性質、政治主體的行爲產生重要影響。這主要表現在，在國家政體中，執政黨組織和黨員的身分具有兩重性：一是執政黨的成員，《中國共產黨章程》是其身分的依據和行爲圭臬；二是國家公權力的主體，《中華人民共和國憲法》和其他法律是其身分合法性的依據和公權力行爲的規範。黨章對黨員及黨組織的規範，必然會對它們的第二種政治角色產生影響。爲了解決雙重角色之間可能出現的衝突，黨章規定：黨的幹部要「正確行使人民賦予的權力，依法辦事」，「黨內嚴格禁止用違反黨章和國家法律的手段對待黨員，嚴格禁止打擊報復和誣告陷害。違反這些規定的組織或個人必須受到黨的紀律和國家法律的追究」。也就是說，黨員角色不能成爲其逃避法律制裁的擋箭牌。黨也歷來強調憲法和法律是黨的主張和人民意志相統一的體現，任何組織和個人都不允許有超越憲法和法律的特權。[12]同時，黨章畢竟是一個政黨內部的行爲準則，而執政是一種行使公權力性質的法律行爲，所以，黨章並不能規範黨員在黨以外的全部政治行爲，執政黨的成員只有嚴格遵守國家政權的各種政治制度與法律法規，才能取得行使公權力的合法資格，進而根據憲法和法

---

[12]　參見《江澤民文選》，3卷，528～575頁，北京，人民出版社，2006。

律的授權具體行使執掌政權的各項公權力。一句話，「執政黨應該通過符合民主政治要求的、法定的、制度化的管道，進入到國家政權內部，然後嚴格按照國家制定的法律去行使對國家和社會的領導」[13]。

另外，黨章還對中國共產黨的最高理想與目標、基本路線、如何吸納黨員、黨員的權利與義務、黨的組織制度、黨的中央地方及基層組織、黨的幹部、黨的紀律檢查機關、黨組、黨與共產主義青年團的關係諸問題做了詳細的規定。這對作為中國政治制度核心的中國共產黨建設的制度化起著至關重要的作用。

既然憲法和黨章都是中國政治制度的重要法律性淵源，人們自然就會想到這樣一個問題，即憲法與黨章是何種關係？這種關係對中國政治的實質具有何種影響？

在中國政治過程中，黨的政策和執政理念（如四項基本原則、「三個代表」重要思想）透過合法程序先寫入黨章，後寫入憲法。修憲活動的實際程序是經中共中央討論到召開黨的代表大會再經人民代表大會表決通過，黨在立憲和修憲活動中的作用是關鍵性的。在時間順序上，也表現為黨章修改在先，而修憲在後。從實踐和邏輯上看，這是出於政治穩定（如四項基本原則入憲）或擴大和補充執政黨執政的合法性和正當性的需要（如「三個代表」重要思想入憲）；從法理上看，無論是從效力還是從規範的物件範圍上來說，都是憲法大於黨章。透過憲法和法律把執政黨的政策具體化、規範化和法律化，「實際上是確認執政黨的領導權威、執政地位及其政策的至上性，是用法治的方式維護執政黨的權威，堅持執政黨的領導，推行執政黨的政策，實現執政黨的領導方式和執政方式的法治化轉變，從制度上、法治上保證『黨在憲法和法律範圍內活動』原則的進一步落實」[14]。現在的主要問題是，只有真正把黨章與憲法所規定的「黨在憲法和法律範圍內活動」的原則與精神落實到政治實踐過程中去，才能保證憲法和黨章各自的權威性與合法性，逐漸把中國政治推向現代憲

13　李林：《法治與憲政的變遷》，238頁，北京，中國社會科學出版社，2005。
14　同上書，252頁。

政之路。在政治邏輯上，「對實行一黨執政的國家來說，憲政實踐面臨著顯在或潛在的制度障礙和理念障礙；但對於現代國家來說，憲政是其必然的形態。這就需要在一黨執政和憲政之間架起相通的橋樑。如果憲政和一黨執政的嫁接點與契合點不能形成，其結果往往使執政黨背離了憲政的要求，執政黨甚至成為凌駕於憲法之上的權威」[15]。

第二節　中國政治制度的基本性質與原則

由上節的論述可知，憲法和黨章規定的中國政治制度的基本性質和原則包括：人民主權、民主集中制、四項基本原則、依法治國以及公民權利與義務原則。為了明確這些原則，接下來我們一一對它們進行介紹。

一、人民主權原則

從字面意義上講，人民主權就是一切權力屬於人民，人民擁有國家主權。國家主權分為對內主權和對外主權。前者是指在國家所屬領土內的權力，後者是指在現代民族國家構成的國際框架中，每個國家有獨立處理對內對外關係、不受外來力量干涉的權力。在當代，世界各國幾乎都透過憲法把人民主權確立為其政治制度普遍和首要的原則。

中國現行憲法也把人民主權作為政治制度的首要原則。《憲法》第二條規定：中華人民共和國的一切權力屬於人民。這是社會主義國家人民主權的憲法原則。人民不能只從法理上擁有權力，還要透過具體的政治制度來行使憲法賦予的權力，否則人民主權原則只是一句空話。在現代大規模的政治系統中，人民主權並不意味著人民都可以去直接執掌和行使國家權力，行使主權的途徑只能是選舉自己的代表組成國家權力機關或立法機關，透過立法來實現自己的意

15　林尚立等：《制度創新與國家成長——中國的探索》，44頁，天津，天津人民出版社，2005。

志。中國憲法不但規定人民行使國家權力的機關是全國人民代表大會和地方各級人民代表大會，而且對各級人民代表大會及其常務委員會的職能做出了較為詳細的說明。作為人民行使權力的機關的權力必須來自人民，這樣才能保證它執行人民的權力意志。全國人民代表大會和地方各級人民代表大會都由民主選舉產生，對人民負責，受人民監督。人民代表大會代表應當同原選舉單位和人民保持密切的聯繫，聽取和反映人民的意見和要求，努力為人民服務。《中華人民共和國人民代表大會組織法》對國家權力機關的運行作了更為詳細的規定，以確保其對人民負責，體現人民的權力意志。

由於主權具有對內對外的最高權威性，所以憲法還規定人民行使國家權力的機構也是國家的最高權力機關，國家行政機關、審判機關、檢察機關都由人民代表大會產生，對它負責，受它監督。在對外主權方面，全國人民代表大會有權決定戰爭與和平的問題。在全國人民代表大會閉會期間，如果遇到國家遭受武裝侵犯或者必須履行國際間共同防止侵略的條約的情況，將由全國人民代表大會常務委員會決定戰爭狀態的宣布。中華人民共和國主席代表中華人民共和國，根據全國人民代表大會常務委員會的決定，派遣和召回駐外全權代表，批准和廢除同外國締結的條約和重要協定。這是人民主權原則在國家對外主權方面的體現。

人民主權原則不僅體現在人民代表大會制度上，而且也體現在其他國家機關的日常運作中。憲法規定一切國家機關和國家工作人員必須依靠人民的支持，經常保持和人民的密切聯繫，傾聽人民的意見和建議，接受人民的監督，努力為人民服務。

在現代代議制政治中，人民主權除了在選舉和議會召開期間得到較為直接的體現外，作為政治理論概念的「人民」在政治過程中就是「公民」、「民眾」，是被管理者，必須服從國家機關的管理。透過各種制度形式，人民把主權讓渡給了代表機關，代表機關又委託給具體的國家機構。我們可以認為全體公民所讓渡出來的只是治權，而不是主權。但主權往往體現為國家對社會的治理權力。而國家治權可能會發生變異，不執行它所代理的權力意志，侵犯公民

權利。所以在以代議制體現人民主權原則的同時，以法律保護每個公民的個人權利成爲人民主權的重要基礎和現代政治運行的重要原則。現行憲法通過保護中國公民的權利和自由，明確「國家尊重和保障人權」來體現人民主權。其他相關法律也對公民的權利做出了具體的保障。

此外，在中國政治中，人民主權原則體現在國體上是人民民主專政。《憲法》第一條規定：中華人民共和國是工人階級領導的、以工農聯盟爲基礎的人民民主專政的社會主義國家。顯然，這裡的「人民民主」和人民主權原則是一致的，其本質是人民當家作主，但同時它又是一個具有明顯階級性的政治概念。人民民主的本質就是勞動人民的統治。因此，「其表現形式必然是民主和專政的有機統一。也就是說，要實現『人民民主』，除了要實現對人民內部實行最廣泛的民主外，還要同時實現對敵對階級和敵對勢力的專政，只有這樣，對人民內部的最廣泛民主才有保證」[16]。

總之，人民主權原則是中國政治制度的重要原則，是中國政治合法性的重要理論來源，與之相應的人民代表大會制度則爲中國政治合法性提供了制度來源與保證。正如美國政治學者薩托利所說，「權力屬於人民建立了一條有關權力來源和權力合法性的原則。它意味著只有真正自下而上授予的權力，只有表達人民意志的權力，只有以某種得以表達的基本共識爲基礎的權力，才是合法的權力。……只有當受治者同治者的關係遵循國家服務於公民而不是公民服務於國家，政治爲人民而存在而不是相反這樣的原則時，才有民主制度存在」[17]。同時，儘管當代中國政治制度直接或間接體現了人民主權原則，以滿足對政治合法化的訴求和關於權力來源的終極性追問，但人民主權原則具有高度的抽象性，而其制度化又非常具體，所以人民主權及其制度化本身就是一個充滿爭論的過程。[18]如何使具體化的人民代表大會制度更加完善，更充分體現人民主權原則；如何處理中國共產黨的「三個代表」重要思想及制度化、黨的

---

[16] 林尚立：《當代中國政治形態研究》，225頁，天津，天津人民出版社，2000。

[17] 〔美〕喬·薩托利：《民主新論》，37～38頁。

[18] 關於對人民主權理論的爭論，參見肖君擁：《人民主權論》，濟南，山東人民出版社，2005。

領導和人民代表大會制度之間的權力關係；如何處理人民主權與公民權利之間存在著的不和諧關係，以免由於過度強調主權的整體性與絕對性而使個人的權力淹沒在「人民」的大海之中等問題，成為研究人民主權與中國政治之間關係的題中應有之義，也是中國政治改革需要完善的問題。

二、民主集中制原則

民主集中制的基本含義是民主基礎上的集中和集中指導下的民主相結合。民主集中制為列寧首創，後來在實行共產黨體制的國家內普遍推行，中國共產黨成立後即以此制度為組織原則，奪得國家政權之後又將之推廣到國家權力體系，把這種制度運用於政權建設，在國家機構中實行民主集中制的原則。民主集中制在中國被寫進了黨章，載入了憲法，具有黨紀國法的崇高地位。鄧小平指出，「民主集中制是黨和國家的最根本的制度」，堅持和完善這一制度，「是關係我們黨和國家命運的事情」[19]。事實上，中國的政體就是民主集中制。作為政體的民主集中制最好地體現了中國政治中的黨的領導。

作為中國政體的民主集中制，在實踐中有三個層面的表現：

（一）它是中國共產黨的根本組織制度

《中國共產黨章程》明確規定黨是按照民主集中制組織起來的統一整體，黨的民主集中制的基本原則是：(1)黨員個人服從黨的組織，少數服從多數，下級組織服從上級組織，全黨各個組織和全體黨員服從黨的全國代表大會和中央委員會；(2)黨的各級領導機關，除它們派出的代表機關和在非黨組織中的黨組外，都由選舉產生；(3)黨的最高領導機關，是黨的全國代表大會和它所產生的中央委員會。黨的地方各級領導機關，是黨的地方各級代表大會和它們所產生的委員會。黨的各級委員會向同級的代表大會負責並報告工作；(4)黨的上級組織要經常聽取下級組織和黨員群眾的意見，及時解決他們提出的問題。黨的下級組織既要向上級組織請示和報告工作，又要獨立負責地解決自己職責範圍內的問題。上下級組織之間要互通情報、互相支持和互相監督。黨的

---

[19] 《鄧小平文選》，2版，第1卷，312頁，北京，人民出版社，1994。

各級組織要使黨員對黨內事務有更多的瞭解和參與；(5)黨的各級委員會實行集體領導和個人分工負責相結合的制度。凡屬重大問題都要按照集體領導、民主集中、個別醞釀、會議決定的原則，由黨的委員會集體討論，作出決定；委員會成員要根據集體的決定和分工，確實履行自己的職責；(6)黨禁止任何形式的個人崇拜。要保證黨的領導人的活動處於黨和人民的監督之下，同時維護一切代表黨和人民利益的領導人的威信。在黨內，這六條民主集中制原則的實質是少數服從多數，核心是全黨服從中央。

（二）它是中國政治制度運作的基本原則

民主集中制作為國家政治運作的基本原則，是由現行憲法規定的。中國現行《憲法》第三條規定：中華人民共和國的國家機構實行民主集中制原則。民主集中制的憲法內涵是：由人民透過民主的程序選舉人民代表大會的代表，人民代表集中人民意志，議決國家大事，組織行政機關，行政機關集中執行人民代表大會所通過的決議和制定的法律。

從人民與代表機關的關係上看，全國人民代表大會和地方各級人民代表大會都由民主選舉產生，對人民負責、受人民監督。這表明國家權力機關的權力來源於人民，它是在民主基礎上產生的，它要服從人民的意志。人民有權監督、罷免各級人民代表機關中不稱職的代表，把委託出去的權力收回來。同時，人民代表大會受人民的委託，集中行使人民賦予的權力。這體現了在民主基礎上的集中和在集中指導下的民主。從代表機關與其他國家機關的關係看，憲法規定國家行政機關、審判機關、檢察機關都由人大產生，對它負責，受它監督。這表明，在國家機關內部的組織結構中，人民代表機關掌握國家一切權力，其他國家執行機關集中行使人民代表機關賦予的權力，並服從人民代表機關的意志。這在組織結構上貫穿了民主集中制。從中央與地方的關係上看，遵循在中央統一領導下，充分發揮地方的主動性、積極性原則。這表明最高國家權力機關統一行使國家立法權，從而保證了中國法制的統一和尊嚴。民主集中制的組織結構對國家權力配置的規律是：它承認國家有最高的統一權力，屬於人民但又不同於封建的君主制個人行使權力；它承認權力的分開行使，但又不

同於資本主義的「三權分立」，互相制衡。

（三）它是一種具體的決策機制

上述憲法對民主集中制的規定概括了中國政治機構之間的基本關係。在各國家機關內部進行決策時也要遵循民主集中制的原則。單從條文上看，憲法規定國務院實行總理負責制，各部、各委員會實行部長、主任負責制。中央軍事委員會實行主席負責制。有的學者以此為據，認為這些機構內部不是實行民主集中制。[20]這是由於混淆了民主集中制在組織原則和決策機制兩個層面上的含義。其實，在這些機構進行重大決策時，一般都要按照集體領導、民主集中、個別醞釀、會議決定的原則進行。如各級人大及其常委會實行少數服從多數的集體領導制度，體現了民主的方面；而行政機關等則實行首長個人負責制，體現了集中的方面。《中華人民共和國國務院組織法》第四條規定：國務院工作中的重大問題，必須經國務院常務會議或者國務院全體會議討論決定。

在中國政治實際運作過程中，民主集中制的原則、要求和實際運用之間經常存在距離，出現偏差，主要表現為用集中取代民主，結果導致個人專斷。其中一個重要的原因是民主集中制的執行沒有法律依據和制裁措施。儘管鄧小平早在1970年代末1980年代初就已經認識到由於過度集中而損害民主的問題，並表現出堅定的「制度化和法律化取向」[21]，但至今為止，民主集中制並沒有很好地制度化。一個可很有說服力的事實就是，在我們黨內還從來沒有哪一個黨員或領導幹部，僅僅因為違反民主集中制而受到過紀律處分。此外，從現代政治學理論的角度講，把民主集中制的實質只歸結為簡單的「少數服從多數」，不能解決如何保護少數人權利的難題。[22]如何處理民主集中制中少數與多數的關係，並為之提供制度化保障，是完善中國政治制度這一基本原則需要解決的

20　參見程乃勝：《論民主集中制原則在憲法中的地位》，載《法制與社會發展》，2003（6）。

21　林尚立：《黨內民主——中國共產黨的理論與實踐》，83～84頁，上海，上海社會科學院出版社，2002。

22　有的學者較詳細地討論了民主集中制存在的這個問題。〔參見韓光宇：《正確理解和把握民主集中制的「集中」問題》，載《理論前沿》，2001（9）〕

問題。

三、四項基本原則

四項基本原則是指在中國要堅持社會主義道路，堅持人民民主專政，堅持中國共產黨的領導，堅持馬克思列寧主義、毛澤東思想。四項基本原則是鄧小平於1979年3月在黨的理論務虛會上代表黨中央提出來的。四項基本原則極其明確地回答了中國走什麼道路、實行何種國體、由哪個政黨領導、以什麼思想為指導的重大問題，是我們的立國、治國之本。江澤民同志在黨的十四大報告中指出：「這四項基本原則是立國之本，是改革開放和現代化建設健康發展的保證，又從改革開放和現代化建設獲得新的時代內容。」[23]

堅持社會主義道路是中國共產黨總結長期歷史經驗得出的基本結論，也是中國共產黨領導全國人民，在全球化國際環境中，探索建設現代民族國家道路的經驗總結。近現代歷史特別是原來各社會主義國家的歷史表明，照抄照搬別國模式、別國經驗，而不是把馬克思主義關於社會主義建設的理論創造性地運用於本國實際，開闢自己獨具特色的社會主義建設道路，是不可能取得成功的。所以，「建設社會主義必須根據本國國情，走自己的路」，共產黨一貫宣導馬克思主義普遍原理與本國具體實際相結合，並使之成為我們建設社會主義的指導思想，從而找到了一條建設中國特色社會主義的道路，開闢了社會主義現代化建設的新階段。

人民民主專政是人民主權原則在中國政治中的具體形式，是在絕大多數人民充分享有民主的基礎上對極少數敵對勢力實行專政的國家政權形式。過去只強調國家政權的專政功能（即統治功能），不提國家政權的民主功能（即社會管理或治理功能），導致國家政權功能發生偏向，功能失調。現在國家政權的職能真正轉移到以經濟建設為中心，組織管理改革開放和現代化建設，維護國家安全和社會穩定上來；轉移到以和平的法律手段來解決社會內部矛盾，保障

23　中共中央文獻研究室編：《十四大以來重要文獻選編》，上冊，12頁，北京，人民出版社，1996。

公民的合法權利上來。改革開放近三十年來，人民民主專政制度隨著時代的變化和要求，不斷調整和自我完善，主要是更加注重人民民主專政的制度化建設，如在堅持和完善人民代表大會制度、共產黨領導的多黨合作與政治協商制度，發展黨內民主和人民民主，健全社會主義法治等方面都採取了一系列措施，取得了較為顯著的成績。這表明在新時代環境中，堅持人民民主專政主要是調整和完善國家政權的統治功能和社會管理職能的關係，防止二者失衡，既不像一些前社會主義國家那樣過度強調所謂「全盤西化式民主」，放棄國家政權，也不是回到過去「以階級鬥爭為綱」的那種在和平建設時期過度強調國家的專政職能，而妨礙了國家的正常建設。

中國共產黨在中國國家建設各方面的領導地位是基於先有共產黨及其軍隊，後掌握國家政權這一基本歷史事實。堅持中國共產黨的領導是四項基本原則的核心，不可動搖。這除了基於沒有中國共產黨，就沒有社會主義新中國這一歷史事實外，還是由黨的基本性質及其能力、功績所決定的。根據比較政治發展的基本經驗，任何一個國家的現代化都需要一個主導力量，西方國家的現代化是由自下而上形成的資產階級主導的，而中國的現代化歷程表明其他政黨和階級都不是現代化的主導力量，歷史選擇了中國共產黨。在探索建設中國特色的民族國家的道路上，黨領導全國各族人民取得了輝煌的成就。當然，這個探索過程不會沒有錯誤，但每次都是依靠黨而不是離開黨糾正了自己的錯誤，這說明中國共產黨本身具有較強的自我更新和調適能力。現在黨提出要實現從革命黨向執政黨的轉變，踐行「三個代表」重要思想，提出「以人為本」的執政理念和建設國家中的科學發展觀，建設社會主義和諧社會，都表明在新的環境變遷中，共產黨在增強執政合法性、探求更完善的發展道路等方面所做出的努力。只有繼續堅持和完善黨的領導，才能更好地發揮黨在社會主義國家建設中的核心作用。

馬克思列寧主義、毛澤東思想是中國共產黨和建設社會主義的指導思想。黨章規定中國共產黨以馬克思列寧主義、毛澤東思想、鄧小平理論和「三個代表」重要思想作為自己的行動指南。放棄了馬克思列寧主義、毛澤東思想就等於放棄了黨的精神核心。所以，中國共產黨必須堅持自己的指導思想才具有自

己的特色。同時，馬克思列寧主義、毛澤東思想還是中國的主流意識形態。「意識形態是具有符號意義的信仰觀點的表達形式，它以表現、解釋和評價現實世界的方法來形成、動員、指導、組織和證明一定行爲模式和方式，並否定其他的一些行爲模式和方式。」[24]作爲主流意識形態，馬克思列寧主義、毛澤東思想以及它們的新發展——鄧小平理論和「三個代表」重要思想在黨和國家的建設中發揮著重要的維護政治合法性、批判整合其他錯誤思潮、引導社會信仰等功能。它們對於凝聚黨領導下的各種力量，共同建設中國特色社會主義具有重要作用。沒有馬克思列寧主義、毛澤東思想、鄧小平理論和「三個代表」重要思想，我黨的共產主義事業和建設中國特色社會主義的歷史任務就不能順利地完成。

歷史實踐特別是一些共產黨失去社會主義國家政權的事實表明，堅持四項基本原則是作爲發展中國家的社會主義大國的中國，能夠經得起風險和考驗，保持社會政治的平穩轉型，社會主義事業取得空前偉大的成就，顯示出強大生命力的根本原因之一。

四、依法治國原則

1997年9月，江澤民同志在黨的十五大報告中闡述了「依法治國」的思想。1999年3月15日，第九屆全國人民代表大會第二次會議通過的《中華人民共和國憲法修正案》第十三條規定：「憲法第五條增加一款，作爲第一款，規定：『中華人民共和國實行依法治國，建設社會主義法治國家。』」從此，「依法治國」被正式載入國家的根本大法，成爲中國政治的重要原則之一，這標誌著中國開始從「法制時代」轉向一個嶄新的「法治時代」。「法制」與「法治」有著截然不同的詞語解釋。「法制」與「法治」的內涵與外延是有區別的。「法制」靜態意義上指法律和制度，動態意義上指立法、執法、司法、守法、對法律實施的監督等各個環節構成的一個系統。「法治」強調的是通過法律對國家和社會事務的管理，代表理性、效率、文明、民主和秩序，是與

24　〔英〕大衛·米勒、韋農·波格丹諾主編：《布萊克維爾政治學百科全書》，345頁，北京，中國政法大學出版社，1992。

「人治」相對立的。在英文中，「法制」的意思是用法律來統治，而「法治」是指法律的統治。作爲黨和國家執政方略與原則的「依法治國」原則要從以下幾個方面得以體現和實行：

（一）依法治國的核心是「良法之治、憲法至上」

良法之治實際上提出的是一個法律本身的正義性的問題。西方國家用自然法衡量法律的良與惡，自然法被融入了人的生命、自由、平等、幸福等與生俱來的、不可或缺的權利。當人定法確認和保障自然權利時，人定法被認爲是善法，否則就是惡法。缺乏這個標準，依法治國就可能變成「純粹的法律統治」。一種純形式的法制，不受限制的立法者可能變成絕對權力的掌握者。一旦這樣，「『統治』也就騰出一隻相對於法治來說是不受限制的手。這意味著憲法法制的合法鎮壓乃是很容易做到的事情」[25]。在中國政治中，法律本身的合法性或者說良法之治是以人民主權原則及其制度化的人民代表大會制度作爲基本保障的。在人定法中，從法律的制定和修改程序來看，可以分爲根本法與普通法。憲法在一國法律體系中的位階最高，它爲一切權力的行使發放許可證，爲一切法律、法規的制定提供依據，爲一切組織和個人的行爲確立準則。依法治國意味著：包括最高國家權力機關人民代表大會在內的一切國家機關和武裝力量、各政黨和各社會團體、各企業事業組織都必須遵守憲法和法律。一切違反憲法和法律的行爲，必須予以追究。任何組織或者個人都不得有超越憲法和法律的特權。一切法律、行政法規和地方性法規都不得同憲法相牴觸。正因爲憲法法律是良法，所以它才能被執行遵守，才能使權力具有超越人格的效力，才能用於治國，才能用來構築以公民爲主體的政治制度。

（二）依法治國在當代中國政治中應側重於限制與規範國家和政府的權力和保障人權

「中華人民共和國的一切權力屬於人民」，爲了保證人民賦予國家機關的權力不致被濫用，不致腐敗，不致反過來成爲統治人民的權力，人民群眾必

25　〔美〕喬·薩托利：《民主新論》，368頁。

須掌握監控國家的權力和權利，以保護自己「免受自己國家的侵犯」（列寧語）。這是因為「公民與國家之間的力量對比是不平等的；相對於國家來說，公民的權力更容易遭到破壞……」[26]在中國政治中，公民處於弱勢地位的情況較為嚴重，要實現依法治國，就必須保護每個公民的權利與自由，並以是否侵犯公民的合法權利與自由作為國家權力者行動的邊界與底線。為此既要有國家權力內部的相互制約，又要以公民權利約束和監督國家權力，更要運用社會權力來監督和約束國家（主要指政府）權力。在中國人民代表大會制度下，進一步完善立法、行政、司法、檢察、軍事等權力的劃分，進一步完善權力機關對其他國家機關的權力監督和憲法監督，進一步完善各種權力的行使程序，進一步加強對公民權利和自由的保護，是依法治國的本質所在。誠如前全國人大常委會副委員長田紀雲在九屆人大二次會議上作憲法修改草案說明時指出的，實行「治民」還是實行「民治」，是法治國家與非法治國家的根本區別。

（三）依法治國還要求司法獨立，以保障法律所體現的正義與公正得以實施

司法機關是適用法律的機關，在實行法治的國家，所有法律問題都透過法律的途徑來解決。司法機關能否獨立、公正地執法，就成為把靜態法條轉化成為公正法律實踐的關鍵，司法獨立也就成為依法治國的保障。為此，《憲法》第一百二十六條規定，人民法院依照法律規定獨立行使審判權，不受行政機關、社會團體和個人的干涉。由於行政權和立法權是積極的權力，是主動對公民和社會進行干預的權力，所以最容易突破憲法和法律為它們設置的規範的權力。特別是行政機關，隨著行政機關管理範圍的不斷擴大，其權力也不斷膨脹。相對來說，司法權是被動的，實行不告不理的原則，它的主要職責是以事實為根據，以法律為準繩，進行公正裁判。它不僅要裁判公民和法人等的糾紛，還要在訴訟中對行政行為是否合法和合理進行審查裁判。在中國政治中，行政權力干預司法獨立的現象比較嚴重，立法過度現象已經引起學者和領導層的注意。因此，能否限制規範政府的權力，司法機關能否獨立、公正地行使職

---

[26] 同上書，343頁。

權，能否依法保護人民的權利和自由，將成爲關係依法治國能否實現的根本性問題。

此外，在從法制到法治的轉變過程中，體現依法治國原則的憲法和法律，能否眞正得到執行還與法律政治文化有關。托克維爾在以美國聯邦憲法爲例談及文化對制度運行的作用時說，「美國的聯邦憲法，好像能工巧匠創造的一件只能使發明人成名發財，而落到他人之手就變成一無用處的美麗藝術品」[27]。如果沒有相應的法律政治文化，而只有複雜多樣的法律條文，法律就很難得到切實的執行，法律的權威性、嚴肅性和合法性就會受到損害，依法治國也就很難得以實現。所以，培養與法律相應的文化，也是依法治國的題中應有之義。

五、公民權利與義務原則

任何政權並不能僅以暴力作爲長期的正當性支持。正如盧梭所言，「最強者也決不會強大得足以永遠作主人，除非他能把自己的強力轉化爲權利，把服從轉化爲義務」[28]。在現代政治國家，基於憲政民主觀對公民權利的保護和不斷擴展，構成了政治權力存在和運行的首要正當性基礎。對於中國政治來說，公民的權利與義務[29]是一個重要的原則。公民的權利是法律所規定的公民所應該享受的權利，也是國家政府及其法律應該保障的權利。公民的義務是法律所規定的公民必須履行的義務。

中國公民的權利是人民主權這一政治原則的具體表現。公民的基本權利由憲法來規定，並以此作爲政府權力的界限，政府必須保護公民的自由權利、民主權利與社會經濟權利，公民的權利不得被各種形式的法律和政府權力所剝奪。如《憲法》規定：非經合法程序，任何人和組織不得剝奪、侵犯公民的權利和自由。「國家尊重和保障人權」，因國家機關和國家工作人員侵犯公民權利而受到損失的人，有依照法律規定取得賠償的權利。一切國家機關和武裝力

---

[27] 〔法〕托克維爾：《論美國的民主》，186頁，北京，商務印書館，1992。

[28] 〔法〕盧梭：《社會契約論》，12頁，北京，商務印書館，1980。

[29] 嚴格說來，公民的權利義務有基本權利義務與法律權利義務之分。（參見莫紀宏主編：《憲法學》，北京，社會科學文獻出版社，2004）爲了論述方便這裡不作這種區分。

量、各政黨和各社會團體、各企業事業組織都必須遵守憲法和法律對公民權利的規定，如有違反予以追究。2000年中國頒布實施了《中華人民共和國立法法》，從立法的角度確立了對公民政治權利與人身自由的憲法保護原則。中國政府先後於1997年10月和1998年10月簽署了《經濟、社會及文化權利國際公約》和《公民權利和政治權利國際公約》。2001年2月28日，九屆全國人大常委會第二十次會議審議批准了《經濟、社會及文化權利國際公約》。中國對公民憲法權利的保護和對國際憲政慣例的借鑒，都是完善中國社會主義民主憲政體制的具體措施。對公民權利的這些規定和保護性原則，實際上劃定了國家權力與公民權利的大體界限，也說明國家權力和公民權利並非水火不容，而是可以相互促進的。國家權力具有公共性，可以用來爲公民權利提供強制性保護；公民一旦眞正享有了權利，也能爲國家權力的合法性提供不竭的源泉。

　　中國公民享有憲法和法律規定的權利，同時也必須履行憲法和法律規定的義務。這是因爲權利和義務是緊密聯繫在一起的，雙方是互爲條件而存在的。它們各以對方的存在作爲自己存在的前提。馬克思認爲，「沒有無義務的權利，也沒有無權利的義務」[30]。這個一般原理爲現代人權觀念所公認。正如《世界人權宣言》所強調的：「人人對社會負有義務，因爲只有在社會中他的個性才可能得到自由和充分的發展。」處於社會中的公民的利益並不是完全一致的，如果每個人都只想享受權利，而不盡義務，那麼任何公民的權利都無法得到保障，結果只能是每個人對每個人的戰爭狀態。所以，用法律規定每個公民享有權利的同時，也要規定每個公民必須承擔一定的義務，這既是政治系統正常運行所必需，也是公民享有相應權利的要求。因此，中國憲法爲公民的權利與自由設定了法律界限。《憲法》第五十一條規定：中華人民共和國公民在行使自由和權利的時候，不得損害國家的、社會的、集體的利益和其他公民的合法的自由和權利。公民在享有宗教信仰自由的同時，不得利用宗教進行破壞社會秩序、損害公民身體健康、妨礙國家教育制度的活動。公民也不能以享有權利爲理由而擁有超越憲法和法律的特權。

30　《馬克思恩格斯全集》，中文1版，第16卷，16頁，北京，人民出版社，1972。

　　需要指出的是，「沒有義務不會有權利，沒有權利也不會有義務」只說明了二者相互依存的抽象關係，但在現實中，二者又是可以相對分離的。特別是對於特定的個人來說，他或她享有的權利和所盡的義務並不是完全對等的。從以上的論述中我們知道，公民的權利與義務都是由法律規定的，法律不僅保護公民的權利，而且也強制公民履行所要承擔的法律義務。也就是說，公民權利和義務的分界是由體現權力意志的法律來劃定的。正是由於公民權利和義務是依據國家權力來界分的，所以，公民權利與義務之間對等與否不可避免地受到國家權力的影響。在中國，一個公認的事實是，國家實際擁有的權力太大，而其承擔的責任又有待加強，特別是在保護公民權利方面所體現的國家權力的公共性不足。與這種狀況相對應，在實踐中「義務優先」的做法，導致了公民權利與義務的不對稱。憲法規定的公民權利需要更具體的法律給予保障，當公民權利受到政府行政權力的侵犯時，應該得到及時有效的救濟。

　　基於上述公民權利與義務的原則規定與現實之間的差距，中國政治改革的一個著力點應該是限制國家權力的自我膨脹，防止權力的公共性過多地被部門化和扭曲，使國家權力的公正性、正義性得到更多的張揚，切實體現所有公民在法律面前一律平等地享有權利和承擔義務的憲法和政治原則。

　　以上中國政治制度的各項原則之間是相互聯繫和相互支持的，它們共同維護著中國政治的正常運行。

第二章　黨的中央組織與領導體制

重點問題

◎黨和國家領導體制的含義是什麼？

◎黨和國家領導體制的基本構成是哪些？

◎中國的歸口管理制度是什麼？

◎改革開放以來黨和國家的領導體制有哪些變化？

◎黨的核心領導機關有哪些？

◎黨管幹部體制有哪些變化？

◎如何認識黨的紀檢部門的重要性？

◎爲什麼需要「黨對軍隊的絕對領導」？

　　黨和國家的領導體制是從社會主義政治體制改革實踐中衍生出來的一個概念，實際上就是指政治體制。政治體制是社會主義基本政治制度的實現形式，是爲實現社會主義政治制度而建構的各種具體的政治形式、制度和運行機制的總和。而政治制度首先是指一個國家的政權的性質，中國政權的性質是共產黨領導的人民民主專政，共產黨是國家的領導核心；其次是指作爲人民民主專政的組織形式的人民代表大會制度。政治體制包括權力組織的各方面，既包括政黨的組織系統，又包括行政、立法和司法等國家組織系統及政黨系統與國家系統的關係，還包括本來不應該屬於政治組織的企事業單位和社會團體。

　　狹義上的「黨的領導體制」是指黨組織自身的組織制度，包括體現中央、地方和基層各級黨組織許可權和地位的中央集權制的領導體制，以及體現黨組織實施決策的集體領導制度。廣義上的「黨的領導體制」除了指黨組織自身的領導體制以外，還包括黨對國家權力機關的統領關係的體制。

「國家的領導體制」總體上是指國家權力機關內部之間的權力劃分和相互關係的體制，[1]事實上就是「黨政關係」中的廣義上的「政」。中國共產黨對國家的領導地位，具體表現爲它對國家各個方面的政治領導、組織領導和思想領導。在領導的實現形式上，黨的組織存在於廣泛的政治生活中，不論是構成政治權力中樞的中央政治機關，還是基層的鄉村管理機構、街道辦事處和企事業單位及群眾團體，都有黨的組織。在這一背景下，形成了當代中國政治關係中最根本的「黨政關係」，也就是我們習慣上所說的「黨和國家的領導體制」中的「國家」，包括「政權」、「政府」、「行政」、「政法」和擔負一定「政治任務」的人民團體等多種含義。[2]因此，在中國，很多政治關係和重要的政治現象，都在一定程度上包含著「黨政關係」的內容。即使那些不直接關係到「黨」或「政」的政治活動，最後也會或多或少地反映出「黨政關係」的內容。因此，「黨政關係」或曰「黨和國家的領導體制」是分析中國政治制度的出發點。

因此，黨和國家的領導體制實際上是在總體上考察和描述中國作爲社會主義政治制度表現形式的政治體制。進一步說，黨和國家的領導體制在鄧小平1980年關於《黨和國家領導制度的改革》的講話中實際上是指黨對國家的領導體制，在實踐中人們也習慣性地接受了這一點。因此，黨和國家的領導體制實際上是講黨的領導體制。

鑑於黨在中國政治中的實際地位，本章第一節首先從總體上考察黨和國家領導體制的形成、變革與現狀；第二節考察中國政治生活中最爲核心的部分，即黨的中央組織及其運作方式；第三節考察黨對國家實現領導的具體方式即歸口管理體制，以使我們更加詳細地理解黨和國家的領導體制。

1　參見王貴秀等：《政治體制改革和民主法制建設》，93頁，北京，經濟科學出版社，1998。

2　參見鄒讜：《二十世紀中國政治》（中文版），71～72頁，香港，牛津大學出版社，1994。

第一節 黨和國家領導體制的形成與發展

　　黨的領導是一個人所共知的說法和概念，但是黨到底是如何領導的？這需要考察黨在國家權力配置中的地位和角色。在中國，當講到國家權力和政治制度或政府體制時，不可能不涉及黨的領導體制。否則就不可能觸及中國政治的核心和真正問題。

一、黨和國家領導體制的形成

　　黨在國家生活中的核心地位是對戰爭時期狀況的一種自然延續。1942年中共中央根據抗日根據地在黨政軍各方面工作不協調的狀況，提出了黨的一元化領導原則，其基本特點是：在黨政軍群組織間，以黨的中央局和地方黨委為最高領導機關，它們作出的決議、決定和指示，軍隊的軍政委員會及政府、民眾團體的黨員均須無條件執行。黨的一元化領導對於奪取全國軍事鬥爭的勝利具有重要意義。新中國成立之初，由於政府機關處於創立階段，出於恢復經濟和應對複雜的國內外局勢的需要，共產黨自然將戰爭年代的黨的一元化領導的方式應用於國家社會政治事務的領導和管理。然而，這樣的原則一旦建立起來，便對中國的政治體制產生了深遠的影響。

　　黨的一元化領導在實際政治生活中體現為黨委制和黨組制、黨管幹部制度、歸口管理制度、黨委領導下的集體負責制以及有關案件的黨內審批制度。[3]在黨管幹部和歸口管理制度下，黨委領導下的集體負責制只是黨委會的集體負責甚至是書記個人負責，而不是行政領導的集體負責。歸口管理制度自然包括黨的政法口的審批案件制度。因此，這裡主要考察黨委制和黨組制、黨管幹部制度、歸口管理制度和雙重領導制度的形成和特徵。

3　參見龐松、韓剛：《黨和國家領導體制的歷史考察和改革展望》，載《中國社會科學》，1987(6)。

（一）黨委制和黨組制

黨委制和黨組制是共產黨在正式的權力結構上領導政府的體制。

黨委制是爲了管理政府機構內的黨員和直接控制對應政府事務。建國之初，在按行政區劃建立各級黨委的基礎上，中央人民政府和一切國家機關均成立了黨的委員會。1949年11月，中共中央政治局通過了《中央關於在中央人民政府內組織中國共產黨黨委會的決定》。決定指出：(1)中央人民政府業已成立，特決定組織中央人民政府機關內的黨委會，凡參加中央人民政府工作的黨員，除中央允許者外，必須一律參加支部組織，過黨的組織生活；(2)在中央人民政府黨委之下，按照黨員人數及工作部門的性質，設立6個分黨委，即政法委員會分黨委、財經委員會分黨委、文教委員會分黨委、中央人民政府委員會直屬機關最高人民法院及最高人民檢察署分黨委、政務院直屬機關及人民監察委員會分黨委、中國人民大學分黨委；並在各委、部、會、院、署、廳、司、局、處等組織總支和支部；(3)中央指定黨委會及分黨委會。

黨組制是中共中央爲了加強對中央人民政府的領導而設立的。新中國成立後，根據《中國人民政治協商會議共同綱領》建立了中央政府和政務院，有不少黨外人士參加了中央政府和政務院。爲了加強黨的領導，1949年11月，中共中央發出了《關於在中央人民政府內建立中國共產黨黨組的決定》。該決定指出：

(1) 爲了實現和加強中國共產黨中央對中央人民政府的領導，以便統一並貫徹黨中央的政治路線和政策的執行，特依據黨章規定由中央人民政府中擔任負責工作的共產黨員組成黨組。

(2) 在中央人民政府委員會、人民革命軍事委員會及中國人民政協全國委員會擔任負責工作的黨員中間不設黨組，而由中央政治局直接領導。政務院成立黨組。最高人民法院及最高人民檢察署成立聯合黨組。黨組設書記一人，必要時設副書記1至2人，黨員人數超過10人以上的黨組需設幹事會，負責經常工作。在幹事會以下，按人數及工作性質劃分小組。

(3) 關於政務院及其所屬的委、部、會、院、署、行等機關合組黨組。爲

領導及工作之便利，特作如下規定：第一，設黨組幹事會，統一領導全黨組的經常工作。第二，依政法委員會、財經委員會、文教委員會及人民監察委員會4個系統，劃分4個分黨組。第三，在分黨組內可設分幹事會，並依所屬各部、會、院、署、行及直屬的重要的局劃分小組。第四，政務院直屬的部、會、署、廳、局需設分小組。

(4) 上述政務院黨組，與最高人民法院及最高人民檢察署聯合黨組之間無領導關係，均分別直屬於中央政治局領導。凡黨中央有關政府工作的決定，必須保證執行，不得違反。

黨組的任務是討論和決定本單位的重大問題，尤其是本單位人事任免的管理。

1949年11月關於成立黨委會和黨組的兩個決定，其作用如同黨對軍隊改造的「三灣改編」。「三灣改編」確立了黨對軍隊的絕對領導權，兩個決定確立了黨對政府的絕對主導權。

（二）黨管幹部制度

新中國成立不久，共產黨即努力建立決定什麼人可以進入國家權力體系的制度。1951年3月，劉少奇在第一次全國黨的組織工作會議上指出了建立該權力制度的原則：「從原則上說，擔負最重要職務的幹部，應集中由中央管理，地方組織加以協助。擔負次要職務的幹部，由各中央局、分局和省委、區黨委分別管理，下級組織加以協助。擔負初級組織職務的幹部（鄉村和基層組織的幹部），則由縣委和市委管理。總之，從最初級到最高級的每一個幹部，都要有一定的機關來管理，不應有任何一個幹部而沒有地方管理他的。」[4]這個機關就是各級黨的組織部門。劉少奇的講話基本上確立了黨管幹部原則下的幹部委任制。實踐中政府人事部門是黨管幹部的一種組織形式，受同級黨委組織部門的指導。

隨著國家機構職能部門的增加、幹部隊伍的擴大，中共中央決定建立分部

---

[4]　《建國以來重要文獻選編》，第2冊，166頁，北京，中央文獻出版社，1992。

分級管理幹部的隊伍，在原有的組織部、宣傳部和統戰部的基礎上，設立工業交通、財政貿易、文化教育等新的黨委工作部門，在中央和各級黨委的統一領導下分工管理各部門的幹部；各類幹部按職務級別由中央或地方分別管理。1953年11月，中共中央作出《關於加強幹部管理工作的決定》，決定逐步建立在中央及各級黨委統一領導和在中央及各級黨委的組織部統一管理下的分部分級管理幹部的制度。

根據工作需要，《關於加強幹部管理工作的決定》將幹部劃分為9類，由中央及各級黨委的各部門分別進行管理：

第一類：軍隊幹部，由軍委的總幹部部、總政治部和軍隊中的各級幹部部、政治部負責管理；

第二類：文教工作幹部，由黨委的宣傳部負責管理；

第三類：計畫、工業工作幹部，由黨委的計畫、工業部負責管理；

第四類：財政、貿易工作幹部，由黨委的財政、貿易工作部負責管理；

第五類：交通、運輸工作幹部，由黨委的交通、運輸部負責管理；

第六類：農、林、水利工作幹部，由黨委的農村工作部負責管理；

第七類：少數民族的黨外上層代表人物、宗教界的黨外上層代表人物、政協機關、民主黨派機關、工商聯、佛教協會、伊斯蘭教協會和回民文化協會的機關幹部，由黨委的統戰工作部負責管理；

第八類：政法工作幹部，由黨委的政法工作部負責管理；

第九類：黨群工作幹部和上述各類沒有包括的其他各類幹部，由黨委的組織部負責管理。

中央及各級黨委的各部除各自原有的業務外，都要承擔相應的考察幹部和選任幹部的任務，並檢查黨的政策、決議的執行情況。與此同時，《關於加強幹部管理工作的決定》還明確規定了在中央及各地黨委之間建立分工管理各級幹部的制度。凡屬擔負全國各個方面重要職務的幹部，均由中央加以管理。

在實踐中，中央組織部門管到司局級幹部，即司局級以上的幹部由中央有關部門負責考察和任免。

　　黨對政府主導權的形成和幹部委任制原則的建立，使得權力體系中的任何個體都形成了與黨和政府的特殊關係，既要服從同級政府和黨委的領導，又要對上級黨委負責。而對於由若干政治個體組成的一級政府來說，其與黨的關係也大致相同，既要受制於同級黨委，又要聽命於上級黨委。

（三）歸口管理制度和雙重領導制度

　　首先應該明白「口」的含義。「口」是中國特有的政治術語，雖然不甚明確但又經常使用，是指政府工作的某些領域，與「系統」和「條塊關係」中的「條」有相似之處。在中國，政府工作是指廣義上的「政府」，不但包括狹義政府所指的國務院及地方各級人民政府，還包括中國共產黨組織、各級人民代表大會、司法及擔負政治任務的人民群眾團體。因此，「口」是指廣義政府工作中的「系統」或「條」。

　　中共中央在建立分級分類管理幹部制度的同時，作為配套措施，建立了對政府部門的歸口管理制度。為在全國範圍內反對分散主義和地方主義，1953年中共中央把政府工作按性質劃分為工交口、財貿口、文教口、政法口等，由同級黨委的常委（後來是分管書記）分口負責，以加強對政府行政工作的領導。不久便在各級黨委下設計畫工作部、財政貿易工作部、交通運輸部、農村工作部等。各工作部與政府行政機關的業務部門相對應，進行對口管理，以管理幹部為主，而不直接管理行政事務。

　　對於中央國家機關分設在地方的下屬機關、企事業單位，在領導關係上採取了雙重領導方式：在業務上受中央主管部門的領導，在黨務及行政事務上接受地方黨委及人民政府的領導。根據這些下設機關單位的不同特點，有的以中央管理為主、地方負責監督（如鐵路和郵電系統），有的以地方管理為主、中央負責監督（如政法系統）。

　　與政府機構對應設立黨的工作機構，是參照蘇聯模式的做法。蘇共在領導社會主義的實踐中，認為黨的中央及各級黨委的工作機構，必須與黨的政策的主要方面及社會生活的主要領域相適應，黨的領導活動必須與國家的、政府

的、經濟和文化建設的職能組織相適應，因而設立了一系列黨的工作部門，在中央和地方各級以政治領導者的身分來處理工業、農業、宣傳、文教、科學、教育、對外聯繫、國防和幹部等方面的重要問題。[5]中國共產黨基本上採用了蘇共的組織機構模式。

雖然黨組制、黨委制、黨管幹部制決定了黨是權力的核心，但在蘇聯式的計劃經濟管理中，卻自然而然地增加了國務院系統各部委的計畫權，政治管理的技術化時代來臨。這對於不喜歡數字、不喜歡經濟數字的毛澤東來說無疑是件頭痛的事。此時，毛澤東雖然在外交、軍事和農業政策方面有絕對的主導權和足夠的知識儲備，但他對城市經濟特別是財政和技術性管理問題卻知之甚少。這種狀況限制了他在整個計畫經濟體制中的作用。因此，計畫經濟本身只是增加了政府的權力，而不是黨的權力或黨的「一把手」的權力。這種狀況反過來刺激毛澤東要強化黨在國家權力中的核心地位。這種方法便是他最爲熟悉的群眾動員式的「大躍進」，而不是科學推定式的按部就班。

在發動「大躍進」和「大躍進」的過程中，各種強化黨的權力和各種相應的黨政不分的規定相繼執行。因爲「大躍進」實際上是一場軍事鬥爭式的政治動員運動，爲了推進這場運動和保證這場運動的成功，就自然要回到戰爭時期的領導方式，加強黨的絕對權威並明確提出黨的一元化領導和黨政不分。在1958年1月發動「大躍進」動員的南寧會議上，毛澤東嚴厲批評國務院和其部委搞分散主義，不讓中央參加對經濟工作的「設計」。爲此，中共中央成立了財經、政法、外事、科學、文教各小組，具體領導相應的政府職能部門。1958年6月，中共中央制定的《中共中央關於成立財經、政法、外事、科學、文教各小組的通知》中規定：這些小組是黨中央的，直隸政治局和書記處，向它們直接報告。對大政方針和具體部署，政府機構及其黨組有建議之權，但決定權在黨中央。

隨後，一元化領導和黨政不分體制在全國各地全面展開。由於黨中央各小組直接領導國家各大口的業務工作，因而黨中央各工作部門的職能也隨之擴

5　參見〔蘇〕《社會主義國家黨的建設》，305～306頁，北京，中國人民大學出版社，1985。

展，由主要管理各大口的幹部變爲主要管理各大口的業務。中央工交部管理工
業、交通運輸和基本建設；中央財貿部管理財政、金融和稅務；中央農村工作
部管理農業、林業、水利和氣象；中央宣傳部管理文化、科學、教育、衛生、
新聞和出版。至此，黨中央形成了一套幾乎與國務院完全對應的行政性管理機
構：黨中央財經小組與國務院財貿辦公室和工交辦公室相對應；黨中央政法小
組與國務院政法辦公室相對應；黨中央外事小組與國務院外事辦公室相對應；
黨中央文教小組與國務院文教辦公室相對應。同樣，黨中央各工作部門也與國
務院所屬職能部門形成了對應關係。

　　不僅如此，由於「對大政方針和具體部署，政府機構及其黨組有建議之
權，但決定權在黨中央」，使得黨與政府的關係複雜起來，改變了建國初期黨
政基本分開的格局。一方面，黨中央直接處理應屬於國務院工作範圍的許多事
務；另一方面，黨中央又透過黨的系統（黨中央各小組、黨中央各職能部門、
國務院所屬各部委黨組）直接指揮國務院各職能部門的工作。[6]這種黨政合一
和以黨代政的關係，在以後的歷史上產生了嚴重的後果。

　　在地方，各級黨委雖然沒有建立黨中央那樣的小組，但是黨委內分管政府
各大口業務工作的書記（或常委），其作用也類似於黨中央各小組，區別只在
於人數的多寡。隨著黨中央各工作部門職能的擴大，地方各級黨委工作部門的
職能也由主要管理幹部轉變爲管理幹部和政府部門的業務。地方黨委管理政府
工作部門更加細化，有的甚至設大學工作部。

　　1958年黨政關係的變動使國家權力機關職能發生轉移，共產黨組織國家化
了。具體地說，其一，把憲法規定向國家權力機關負責的政府（即國務院）變
成了黨中央的執行機關，因而黨中央取代了國家權力機關；其二，把本來屬於
政府的「具體部署」權收歸黨中央，因而黨包辦了政府的一部分事務。[7]

6　參見鄭謙、龐松等：《當代中國政治體制發展概要》，90頁，北京，中共中央黨史資料出
　　版社，1988。

7　參見龐松、韓剛：《黨和國家領導體制的歷史考察和改革展望》，載《中國社會科學》，
　　1987(6)。

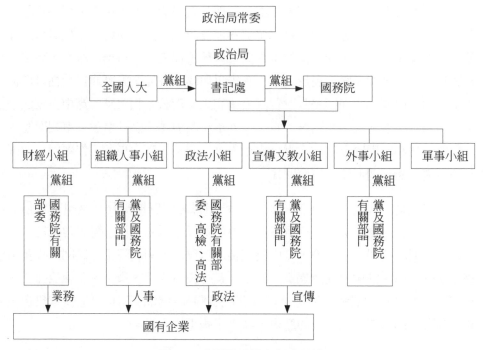

圖2-1　中國國家權力組織結構

　　至此，以黨的一元化領導爲原則的國家領導體制徹底建立起來了。這一黨和國家的領導體制可以表示爲如圖2-1的結構。

　　對於這樣一個領導體制需要做如下說明：

　　第一，儘管國務院是一個「執行機構」，但事實上國務院的主要成員又是黨的重要領導人。例如過去和今天的國務院總理、副總理同時都是政治局常委、政治局委員，他們往往也是黨的有關領導小組的主要成員。因此，作爲政府的國務院，事實上與政治局、書記處一併構成或領導著黨的領導小組。

　　第二，羅列的6個領導小組並非完全是根據1958年《中共中央關於成立財經、政法、外事、科學、文教各小組的通知》成立的。該通知所指的「科學」小組事實上在文教小組之中。在實際政治過程中，有的系統可能不是以小組名

義出現的，如政法小組演變成今天的中央政法委員會，軍事小組就是中共中央軍事委員會。沒有字面上的所謂「組織人事小組」和「宣傳文教小組」，但事實上均有黨的重要領導人專管。因此，為了研究上的方便並真實地反映現實，我們也以「小組」之名稱組織人事系統和宣傳文教系統。

第三，在現實政治中，人們習慣以「口」指稱相關的領域和系統，如計畫口、交通口、外事口、農業口、林業口、組織口、人事口、宣傳口、文教口……系統和口非常之多，但最重要的方面可以歸納在圖2-1中6個領導小組之下，如財經小組之下就包含農業、工業、商業等各經濟部門。因此，同樣為了研究的方便並真實地反映現實，本書羅列了6個領導小組。

第四，6個領導小組反映了黨的領導體制的穩定性。無論是在毛澤東時期還是在鄧小平、江澤民時期，黨的一元化領導或者說黨對國家權力的主導權主要是透過6個領導小組來實現的。毛澤東說「權力集中在常委和書記處」，政治局常委的權力通過其黨的領導小組來實現。例如，第十五屆黨的代表大會產生的7名政治局常委中，江澤民同志作為總管，有權力干預任何一個系統並同時具體領導軍事口（軍委）和外事口，朱鎔基總理領導財經小組，胡錦濤同志領導組織人事，尉健行同志負責政法，李嵐清同志負責宣傳文教，李鵬同志負責人大口，李瑞環同志負責政協口。在每個政治局常委之下，又配備若干名政治局委員或書記處書記和國務委員進行協助。因此，在上述組織結構中，雖然各領導小組置於書記處和國務院之下，並不意味著領導小組的負責人的級別比書記處書記或國務委員低，但是領導小組作為一種政治機制，則是透過國務院和書記處來運作的。

第五，與中央一級的權力結構相對應，省市級的權力結構也基本如此。省委、市委的常委專門分管所謂的財經、政法、組織人事、宣傳文教，即形成了所謂的財經書記、政法書記、組織書記、宣傳文教書記等，在這些書記之下，配備了若干副書記、副省長和副市長進行協助。[8]在省委和市委中，雖然沒有

8　這一體制正在調整之中，從2005年開始，省委及省委以下的黨的委員會開始了健全常委會制度的建設。

像中共中央一樣的領導小組，但是黨委中有由黨的書記負責的對口部門的工作委員會，其職能和領導小組一樣。

總之，圖2-1昭示了這樣一個問題：無論是作為最高政府機關的國務院還是作為國家最高權力機關的人民代表大會，都處於黨的絕對領導之下，都必須首先對黨負責。由全國人民代表大會產生並對之負責的國務院既要對黨負責，又要向人民代表大會負責；人民代表大會既要向黨負責，又要向選民負責。那麼黨的權力如何約束？在實踐中黨章就是黨的行為的最高準則。這實際造成了政治權力的核心（黨權）處於傳統政治學理論上的國家制度的制約之外，因為理論上黨不是國家機關的組成部分，但卻是一種歷史存在。[9]不能因為法理上不存在而否認黨是國家權力的核心這一事實，否則連理解中國政治的入口處都找不到。

圖2-1說明了中國政治體制的核心原則就是黨的一元化領導，而一元化領導主要是透過歸口管理體制實現的。歸口管理在中國政治體制中以中央權力中樞中共中央政治局為起點。在這一層次上，它直接反映出中國政治權力精英之間的互動關係，因為管理「口」的多少、「口」的重要性反映出權力的大小和輕重。從歸口管理這一體制，可以看出政治權力精英之間關係的制度化和人格化並存的狀況。

制度化表現為歸口管理中，中共中央上層民主集中制所體現的集體領導和個人分工原則，這一原則及黨委制度是規範多「口」領導人行為的根本原則。無論黨的領導人的地位多高，在中國的政治制度中，他們總是處於黨委的領導之下，即使政治局常委也不例外，因此，他們都必須服從集體領導並且分工負責各自的領域。權力精英可以借助黨委制這一領導形式，充分進行決策集中，決策後可以統一地執行。這在根本上規範了上層領導人的行為，同時也是歸口管理制度能夠在中國政治制度中發揮作用的保證。在中國的政治實踐中，政治局的會議往往可以決定國家的大政方針，原因也在於此。

9　參見李景治：《鄧小平政治體制理論研究》，56～57頁，北京，中國人民大學出版社，1999。

人格化則表現在沒有正式的規則來規定這種分工，沒有規則限制或約束他們如何進行本口的管理，唯一有效的制約是其他領導人的地位、態度和親疏關係，這就形成了權力精英之間的一種人格化傾向。[10]儘管權力結構的人格化傾向在中國政治中隨處可見，但歸口管理則影響到政府行爲的各個領域，領域之間的相互關係劃分不清對政府行爲的負面影響可想而知。此外，各口之間的界限有時是變動的，因爲領導人權力的變化可能導致相關系統的範圍的擴大或縮小，在「文化大革命」中，軍隊和宣傳教育口權力的擴大與黨委系統權力的縮小就是例證。

因此，歸口管理所體現出來的權力精英之間的關係反映出政治體制中的制度化與人格化並存的特徵。

歸口管理體制中存在權力的人格化傾向，使個人的權力不受約束。正是這種不受約束的權力，使黨的領導往往變成個人領導。正如鄧小平所言：「權力過分集中的現象，就是在加強黨的一元化領導的口號下，不適當地、不加分析地把一切權力集中於黨委，黨委的權力又往往集中於幾個書記，特別是集中於第一書記，什麼事都要第一書記掛帥、拍板。黨的一元化領導，往往因此而變成了個人領導。全國各級都不同程度地存在這個問題。」[11]這種權力的極度的人格化特徵導致黨的領導集體沒有能力糾正個人的錯誤。

另外，歸口管理與中國傳統的「條塊關係」體制糾纏在一起，大大制約了行政機關的權威，使得一個行政部門不僅要受上級「口」或「系統」的領導，還要受到同級黨委和政府的領導。這種多重領導、政出多門的體制在實踐上必然會分散公共權力的公共權威。因此，對黨和國家的領導體制改革勢在必行。

10　有關權力人格化的研究，參見謝慶奎等：《中國政府體制分析》，92～93頁，北京，中國廣播電視出版社，1995；胡偉：《政府過程》，163～170頁，杭州，浙江人民出版社，1998；Kenneth G.Lieberthal, Governing China, New York, W. W. Norton, 1995。

11　《鄧小平文選》，2版，第2卷，328～329頁，北京，人民出版社，1994。

二、黨和國家領導體制的改革

　　一個國家的政治體制應該是什麼樣的？1987年鄧小平在《怎樣評價一個國家的政治體制》一文中指出：「我們評價一個國家的政治體制、政治結構和政策是否正確，關鍵看三條：第一是看國家的政局是否穩定；第二是看能否增進人民的團結，改善人民的生活；第三是看生產力能否得到持續發展。」[12]其實，標準就是一個，即看是否有利於經濟發展並提高人民的生活水準，從新制度主義的角度說，就是看能否減少制度成本和提高制度的競爭力。爲了這樣一個目標，實行經濟體制改革20多年以來，中共中央爲完善黨和國家的領導制度作出了巨大的努力，主要體現在建立行政首長負責制、努力使黨的行爲法治化、撤銷黨的對口部門、黨管幹部制度的變革等。

（一）行政首長負責制在企事業單位的確立

　　1980年以前，在事業單位和企業中的集體領導習慣性地被認爲是黨委的領導，行政首長負責制往往被認爲是擺脫黨的領導而受到否定，同時將集體領導解釋爲只能是黨委的集體領導，而把行政系統的集體決策排除在外，否定了行政管理系統和行政首長（往往是專家、學者和業務骨幹）的決策作用，造成權責分離，即黨委有權無責，行政首長有責無權。

　　經過長期的改革，行政首長負責制在企事業單位普遍建立起來並得到了很好的實行。1980年鄧小平提出有準備、有步驟地改變黨委領導下的廠長負責制，改革試點，實行廠長負責制。1984年黨的《關於經濟體制改革的決定》對企業內部的黨政關係做了重大調整，明確規定在企業實行廠長負責制，而不是「黨委領導下的廠長負責制」。1985年，中央關於教育體制改革和科技體制改革的決定，對事業單位的黨政關係也做了類似的規定。1989年4月頒布和執行的《中華人民共和國企業法》，使得所有國有企業全面實行廠長負責制。今天，企事業單位的行政首長負責制已經成爲不可動搖的體制。

---

[12]　《鄧小平文選》，1版，第3卷，213頁。

（二）黨的行爲法治化取向

　　鑑於過去的憲法和黨章沒有明確黨與憲法、黨與法律的關係，黨的十二大第一次提出黨應該在憲法和法律的範圍內活動，十五大提出「依法治國」，十六大又提出了「政治文明」。在中國，治國的政治主體首先是中國共產黨，「依法治國」首先應該依法治黨，使黨在憲法和法律的範圍內活動；而「政治文明」說到底就是法治。

　　法治化是一種政治取向。但由於客觀現實的原因，理順黨與法的關係尚需時日。在習慣和實踐中，重大問題都是由黨決定並作爲政策發布在全國加以執行；在司法中，如何處理黨的紀律檢查部門與執行國家公訴權力的檢察院的關係也是問題。從理論上說，黨指示的對象是其黨員而不是全國民眾，政府是經過憲法授權的有權向全國發布政令的行政機關。但是在體制上和實踐中黨都是事實上的政令頒布者，地方各級機關和幹部對於黨的指示的重視程度甚至高於政府的政令。所以，如果黨在憲法和法律範圍內活動，使黨的意志和建議透過其領導的人民代表大會的立法以法律的形式表現出來，將是對法治化建設的一種重要貢獻。

　　應該說，這種進步已經表現出來。在「文化大革命」中，以中共中央的名義頒布和實施的《公安六條》成爲當時最大的法律，凌駕於憲法之上。在鄧小平1980年關於《黨和國家領導制度的改革》講話後，中共中央決定，各級黨委要杜絕以黨的名義發布法律性文件的做法，凡是憲法和法律規定須由人大或人大常委會審議、決定的事項，必須提請人大或人大常委會審議、決定；各級黨委審查通過需要履行法律手續的幹部人選時，必須尊重人大代表和人大常委會成員的意見；國家領導人的任免必須嚴格按照憲法和法律規定的程序辦理等。

　　當然，法治化進程並不一帆風順。如前，「薄熙來事件」就是法治不彰而濫用司法的產物。前車之鑑，2013年中共十八屆三中全會通過的《中央關於全面深化改革的決定》，指出要建設一個「法治中國」。

（三）黨與行政部門關係的改革

黨和國家領導體制改革的核心是黨政分開問題。黨政不分的一個嚴重後果是官僚主義的人浮於事，機構越精簡越龐大、臃腫、重疊。

在鄧小平黨政分開思想的指導下，1982年黨的十二大就提出黨的工作和政府工作必須適當分開，黨不是向政府發號施令的權力組織，也不是行政組織和生產組織，黨的領導主要是思想政治和方針政策的領導，是關於幹部的選拔、調配、考核和監督，黨不應該直接干預政府和企業的行政工作和生產指揮。

1982年通過的憲法和黨章更加明確了黨政關係。新憲法明確規定了各級政府實行首長負責制以及各級行政首長和行政部門的職權。

從1980年到1987年，在黨與行政部門的關係上，省、市、自治區以下的黨政機關都做了如下調整：(1)黨委第一書記或正職書記一般不再兼任政府職務，改變了書記、常委都兼政府職務的情況；(2)精簡黨委工作部門，改變了黨委工作部門直接對應領導政府部門和書記分兵把口的領導方法。這樣，黨的書記由10名左右減少到5名左右；黨的工作部門由十幾個減少到5個左右，黨政合署辦公的狀況基本改變；(3)精簡黨委辦事機構，撤銷與政府機構重疊的黨的職能部門，減少決策層次，使行政首長負責制眞正建立起來。

之後，中共中央對黨政關係又有進一步的調整。被鄧小平稱爲集體思想結晶的黨的十三大報告決定，第一，各級黨委不再設立不在政府任職但又分管政府工作的專職書記、常委，以免政出多門，影響效率；第二，精簡黨委辦事機構，撤銷與政府機構重疊的黨的職能部門，減少決策層次，使行政首長負責制眞正建立起來；第三，逐步撤銷政府各部門的黨組、紀檢組；第四，黨的紀律檢查委員會不再處理法紀和政紀案件，集中力量管好黨風和黨紀；第五，撤銷各級政法委員會。

此後，黨委中的經濟管理部門被撤銷。但是，理順黨政關係不是一日之功。現在，一些對口部門沒有了，但是新型的類似於對口部門的層次更高、權威更大的黨的部門卻在不斷增設，如中共中央大型企業工作委員會。另外，根

據實際需要，黨組和政法委員會保留，紀律檢查委員會在反腐敗的鬥爭中仍然大顯身手。

（四）幹部制度的變化

改革開放以來，黨管幹部制度的某些方面發生了變化。第一，下放管理許可權。在1984年以前，省部級和司局級幹部均由中央任免，儘管在實踐中司局級幹部主要由地方和部委自己提名，中央任命，因為中央組織部不可能考察上萬名幹部。1984年8月，中共中央書記處決定，中央管理幹部的範圍，由原來下管二級改為只下管一級主要領導幹部，中央只負責省部級幹部的考察和任命，司局級幹部的任免權留給地方和部委。這樣，中央管理的幹部減少到3000人左右，其餘人下放到地方組織部門，初步改變了過去管得太死的局面，使得中央有更多的時間和以更為嚴肅的方式考察最為重要的幹部群體。在部委中，黨組負責司局級幹部的任免。

第二，黨管幹部的類別的調整。中共中央1953年的決定將幹部劃分為9類，由各類中的黨的有關部門負責幹部的任免。隨著經濟改革的進行，政府經濟職能部門發生重大變化，黨的對應部門也做了相應調整。目前，除了軍隊幹部、政法幹部、文教幹部和統戰幹部仍然由本系統的黨委管理外，所有經濟類的幹部都由黨的組織部門負責考察和任命。這樣，幹部由過去的9大類變為5大類。

第三，黨管幹部方式的變化。針對一些幹部的腐敗行為，如何制約黨政領導幹部的權力，成為改革開放以來黨管幹部的重心。首先，黨政領導幹部的管理趨於專門化和法制化，如1993年國家公務員制度的正式執行。其次，對黨政領導幹部的評價趨於科學化，競爭上崗已成大勢所趨。北京市1997年從1600多名競爭者中，選拔出56名副局級幹部。同年，廣東省從3256名競爭者中招聘37名副廳級幹部，平均每個崗位有88人競爭。

第四，任期制和退休年齡制度的建立。除了個別例外，已經在黨和政府的最高職位上確立了任期限制。每個領導都不能在同一職位上超過兩屆任期，每

屆任期5年。黨章沒有說明這些期限是否適用於黨的最高領導職位，但是任期制度已經在政府的最高職位，包括國家主席、政府總理和全國人民代表大會委員長，得到有效的貫徹。在省級和省級以下的黨政領導職位中，任期制得到更爲嚴格的執行。軍區的最高軍事長官（司令員和政委）也遵循這一規定。部長和省長的年齡應在65歲以下，國務院各部部長、省長以及軍區最高軍事首長都不應在年滿65歲以後還繼續任職，副手超過63歲就不應再繼續任職。

第五，差額選舉制度的形成。這一辦法在黨的十三大後開始採用，但是直到近幾年才日益有效，黨的代表大會和全國人民代表大會的代表越來越有效地利用他們手中的選票。尤其是在省、市、縣的選舉中，差額選舉得到日益普遍的執行。

爲了完善黨管幹部制度，共產黨已經做了大量的探索。黨管幹部的目的之一是保證黨的幹部全心全意爲人民服務，因此，當黨政領導幹部怕老百姓的時候，就是黨管幹部制度的完善之日。

總之，隨著改革開放的發展，黨對國家的領導體制也發生了不少變化，黨對國家的領導方式越來越以制度化的形式表現出來。不僅如此，改革20多年來，伴隨經濟制度的創新，由於專業化的需要，政府系統的權力加大了，宏觀調控能力加強了，並且部分權力由政府部門轉向了大型國有企業。人大和司法系統也越來越以特有的制度程式運作。所有這些，都是在黨的領導下發生的自上而下的一種變革，同時也是經濟變革過程中的必然要求。

在變革中，黨在政治生活中的核心地位不應該被削弱，事實上也沒有被削弱。圖2-1所示的國家權力的組織結構保持不變，即共產黨仍然是國家權力的核心。在政治體制改革過程中，共產黨也曾有意改變自己在國家權力系統中的作用方式，如鄧小平多次強調的黨政分開，在實踐中黨政分開的成就有目共睹。

目前的狀況是，經濟改革不斷深化，制度創新能力不斷增強，黨與政府和經濟的關係發生了變化，但是權力的基本組織結構保持不變。如果說有什麼變

化，那也只是管理方式的變化。在市場化取向中，企業的政法安全、宣傳教育功能逐漸淡化，而中央對其業務、人事安排則不敢有絲毫的懈怠。同時，由於機構改革中全國性行業公司的產生，中共中央成立了專門管理這些企業的中共中央大型企業工作委員會和中共中央金融工作委員會。這樣，中共中央財經領導小組由過去的直接主管國務院有關財政經濟的部委，變成了財經小組通過國務院管理財經部委，並通過中央大型企業工作委員會和中央金融工作委員會管理由經濟主管部門而衍生的行業性控股公司和金融企業。與改革前的國家權力結構比較，黨對企業的宣傳教育功能和政法功能弱化，而業務指導功能和人事安排功能不變。

不變的權力結構面臨的是變化著的經濟環境和經濟制度，那就是大量的非國家所有的企業的存在。不僅如此，根據2000年以來的統計，非國有企業對國民經濟增長的貢獻率遠遠大於國有企業。結果產生的問題是，一方面，黨和國家不能從權力組織上控制和進入非國有企業；另一方面，非國有經濟又是黨和國家鼓勵的產物。如何解決這些問題以使上層建築和變化了的經濟環境相適應？「三個代表」重要思想將是根本的解決之道，因為它鼓勵新生的企業精英加入共產黨，這樣將在組織鏈條上連接黨與非國有企業，使既定的上層建築與經濟基礎更加和諧。

第二節　黨的中央組織

根據《中國共產黨章程》，黨的中央組織包括黨的全國代表大會和它所產生的中央委員會、中央政治局、中央政治局常委會、中央委員會總書記和中央書記處。要理解中國政治，就必須首先對黨的中央組織的產生方式、職能和運作方式有一個輪廓性的認識。

一、黨的全國代表大會和中央委員會

黨的全國代表大會是黨的最高領導機關。在全國代表大會閉會期間，由黨

的全國代表大會選舉產生的中央委員會執行全國代表大會的決議，領導黨的全部工作，對外代表中國共產黨。

（一）黨的全國代表大會

黨的全國代表大會每5年舉行一次，其職權是：聽取和審查中央委員會和中央紀律檢查委員會的報告；討論並決定黨的重大問題尤其是黨的人事安排問題；修改黨的章程；選舉中央委員會和中央紀律檢查委員會。

黨的全國代表大會大致分為三個階段。第一階段是聽取和審查中央委員會和中央紀律檢查委員會的報告；第二階段是討論黨的重大問題，如各代表團分別討論黨章的修改和大會主席團提供的新一屆中央委員會和中央紀律檢查委員會候選人，大會主席團根據各代表團的初選名單決定出中央委員會和中央紀律檢查委員會人選；第三階段，大會以舉手表決的方式選舉產生新一屆中央委員會。

由於黨的全國代表大會每5年召開一次，間隔時間長，所以當需要解決重大問題而中央委員會不能解決時，可以召開黨的全國代表會議。黨的全國代表會議的職權是：討論和決定重大問題；調整和增選中央委員會和中央紀律檢查委員會的部分成員。為了防止非程序事件的發生，黨章規定，調整和增選中央委員及候補中央委員的數額，不得超過黨的全國代表大會選出的中央委員及候補中央委員各自總數的1/5。

黨的全國代表會議很少召開，除非發生改變中央委員會和中央紀律檢查委員會結構的重大變動。1985年9月黨的全國代表會議就是在這種情形下召開的。黨的全國代表會議同意葉劍英、鄧穎超等64人不再擔任中央委員、候補中央委員；李井泉、肖勁光等36人不再擔任中央顧問委員會委員；黃克誠等31人不再擔任中央紀律檢查委員會委員。會議增選了中央委員56人、候補中央委員35人、中央顧問委員會委員56人、中央紀律檢查委員會委員31人。這是中國共產黨歷史上第一次大規模的集體退休，標誌著共產黨退休制度的正式啓動。

黨的全國代表大會的代表即黨代表是如何產生的？黨代表是經過各單位初

步選舉，再匯總到各系統和各地區黨委，由各系統和各地區的黨委會和黨的代表大會決定。和全國人民代表大會代表的產生辦法一樣，黨代表也是間接選舉產生的。

黨代表的名額按條塊辦法分配，即在中央及其直屬單位系統、軍隊系統（「條」）和地方（「塊」）中分配。黨的代表一般都是各系統和各單位的黨政領導幹部，當然也有少數民族代表和國有企業代表。根據「三個代表」重要思想的精神，浙江、廣東、江蘇等省選派了一些私營企業家作為十六大的黨代表。

（二）中央委員會

中央委員會全體會議由中央政治局召集，每年至少舉行一次。一次以一個議題為主，例如歷史上「中共中央關於建國以來黨的若干歷史問題的決議」、「關於精神文明建設的決議」、「關於農村問題的決定」、「關於反腐敗問題的決定」、「關於全面深化改革的決定」等，都是某屆中央全會的一個議題。

中央委員會全體會議的時間一般較短，大概為三、四天。可見，全會本身是程序性的，最為重要的是全會之前的中央工作會議。中央工作會議往往是中央全會的準備會議，會議時間長，參加者不但包括中央委員，而且還有其他有關問題的負責人。在會上，與會者暢所欲言，表達各自的利益要求和政策建議。應該說，中央工作會議是充分體現黨內民主的大會。會議所形成的意見交中央全會決定。例如，十一屆三中全會的4天會議的決定實際上是其之前的長達45天的中央工作會議熱烈討論的結果。參加這次中央工作會議的有各省、市、自治區和解放軍各大軍區的主要負責人，中央黨政軍各部門和群眾團體的主要負責人，共212人。

中央委員會的組成基本上是按條塊分配名額。十六屆中央委員共198人，其中來自地方的有62人，占31.3%；來自軍隊的有44人，占22%；來自中央機關及其直屬單位的有95人，占46.7%。中央委員均是黨政軍和事業單位的領導人，例如來自中央的均是黨中央直屬機關和國務院職能部門的主要負責人，來

自地方的中央委員主要是省委書記和省長，[13]來自軍隊的中央委員基本上是各大軍區和各總部的黨和軍事一把手。應該說，中央委員會是中國最爲重要的政治家集團。事實上，改革開放以後歷屆中央委員會的結構大致如此。

但是，中央委員會的產生卻是一個很複雜的過程，十六屆中央委員會的產生過程對我們瞭解這一程序大有幫助。根據新華社北京2002年11月14日電《肩負起繼往開來的莊嚴使命：黨的新一屆中央委員會誕生記》，第十六屆中共中央委員會是在政治局常委會的直接領導下產生的。

早在2001年3月，時任總書記的江澤民同志先後主持召開了中央政治局常委會議和政治局會議，討論研究有關十六大的人事準備工作，決定成立專門班子，在中央政治局常委會的直接領導下，負責中央委員會、中央紀律檢查委員會人選的推薦、考察、提名工作，部署指導各選舉單位做好十六大代表的選舉工作。

在中央政治局常委會的直接領導下，十六大「兩委」人選考察工作從2001年5月起正式開始。中央政治局常委會先後派出46個考察組，分赴98個中央、國家機關部門，11個中央金融機構，23個國有重要骨幹企業，31個省、自治區和直轄市進行考察。中央軍委同時派出5個考察組，分赴全軍和武警部隊大軍區單位進行考察。

13　由於省委書記和省長是各省的最爲重要的領導人，而每一個省的地位都很重要，因此，一般而言，他們都有可能成爲中央委員會的正式委員，但是這種理想的局面也只有在新的一屆中央形成之時才可能實現，其後的人事變動則主要是委派中央委員會候補委員或非中央委員的官員出任省委書記或省長。在1982年至2001年的20年間，僅有4年（1987年、1988年、1998年和1999年）出現了全部省委書記同爲中央委員的情形，而在其餘的年份裡，擁有中央委員身份的省委書記的比例在66%～97%之間。這一比例的最低點是1984年，當時有10名（34%）省委書記甚至不是中央候補委員。2002年的省委書記中，21人爲中央正式委員，9人爲候補委員，僅有1人未能當上中央候補委員。與省委書記相比，省長們更加難以被安排爲中央委員會委員。在1982至2001年間，只有略過半數的省長擁有中央委員資格。到2002年，全國省長中有12名中央正式委員，12名候補委員，7名無中央委員資格。〔參見薄智躍：《治理中國：21世紀初的省級領導》，載《中國社會科學評論》（香港），2002年第1卷第2期〕

「兩委」人選考察程序和步驟按如下環節進行：

1. 組織考察組，進行出發前的培訓；
2. 向考察單位說明來意，商定考察工作方案；
3. 召開省級黨委常委或部委黨組會議，傳達中央精神，介紹工作安排；
4. 召開全委擴大會議或領導幹部會議，民主推薦十六大「兩委」人選考察對象，向與會人員發出考察預告，公布考察組人員名單、住址、電話、考察任務及時間等；
5. 談話推薦、考察；
6. 確定十六大「兩委」人選考察對象；
7. 對考察對象進行深入考察，廣泛聽取意見；
8. 提出遴選對象建議名單。

十六大「兩委」人選推薦、考察的一個顯著特點是發揚黨內民主，堅持走群眾路線。具體方式是，中央、國家機關正部級單位召開黨員領導幹部會議進行民主推薦；省、自治區、直轄市召開全委擴大會議進行民主推薦。中央、國家機關副部級單位、中央金融機構和在北京的國有重要骨幹企業，先分別召開各單位主要負責人會議民主推薦考察單位，在此基礎上，再到有關單位民主推薦考察物件。據統計，全國參加民主推薦的黨員幹部有30,200人，比十五大時增加了近一倍。省市區參加推薦的一般在450人左右，最多的近700人。各考察組一共與19,200人進行了個別談話，平均每個省談話在350人左右，每個部門或單位談話在60人左右。

經過10個月的推薦、考察，考察組共確定514人作為中央委員會委員人選考察對象，199人作為中央紀律檢查委員會委員人選考察對象。最後，考察組向中央提出了462名中央委員會委員人選遴選對象、179名中央紀律檢查委員會委員人選遴選對象。

十六大「兩委」人選的推薦、考察、醞釀、提名是一個最為重大和典型的政治過程，自始至終在中央政治局常委會的直接領導下進行。從2001年下半年到2002年上半年，江澤民同志先後主持召開了12次中央政治局常委會，專題聽

取考察彙報，並提出了一系列重要要求。

2002年10月31日，中央政治局常委會根據結構要求和工作需要，從遴選對象中提出了十六大「兩委」候選人預備人選建議名單。2002年11月1日，中央政治局全體會議通過了這個建議名單，並決定提交黨的第十六次全國代表大會審議。

對於「兩委」在代表大會上的選舉程序是，由代表大會的各代表團以差額選舉方式對「兩委」人選進行預選。各代表團選出的中央委員會委員名單經大會主席團匯總到代表大會上，以舉手表決的方式通過。十六大最終確定中央委員會委員356人，中央紀律檢查委員會委員121人。十六屆中央委員預選候選人208名，實選198名，差額10名，差額比例為5.1%；中央候補委員候選人167名，實選158名，差額9名，差額比例為5.7%；中央紀委委員預選候選人128名，實選121名，差額7名，差額比例為5.8%。

應該說，「兩委」的產生是一個自上而下的選拔和自下而上的選舉相結合的過程，生動地體現了黨的民主集中制原則。

二、黨的核心決策機關

根據組織學的一般原理，組織越大，權力越分散；組織越小，權力越集中。因此，在理論和實際中，總書記、政治局常委會、政治局、書記處是共產黨的最核心的決策機關。根據中國的黨和國家領導體制，當我們涉及中國的行政領導制度時，首先應該想到的是中央政治局和中央政治局常委會領導下的政府系統。

（一）歷史變遷

政治局、政治局常委會、書記處和總書記制度經歷過歷史演變。在建國初期，政治局不設常務委員會，黨的領導核心是中央政治局，政治局下設中央書記處處理中央日常工作，但是中央書記處的人員構成和性質相當於中央政治局常委會。例如，在建國初期，書記處的5位書記分別擔任中央人民政府委員會

主席、副主席和政務院總理職務。

建國初期的體制基本上沿襲了延安時期的制度。在經過長期的黨內整風以後，共產黨正式確立了毛澤東在黨內一元化領導的權威，其保證機制是關於政治局和書記處職權的規定。1943年3月在延安通過的《中央關於中央機構調整及精簡的決定》規定：

在中央兩次全會之間，中央政治局擔負領導整個黨工作的責任，有權決定一切重大問題。政治局推定毛澤東同志爲主席。政治局每月應舉行例會兩次，必要時可召開臨時會議。凡重大的思想、政治、軍事、政策和組織問題，必須在政治局會議上討論通過。

書記處是根據政治局所決定的方針處理日常工作的辦事機關，它在組織上服從政治局，但在政治局方針下有權處理和決定一切日常性質的問題。它的經常業務是：準備政治局會議的日程所應討論問題的材料（或通知各部委準備）；負責組織政治局會議之執行並檢查執行的程度；在政治局的方針之下辦理和決定日常工作問題。中央各部委局廳社的工作，由書記處直接管理，或經過宣委組委管理之。書記處必須將自己的工作向政治局報告。

書記處重新決定由毛澤東、劉少奇、任弼時三同志組成之，毛澤東同志爲主席。會期不固定，隨時由主席召集之，會議中所討論的問題，主席有最後決定之權。

1954年「高饒事件」以後，爲了分擔書記處的工作，建立了中央秘書長會議制度，即在書記處下設立一個由秘書長和副秘書長組成的經常性的秘書長工作會議，負責協助政治局和書記處研究和處理黨群關係，同時負責研究和處理政治局和書記處交議或交辦的其他事項，實際上是代辦中央日常工作，以減輕書記處的負擔。八大決定設立政治局常委會和中央書記處，新成立的中央書記處取代了中央秘書長會議，在政治局和政治局常委會領導下處理中央日常工作。當時的書記處總書記是鄧小平。但是，在黨的十一大之前，政治局常委會之上還有中央委員會主席與副主席。應該說，中央委員會主席和副主席是黨的

最重要的決策者。在黨的九大上，黨的副主席只有林彪一人，可見黨的集體領導制度在「文化大革命」期間蕩然無存。

「文化大革命」爆發後，新成立的中央文化革命小組「隸屬於中央政治局常委之下」，撇開了中央政治局和中央書記處，中央書記處實際上不復存在。黨的十一屆五中全會恢復了中央書記處制度，總書記是胡耀邦。這樣，在一段時間裡，黨的主席制和總書記制並存。

黨的十二大取消了黨的中央委員會主席、副主席制度，只設黨的總書記，並規定總書記是政治局常委會的成員之一，負責召集中央政治局和政治局常委會會議，重大決策均由集體討論做出。總書記還主持書記處工作。顧名思義，「召集」和「主持」的作用與黨的主席的決定權是大不一樣的。這樣，「文化大革命」式的個人過分集權和個人專斷現象不可能再次發生。表2-1反映了八大以來黨的核心機關的變遷情況。

表2-1　八大以來黨的核心決策機關的基本情況

	黨主席	總書記	書記處運作狀況	政治局常委（人）	政治局委員（人）
八大	毛澤東	鄧小平	存在	6（中央委員會主席副主席5人）	23
九大	毛澤東		不存在	5（中央委員會副主席1人）	25
十大	毛澤東		不存在	9（中央委員會主席副主席6人）	25
十一大	華國鋒	胡耀邦	十一屆五中全會恢復	5（中央委員會主席副主席與政治局常委重疊）	26
十二大		胡耀邦	正常	6	28
十三大		趙紫陽	正常	5	18
十四大		江澤民	正常	7	22
十五大		江澤民	正常	7	24
十六大		胡錦濤	正常	9	25

（二）產生與運作方式

根據黨章，政治局委員和總書記由中央委員會全體會議選舉產生。政治局和政治局常委會的職能是在中央委員會全體會議閉會期間，行使中央委員會的職權。由於中央委員會全體會議一年之中僅召開1～2次會議，因此，中央委員會的職權主要體現在政治局和政治局常委會的運轉中。而政治局及其常委會的工作又是其辦事機構書記處安排的。根據黨章，書記處是政治局和政治局常委會的辦事機構；成員由政治局常委會提名，中央委員會全體會議通過。

中國的權力核心是政治局和政治局常委會。那麼，政治局委員和政治局常委是如何產生的呢？

根據黨章，政治局委員和政治局常委是由中央委員會全體會議選舉產生的，但是候選人則是由黨考察和選拔產生的。確定候選人的標準是什麼呢？作為黨和國家最重要的決策機關，進入者一般都是在各自的崗位上或主管的單位中有突出成就者。當然，不同的時代對成就的標準也不一樣。

建國初期，政治家均來自革命家，因而政治局委員和常委基本都有軍人背景。到了「文化大革命」時期，選拔人才的標準是「造反的成就」，因而「四人幫」得以當道。

在社會主義改革開放時期，能夠進入核心決策機關者一般都有長期的地方工作經驗和非凡的經濟成就。例如，十六屆一中全會選舉產生的9名政治局常委中，6人曾任省市的黨政一把手，2人曾任省市副書記，有地方省市工作經歷的比重達89%。在不包括政治局常委的18名政治局委員中，除3名來自軍隊的成員外，有11名曾任地方省市黨政一把手，只有4人長期在中央直屬系統工作。不計算來自軍隊的政治局委員，有地方工作經驗的政治局委員的比重是73%。

上述政治局常委和政治局委員的經歷說明，在社會主義市場經濟建設時期，地方工作經驗和成就是遴選政治家的一個非常重要的標準。尤其明顯的是，新當選的來自地方的政治局委員基本上是地方治理成效突出者或其所在地區居於特別重要的地位。例如，十六屆一中全會產生的新當選的政治局委員

中，有四個直轄市（北京、上海、天津和重慶）的書記，有經濟大省浙江、江蘇、四川、湖北的書記和政治上特別重要的新疆維吾爾自治區的書記，而原本就是政治局委員的作為中國經濟重鎮的北京、上海、廣東和山東的書記則進入政治局常委會。

那麼，中國最為重要的權力機關是如何進行分工並運轉的呢？雖然名稱不一樣，但事實上總書記、中央政治局、中央政治局常委會和書記處是四位一體的有機整體，離開任何一個都無法正常運轉。因此，要瞭解這些機關的職權，只能綜合地考察。

根據黨章規定，總書記負責召集中央政治局和政治局常委會會議，並主持中央書記處工作。總書記的職權是「召集」和「主持」會議，表明總書記是領導集體的一員。從上面可以知道，自十二大以後，政治局常委會成為最重要的決策機構，因此，領導集體主要是指政治局常委會的集體領導。

儘管如此，作為黨的總書記，自然要負責全局性的工作。根據前述的黨和國家領導體制，歸口領導是黨對國家的核心領導方式。在十八屆一中全會上產生的7名政治局常委中，分工負責的系統分別是李克強管理經濟口、張德江管理人大口、俞正聲負責政協口、劉雲山負責組織人事口和宣傳教育口、王岐山負責黨的紀檢口、張高麗協助李克強管理財經口，那麼作為黨的總書記的習近平自然要在集體領導制度下全面負責。這一點可以從黨和國家的日常活動中知道，黨的總書記既可以在黨的各種性質的會議上做重要報告，又可以對國務院系統的各種性質的工作做出批示。

既然是全面性負責，當黨和國家出現重大問題時，總書記就要負一定的責任。例如，1986年底的全國性學潮是反「自由化」不力的一種反映，是時任總書記胡耀邦對自由化代表人物劉賓雁、方勵之、王若望等人處理不力的結果。因此，在1987年1月的中央政治局擴大會議上，胡耀邦被免去總書記職務。由此可見，集體負責並不是無人負責，首要的責任還是第一把手。可謂權力大，責任也大。

作為政治局常委的國務院總理雖然主要管理財經工作，但因為國務院實行

行政首長負責制，所以總理又有權對國務院系統的各口工作做出指示。例如，在原政治局常委會分工中主要負責財經工作的朱鎔基總理，又任中央科技領導小組組長，主管宣傳文教科技工作的李嵐清副總理任副組長。

國務院總理的責任是雙重性的。一方面，總理首先是中央政治局常委，是領導集體中的一員，要服從集體的決策和決定，對中央集體負責；另一方面，國務院總理又是憲法上規定的行政首長負責制下的最高行政長官，個人要對國務院系統的工作負全面的責任。

除黨的總書記和國務院總理以外，其他政治局常委只能對本人負責的系統或口的工作做出安排。

既然是歸口管理，是不是某口的工作就是單兵作戰？不是的，歸口管理是集體領導下的歸口管理，而集體領導的主要形式是中央政治局常委會的會議制度。[14]如前所述，僅就十六屆中央委員會的產生問題，政治局常委會就召開了12次會議。因此，歸口領導絕不是個人領導。例如，對刑事犯罪的嚴打鬥爭，雖然屬政法系統的工作，但一開始（1983年）關於嚴打的決定就是政治局常委會做出的，政法系統只是執行政治局常委會的決定。但是，在一般情況下，對於本口中的一般性問題，例如政法系統如何保證公正執法的有關問題，則由本口的幾位負責人做出決定即可。

政治局委員如何工作？協助政治局常委的工作。每一個口由一名政治局常委負責，同時若干政治局委員或書記處書記輔助。每一個口的領導人的多少取決於該口的規模和工作的複雜性，不僅僅是根據重要性而定。

一人負責、多人協助的歸口管理方式一般通過黨的領導小組或委員會制度來實現。領導小組的編制類似於辦事機構，有的是按中共中央的規定設置，例如，1958年6月中共中央決定設置的中央財經領導小組、中央政法領導小組、

14　Doak A.Barnett, *The Making of Foreign Policy in China: Structure and Process*, Boulder, Western Press, 1985。書中有關政治局和政治局常委會的運作方式的介紹是基於作者對黨的領導人的訪談。

中央外事領導小組、中央文教領導小組和中央科學領導小組，以及有領導小組
性質的辦公室如中共中央臺灣工作辦公室。其中有的領導小組演變爲委員會，
如中央政法委員會，而委員會制度則有明確的編制，例如中共中央軍事委員
會。口的負責人通過領導小組和委員會進行全面的工作。例如，中央政法委員
會的職權是管理公檢法和安全部門，中央文教領導小組的職權是管理宣傳部、
教育部、文化部、新聞出版總署等黨和政府的職能部門以及全國文聯和社會科
學聯合會之類的黨群團體。

在領導小組之下，通常有若干相關的中共中央辦公室和國務院辦公室負責
聯繫和協調領導小組下屬的有關黨政部門。這些辦公室沒有行政處置權，只負
責上情下達和下情上達。例如，外事領導小組的辦公室實際上是中共中央外事
辦公室（與國務院外事辦公室合署辦公）；由該辦公室負責和協調有關的外事
部門，如外交部、中共中央對外聯絡部、商務部、新華社、安全部、解放軍總
參等有關涉外機構。圖2-2更清晰地描述了歸口管理下的領導小組制度。

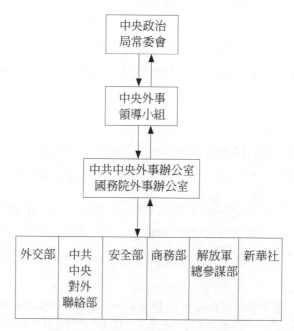

圖2-2　領導小組制度中的黨政關係

　　作爲中央政治局和中央政治局常委會的辦事機關的中央書記處在政治生活中的作用重大，這一點從1943年通過的《中央關於中央機構調整及精簡的決定》中可以知道。首先，既然是辦事機關，那麼，政治局和政治局常委會所有會議的準備工作都要由書記處安排，比如會議的議題和爲會議提供的材料。其次，書記處是連接中共中央和國務院的橋樑機構，在重大問題上，書記處和國務院一道連署辦公。例如，在開放經濟特區這一重大問題上，就是在鄧小平指示下國務院和書記處連署辦公和論證的結果。第三，書記處既然是政治局和政治局常委會的辦事機構，實際上也就是中央委員會的辦事機構。黨對政府的領導是透過黨組制度履行的，而批准設立黨組的上級機關就是中央委員會，黨組要對批准機關負責。中央委員會的常設機關是政治局和政治局常委會，而政治局和政治局常委會的具體工作安排是由書記處完成的。因此，書記處事實上是黨對國家和政府領導的一個具體的事務機關。這一點在前述的中共中央的決定中很明確：大政方針在政治局，具體部署在書記處。

　　至此，我們已經大體上明白了中國政治中最核心的權力機關的職權和運作方式。一句話，最核心機關的運作方式是歸口管理下的集體負責制。

第三節　黨的歸口管理體制

　　本章的第一節和第二節，我們考察了歸口管理的基本含義、歸口管理的基本特徵、黨的中央組織與歸口管理的關係及歸口管理在政治權力體系中的樞紐地位。傳統上，主導中國政治生活的六大「口」或六大系統是組織人事、宣傳教育、政治法律、財政經濟、外事和軍事。透過對六大口的具體考察，我們或許能更加清楚地瞭解黨和國家的領導體制。因爲內容較多，軍事口專列一節介紹。需要指出的是，既然是黨的系統，其活動就不是獨立的，而是執行中共中央的最高決策，雖然本系統在執行中可以發明和創造新形式、新方法和新途徑。

一、組織人事口

　　組織人事工作是黨務工作的重要組成部分。中國共產黨對國家的領導包括政治領導、思想領導和組織領導。其中組織領導即指按照民主集中制原則建立和健全各級黨的組織，培養、選拔黨員幹部，並對他們進行監督管理，透過黨的組織、黨的幹部和廣大黨員去團結和帶領人民群眾，為貫徹黨的路線、方針、政策而奮鬥。

　　在某種意義上，組織工作最為重要，是黨和國家領導制度的中樞。如果組織工作出問題或組織人事制度不完善，將直接影響到共產黨領導的合法性。近年來查處的廣西成克傑案、福建遠華走私案、廣東湛江海關案、瀋陽慕綏新馬向東案、河北國稅局長案、光大銀行行長朱小華案、江蘇鄧斌非法集資案等，都反映出組織人事制度中存在的問題。因此，梳理中國基本的組織人事制度，是理解中國政治的基本要求。

　　如前所述，在中國的政治結構中，中國共產黨的組織遍及不同層次、不同部門的政治實體，成為黨領導政治生活的體制性依靠。對這些黨的組織進行有效的管理，決定了黨的政策和方針是否能夠有效地在社會各個層次得以實現。因此，組織工作構成了政府（廣義的）工作的一大領域。這一工作領域自上而下亦形成了垂直系統，因此成為歸口管理中的重要一環。

　　在當代中國政治生活中，組織管理很大程度上依賴於對各級組織的領導和幹部[15]的人事管理。由於各部門、各級別的行政機構中都有黨的組織，而且黨的組織一般對本機構事務擁有很大決策權，各機構的行政負責人即使不由黨組織的領導兼任，也一般是黨組織的核心領導成員之一。因此，通過對黨組織中領導和幹部的人事任免進行控制和管理，實際也就對各部門機構的具體事務實現了控制。這也是黨領導政治生活的一條重要管道。

　　歸口管理中的組織人事口，其具體職能主要涉及中國政府各部門機構（也

15　幹部是中國政治中一個重要而含義不清的概念。一般來說，幹部指依法列入中國幹部編制、享受幹部待遇的人員。

包括與政府有關的社會團體）中工作人員的管理。由於在中國的政府體制中，這些人被通稱爲幹部，所以組織人事口的工作就是幹部管理。

（一）組織人事部門

根據組織人事系統中「黨管幹部」的領導原則，中共中央委員會是組織人事系統的領導機構，而各地區、各部門的黨委和黨組則是各自責任範圍內組織人事工作的領導機構。

組織人事系統的職能部門是各級黨委的組織部門、各級政府的人事部門和編制委員會。

具體來說，中共中央組織部和各級地方黨委組織部以及各基層黨委組織部，構成了對全黨組織工作進行管理的職能系統。國家人事部和各級地方人事廳局以及基層的專業人事幹部構成了行政部門的幹部管理部門系統。此外，中央及國家機關各部、委、辦、局以及企事業單位內部設有幹部管理部門，負責管理本系統、本部門幹部管理工作方面的具體事宜，並按照幹部管理許可權，在黨委領導下，分管一部分幹部。

無疑，在實際工作中，幹部特別是行政部門的工作人員絕不僅僅是黨員。因此，在組織人事系統中存在著黨的組織系統與行政部門的人事系統的分工，而且由行政人事部門負責幹部管理的大部分具體工作，如考試錄用、考核獎懲、培訓調動、福利保障、離退休等。但與歸口管理的其他系統一樣，黨的領導居於主導地位。在組織人事系統中，人事部門要執行黨的幹部政策，受同級黨委的領導，其本身的幹部也受黨的組織部門的監督和宏觀控制。而且由於絕大多數部門的重要領導和幹部都是黨員，黨的組織部門在這些人的人事管理上擁有決定權，所以，黨的組織系統基本上控制著全國上下政治體系中的人事權，人事部門可以被視爲一個具體政策的執行部門。當然，黨的組織部門與人事部門之間也存在著某些張力，而且隨著國家公務員制度的推進，人事部門在用人權上地位有所提升，如何協調二者的關係也是黨政關係的一個方面。

（二）組織人事系統領導制度

依照「黨管幹部」的原則，黨的各級委員會是相應層次的組織人事工作的領導機構。其中，黨的中央委員會制定黨的幹部路線、方針、政策，透過國家政權機關的法律程序轉化爲國家意志。黨的其他各級委員會按照中央的幹部路線、方針、政策，結合本地區、本部門、本單位的具體情況，提出相應的貫徹措施，各級黨委管理屬本級所轄範圍內的黨務系統的幹部；各級黨委向各自所屬管理範圍內的政權機關、群眾團體以及部分企事業單位推薦重要幹部。對幹部的任免、提拔、調動、審查和幹部問題的處理，由黨委集體討論決定，並按幹部許可權，由主管黨組織批准。

組織部門的職權。首先應該明確的是上下級組織部門的關係。上級黨委組織部門對下級黨委組織部門在業務上有指導關係，但不是領導與被領導的關係。各級黨委的組織部門，同黨委的其他部門一樣，在同級黨委的直接領導下進行工作。由於工作需要，上級黨委組織部門應當對下級黨委組織部門進行業務上的指導，經同級黨委授權，在有關方針、政策問題上，可以對下級黨委組織部門提出決定性和指導性的意見。[16]上級黨委組織部門有責任對下級黨委組織部門進行業務上的幫助和指導，下級黨委組織部門也應主動地向上級黨委組織部門反映情況，報告工作。

那麼，組織部門的具體職權是什麼？前面已經考察了黨管幹部的分類分級管理原則。作爲各級黨委一個職能部門的組織部，是專門管理黨的幹部的機構，其主要職責是：1.根據黨的路線、方針、政策和黨委的指示、決議，調查研究有關黨的組織工作方面的政策，提出實施黨的組織路線的具體措施，經黨委審查批准後加以貫徹執行；2.檢查督促下級黨委執行民主集中制、堅持集體領導和過組織生活的情況，向同級黨委做出報告；3.執行黨的幹部政策，負責幹部的培訓、考察和調配；4.負責幹部和黨員管理，並配合黨的紀律檢查部門加強黨的建設。

16　參見中共中央組織部：《黨的組織工作問答》，8頁，北京，人民出版社，1983。

各級黨委組織部門是黨的組織工作的辦事機構，其職責是執行黨的幹部政策，提出並實施黨的組織路線的具體措施，管理下級黨組織的組織生活情況和黨務工作，管理黨員等，並對有關人事部門的幹部進行宏觀控制和監督。

各級人事部門是政府人事管理工作的辦事機構，其職責是按黨的幹部政策選拔、錄用、合理調配和使用幹部；按照條件，培養、選拔優秀中青年幹部擔任各級領導工作；負責對人事的考核、調動、晉升、獎懲、福利、退休等工作；協助黨的組織部門進行幹部的宏觀管理等。

由以上可以看出，黨的組織系統和行政部門的人事部門在黨委的領導下，對組織人事工作進行分工協作。黨委在組織人事系統中處於支配地位，由於組織人事系統分布於政府體系中的方方面面，因此黨透過對組織人事系統的領導可以有效地干預和控制各個政府工作領域的活動，這是黨對國家政治生活領導的一大特徵。

在實際的政治運作中，黨透過對各級幹部的選拔和任命，形成了對國家各領域政治精英人物的控制。所有單位的重要領導人實際上都是由相關的黨委任命，或者是得到其認可的，於是組織人事系統控制著全國數百萬黨員幹部的職務升降，所有精英的政治前途都掌握在各級組織部門和黨委手中。

那麼，組織部門如何考察幹部呢？一般是黨委提出幹部候選人，組織部再考察候選人。因此，幹部是由選拔產生的。選拔是自上而下的過程。透過這種方式產生的各種領導人不能說不是黨的優秀份子，但這事實上是選拔者少數（黨的組織部門和用人單位）與被選拔者多數之間的一個博弈過程，二者在資訊上是不對稱的。在資訊不對稱的條件下，被選拔者既可能存在道德品質上的缺陷，也可能存在專業能力上的欠缺。現在我們的用人制度就存在嚴重的資訊不對稱。比如，考察某一幹部候選人，組織部的幹部可謂盡職盡力，不辭辛苦三番五次地與候選人所在單位的有關人員談話，以求掌握更多的資訊。但是，要真正地瞭解某一候選人存在制度上的障礙。首先，候選人是由有關用人單位推薦的，在政企合一的體制下，主管部門與候選人之間存在天然的父愛關係。不僅如此，候選人還可能利用這種父愛關係和資訊的不對稱進行業績上的造假

而求得上級的信任。其次，當組織部來候選人的單位考察時，被安排與組織部
談話的人基本是候選人的下屬，這為組織部獲得有關候選人的真實資訊增加了
難度。

在資訊不對稱的情況下，我們已經看到，一些被選拔的幹部在上任之前就
可能有道德、專業甚至是法律上的問題。江澤民同志2002年2月10日在中央紀
委全體會議上就提出過四個問題，第一，一些領導幹部為什麼頻頻發生腐敗問
題？第二，這些年來，一些領導幹部中揭露出來的一些案件觸目驚心，其實這
些人早就露出了蛛絲馬跡，為什麼沒有及時把他們揭露出來，有的甚至還能得
到繼續提拔呢？第三，有些人熱衷於封官許願、拉幫結派、以個人的好惡和恩
怨用人，有些人把幹部任用權當成了自己發財致富的手段。這樣搞，幹部人事
工作的風氣能正嗎？第四，為什麼有的幹部在考察時各方面聽下來都很好，上
任不久就出了問題，甚至出了大問題呢？[17]這四個問題發人深省，值得深思。
如何做到選舉與選拔的結合，是黨管幹部的一大課題。目前各地正在推行的幹
部公推公選，是黨內民主的重大進步。

（三）黨管幹部制度的改革

2002年7月中共中央印發的《黨政領導幹部選拔任用工作條例》是多年探
索的成果。《條例》規定了民主推薦制度、民主考察制度、任職前的公示制
度、公開選拔和競爭上崗制度，以及很好的免職、辭職和降職制度。在實踐
中，黨政幹部人事制度改革的成就表現在以下幾個方面：

1. 逐步擴大廳局級以下的領導幹部公開選拔比例，當然各省市公開選拔的
比重和公開程度有所不同。

2. 推行競爭上崗制度，把競爭上崗作為選拔任用幹部的重要方式。

3. 提高幹部選拔任用中的民主和公開程度，主要體現在擴大黨內民主，推
行黨委常委會討論決定任免幹部無記名投票表決制，推行領導幹部考察考核預

---

17 參見中共四川省委組織部課題組：《黨政領導幹部制度改革研究》，2頁，北京，中共中
央黨校出版社，2002。

告制和領導幹部任前公示制。

4. 建立能上能下的幹部制度，表現在建立領導幹部任期制、新提拔領導幹部試用期制，調整不稱職和不勝任幹部。

5. 擴大幹部交流範圍，規範幹部交流方式。

6. 加強監督管理制度建設。[18]

為了減少吏治的腐敗，中共中央的對策是擴大幹部工作中的民主，「落實群眾對幹部選拔任用的知情權、參與權、選擇權和監督權」。說到底，應該建立起幹部對民眾負責而不只是對上負責的幹部管理體制。在理論上，「四權」是社會主義民主的本質要求；在實踐中，「四權」的落實將會強化共產黨領導的合法性。

知情權是群眾瞭解和知悉幹部人事工作中的基本程序、重大事件和重要情況的權利。主要包括：(1)黨政人事工作的重大方針，如《黨政領導幹部選拔任用工作條例》、《國家公務員法》和本地的幹部人才政策；(2)重大人事安排部署，如公開選拔領導幹部、公開招考公務員、公推直選基層領導班子等；(3)幹部人事工作的基本程序，如幹部培養程序、幹部選拔程序、幹部管理辦法等；(4)主要人事幹部變動和重要幹部獎懲情況。

參與權是指群眾直接參與幹部人事有關工作的權利。主要包括：(1)參與幹部考察，向組織人事部門提供被考察人的情況；(2)參與黨內外幹部選舉會議，行使選舉權；(3)參與幹部的民主推薦、測評和評議；(4)參與對幹部工作、幹部管理部門以及幹部的多種形式、多種途徑的監督；(5)參加幹部人事工作的有關會議。

選擇權是群眾按自己的意願選擇幹部的權利。主要包括：(1)選舉幹部，即在黨內外幹部選舉會議上行使選舉權；(2)推薦幹部，即透過多種形式向組織部門推薦幹部；(3)幹部表決，即在非選舉會議上對幹部人選進行表決；(4)罷免幹部，即根據有關法律法規對不稱職不勝任的幹部進行罷免。

---

[18] 參見上書，21～32頁。

　　監督權是指群眾對幹部是否遵守有關法律法規、是否認真履行職責、幹部人事部門是否按章辦事等進行監督檢查的權利。主要監督方式有：(1)質詢和批評，即對幹部或幹部人事工作的疑惑或不滿提出質詢，要求有關部門或有關幹部做出負責的答覆，也能夠對幹部人事工作或幹部的不足提出批評；(2)檢舉揭發，即對幹部人事工作中違反有關規定的人和事進行負責任的檢舉揭發；(3)控告，即對幹部人事工作中不合理不公平不公正的人和事進行控告；(4)申訴、申辯，即對幹部人事工作中受到的不公正待遇或錯誤處置進行申訴、申辯。[19]

　　上述「四權」的落實和幹部對民眾負責的幹部制度的建立，將會最大限度地減少吏治腐敗，民眾將會對中國共產黨更加認同。

二、宣傳教育口

　　中國共產黨一貫重視在思想上對廣大黨員和人民群眾的領導和教育，黨的宣傳教育工作被認為是實現黨的領導的重要手段。憑藉宣傳教育工作可以將黨的方針政策和思想理念貫徹到社會各個層次中去，為政策的施行減少阻力創造條件。所以說，宣傳教育工作本質上屬於黨務工作的組成部分。由於黨對政治生活的領導，宣傳教育工作可以借助國家行政機構的力量來加以推行。實際上，宣傳教育口的工作正是透過黨的宣傳教育機構對國家行政機構中相應部門的領導和指導來實現的。

　　宣傳教育工作是一個比較廣泛的概念。從狹義上說，它是指對於人的思維意識和精神狀態加以影響的工作，涉及各種媒體、出版物和教育系統。從廣義上說，它往往與人們社會生活的各個部門相關聯，涉及教科文衛各個方面。因此，宣傳教育口存在著核心部門和相關部門的區分，當然這種區分也是符合歸口管理中各口具體職能部門彼此交叉的一貫特徵的。

---

[19]　參見中共四川省委組織部課題組：《黨政領導幹部制度改革研究》，126～174頁。

（一）宣傳教育部門

黨的宣傳教育工作涉及的範圍很廣，包括理論、新聞、出版、廣播、電視、電影、文化、藝術、對外宣傳等，其中心環節是思想政治工作。這樣我們可以知道，中共中央領導下的宣傳部門有：宣傳部、文化部、新聞出版署、電視台和黨報等。

黨對宣傳教育工作的領導部門是中共中央宣傳部以及各級黨委的宣傳部門。黨的系統具有從上到下的完整的宣傳教育領導部門體系。中央宣傳部是中共中央設置的主管宣傳和思想工作的職能部門。它的主要任務和職責是，組織和檢查關於馬克思列寧主義、毛澤東思想、鄧小平理論和「三個代表」重要思想的宣傳和群眾性的理論學習，組織新聞、廣播、電視、文化、藝術、出版等單位，及時、正確地宣傳黨的路線、方針、政策，並對宣傳情況進行檢查，協助中央審查須經中央審批的重要社論、文章、消息和文化藝術作品等；瞭解各階層的思想動向，制定一個時期或某一重大事件的宣傳意見、提綱或計畫；組織和檢查對群眾的時事政治教育；組織和檢查對黨員的日常教育工作；組織和檢查黨的對外宣傳工作；研究和提出中央各宣傳、文化、出版單位的具體方針、政策和各項事業的發展規劃，並檢查執行情況等。

各級黨委（組）的宣傳部門負責執行黨的宣傳路線，管理相應級別或部門範圍內的宣傳工作和宣傳部門，受到中宣部和各級黨委（黨組）的雙重領導。

除了黨的宣傳部門外，從中央到地方的黨政部門還有若干專門的機構，管理和領導宣傳教育工作中的專門問題。如中共中央精神文明建設領導小組、中央外事宣傳辦公室等，它們一般仍透過中宣部系統來進行領導和發揮自己的專門管理職能。

國務院下屬的若干部門是宣傳教育口的職能部門，一般來說，文化部、教育部、國家廣播電影電視總局、國家新聞出版署，因其職能與宣傳、教育聯繫緊密而成為宣傳教育口的核心部門。其他如科技部、衛生部等部門也經常參與由中宣部發起的宣傳教育活動，它們可以算是宣傳教育口的相關部門。核心部

門管轄有大量的宣傳媒體、文藝團體、社會團體。這些組織同社會聯繫密切，透過對這些組織或機構的領導或管理，宣傳教育口的核心機構可以將黨的方針政策和精神要求傳遞到社會的各個基層角落，從而完成宣傳教育工作。

（二）宣傳教育領導體制

宣傳教育工作由黨領導，為黨的路線方針服務。當黨的中央機構做出重大決策時，都要運用宣傳教育口的力量進行傳播和社會力量動員，以利於決策的執行。因此，當黨召開重要會議或做出重要決定後，一般會由中宣部向黨的宣傳系統和國務院的宣傳教育核心部門發出通知，就傳達黨的政策精神進行部署，然後由各級黨委宣傳系統和國務院下屬的宣傳機構貫徹執行。

平時，宣傳教育部門定期召開全國宣傳工作會議或全國宣傳部長會議，作為總結工作、協調行動、部署方案的途徑。

宣傳教育口針對某項長期的宣傳教育內容往往透過中共中央的名義連續發布通知，以強調該項工作的重要性，並力求在一定時間內掀起一個專項宣傳教育的高潮。當然這無疑要借助黨組織的動員力量和對國家生活的領導地位來推動工作。例如，1994年8月23日，中共中央向各地印發了中宣部擬定的《愛國主義教育實施綱要》，提出了愛國主義教育的基本原則和一系列具體措施。8月31日，又頒布了《中共中央關於進一步加強和改進學校德育工作的若干意見》，要求各級各類學校都要深入持久地進行愛國主義教育。

針對專項的宣傳教育工作，中宣部經常聯合宣傳教育口的各部門聯合發布通知或發起活動，以加大工作的力度，動員更廣泛的社會力量進行宣傳教育工作。1993年10月，中宣部、國家教委、廣電部、文化部聯合發出《關於運用優秀影視片在全國中小學開展愛國主義教育的通知》。各地相繼為中小學生負責放映四部委推薦的百部優秀影視片，受到社會各界的好評。1995年5月，中宣部、國家教委、文化部、新聞出版署和共青團中央又聯合發出《關於向全國中小學推薦百種愛國主義教育圖書的通知》[20]等等。

---

[20]　參見曾長秋、柳禮宗：《大潮——中國改革開放20年》，388頁，長沙，中南工業大學出

在實際的政治生活中，宣傳教育口的部門經常可以憑藉其在政府體制中的獨特地位，開展跨部門的大型政府活動。由於宣傳教育系統綜合性強，與政策聯繫緊密，往往可以比某些固定的歸口管理部門發揮更大的作用，這是當代中國政治實踐中的一個新特點。近年來進行的「三下鄉」活動是一個典型的例證。

1996年底以來，中宣部、國家科委、農業部、文化部、廣電部、衛生部、國家計生委、新聞出版署、團中央、中國科協等十部門，為了貫徹十四屆六中全會精神，推動農村兩個文明建設，聯合組織開展了文化科技衛生「三下鄉」活動。「三下鄉」活動開展一年多來取得了巨大成果，對農村經濟文化發展起到了推動作用。在這一過程中，很多地方除中央對口的部門外，還有計畫、財政、民政、體育等政府部門，以及婦聯、工會、廣協等群眾性組織和社會團體，積極參與、組織了豐富多彩的活動。各地還重視抓好活動的機制建設，使這一活動走上了經常化、制度化、規範化的軌道。1998年年初，中宣部召開了有關部和省市的座談彙報會，並在此基礎上聯合發出了《關於深入開展文化科技衛生「三下鄉」活動的通知》，對下一步的「三下鄉」活動進行了再次動員和新的部署。[21]

由以上可以看出，在整個活動中涉及宣傳教育、政治法律、財政經濟各口的部門，幾乎動員了政府國內事務的各個部門參與，而以中宣部為首的宣傳教育機構起了領導和協調作用。這一方面說明宣傳系統在國內生活中作用的擴大；另一方面也反映出黨的組織透過對中宣部等直屬機關部門職能的拓展，進一步改善和加強了自己對國家生活的領導，這是值得我們重視的現象。

三、財政經濟口

經濟工作是當代政府工作的主要內容。在歸口管理所涉及的六大領域中，

版社，1998。

[21] 參見《重視機制建設「三下鄉」經常化——全國文化科技衛生「三下鄉」活動縮述》，載《瞭望》，1998(4)。

財經口是範圍最廣的，很難對其所轄部門做具體劃分，我們只要認為它負責廣義的經濟工作就可以了，這並不影響對中國政府體制的分析。在中國的政治生活中，經濟工作主要是由行政部門——國務院主管的，國務院及其下屬部門對此有極為具體的分工。改革開放以來，經濟工作成為國家工作的中心環節，也是黨的工作重心。但是同歸口管理的其他系統相比，黨似乎缺乏專門的制度化機構對經濟工作進行專門領導。在高層，黨對經濟的領導是透過中共中央與國務院的共同工作，尤其是透過國務院來實現的。在基層各級組織中，黨委中有分管經濟的成員，如農口書記、工口書記等，但是1988年以後沒有專門的機構來管理經濟，而是透過與行政部門（這些部門領導一般也是黨委成員）共同工作來處理經濟問題。但是，由於經濟發展關係到黨和國家的前途與命運，在經濟改革中，中共中央設立了親自管理經濟命脈的金融工作和企業工作的黨的機構，即中央金融工作委員會和中央大型企業工作委員會。

（一）財政經濟領導部門

1. 中共中央政治局常委會

　　由於經濟工作關係到國計民生，所以一切重大的經濟問題都是由中共中央決策的，例如，1984年啓動中國城市改革的《中共中央關於經濟體制改革的決定》。中共中央特別是中央政治局與國務院歷來存在著密切的工作關係，如前所述，在歸口管理的體制下，政治局委員和國務院副總理或國務委員往往一道協助政治局常委的工作，重要的經濟決策往往由國務院制定政策，上報政治局審批，政治局通過後再以中共中央和國務院的名義公布。長期以來，一直存在著以中央政治局和國務院、中共中央辦公廳和國務院辦公廳的名義，黨政兩家合署重要文件或重要通知的情況。

2. 中央財經領導小組

　　由中共中央委員會委員中主管經濟的人員組成，由黨的領導人任組長，負責經濟工作最重大的決策。1993年黨的十三屆四中全會召開前，由中央財經領導小組牽頭（組長江澤民同志），對全國經濟工作進行仔細調研，正式提出在

中國建立社會主義市場經濟的目標。中央財經領導小組是黨對經濟工作直接的也應該是最高的領導協調部門，但在日常的經濟工作中很少提到這一組織。

3. 國務院

國務院是國家最高行政機關，擔負著領導和管理全國範圍內一切重大行政事務的職責。國務院的經濟工作部門可以分爲兩大類：綜合經濟部門和專業經濟部門。專業經濟部門分別管理國民經濟中的各個領域，並且大多在全國範圍內形成垂直領導的部門結構，構成了國民經濟管理的主體力量。

4. 中央金融工作委員會

主要是管理中國金融部門的人事工作和大政方針，管轄的部門包括銀行、證券和保險。

5. 中央大型企業工作委員會

主要監管中國150家左右的大型國有企業的人事和國有資產的保值增值狀況。

（二）領導制度

黨對財經口的領導，除了中央財經領導小組外，主要是透過中共中央與國務院的關係來實現的。黨中央同國務院發生聯繫的方式主要有以下幾種：1.透過全國人民代表大會及其常委會這個仲介，將黨的主張變爲法律和具有法律約束力的決定，再由國務院具體執行和承辦；2.在法律所允許的範圍內，中共中央和國務院就某些較爲具體的政策或經濟社會問題共同做出指導性意見或決定；3.國務院在每年編寫《政府工作報告》時要徵求中共中央政治局的意見並參照意見進行修正；4.國務院組成人選由中共中央推薦，並由人大表決產生，國務院副部長級幹部人選也要由中央組織部審查。可見，黨中央在重大決策上較國務院擁有更大的決定權。在財經工作中，由於國務院承擔具體的組織、實施決策的工作，國務院擁有相當大的自主權，黨的領導是透過國務院的二次部署和執行來實現的。這從國家的日常經濟會議中就可以看出。

　　黨中央和國務院每年都要召開一些不同級別的財經口工作會議，這些會議恰好反映了經濟工作的領導體制。按照慣例，每年年底中共中央都要召開中央經濟工作會議。這是正常情況下最高級別的財經口會議。會議目的在於結合國內外形勢，總結一年來經濟工作的成績和不足，就下一年經濟工作的重點進行部署。中央經濟工作會議是黨對經濟工作領導的直接體現，中央政治局常委一般都要出席，黨的總書記要做重要講話，為會議定下基調。各省、自治區、直轄市的黨政負責人都要參加這樣的會議。

　　中央經濟工作會議以後，財經口各部門便紛紛召開本部門的年度會議，貫徹中央經濟工作會議精神，總結一年來的工作，就本部門本領域的工作重點，提出下一年的工作思路和政策走向。以1997年底為例，12月13日至16日，全國計畫工作會議召開，17日全國財經工作會議召開，13日至17日全國經貿會議召開。這些會議由國務院所屬的財經口各部門召開，解決本系統問題。

　　按照慣例，每年年初，中央和國務院聯合召開中央農村工作會議，部署一年的農村工作，這類會議比中央經濟工作會議級別略低，中央政治局常委中與經濟工作無關的領導人不出席，各省、自治區、直轄市的黨政主要負責人和黨中央國務院的有關部門負責人出席。這類會議體現了中央與國務院聯合辦公的方式，由黨中央牽頭，國務院負責具體的工作落實。1998年的中央農村工作會議於1月7日至9日召開，1998年5月14日還召開過同一級別的下崗職工生活保障和再就業工作會議，由中央與國務院聯合主持，中共中央5位政治局常委出席，其他人員同中央農村工作會議級別相同。這類專門性的會議是為了解決經濟工作中的專項問題而召開，由黨中央和國務院共同主持以表明工作的重要性，並且動員黨和行政部門的共同力量以更好地開展工作。其規格同定期的中央農村工作會議相同，都是解決全局性的經濟問題，只是不定期舉行而已，其重要性僅次於中央經濟工作會議。

　　1998年4月27日至29日召開了全國糧食流通體制改革工作會議。會議由國務院召開，國務院總理、副總理和國務委員出席，各地方有關部門和國務院有關部門的負責人參加。這種會議是國務院解決經濟工作中特定問題的例行會

議，由國務院自己負責決策，落實執行，其級別明顯低於以上兩級會議。

　　1998年7月20日國務院還召開了全國財經工作會議，級別更低。僅由主管副總理發函以示指導。這類會議由國務院財經系統具體部門自行召開，解決本部門的工作。

　　以上四級會議顯示了黨中央（透過國務院）對財經工作的層層領導，這是日常的領導方式。有時黨會召開重大會議，專門討論經濟問題，並做出重大決策，比如1998年10月12日至14日，中共中央委員會召開十五屆三次會議，專門討論農村工作，並作出《中共中央關於農業和農村工作若干重大問題的決定》。這類會議對經濟工作當然具有重大影響作用，會議決定往往會指導今後很長一段時間內國家的經濟工作方針和政策。國務院和相關部門也必須圍繞其展開工作。

四、政法口

　　政法口事實上包括兩個黨的系統，一個是黨的紀律檢查委員，一個是黨的政法委。政法委將在本書的「司法制度」部分介紹，這裡只扼要介紹黨的紀律檢查委員。

　　隨著市場經濟中權力與商業關係的密切化以及由此而產生的吏治問題，為懲治腐敗和淨化社會空氣，黨的紀檢部門正發揮空前重要性的作用。

　　黨的紀律，包括政治紀律、組織紀律和各項工作紀律（如群眾紀律、外事紀律和保密紀律）。黨章明確規定，黨員必須自覺地接受黨紀約束，若違反黨紀，就必須受到追究。為了加強黨的紀律性，保持黨的執政地位和領導作用，必須有專門的機構來檢查、督促和維護黨紀黨規等的實施，這就是黨的各級紀律檢查委員會。

　　紀律檢查委員會的監督職責主要是：

　　1. 圍繞黨的中心任務，根據不同階段監督工作的需要，制定黨的紀律規範、政治生活準則和監督辦法，並以有效的黨紀黨規作依據，對檢舉、控告、

揭露和暴露出來的黨員或黨組織的違紀問題，經初步核實確有違紀事實並需追究黨紀責任的，進行立案調查和處理。

對於已經立案的違紀案件，由紀檢機關組成調查組按規定程序開展全面、詳細的調查。調查清楚後，由紀檢機關向有關部門提出處理意見。一般地講，對一般違紀行為尚未構成追究黨紀責任的，紀檢機關可提出改正建議；調查對象確實犯有嚴重錯誤且不適宜擔任現職，或阻撓、妨礙案件調查時，紀檢機關可提出停職檢查的建議；調查中發現的觸犯刑律的行為，紀檢機關應移交並建議司法機關處理；發現同級黨委及其成員有違反黨紀的問題時，若同級黨委不予解決或不能正確解決，各級紀委可向上級紀委提出協助處理的申請。

按照黨紀處分的有關規定，各級紀委對黨員的處分批准許可權有區別。中央紀委有權批准對中央委員、候補委員的警告、嚴重警告處分，有權批准對列入《中央管理幹部職務名稱表》的副部級以下幹部的黨紀處分和列入該表的副部級以上幹部的警告、嚴重警告處分，有權批准對各省級人大常委會、人民政府、政協的領導及高級人民法院院長、人民檢察院檢察長的警告、嚴重警告處分。據此，地方各級紀檢機關的處分權限也有嚴格的區分。

2. 透過列席會議、參與評議等途徑來實施對黨委領導班子成員的監督。各級紀律檢查委員會委員可以列席同級黨的委員會全體會議，紀律檢查委員會書記可以列席同級黨委常務委員會會議，瞭解情況，參與討論，提出建議、意見和批評，開展決策方面的監督。各級紀律檢查委員會書記或副書記可以參加同級黨委常委民主生活會和同級政府部門黨組民主生活會。相應的，上級紀委派負責幹部參加下級黨委常委民主生活會和同級政府各部門黨員領導幹部的民主生活會。對民主生活會中反映出來的違紀違法問題，紀檢機關應按照幹部管理許可權，予以調查處理。對下級黨委報送的有關民主生活會的會議情況和會議記錄，要認真審閱研究，若發現重要問題，必須向同級黨委報告。此外，各級紀委還可派人參加同級和下級黨組織開展的民主評議黨員領導幹部的活動。

3. 檢查、督促黨的各級組織特別是領導機關、領導幹部執行黨的路線、方針、政策的情況，協助黨委抓好黨風。為了履行這方面的職責，中央紀委根據

工作需要，可以向中央一級黨和國家機關派駐黨的紀律檢查組和紀律檢查員。紀檢組組長或紀檢員可以列席入駐機關黨的領導組織的有關會議，以便對黨內的議事、表決、任用和民主生活會等進行督促，切實保障黨的政治領導的落實，防止「上有政策，下有對策」的現象發生。各級紀委協助同級黨委定期開展黨風黨紀方面的檢查工作，教育黨員「保持黨的先進性」、遵紀守法和牢記「三個代表」重要思想。在檢查或視察活動中，紀委還可以邀請人大、政協、民主黨派人士和基層群眾代表等參加。

在紀檢督察過程中，紀檢部門對同級黨委的督促既是一個關鍵點又是一個難題。中央以下各級紀委在實施對同級黨委的監督中，要善於處理好與同級黨委的關係。從領導關係上講，黨委和紀委同樣既是監督者，又是被監督者。在這種情況下，紀委既要敢於監督，又要善於監督，黨的紀檢機關是維護黨規黨紀，保證黨的路線、方針、政策得以貫徹執行的重要部門，是各級黨委的重要助手。黨的紀律檢查委員會遇到涉及黨委成員的案件時，或者發現同級黨委及其成員有違反黨的紀律的錯誤時，要積極求得同級黨委的支持和幫助，在同級黨委不予支持或不予積極解決時，必須忠實地向上級紀委報告情況。

2004年初執行的《中國共產黨黨內監督條例（試行）》在紀委與黨委的關係上有所突破。條例規定加強紀檢系統內的垂直領導。雙重領導體制，即黨的地方各級紀律檢查委員會和基層紀律檢查委員會在同級黨的委員會和上級紀律檢查委員會的雙重領導下進行工作，是黨的十六大通過的《中國共產黨章程》的重要原則和規定。條例在堅持這一重要原則和規定的同時，又在第八條中做出具體規定，即黨的地方和部門紀委、黨組紀檢組可以直接向上級紀委報告本地區、本系統、本單位發生的重大問題。這就使紀檢系統在遇到「重大問題」時可以不再經過同級黨委，直接向中央紀委報告，明顯提升了紀檢系統的監督權力。

監督制度的設計有新的突破。例如，對巡視組的巡視程序做出了明確規定：巡視組可以根據巡視工作需要列席所巡視地方黨組織的有關會議，查閱有關檔、資料，召開座談會，與有關人員談話，瞭解和研究群眾來信來訪中反映

的有關領導幹部的重要問題。這就為巡視組及時瞭解「下級黨組織領導班子及其成員」的真實情況提供了保障。再如，條例首次明確規定黨的各級代表大會代表也是監督主體，從而使代表大會作為黨內最高權力機關的監督作用得到體現，也為一些地方正在試點的黨代表常任制的普遍實施創造了條件。

條例首次就監督保障作出制度性規定。監督保障不足，一直是監督者面臨監督風險大，有心理顧慮，不敢行使有關法律法規包括憲法賦予他們的監督權的重要原因；另一方面，監督保障不足，監督者不敢行使監督權，就意味著監督資訊缺乏，監督機構的作用也因此被極大地削弱。

十八屆三中全會關於全面深化改革的決定也涉及紀檢部門，要求上級紀檢部門提名下級紀檢部門的主要負責人，這事實上朝垂直管理方向邁進。這是一個符合該機構性質的正確方向，否則紀檢部門難以發揮其規定性作用。

五、外事口

處理涉外事務、履行對外職能是政府工作的一項重要內容。外事口是歸口管理中的一個重要組成部分，這一領域同軍事口一樣具有較為濃厚的制度化和專業化色彩，其組織相對獨立，牽涉面比較有限。

（一）外事部門

政府的涉外工作可分為外交工作和外事管理工作，二者既緊密聯繫又有所區別。外交工作主要是以國家、中央政府的名義進行的；而外事管理工作則是以國務院各部門、地方各級人民政府及其各部門所屬範圍內的外事活動為對象進行管理的一種行政活動。

政府外交工作部門包括外交政策決策部門和職能部門。外交政策決策部門有中共中央外事領導小組、國務院外事辦公室、外交部等。外交職能部門則包括全國人民代表大會外事委員會、全國政協外事委員會、中華人民共和國國家主席、國務院、外交部及其駐外使領館、中共中央對外聯絡部以及軍隊外事部門等。

　　其中，國家主席是國家的代表，在對外關係上是形式上的最高機關。根據憲法規定，國家主席的對外職能包括根據全國人民代表大會的決定批准或廢除同外國締結的條約和重要協定，並接受外國使節，派遣和召回駐外全權代表。

　　外交部是執行國家對外政策、處理外交事務的主要政府機構。其主要任務是協助國家統一管理外交事務，制定並貫徹執行中國的對外政策。國務院各部門和各級人民政府各部門的外事工作機構則主要負責本單位對外交往事宜和活動的管理。

（二）外事領導體制

　　同歸口管理中的各口一樣，外事口的最高決策權和管理權絕對掌握在中共中央手中。由於外事工作的重要性，中央對外事口的領導相當集中。從理論上說，中共中央政治局常委會是決定外交政策的最高機構，但事實上只有總書記、總理和專門掌管外交事務的常委經常性地介入到外交事務中。中共中央外交工作的決策與管理機構是中央外事領導小組。它通常由政治局常委、外交部長、中聯部長、外經貿負責人、安全部門領導、新華社領導等涉外部門的領導人物組成，其功能是在政治局常委和黨、政外事部門之間進行外交政策、情況的協調、溝通、決策、部署，並監督執行。外事領導小組溝通黨政部門，是共產黨對外事口進行領導的具體體現。

　　外事領導小組對下面的外交系統的各機構傳達政策決定，對中央政治局一級領導機構傳達關鍵性的資訊和建議。它還協調和監督黨政有關外交機構在外交政策上的執行情況。

　　國務院是外交政策的主要執行機構，它擔負著將外交大政方針轉化為具體措施並分轉給各具體職能部門執行的責任。國務院是外事管理系統中一個重要的橋樑環節，在名義上大多數涉外部門都受國務院管轄。但在實際運作中，國務院只對一些涉外經濟部門如商務部有較強的管轄能力。國務院對地方各級外事管理機構和各部委辦的外事機構則有直接的管轄權。

　　由於管理許可權上的交叉，中共中央一級需要有較強的協調能力，來處理

來自不同部門的資訊與事務回饋。中共中央辦公廳就是這樣一個重要機構。它既爲中央政治局常委也爲中央最重要的領導小組（包括外事領導小組）服務。中共中央辦公廳在高層領導人之間、在領導小組和各執行機構之間起著關鍵性的聯絡和溝通作用。同時，它也對日常決定和決策過程起著眞正的影響作用。在外交政策的執行中，還可以動用人大常委會、政協的外事委員會以及一些民間或半官方的團體。由此可以看出，外事口領導體制中，上端的領導集中，下端的執行部門眾多，執行部門層次環節不多，資訊回饋途徑多但同時又集中，並有協調機構輔助，這些特點保證了外事口領導的有力和集中，適應了外事工作的特點。

歸口管理體制反映出黨和國家領導體制的一些特徵。第一，權力的高度集中性和黨政結構的同一性，使得權力主要集中在中共中央。第二，權力結構的人格化，這一點在前面已經得到論證。第三，政治體制的動員性特徵，歸口管理下的對系統的垂直領導，使得整個政治體制很容易被統一地組織起來。這種體制的最大優勢是能夠集中政治力量，但是如何實現中共十六大要求的對權力的監督和制約，在實踐中尚需探討。

六、軍事口

（一）黨和軍隊關係的核心原則：「黨對軍隊的絕對領導」

軍隊是武裝力量的主要組成部分，是軍事活動與軍事制度的主體。一個國家軍事制度的核心原則主要體現在國家領導集團與軍隊的關係上。當代中國軍事制度的核心原則就是「黨對軍隊的絕對領導」。

《中華人民共和國國防法》和《中國共產黨章程》都對「黨對軍隊的絕對領導」原則作了明確規定。《中華人民共和國國防法》規定，中華人民共和國的武裝力量受中國共產黨的領導。中國國防領導體制的突出特點就是國防領導權集中在中共中央，國防建設和國防鬥爭的大政方針由中共中央制定，武裝力量的最高領導權屬於中共中央。《中國共產黨章程》規定，中國共產黨堅持對人民解放軍和其他人民武裝力量的領導，加強人民解放軍的建設，充分發揮人

民解放軍在鞏固國防、保衛祖國和參加社會主義現代化建設中的作用。未經中共中央、中共中央軍委的授權，任何組織或個人不得插手、過問或處理軍隊問題，更不允許擅自調動和指揮軍隊。中國共產黨中央軍事委員會是中國共產黨領導下的最高軍事領導機構，其主要職能是直接領導全國武裝力量。與此相適應，《中國人民解放軍政治工作條例》規定：中國人民解放軍必須置於中國共產黨的絕對領導之下，其最高領導權和指揮權屬於中國共產黨中央委員會和中央軍事委員會。黨章還規定，黨的中央委員會有權向全國人大推薦國家中央軍事委員會的領導人。《中華人民共和國憲法》第93條規定：中華人民共和國中央軍事委員會領導全國武裝力量。這和國防法的有關規定一起從法理上確認了「黨對軍隊的絕對領導」原則也適用於國家武裝力量與軍事制度。同時這與中國政治系統中中國共產黨的領導地位是一致的。此外，中華人民共和國國家軍事委員會和中國共產黨中央軍事委員會在人員組織和職能上實際上是合二為一的，是一個機構兩塊牌子。在這種情況下，黨章規定的「黨對軍隊的絕對領導」原則實際上也就成為中國軍事制度的核心原則。

「黨對軍隊的絕對領導」原則不僅體現在中國武裝力量的最高領導體制方面，還體現在黨對軍隊的全方位制度化領導與控制方面。中國共產黨對中國人民解放軍的絕對領導主要是政治領導、思想領導、組織領導。

1. 政治上的領導

中國共產黨規定人民解放軍的性質、宗旨、任務和建軍原則，使軍隊保持堅定正確的政治方向；領導全軍貫徹執行黨的綱領、路線、方針和政策，實現黨在各個歷史時期賦予軍隊的基本任務和當時的具體任務。在社會主義現代化建設新時期，要求人民解放軍始終不渝地保持人民軍隊的性質，忠於共產黨，忠於人民，忠於國家，忠於社會主義，堅定不移地貫徹執行黨的以經濟建設為中心，堅持四項基本原則、堅持改革開放的基本路線，政治上同黨中央保持高度一致。

2. 思想上的領導

用馬克思列寧主義、毛澤東思想、鄧小平理論和「三個代表」重要思想武裝全軍官兵，塑造軍隊特有的組織文化，把官兵培養成為有理想、有道德、有文化、有紀律的革命軍人。

3. 組織上的領導

中國共產黨中央委員會和中央軍事委員會直接領導中國人民解放軍，制定軍事戰略，掌管軍事建設，指揮武裝鬥爭。黨章規定，黨的中央軍事委員會組成人員由中央委員會決定，中國人民解放軍的黨組織，根據中央委員會的指示進行工作。中央軍事委員會的政治工作機關是中國人民解放軍總政治部。在各級軍隊組織中設立黨的機構。在中國人民解放軍團以上部隊和相當於團以上部隊的單位設立黨的委員會，在營和相當於營的單位設立黨的基層委員會，在連和相當於連的單位設立黨支部，作為各該單位統一領導和團結的核心。「『一長制』只在最低戰術環節——排和班實行。」[22]對省軍區（衛戍區、警備區）、軍分區（警備區）、縣（市、區）人民武裝部和預備役部隊實行軍事系統與地方黨的委員會雙重領導制度。中國人民解放軍團級以上單位設立政治委員和政治機關，負責管理軍隊黨的工作和組織政治工作。軍隊中的黨委是軍隊中的統一領導和團結的核心：黨委對所屬部隊的一切組織、一切部門、一切人員、一切工作實行統一領導，部隊的一切重大問題，除緊急情況下可以由首長臨機處置外，都必須先由黨委做出決定。軍隊的黨組織，根據中共中央的指示進行工作。黨禁止除共青團之外的其他任何黨派、政治團體、政治組織在軍隊中建立組織和發展成員；其他組織和團體的成員如果參加軍隊，必須與原來的組織脫離關係；軍隊中，未經黨組織的批准，不允許建立任何性質和形式的小團體、小組織；只有中國共產黨的組織才能委派軍隊中的各級領導幹部，其他任何組織和個人都不允許向軍隊委派幹部。這些規定明確體現了「黨對軍隊的絕對領導」原則。

22　〔俄〕安·阿·科科申：《戰略領導論》，265頁，北京，軍事科學出版社，2005。

「黨對軍隊的絕對領導」原則是在中國共產黨領導中國革命和國家建設過程中形成的，在歷史上發揮了重大作用。從某種意義上說，它用滲透型文武關係[23]恢復、重建了中國傳統的以文制武模式，消除了以往的集團化軍隊的排他性和自保性，形成了統一的武裝力量，使軍隊由附屬於一定個人或派別轉向了服從組織機構嚴密、具有統一意識形態、紀律嚴格的政黨，擁有了一個恒久性忠誠對象和組織控制核心。隨著共產黨掌權和黨政合一體制的形成，軍隊對黨的忠誠也就在一定程度上轉換爲對民族國家的忠誠。共產黨對軍隊意識形態的輸入和組織控制，使其具有了軍官團精神，軍隊也從20世紀前期的干政角色轉變到參政角色，成爲革命職業化軍隊，具備了正常政治體系中軍隊的基本特徵。它使得斷裂多年又衝突著的文武關係最終獲得了一個解決方案，也是應對自20世紀前半期中國國家面臨的總體性危機的一個戰略性選擇。在當代中國政治體系中，中國共產黨是執政黨，憲法確立了共產黨在國家的領導地位，黨領導軍隊與國家領導軍隊是一致的。在社會主義初級階段，堅持黨對軍隊的絕對領導，對於貫徹黨的基本路線，實現國家長治久安，發揮對外威懾作用，防止外來侵略，仍然是極其重要的政治保證。

（二）領導體制：中央軍事委員會

從政治體制設置形式上講，中國的武裝力量接受國家政府和共產黨的雙重領導。現行憲法明確規定，中華人民共和國設立中央軍事委員會，領導全國武裝力量。中華人民共和國中央軍事委員會簡稱國家中央軍委是中華人民共和國的最高軍事決策和指揮機關。國家中央軍委由主席、副主席、委員組成。主席由全國人民代表大會選舉產生，對全國人民代表大會及其常務委員會負責。根據中央軍事委員會主席的提名，全國人民代表大會決定中央軍事委員會其他組成人員的人選；中央軍委每屆任期與全國人民代表大會每屆任期相同。中央軍事委員會主席、副主席、委員可連選連任。全國人民代表大會有權罷免中央軍

23　文武關係的政治學含義是指軍隊（主要是軍官階層）與文官政府之間的關係，「意味著武裝力量與合法建立的國家公共權威機構之間所存在的主從關係或上下級關係」。一般將文武關係劃分爲貴族封建型、憲政型和滲透型三種。（參見〔英〕大衛·米勒、韋農·波格丹諾：《布萊克維爾政治學百科全書》，122頁）

事委員會主席和中央軍事委員會其他組成人員。這從國家根本大法的高度明確了國家武裝力量在國家體制中的法律地位，從形式上確認了武裝力量納入國家政治設置的原則。由此我們可以看出，中華人民共和國中央軍事委員會是與國務院、最高人民法院、最高人民檢察院相並列的最高國家機構之一。

同時，《中國共產黨章程》規定，中共中央設立中央軍事委員會，中國共產黨中央軍事委員會（簡稱中共中央軍委）是中國共產黨領導下的最高軍事領導機構。其主要職能是：直接領導全國武裝力量。其組成人員由中國共產黨中央委員會決定。黨的中央軍委由主席、副主席、委員組成。軍委主席有權對中央軍委職責範圍內的事項做出處理決定，並承擔由此而產生的責任。中共中央軍委每屆任期5年，其組成人員可以連選連任。中共中央軍委主席一般由中共中央最高領導人擔任。《中國人民解放軍政治工作條例》也規定：中國人民解放軍必須置於中國共產黨的絕對領導之下，其最高領導權和指揮權屬於中國共產黨中央委員會和中央軍事委員會。

可見，中國武裝力量領導體制具有雙軌制的特徵，但雙軌設置中的中共中央軍委和國家中央軍委實際上是同一個機構，組成人員和對軍隊的領導職能完全一致，只是在黨內和國家機構內同時占有地位。國家政府中的國防部長通常由中共中央軍委中的一位副主席擔任，所以在實際運行中，武裝力量的領導體制是單軌制的。如前所述，中國的武裝力量必須接受中國共產黨的絕對領導。中共中央軍委主席實際即為全國武裝力量的統帥，通常由中國共產黨的總書記擔任。「中共中央軍事委員會不僅是最高軍事機構，同時也是整個國家的管理機構，在中國內政穩定受到威脅的非常時期更是如此。在各種危機形勢下，在平時現行體制不能發揮作用時，中央軍事委員會是國家最高權力的一種『備用機構』。」[24]中央軍事委員會主席在委員會及國家管理體系中具有特殊重要性。關於武裝力量的各方面的重大決定必須經中共中央軍委主席同意，方能做出和實施。如憲法規定中華人民共和國全國人民代表大會有權決定戰爭與和平的問題，並由國家主席宣布，但實際上這必須經過中共中央軍委主席的同意。

24　〔俄〕安・阿・科科申：《戰略領導論》，265頁。

　　中國的這種武裝力量領導體制與先有黨軍、後有國家這樣一種歷史實然邏輯相關,更與「一黨執政」的政權模式相一致。具有中國特色的武裝力量領導體制,不但能夠保證黨對軍隊的絕對領導,而且更有利於運用國家機器,加強軍隊和國防建設。當然,從整個國家政治制度設置的角度看,這一體制還存在一些需要完善的地方,如有的學者指出,黨的軍委與國家軍委一致,「達到了軍隊向黨負責與向人民負責的一致性,是一種比較妥善的機構模式。但是,在運作上,如何解決好中共中央軍委組成人員與全國人大選舉的國家中央軍委組成人員的一致性問題,更加突出顯示人民代表大會權力的至高性和人民民主性,避免人民代表大會只起橡皮圖章的作用的印象,是一個值得研究的重要問題」[25]。

25　梁琴、鐘德濤:《中外政黨制度比較》,277頁,北京,商務印書館,2000。

第三章　政黨與政黨制度

重點問題

◎革命黨與執政黨的關係是怎樣的？
◎如何從革命黨轉變爲執政黨？
◎中國政黨制度的基本特徵是什麼？
◎黨與社會團體的關係是什麼？

　　從第二章「黨和國家的領導體制」中，我們可以看出中國共產黨在國家政治和社會生活中的核心地位。它不僅是中國唯一的執政黨，也是社會生活中的主導力量。從歷史角度來看，中國共產黨自身經歷了由革命黨到執政黨地位的轉變，世紀之交，黨加快了這種角色轉變的步伐。「三個代表」重要思想的提出，對黨執政能力建設的強調，以及社會主義和諧社會的構建，這一系列舉措無一不彰顯出這場正在發生的深刻變革。

　　在中國，除中國共產黨以外，還有八個民主黨派、三個主要群眾性政治團體（工會、共青團和婦聯）。正確認識它們與共產黨之間的關係，有助於我們進一步認識中國共產黨的核心地位。中國共產黨領導下的多黨合作和政治協商制度構成了中國的政黨制度，而中國共產黨與工會、共青團、婦聯等群眾性團體的緊密聯繫則從另外一個維度詮釋著國家與社會的關係。

第一節　共產黨：從革命黨到執政黨

　　在取得全國革命勝利以前，共產黨就開始意識到了自身地位的轉變，如七屆二中全會關於工作重心由農村向城市轉移的決定就是例證。隨著國民黨在大

陸的潰退和新中國的成立，中國共產黨在事實上已經成為了執政黨。然而在相當長的時期內，革命黨的思維卻很難從領導層的頭腦中退卻，不時影響著他們的政治決策，「文化大革命」的發生正是這種思維發展到極致的體現。為什麼會沿襲這種革命黨的思維呢？一方面跟當時人們對社會主義的理解有關。我們曾經堅定地認為，社會主義就是計畫經濟，這也是相對於資本主義無政府生產狀態而言的社會主義優越性的體現。而計畫經濟的實施必然要求一套高度集權的運行機制和龐大的經濟計畫部門，否則計畫便無法實行。因此，建國後新建立的政權模式和革命戰爭年代的那套模式非常相像：都是高度集權的。另一方面，也跟當時領導層的判斷有關，他們認為在建成社會主義之前階級鬥爭仍是社會的主要矛盾，因此堅持無產階級的繼續專政仍有它合理的一面。

隨著「文化大革命」的結束，階級鬥爭的革命思維逐漸被拋棄，而高度集中的計畫經濟體制也隨著市場經濟的建立和逐步完善開始鬆動和瓦解。然而在政治領域，革命黨的思維和做法依然清晰可見。世紀之交，中國共產黨加速了從革命黨向執政黨角色轉變的步伐。這一歷史性的重大課題，在時隔50多年後，被重新搬到了前台。所不同的是，50多年後的這種變革顯得更為迫切。

一、從革命黨向執政黨轉變的時代背景

從革命黨向執政黨轉變之所以變得如此緊迫，是多方面因素共同作用的結果。

第一，從中國共產黨自身地位的變化來看，黨已經從領導武裝鬥爭的革命黨轉變為執政黨。江澤民同志在黨的十六大報告中指出：「我們黨歷經革命、建設和改革，已經從領導人民為奪取全國政權而奮鬥的黨，成為領導人民掌握全國政權並長期執政的黨；已經從受到外部封鎖和實行計畫經濟條件下領導國家建設的黨，成為對外開放和發展社會主義市場經濟條件下領導國家建設的黨。」[1] 這句話揭示了黨自身地位的變化，即由革命黨變為了執政黨。執政地位不僅給黨的建設帶來了巨大影響，而且也對黨提出了新的考驗。執政地位首

1　《江澤民文選》，第3卷，536～537頁。

先使黨的中心任務由破壞舊的生產關係、解放生產力轉變爲建立、完善新的生產關係和發展生產力，黨必須牢固堅持經濟建設這個中心和改革開放這一基本戰略。其次，執政地位使黨群關係發生了變化，由原來的同處被壓迫地位轉變爲領導與被領導、管理與被管理的關係。前者容易使黨員幹部堅持群眾路線，保持與群眾的血肉聯繫，而後者使黨員極易滋生驕傲情緒和官僚主義不良作風。再次，執政地位使黨的領導方式發生了變革，由革命年代集中統一的一元化領導轉變爲建立與市場經濟相適應的新型黨政關係，黨必須進一步提高駕馭經濟的能力，實施依法治國，將黨的領導納入制度化的軌道。最後，執政地位使黨的意識形態功能發生重大變化，新時期黨的意識形態功能主要是聚合各種社會群體，使他們保持對現存政權的認同和對現代化事業的支持。

同時，執政地位也向黨提出了挑戰。革命成功帶來的自信感和滿足感使黨員幹部特別是領導層容易產生對以前工作方式的依賴。不僅如此，執政黨的地位容易使一些黨員幹部產生驕傲情緒、以功臣自居情緒以及停頓下來不思進取的情緒，出現對權力的濫用和各種腐敗行爲。從權力的運行機制來看，長期的執政地位容易造成黨的領導方式的鈍化和工作方式的落後，從而很難適應外部環境的變化。因此，作爲執政黨的中國共產黨，必須儘快完成自己角色的轉變，加強執政能力建設，以應對各種挑戰。

第二，從中國共產黨所處的國內外環境來看，中國已經從封閉的環境走向開放的環境，已經從計畫經濟時代走向市場經濟時代。根據組織學原理，當一個組織所處的環境發生變化時，組織必須對自己進行相應的調整，以適應新的環境。今天的中國共產黨，「已經從受到外部封鎖和實行計畫經濟條件下領導國家建設的黨，成爲對外開放和發展社會主義市場經濟條件下領導國家建設的黨」。這個論斷，可以從兩個方面去理解：

1. 國際環境發生了深刻的變化

這集中表現爲世界多極化和經濟全球化的趨勢繼續在曲折中發展，科技進步日新月異，綜合國力競爭日趨激烈，各種思想文化相互激蕩，各種矛盾錯綜複雜，敵對勢力對中國實施西化、分化的戰略圖謀沒有改變，我們仍面臨發達

國家在經濟、科技等方面占優勢的壓力。此外，世界民主化浪潮和威權國家的政治轉型，也使中國共產黨面臨著政治改革的強大壓力。

2. 從國內環境來看，市場化改革的後發效應開始逐漸顯現出來

一方面，人們從單位人向社會人急劇轉變，社會自主性不斷增強，利益結構更加多元化。社會分配模式也發生了根本性的變化，由國家控制全部資源、黨和政府作為社會財富的直接分配者，轉變為市場成為資源配置的主體、黨和政府僅僅起調節和整合作用。另一方面，失業、貧困等問題開始顯現，社會成員之間的收入差距逐漸拉大，群體性事件不斷增加，社會矛盾日益加劇；黨內腐敗在一定範圍內發生和蔓延，黨員的意識和構成跟革命年代相比也有了很大差別。

國內外環境的變化是不能迴避的，中國共產黨要繼續堅持對外開放戰略和市場化改革。反過來，市場化改革的深化以及與國際接軌程度的提高，也使得既有威權政治體制與市場經濟之間的矛盾開始凸顯出來，政治改革問題再一次浮出水面。能否進行有效的政治改革和加強黨的執政能力建設，對於維護改革成果和進一步深化經濟改革，具有根本性的意義。

第三，從國際共產主義的經驗來看，共產黨在各國執政的規律也開始引起人們的重視。黨的十六屆四中全會提出要深刻汲取世界上一些執政黨興衰成敗的經驗教訓，以更加自覺地加強執政能力建設。這表明中國共產黨越來越重視從世界政治發展的走勢和大的歷史脈絡中尋找執政的規律。社會主義運動在全球範圍內的漲落，世界主要政黨特別是共產黨在各國執政的興衰，無不促使中國共產黨開始注意從它們身上汲取教訓。概括地說，共產黨之所以在蘇聯、東歐等社會主義國家失去政權，主要是由如下原因造成的：(1)計畫經濟體制使國內經濟長期處於停滯狀態，民眾日益貧窮；(2)政治制度僵化，黨內民主遭到嚴重破壞，特權現象嚴重；(3)缺少制度化的利益表達與參與機制，從而造成社會成員對政權認同度的降低，使政權喪失合法性；(4)意識形態上奉行教條主義的馬克思主義，缺少創新和寬容，從而導致全社會信仰的缺失以及後來的思想混亂。中國共產黨領導建立的國民經濟體系和政權體系，跟蘇聯等社會

主義國家有諸多相似之處。在這種歷史背景下，以客觀的態度汲取其失敗的教訓，深化對共產黨執政規律的認識，無疑具有十分重要的意義。另一方面，作為現代政黨政治發源地的西方國家，其規範化、程序化和制度化的執政方式和經驗，也值得我們學習和借鑒。

　　綜合黨內、國內和國際方面的大背景，共產黨需要從世界範圍內政黨政治的發展潮流和演進方向中汲取經驗教訓，以自身目前所處的環境和組織狀態作為起點，確定未來的走向，徹底完成從革命黨向執政黨的轉變。

二、革命黨與執政黨的區別

　　對於革命黨與執政黨的區別問題，理論界目前仍有許多不同意見。有人認為，從革命黨到執政黨的轉變，如果這一提法強調不能把過去的工作方法照搬過來，則是合理的；然而據此把它們當作一組對應的概念，則是不恰當的，因為前者更多地涉及黨的性質，後者更多地體現為黨所處的執政地位。黨的地位可以發生由奪取政權到執掌政權的變化，但它的無產階級先鋒隊性質卻永遠都不會改變。[2] 在「革命」一詞被泛化使用的中國社會，[3] 這種觀點自有它的合理之處，因為當我們被問及「共產黨是否仍是一個致力於完善社會主義制度的馬克思主義政黨時」，絕大多數人都不會否認。在這種情形下，說共產黨不再是革命黨，容易導致概念上的糾纏不清。

　　然而在實際政治生活中，敢於創新的中國共產黨領導層逐漸拋棄了「革命黨」的提法，「執政黨」一詞開始出現在官方的各種報告中。[4] 儘管「從革命黨到執政黨」的表述不十分精當，但可以大致用來表明黨的建設所面臨的現狀。換句話說，「從革命黨到執政黨」只是一種概括性的提法。

2　參見郝孚逸：《在執政黨與革命黨的同與不同之間》，載《湖北社會科學》，2005(8)。

3　「革命」被泛化使用主要體現在：許多原來不屬於革命的事物都被指稱為「革命」的事物，如鄧小平就曾經指出「改革就是一場深刻的革命」。換而言之，革命成了「改變事物現狀」的代名詞，而非原來意義上的「透過暴力從根本上推翻一種舊的政治結構」。

4　如在中共十六屆四中全會《中共中央關於加強黨的執政能力建設的決定》中，就有五處使用了「執政黨」的表述，其中四處涉及中國共產黨。

　　在承認上述結論的前提下，正確辨析革命黨和執政黨的區別是實現共產黨從革命黨向執政黨轉變的認識論基礎。

　　所謂革命黨，就是以某個階級為基礎、以一定的信念為指導、以暴力手段奪取政權的政黨。因此，革命黨的首要工作是進行階級分析，分清誰是我們的敵人，誰是我們的朋友，依靠誰，團結誰，打擊誰，分化誰，用毛澤東的話來說「這是中國革命的基本問題」。而執政黨就是指通過制度性選舉或者暴力革命而執掌一國政權的政黨，它可能是一個政黨，也可能是多個政黨的聯盟。革命黨和執政黨的主要區別如下：

1. 任務目標不同

　　革命黨的目標在於奪權政權，運用暴力推翻另外一個階級的統治。而執政黨的目標是保持住已有的政權，讓社會在體制下正常運作。堅持社會正義，維護社會秩序，促進經濟繁榮，保障國家安全，是任何一個執政黨必須面對的任務。只有將這四個任務完成好，才能繼續執政。

2. 運用的手段不同

　　如前所述，革命黨的目標是奪權，因此暴力往往是其主要手段，同時為了獲取民眾的支持，它還需進行廣泛的社會動員。而執政黨的目的是維護既有的體制，因此制度法律是其更為常見的統治工具，同時出於維護社會穩定的考慮，執政黨往往希望保持社會的常態運行，盡量避免較大社會運動的出現。

3. 組織方式不同

　　革命黨一般有一個魅力型領袖，這種領袖產生於特定的環境，他能夠集中體制的力量並且一呼百應，以將民眾凝聚到他身邊；革命黨還有一套理想主義的意識形態，以吸引民眾加入革命陣營；革命黨靠鐵的紀律來整合、凝聚全黨，上下級成員之間的關係也是領導命令型的。而執政黨雖然有領袖，但這種領袖往往基於黨內的規則而產生；相對於革命黨而言，執政黨的意識形態相對理性和務實一些；執政黨在黨內比較強調民主和協商。

4. 階級基礎不同

革命黨所代表的是特定階級的利益，這個階級一般認為現存的政權不合理，要推翻它以求得自身的解放。執政以後，如果它還僅代表特定階級的利益，就會將其他的階級排斥到一邊，甚至採取消滅的辦法。執政黨較之革命黨更加強調階級調和、階級合作，透過社會合作擴大黨的階級基礎和社會基礎。在某種程度上，「三個代表」重要思想的提出和允許私營企業主入黨，就是中國共產黨擴大其階級基礎的表現。

5. 與國家政權的關係不同

革命黨意味著沒有取得國家政權，因此，它們與國家政權的關係是對立的。而執政黨意味著已經掌握政權，因此和國家政權的關係從根本上來說是一致的。

總而言之，執政黨與革命黨有著根本的區別，一個政黨要實現從革命黨向執政黨的轉變，核心問題是制度化。對於中國共產黨這樣一個具有豐富革命遺產的政黨而言，這種制度變遷過程顯得尤為艱難，因為革命越是成功，路徑依賴就越嚴重，制度化的任務就越艱鉅。

三、革命黨轉變為執政黨的路徑

如何實現從革命黨向執政黨的轉變，不僅是理論界近期討論的熱點，也是共產黨自身所討論的問題，並且中國共產黨已經以自身的實際行動做出了回答。從文本上來看，《中共中央關於加強黨的執政能力建設的決定》就是實現這種轉變的階段性綱領。它系統清晰地闡明了加強黨執政能力建設的必要性和緊迫性，總結了黨50多年執政的經驗，確定了執政能力建設的總體目標和任務，並且從經濟、政治、文化、社會、外交五個方面闡明了執政能力建設的具體內容。從政治實踐來看，近些年來中國共產黨的一系列舉措，如「三個代表」重要思想的提出、《中國共產黨黨內監督條例（試行）》的執行、黨代表常任制的試點以及對構建社會主義和諧社會的強調等，都是其推動自身變革和加強執政能力建設的體現。從政治學的角度來說，實現從革命黨向執政黨的轉

變，主要包括以下四個方面的內容：

（一）從執政的合法性來源來看，實現從經濟建設到民主政治建設的轉變

合法性是指民眾對現存政治體系和政權的信任、支持和認同，它的基礎是同意。合法性可透過多種方式獲得，如武力和血統、良好的政績、法律制度、政治象徵等。然而，不同的合法性來源對於政權的維持有著不同的意義。一般認為，透過制度規則獲得的合法性往往最穩固和持久。對於轉型中的中國共產黨來說，也面臨著合法性基礎的鞏固問題。

建國初期，中國共產黨的合法性主要是革命的合法性，是透過革命的成功來獲得的。推翻舊政權，進行共產主義革命，代表著新中國成立前祖國大陸多數人的願望；而中國共產黨透過一系列社會經濟政策，滿足了相當一部分社會底層人民的需求，因此它獲得了民眾的廣泛支持。1949年以後，這種革命的合法性延續了相當長的時間，而毛澤東的個人權威更是鞏固了民眾對政權的認同。然而，隨著後來階級鬥爭的擴大化和政治上的不斷動盪，國民經濟在「文化大革命」後期瀕於崩潰的邊緣，普通百姓也沒有獲得福利的明顯改善，政治本身出了問題。

鄧小平復出後，當即提出了以經濟建設為中心，透過經濟發展換取民眾的支持，這就是用經濟手段解決政治問題。在很長一段時間內，這個手段是非常有效的。因為，對當時的社會成員來說，物質生活需要的滿足是第一位的。因此，在經濟建設取得巨大成就的同時，共產黨的合法性也得到空前提高。建國35周年閱兵式上「小平，您好！」的橫幅，就是這種合法性增強的形象寫照。

然而，僅僅依靠經濟發展是不夠的。一方面，經濟增長有其自身的規律，它不可能永遠高速發展，把執政的合法性完全建立在經濟績效的基礎上，將是十分危險的。退一步來講，經濟增長是否必然帶來合法性呢？美國政治學者西蒙‧馬丁‧李普塞特（Martin Lipset）有過非常著名的論述：有時候經濟增長的有效性會帶來合法性，合法性反過來又促進有效性；但是，有時候有效性並

不必然增加合法性。[5]特別是當這種經濟增長所帶來的財富分配有利於社會強勢群體時，社會成員會產生相對剝奪感：儘管和過去相比是富裕了，但橫向比較自己又變窮了。在這種情況下，民眾很容易出現不滿情緒，從而導致執政的合法性危機。改革年代，一方面老百姓的生活水準提高了，但是另一方面貧富差距擴大和社會不公正現象增多，正好說明了這一點。

　　所以，中國共產黨要保持長期的執政地位，必須拓展合法性基礎，從目前的主要依靠經濟績效轉變為依靠民主政治建設，透過制度維繫合法性。

（二）從執政的社會基礎來看，要實現從一元到多元的轉變

　　如前所述，革命黨代表特定階級的利益，社會基礎相對單一；而執政黨必須團結和整合社會各階層的力量，兼顧各方面不同的利益，共同建設社會主義。正如江澤民同志在慶祝中國共產黨成立80周年大會上的講話中所提到的：要根據經濟發展和社會進步的實際，不斷增強黨的階級基礎和擴大黨的群眾基礎，不斷提高黨的社會影響力。[6]隨著改革的深化和市場經濟的建立，各種社會力量日益分化，新的社會階層不斷湧現。在這種情形下，作為執政黨的中國共產黨，如何處理與這些不同社會成員之間的關係，是擺在它面前的一項重要課題。

　　在西方國家，由於政黨政治的成熟、競爭性選舉制度的完善以及利益集團的發達，不同社會群體可以通過各種政黨和壓力集團表達他們的利益訴求。政黨為了獲得更多選票以便執掌政權，就必須聽取選民的意見和呼聲，而壓力集團可以將各種功能性團體（如農場主、工業製造商、退伍軍人）的意見透過各種方式帶進決策過程。因此，西方國家有一種自然的利益整合機制，來協調各方面的關係。在中國，由於根本政治原則的差異，不可能建立像西方那樣的社會利益表達與聚合機制，而只能形成符合中國政治特性的制度安排。

5　參見〔美〕西摩・馬丁・李普塞特：《政治人：政治的社會基礎》，24～42頁，上海，上海人民出版社，1997。

6　參見江澤民：《在慶祝中國共產黨成立八十周年大會上的講話》，29頁，北京，人民出版社，2001。

　　中國共產黨在處理同其他社會成員的關係、擴大其執政的社會基礎方面，有其特有的風格和傳統：1.建立一整套政治話語，宣稱它是基於對社會發展規律的科學認識，能夠代表各族人民的根本利益和長遠利益。[7]在某種程度上，「立黨為公」正是這種政治話語的集中概括；2.透過工會、共青團和婦聯等群眾性團體，加強黨與其各自所代表的社會群體之間的聯繫，充分發揮它們的橋樑和紐帶作用；3.針對社會分層的新變化和新興階層的出現，不斷調整入黨標準：先是將知識份子納入到工人階級裡面，擴大工人階級的外延，後來又提出允許私營企業主入黨；4.提出構建社會主義和諧社會，更加明確黨的利益整合者角色，以協調和處理各方面的利益關係。

　　當然，僅僅有上述的制度安排是不夠的。「允許私營企業主入黨」只是某種程度上解決了新興階層的政治參與門檻問題，這種參與能否發揮有效的政治影響，還有賴於黨內運作模式的改變。黨員的民主權利能否得到有效保障，黨員代表大會能否發揮應有的功能，集體領導能否得到有效貫徹，黨內監督制度能否正常運作等，這些都是改革黨內運作模式需要考慮的。當前，黨代表常任制和常委會表決票決制等試點，是黨內運作模式發生變革的信號。然而，這種變革的輻射範圍和最終走向，目前仍不明朗。

（三）從執政的技術操作來看，要堅持科學執政、民主執政、依法執政，不斷完善黨的領導方式和執政方式

　　要堅持科學執政，就必須結合中國實際不斷探索和遵循共產黨執政規律、社會主義建設規律、人類社會發展規律，以科學的思想、科學的制度、科學的方法領導中國特色社會主義事業。

　　要堅持民主執政，就必須堅持為人民執政、靠人民執政，支持和保證人民當家作主，堅持和完善人民民主專政，堅持和完善民主集中制，以發展黨內民主帶動人民民主，壯大最廣泛的愛國統一戰線。

7　參見景躍進：《執政黨與民眾的聯繫特徵與機制──一個比較分析的簡綱》，載《浙江社會科學》，2005(2)。

　　要堅持依法執政，就必須堅持依法治國，領導立法，帶頭守法，保證執法，不斷推進國家經濟、政治、文化、社會生活的法制化、規範化。

　　在堅持科學執政、民主執政、依法執政的基礎上，中國共產黨還必須轉變自身的領導方式。具體來說，主要包括如下幾個方面：1.從主要依靠政策轉變為主要依靠法治。這要求黨必須在憲法和法律範圍內活動，善於經過法定程序使黨的主張成為國家意志，由主要依靠政策治理轉向依靠法律治理，要求黨員特別是領導幹部成為遵守憲法和法律的模範；2.從包攬一切的具體領導轉變為只管大局的宏觀領導。黨必須集中精力抓大事；同時為了落實這些方針、政策，必須整合各種社會組織和力量，透過它們的具體行動實現自身的戰略目標；3.從依賴權力領導轉變為更多地依靠公信力來領導。在計畫經濟條件下，黨控制著各種社會資源的分配，因此借助權力手段進行領導是極為有效的。隨著市場經濟的建立和完善，黨逐漸從社會分配中脫離出來，市場取而代之成為資源配置的主體。在這種情況下，借助權力手段進行領導就失去了其經濟基礎，因此黨必須依靠自身的公信力和黨員的先鋒模範作用，對社會成員進行物質層面和精神層面的指引；4.從直接領導轉變為間接領導。改革前，中國社會的權力高度集中，黨、國家和社會形成一體化格局，黨組織包攬一切。用鄒讜的話來說，中國處於一種「總體性」（totalism）的社會制度安排中。[8]在黨、國家與社會變得各自相對自主的改革時代，黨要善於統率全局，協調各方面的利益，制定科學的經濟、社會發展戰略，將自己管不了也管不好的具體事情交給政府、市場與社會去解決和處理，做到「總攬不包攬，協調不代替，到位不越位」。

　　最後，黨必須轉變執政方式，處理好黨、國家與社會的關係。其一，黨政關係要由黨政不分、以黨代政轉向分工合作、協調規範。一方面，中國共產黨是執政黨，在國家政權體系中必須起領導核心作用；另一方面，黨與國家政權雖有部分重疊，但也各自有相對獨立的一面。[9]因此要規範黨政機構設置，切

8　參見鄒讜：《二十世紀中國政治》。

9　強調黨與國家權力相對獨立的一面，可以參見林尚立：《集權與分權：黨、國家與社會

實解決分工重疊問題，撤併黨委和政府職能相同或相近的工作部門；同時規範各類領導小組和協調機構，一般不設實體性辦事機構。當然，強調規範黨政關係和兩者分工合作，並不必然意味著主張黨政分離，這是因為後一種主張的變遷成本非常高昂，並且作為執政黨的中國共產黨也逐漸開始了自身的理性化進程。其二，健全社會組織。要改變群眾性團體和社會中間組織行政化和高度依賴的現狀，支持它們依據法律和章程獨立地開展工作，實現社會領域的自治。就目前來說，允許工會、共青團和婦聯等群眾性團體進行領導直選，優化社會中間組織成長的制度和法律環境，顯得尤為迫切。

（四）從執政的可持續條件來看，制度建設與法治建設更為根本

黨的十六大強調要把制度建設貫穿到執政黨建設的整個過程中，而十六屆四中全會在強調制度建設的基礎上更加明確了制度建設的具體內容。之所以如此強調制度建設的重要性，是與制度本身的特點和功能分不開的。制度是調整人們行為規則的集合，政治制度則調節著政治活動中不同主體的政治行為過程，規定個體的利益範圍和衝突的解決方式。制度具有秩序功能、控制功能和強化組織功能。新制度主義者認為，制度的好壞不僅影響一個國家的經濟績效，而且對政治秩序都有深遠的影響。正如鄧小平所說的，好的制度可以把壞人變成好人，壞的制度可以把好人變成壞人。因此，重視制度建設可謂是中國共產黨抓住了執政黨建設的命門。

國家基本制度建設至少包括兩個方面的內容：一是社會主義經濟制度建設，即建設社會主義市場經濟制度；二是社會主義政治制度建設，即建設社會主義民主制度和法律制度。就中國目前的實際情況來說，以黨的十四大提出建立社會主義市場經濟體制目標為標誌，中國在經濟制度建設方面取得了重要進展，比較而言，政治制度建設顯得更為薄弱。因此，加強政治制度方面的建設，完善政黨制度、選舉制度、人民代表大會制度、行政制度、司法制度和監

權力關係及其變化》，見陳明明主編：《革命後的政治與現代化》（復旦政治學評論第1輯），上海，上海辭書出版社，2002；景躍進：《黨、國家與社會三者維度的關係——從基層實踐看中國政治的特點》，載《華中師範大學學報》，2005(2)。

督制度，將成爲今後若干年內的執政重點。

法治建設是制度建設的一個重要方面，或者說它是制度建設成果的鞏固和維護。因爲如果制度（包括法律）制定出來了而不去執行，制度就等於一紙空文。從民主建設的角度來說，民主也需要一個法律化和制度化的過程，缺少法治的約束和保障，民主很容易爲一些人所濫用。在中國這樣一個缺少法治精神和傳統的國家，更需要透過法治建設將尊重規則的習慣滲入到社會的各個層面。

因此，執政黨建設要以制度和法治爲導向，在此基礎上逐步推行民主化改革。只有這樣，中國共產黨才能保持政權的長治久安，才能永保其執政地位。

第二節 黨與人民群衆團體

群衆性團體，是中國衆多組織類型中的一種，主要指工會、共青團、婦聯等公益性組織。根據組織的商業傾向和創建者身分兩個屬性，有學者將群衆性團體分爲四種類型（見表3-1）：Ⅰ.營利性公共組織，如國有企業；Ⅱ.非營利性公共組織，如政府機構、事業單位、群衆性團體等；Ⅲ.營利性民間組織，即公司企業；Ⅳ.非營利性民間組織，即人們通常所說的NGO（非政府組織）。[10]按照這種分類，本節所考察的群衆性團體屬於Ⅱ類，非營利性民間組織將在本書第十章加以討論。

---

[10] 參見顧昕：《能促型國家的角色：事業單位的改革與非營利部門的轉型》，載《河北學刊》2005(1)。當然，王紹光等學者認爲，要全面勾勒出中國人的結社生活，僅注意那些註冊的組織還不夠，還需注意那些非正式的組織，因爲前者忽略了社會中大量存在的草根社團、虛擬組織以及傳統的血族關係，具體參見王紹光、何建宇：《中國的社團革命——中國人的結社版圖》，載《浙江學刊》，2004(6)。

表3-1　組織的四種類型

分類屬性		商業傾向	
		營利性	非營利性
創建者	公共組織（政府出資建立）	I	II
	民間組織（民間出資建立）	III	IV

一、人民群眾團體基本情況

在中國，人民群眾團體主要有八個，即工會、共青團、全國婦聯、科學技術協會、歸國華僑聯合會、工商業聯合會、臺灣同胞聯誼會、青年聯合會。這些群眾性團體由特定的成員組成，有各自的章程、組織機構和政治任務，以各自不同的方式參與國家經濟、政治和文化生活，爲社會主義現代化建設做出了積極的貢獻。本節主要討論工會、共青團和婦聯以及它們與黨組織的關係，這是因爲它們是成員最多、在國家政治中影響較大的群眾性團體，明白了它們與黨組織的關係，就不難明白其他群眾性團體與黨組織的關係。

（一）工會

工會是中國共產黨領導的職工自願結合的工人階級群眾組織。階級性和群眾性是其最本質的特點。工會的基本職責是維護職工合法權益。工會的機關刊物是《工人日報》和《中國工運》雜誌。

工會是在五四運動後，隨著馬克思列寧主義與工人運動的結合，在中國共產黨的直接領導下建立和發展起來的。它在戰爭年代組織工人運動、和平年代進行工業化建設和職工維權活動中發揮了重要的作用。

工會按照產業和地方相結合的原則組織起來。同一企業、事業、機關單位中的會員，組織在一個工會基層組織中；同一行業或性質相近的幾個行業，根據需要建立全國或地方的產業工會組織。在省、自治區、直轄市、自治州、市、縣（旗）建立地方總工會，作爲當地地方工會組織和產業工會地方組織的領導機關。中央設全國總工會，作爲地方各總工會和各產業工會的領導機關。

截止到2002年，中國共有基層工會1,712,528個，擁有會員133,977,709人。[11]

現階段工會的基本任務是：以馬克思列寧主義、毛澤東思想、鄧小平理論和「三個代表」重要思想為指導，貫徹執行黨的「以經濟建設為中心，堅持四項基本原則、堅持改革開放」的基本路線，推動黨的全心全意依靠工人階級的根本指導方針的貫徹落實，全面履行工會的社會職能，在維護全國人民總體利益的同時，更好地表達和維護職工的具體利益，團結和動員全國職工自力更生，艱苦創業，為把中國建設成為富強、民主、文明的社會主義現代化國家而奮鬥。

（二）共青團

中國共產主義青年團（簡稱共青團）是中國共產黨領導的先進青年的群眾組織，是廣大青年在實踐中學習中國特色社會主義和共產主義的學校，是中國共產黨的助手和後備軍。共青團的機關刊物是《中國青年報》和《中國青年》雜誌。

共青團的組織原則是民主集中制。團的全國領導機關是團的全國代表大會和它產生的中央委員會。團的全國代表大會每5年舉行一次，由中央委員會召集，在特殊情況下，可以提前或延期舉行。在全國代表大會閉會期間，中央委員會執行全國代表大會的決議，領導團的全部工作。團的中央委員會全體會議選舉常務委員若干人，組成常務委員會。選舉第一書記1人和書記若干人，組成書記處。中央委員會全體會議由常務委員會召集，每年至少舉行一次。中央委員會閉會期間，由它選出的常務委員會和中央書記處行使職權，負責全團的日常工作。在全國各省、自治區、直轄市和解放軍、武警、全國鐵道、全國民航、中直機關、國家機關、中央金融、中央企業等都有團的省級及下屬團的地方領導機關和基層組織。截止到2004年底，全國共有共青團員7,188萬人，為歷史最高水準；基層團委21.2萬個，團總支23.4萬個，團支部254萬個；專職團幹部19.1萬人。

11　參見王紹光、何建宇：《中國的社團革命——中國人的結社版圖》，載《浙江學刊》，2004(6)。

中國共產主義青年團在現階段的基本任務是：堅定不移地貫徹黨在社會主義初級階段的基本路線，以經濟建設為中心，堅持四項基本原則，堅持改革開放，在建設中國特色社會主義的偉大實踐中，造就有理想、有道德、有文化、有紀律的接班人，努力為黨輸送新鮮血液，為國家培養青年建設人才，團結帶領廣大青年，自力更生，艱苦創業，積極推動社會主義物質文明、政治文明和精神文明建設，為全面建設小康社會、加快推進社會主義現代化貢獻智慧和力量。

（三）全國婦聯

中華全國婦女聯合會（簡稱全國婦聯）是全國各族各界婦女在中國共產黨領導下為爭取進一步解放而聯合起來的群眾性團體，是黨和政府聯繫婦女的橋樑和紐帶，具有廣泛的群眾性、統戰性和代表性。婦聯的基本職能是：代表和維護婦女權益，促進男女平等。全國婦聯的機關刊物是《中國婦女報》和《中國婦女》雜誌。

婦聯實行地方組織和團體會員相結合的組織制度。凡在民政部門註冊登記的以女性為主體會員的各類為社會、為婦女服務的社會團體，自願申請，承認全國婦聯章程，經全國婦聯或當地婦聯同意，都可作為婦聯的團體會員。婦聯的全國最高領導機構是全國婦聯執行委員會；在省、自治區、直轄市，設區的市、自治州，縣、自治縣、不設區的市和市轄區，設立婦聯的各級執行委員會，作為婦聯的地方領導機關，在婦女代表大會閉會期間，執行上級婦聯的決定和同級婦女代表大會的決議，定期向上級婦聯報告工作，討論並決定本地區婦女工作的重大問題。

婦聯實行民主集中制原則，以保證組織的健全和戰鬥力的發揮。代表全體婦女意志的全國和地方各級代表大會，分別擁有全國和地方各級婦聯的最高決策權、選舉權和監督權，是全國和地方婦聯的最高權力機構；全國和地方各級婦聯的領導機構，分別由全國和地方各級婦女代表大會民主選舉產生；出席上一級婦女代表大會的代表，一般由下級婦女代表大會選舉產生。

現階段全國婦聯的基本任務是：以馬克思列寧主義、毛澤東思想、鄧小平理論和「三個代表」重要思想為行動指南，在社會主義初級階段，堅持黨的基

本理論、基本路線、基本綱領和基本經驗，堅持馬克思主義婦女觀，貫徹男女平等基本國策，團結、引導廣大婦女在全面建設小康社會和推進社會主義物質文明、政治文明和精神文明建設中發揮積極作用。

二、黨與人民群衆團體的關係

　　在中國，很難將工會、共青團、婦聯等群衆性團體視爲獨立的社會組織，因爲它們的建立者是黨和政府，並且跟黨和政府有著極爲密切的聯繫。因而，用通常的「國家—社會」理論模型來分析黨與群衆性團體的關係並不合適。甚至，有的學者乾脆將這類群衆性團體視爲國家的組成部分，認爲它們與中國共產黨、政府、軍隊一起，共同構成國家機構。[12]

　　在這種認知前提下，我們不難明白黨與人民群衆團體的關係：儘管人民群衆團體有其自身的獨特職能和使命，但其根本目的是服務於國家統治任務，用工會、婦聯章程中的話來說，它們是「國家政權的重要社會支柱」。換言之，這些群衆性團體是中國共產黨執政的周邊組織，它們在國家政治過程中承擔著利益表達與綜合、政策執行和社會監督等職能，成爲黨聯繫特定社會群體的「橋樑和紐帶」（見圖3-1）。

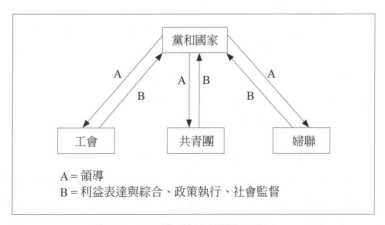

A＝領導
B＝利益表達與綜合、政策執行、社會監督

圖3-1　黨與群衆性團體的關係

---

[12] Kenneth Lieberthal, *Governing China: From Revolution through Reform*, p.1, New York, Norton, 1995.

（一）利益表達與綜合

在社會主義中國，儘管國家利益、集體利益和個人利益從根本上來說是一致的，並且黨也是各族人民根本利益與長遠利益的忠實代表。但由於社會階層和群體之間的差別，不同社會成員還是具有不同利益訴求的。在這種情況下，不同群眾性團體代表和維護著自己所聯繫的那部分群眾的具體利益與要求。例如，在保護職工權益、處理勞資關係和社會保障問題方面，工會就是積極的利益表達者；在維護婦女合法權益、推進男女平等方面，婦聯就是代言人；在青少年學習、工作和成長服務方面，共青團就是積極的活動者。在決策之前，黨（包括黨領導下的國家）一般都會吸納各級群眾團體的負責人和代表參加或者列席會議，充分聽取他們的意見，以確保決策的科學化和民主化。這點在1985年中共中央辦公廳和國務院辦公廳轉發全國總工會黨組《關於工會參加黨和政府有關會議和工作機構的請示》中體現得非常明顯：「一、中央、國務院及有關部委在研究、制定有關國家的經濟和發展計畫及重大方針政策時，凡涉及職工切身利益時，通知全國總工會參加必要的會議；二、吸收工會參加涉及職工利益的各項重大改革的領導機構；三、各產業部門和地方應參照上述原則，吸收產業工會和地方工會參與這方面的工作和活動。」[13]同時，不同群眾性團體的章程在利益表達方面也做了相應的規定。如《中國工會章程》規定的工會主要職能中，就有兩項屬於利益表達的範圍，一是代表和組織職工參與國家和社會事務管理，參與企業、事業和機關的民主管理；二是與行政方面建立協商制度，保障職工的合法權益。《中華全國婦女聯合會章程》第三條規定，婦聯應當代表婦女參與國家和社會事務的民主決策、民主管理、民主監督，參與有關婦女兒童法律、法規、規章和政策的制定。

由於基層組織數量眾多和不同成員利益要求的差別，群眾性團體在將民意匯入決策過程之前，自身必須對各種零散的意見進行必要的綜合，以形成系統化的政策要求。通常的機制是，基層組織先聚合不同成員的意見，地方組織再聚合基層組織的意見，並最終反映到各中央組織。全國總工會、共青團中央、

---

[13] 轉引自朱光磊：《當代中國政府過程》，102～103頁，天津，天津人民出版社，2002。

全國婦聯在綜合考慮不同地方組織意見的基礎上，將最終總體意見反映給中共中央，供其進行決策參考。例如，2004年中共中央國務院在執行《關於進一步加強和改進未成年人思想道德建設的若干意見》之前，就充分聽取了共青團中央、全國婦聯的相關意見。此外，不同群眾性團體的地方各級組織，也將基層組織或下級組織的意見加以綜合，反映給同級黨和政府機構，以供其決策時採用。

（二）政策執行

利益表達與綜合是從政治系統的「輸入」方面講的，而政策執行則側重於「輸出」方面。在決策完成之後，各群眾性團體承擔著相應的執行功能，配合各級黨委和政府部門執行上級的各項決策。除執行黨的基本路線和重大方針政策外，各群眾性團體還承擔著具體的政策執行任務。比如，在有關職工福利和社會保障、知識份子政策方面，工會就必須參與和配合；在青少年成長和創業政策方面，共青團就必須發揮相應的職能；而婦聯則主要負責婦女兒童方面的政策執行和婦女幹部的推薦工作。此外，群眾性團體還需學習黨的路線、方針、政策，開展思想政治工作，領會黨在不同時期的政策立場，參與社會主義現代化建設。

政策執行功能具有雙重效果，一方面，它可以透過群眾性團體的組織網路使黨和國家的統治滲透到社會每個角落。以共產黨的組織網路為主，以群眾性團體的組織網路為輔，中國共產黨的社會動員和整合作用能夠發揮到極致，每項決策能夠得到最廣泛的貫徹落實。另一方面，它也使得群眾性團體進一步行政化，與黨和政府一體化。

（三）社會監督

各群眾性團體的章程中都有開展社會監督的規定。在某種程度上，這也是中國共產黨避免其官僚化趨向的手段之一。

近些年來，工會、共青團和婦聯等主要群眾性團體在強化其利益表達和政策執行功能的過程中，也加強了社會監督工作。它們的社會監督工作主要有兩

種情況：一是按照黨的領導的管道介入政治監督，透過向同級黨委和上級系統領導反映問題和意見，達到監督的目的；二是利用組織結構活躍的優勢，獨立或與其他團體合作開展多種多樣的、有特色的監督活動，這一點共青團組織表現得較爲明顯。當然，第一種社會監督通常是與利益表達相重合的。

從以上三點職能來看，群眾性團體的工作是圍繞黨的執政展開的：利益表達是爲了增強決策的科學性和民主性，政策執行主要是充當執政黨的助手，而社會監督則是爲了發揮群眾對執政黨的監督，避免腐敗。透過群眾性團體的橋樑和紐帶作用，作爲執政黨的中國共產黨，可以擴大其執政的社會基礎，增強與群眾的血肉聯繫。當然，現階段群眾性團體也存在不少亟待解決的問題，如官僚化趨向，還需要進一步的改革。

第三節　共產黨與民主黨派

一、共產黨領導下的多黨合作制

政黨制度或者說政黨政治是現代國家的一種普遍現象，是指國家透過政黨行使國家權力、干預政治、進行政治活動的方式、方法和程序的總和。它不僅規定著政黨本身的地位、作用和活動方式，還深刻地影響著國家的政治體制和社會成員的政治活動，是一種重要的政治制度。當代政黨制度主要分爲一黨制、一黨居優制、兩黨制、多黨制和多黨合作制五個類型。中國的政黨制度是共產黨領導下的多黨合作制。

與一黨專政不同，共產黨領導下的多黨合作制主要有以下幾個特點：第一，允許一個以上的合法政黨存在，允許它們參政、議政。在中國，除了執政黨中國共產黨以外，還有八個民主黨派，分別是中國國民黨革命委員會、中國民主同盟、中國民主建國會、中國民主促進會、中國農工民主黨、中國致公黨、九三學社、臺灣民主自治同盟。第二，其他的合法政黨以某種形式與共產黨聯合，在中國則爲民主協商制度，這樣就排除了政黨之間的競爭。

　　共產黨領導下的多黨合作制的核心是共產黨擁有政治上的領導地位，是執政黨，其他黨派是參政黨。在中國共產黨領導中國人民進行民主革命的過程中，統一戰線是革命的三大法寶之一，是中國共產黨的一貫政策。根據統一戰線的政策，中國共產黨先後與國民黨有過兩次不同形式和內容的共同合作。自抗日戰爭之後，中國共產黨一直爭取與各民主黨派合作，共同進行反帝反封建和反對官僚資本主義的革命鬥爭。在這一過程中，中國各民主黨派雖然在一些問題上與中國共產黨也有不盡一致的地方，但是大多數都堅持了新民主主義革命的政治方向，在一些重大問題上採取和堅持了與共產黨合作的立場，爲中國民主革命的勝利做出了自己應有的貢獻。尤其以中國民主同盟爲代表的八個民主黨派，在中國新民主主義革命勝利的前夕，就已經正式接受了共產黨的領導，從而爲建國後的多黨合作制奠定了牢固的政治基礎。

　　建國後，中國共產黨莊嚴宣布與各民主黨派永遠共同前進，提出了「長期共存、互相監督」的政策，並在黨的第八次代表大會上明確加以肯定。「文化大革命」結束後，黨中央加強了有關民主黨派的工作，並進而提出了「長期共存、互相監督、肝膽相照、榮辱與共」的原則，作爲黨解決與民主黨派關係的準繩。

　　所謂「長期共存、互相監督」，就是共產黨同民主黨派要長期合作共事，在合作中共產黨可以監督各民主黨派，各民主黨派也可以監督共產黨。各黨派互相提意見、做批評、互相監督、一視同仁。「肝膽相照、榮辱與共」，是共產黨與民主黨派關係的新發展，它的要求就是披肝瀝膽、赤誠相見、分憂分勞、眞誠合作、共受考驗、共同前進。

　　實行多黨派合作，是發展社會主義民主、實行互相監督的重要形式，有利於使國家的重大方針、政策更爲科學、正確，使共產黨的領導作用更爲有效；有利於發揮各民主黨派各自的優勢和特長，充分調動各種積極性，使他們的聰明才智發揮出來，爲社會主義現代化建設服務；有利於瞭解社會主義社會中的各種利益要求，協調各種利益關係；也有利於國家的統一與鞏固。因此，正如鄧小平所指出的，在中國共產黨的領導下，實行多黨派的合作，這是由中國的

具體歷史條件和現實條件所決定的，也是中國政治制度的一大優點和特點。

二、政治協商會議制度

民主黨派參政議政的途徑有以民主協商會和座談會所體現出來的會議制度，透過進入各級人民代表大會參政議政，在各級政府和司法機關中擔任職務，以及透過政治協商會議而發揮政治作用，其中政治協商會議制度是民主黨派參政議政的主要形式。

中國人民政治協商會議（簡稱「政協」）在中國的政治生活中具有獨特的政治地位。它不是國家機關，不能行使任何政府權力，在《憲法》的「國家機構」部分沒有任何關於政協的規定；它的章程也不具備法律性，對社會成員沒有普遍性的約束力。但是《憲法》在「序言」部分規定了政協的法律地位和政治地位。而且按照慣例，政協和人大每年同時召開會議，被並稱為「兩會」，顯示了政協在中國政治生活中的地位。

政協起源於建國之前。抗日戰爭勝利以後，在全國人民要求和平、民主的呼聲中，國民黨被迫與共產黨舉行和談，接受中共提出的和平建國基本方針，同意召開政治協商會議。1946年1月，由國民黨、共產黨、民主同盟和無黨派人士參加的政治協商會議在重慶召開，史稱「舊政協」。這次會議達成了按和平、民主、團結原則建國的協議，但因國民黨發動內戰而未能實行。1948年5月1日，在解放戰爭全面勝利的前夕，中共發出了「五一通電」，號召社會各界反蔣民主力量重新召開政治協商會議，共商國家大計。1949年8月，中國人民政治協商會議第一次全體會議在北京舉行，制定了具有臨時憲法性質的《中國人民政治協商會議共同綱領》，通過了《中央人民政府組織法》，選舉產生了中央人民政府委員會，代表人民意志，完成了建立中華人民共和國的偉大歷史使命。

1954年12月，舉行了政協第二次全國會議。此時由於已經有了全國人民代表大會，政協不再具有權力機關的作用，而以統一戰線的組織形式參政議政。

政協的主要工作是透過各種形式，參與有關國家事務和地方事務重要問題

的討論，即參政議政；根據中國共產黨或民主黨派、人民團體的提議，舉行由各黨派、團體的負責人和各界愛國人士的代表參加的會議，進行協商。

參政議政的形式包括召開政協的各種會議，並向有關黨和國家機構提出重要建議案和委員個人提案。協商的形式包括由政協的各民主黨派、全國工商聯負責人、無黨派人士與中共負責人參加的民主協商會、談心會、座談會等。政協的參政議政中，包含著各種形式的民主監督。

政協的組織制度包括政協全國委員會和地方委員會。政協全國委員會的委員，包括中國共產黨、各民主黨派、無黨派民主人士、人民團體、各少數民族和各界代表、臺灣同胞、港澳同胞和歸國僑胞的代表以及特別邀請的人士。政協地方委員會委員的構成，參照全國委員會的組成而設立。

從政協的組織制度可以看出，政協還是一種重要的政治穩定機制。改革開放以後，全國各地迅速成長出新的社會力量。各國的發展經驗表明，如果政治制度不能吸納新生的社會力量，新生的社會力量的利益不能得到有效的政治表達，就會造成新力量與舊制度之間的衝突，甚至誘發政治革命。因此，政治制度能否包容新生的社會力量，是政治穩定的一個重要變數。在中國，人民代表大會制度和政治協商會議制度事實上就起到了政治納新的功能，新生的社會力量透過參加人大和政協而表達他們的利益要求。因此，政協本身就是一種特殊的政治穩定機制。當然，由於眾所周知的局限性，僅有人大和政協的納新功能是不夠的，因為中國國家權力的核心是中國共產黨，只有把新生的社會力量納入共產黨，才能從根本上解決政治發展中的政治穩定問題。為此，中國共產黨提出了「三個代表」重要思想。

第二部分

政府體制

第四章　立法體制

重點問題

◎中國人民代表大會制度的性質是什麼？
◎如何認識黨與人民代表大會的關係？
◎中國選舉制度的基本原則是什麼？
◎中國選舉制度中存在哪些問題？
◎全國人民代表大會及其常委會的職權有哪些？
◎比較全國人大與地方人大的監督權執行情況。
◎如何認識完善人民代表大會制度與社會主義民主政治建設的關係？

　　在中國，立法體制就是指人民代表大會制度。現行《憲法》第二條規定：「中華人民共和國的一切權力屬於人民」，「人民行使國家權力的機關是全國人民代表大會和地方各級人民代表大會」。這些規定表明，人民代表大會制度是中國法律上的根本政治制度，是中國的政權組織形式。作爲國家的權力機關，人民代表大會不僅享有立法權，還有決定權和監督權。然而，人民代表大會及其代表是如何產生的，在實踐中如何行使其法定的權力，將是我們重點關注的對象。

第一節　人民代表大會制度的發展、性質與原則

一、人民代表大會制度的產生與發展

　　人民代表大會制度是在中國共產黨的領導下，根據蘇聯模式，在革命根據

地的政權建設中創造出來的。

在第二次國內革命戰爭時期，革命根據地建立了工農兵蘇維埃代表大會。1931年11月，在瑞金召開了第一次全國代表大會，通過了《中華蘇維埃共和國憲法大綱》。1934年中華蘇維埃第二次全國代表大會通過的《中華蘇維埃共和國憲法大綱》規定：中華蘇維埃共和國之最高政權，為全國工農兵蘇維埃代表大會。在大會閉會期間，全國蘇維埃臨時中央執行委員會為最高政權機關，在中央執行委員會下組織人民委員會，處理日常政務，發布一切法令和決議案。

抗日戰爭時期，革命政權組織形式是類似於人民代表大會的參議會。1941年制定的《陝甘寧邊區各級參議會組織條例》規定：「邊區各參議會，為邊區各級之人民代表機關。」同時制定的《陝甘寧邊區各級參議會選舉條例》規定，各級參議會採取普遍、直接、平等和無記名的投票選舉制產生。

在解放戰爭時期，解放區在進行土改的過程中，農村建立了貧農會和農會，代行基層政權的職責，並在此基礎上建立區、村（鄉）兩級人民代表會議，產生人民政府。

建國初期，具有臨時憲法性質的《中國人民政治協商會議共同綱領》規定：中華人民共和國的國家政權屬於人民；人民行使國家政權的機關為各級人民代表大會和各級人民政府；各級人民代表大會由人民用普選方法產生；各級人民代表大會選舉各級人民政府。

1953年2月，中央人民政府委員會通過了《中華人民共和國全國人民代表大會及地方各級人民代表大會選舉法》，決定在全國實行普選。在普選的基礎上，1954年召開了第一屆全國人民代表大會第一次會議，制定了《中華人民共和國憲法》。1954年憲法明確規定：國家的一切權力屬於人民，人民行使國家權力的機關是全國人民代表大會和地方各級人民代表大會；人民代表大會和其他國家機關一律實行民主集中制原則。第一屆全國人民代表大會還通過了《中華人民共和國全國人民代表大會組織法》、《中華人民共和國國務院組織法》、《中華人民共和國人民法院組織法》、《中華人民共和國人民檢察院組

織法》和《中華人民共和國地方各級人民代表大會和地方各級人民委員會組織法》。1954年憲法和這些組織法的執行，標誌著新中國走上了制度化軌道。

但是，從1964年到1974年，在長達10年的時間內沒有舉行過選舉和召開過全國人民代表大會，中國的政治制度遭遇了曲折和衰退。

1978年的十一屆三中全會以後，人民代表大會制度的發展步入正規化。1979年全國人民代表大會第二次會議修正了1978年憲法，並修改了《中華人民共和國地方各級人民代表大會和地方各級人民委員會組織法》和《中華人民共和國全國人民代表大會及地方各級人民代表大會選舉法》。這些修改表現在：

1. 縣以上的地方各級人民代表大會設立常務委員會。根據1954年憲法，地方各級人民委員會既是地方各級人民代表大會的執行機關，又是常設機關，是典型的巴黎公社式的議行合一，自己執行、自己監督。實踐證明，這樣的制度安排是失敗的。

2. 擴大地方國家機構的職權，省一級的人民代表大會獲得了制定地方性法規的權力。

3. 縣級人民代表大會實行直接選舉。根據1953年《中華人民共和國全國人民代表大會及地方各級人民代表大會選舉法》的規定，只有基層即鄉、鎮、市轄區和不設區的市人民代表大會代表由選民直接選舉，新的選舉法規定縣級人民代表大會也實行直接選舉。

經過20多年的改革開放和制度建設，人民代表大會制度建設的其他主要成就是擴大了全國人民代表大會常務委員會的職權，並在人大常委會下設立了若干專門委員會，以加強人大的監督職能。

在加強人大建設的同時，一些國家機關也得到了相應的恢復和發展，表現在：恢復國家主席的設立；規定國務院系統的行政首長負責制；設立中華人民共和國中央軍事委員會，以明確軍隊在國家體制中的地位；改人民公社體制為鄉建制；所有由全國人民代表大會產生的職務（包括國家主席和副主席、人大常委會委員長和副委員長、國務院總理及國務院組成人員、最高人民法院院長

和最高人民檢察院檢察長）實行任期制，連續任職不得超過兩屆，這等於取消了領導職務的終身制。

　　人民代表大會制度建設的成就有目共睹，但是要健全人民代表大會制度，實行憲政，卻任重而道遠。

二、人民代表大會制度的性質

　　人民代表大會制度作為中國的根本政治制度，主要表現在以下幾個方面：

（一）人民代表大會制度是中國政權的組織形式

　　人民代表大會制度體現了人民主權原則，是人民當家作主的政權組織形式。在無產階級革命勝利以後，必然要尋求一種能夠體現革命主體利益的政權組織形式。這種政權組織形式在俄國就是蘇維埃，在中國就是人民代表大會制度。因此，從根本上說，人民代表大會制度是保障革命主體利益的一種政治統治形式。眾所周知，政治統治是經過政治鬥爭以後建立起來的有利於保護勝利者利益的一種政治格局。就政治本質而言，人民代表大會制度就是實現作為革命領導集團的共產黨及其所代表的階級、階層利益的政治機制。在這種政治機制中，在共產黨的領導下，包容了各團體的代表。各團體的利益和意志可以透過人民代表大會制度得以表達和實現。根據憲法，中國是工人階級領導的、以工農聯盟為基礎的人民民主專政的社會主義國家。人民代表大會制度是保障這種國家性質和實現中國人民根本利益的一種政權組織形式。

（二）人民代表大會制度是中國的基本制度，在法理上具有全權性

　　在中國，有很多方面的制度，如行政管理制度、文化教育制度、司法制度和軍事制度等，這些制度只能反映國家生活的某一個方面。只有人民代表大會制度才能代表國家生活的所有方面，能從政治、經濟、法律、文化、外交、軍事等各個方面反映和代表中國的生活，因而具有全權性，是中國基本的政治制度。

（三）作為中國基本的政治制度，人民代表大會制度在法理上具有至上性，高於行政權、審判權和檢察權

根據憲法規定和現行實踐，中華人民共和國國家主席、中華人民共和國中央軍事委員會主席、最高人民法院院長和最高人民檢察院檢察長由全國人民代表大會選舉產生；根據國家主席的提名，由全國人民代表大會決定國務院總理的人選；根據中央軍事委員會主席的提名，由全國人民代表大會決定中央軍事委員會副主席的人選；根據國務院總理的提名，由全國人民代表大會決定國務院副總理及其他人員的人選。可見，中國所有其他的權力都來自人民代表大會制度，因而使其具有了至上性。

（四）人民代表大會制度是建設社會主義法治的基礎

政治文明說到底就是政治制度和政治行為的法治化，即所有的政治主體的權力都是有限的，都應該受到憲法和法律的約束。要實現法治化，首先要有法制。而人民代表大會制度是建設法制的根本制度和保障，全國人民代表大會通過的憲法和法律應該是一切政治行為的強制性規則。為此，在實踐中應該做到：其一，維護國家立法的統一，維護憲法和法律的尊嚴；其二，司法機關依照法律規定獨立行使職權；其三，一切組織和公民沒有例外地遵守憲法和法律，任何在憲法上得不到適當解釋的行為都是違法的。應該說，作為大陸法系的中國，實體法很發達，比如憲法充分地規定了公民的權利和義務，但是在程序上如何保障公民權利的實現，在程序法方面還存在很大的空缺。沒有程序上的保障，實體法就是紙上的規定。因此，應該把中國社會主義法制建設的重點放在程序法的立法和執行上。

三、人民代表大會制度的基本原則

儘管憲法明確規定人民代表大會制度的原則是民主集中制，但實際上，人民代表大會制度的基本原則是「議行合一」原則和民主集中制原則。「議行合一」原則其實也是社會主義國家政府構成的基本原則，這將在「政府體制」部分得到相應的論述。

　　早在《共同綱領》中就有規定：「各級政權機關一律實行民主集中制原則。」1954年《憲法》規定：「全國人民代表大會，地方各級人民代表大會和其他國家機關，一律實行民主集中制。」現行《憲法》第三條規定：「中華人民共和國的國家機構實行民主集中制的原則。」根據憲法和有關組織法及現行實踐，民主集中制原則主要體現在以下幾個方面：

　　1. 黨的領導原則：民主集中制首先是共產黨的組織原則，即少數服從多數、下級服從上級、全黨服從中央。在共產黨革命勝利以後，這一原則自然也就成為了國家生活的組織原則。在「黨和國家的領導體制」部分我們已經知道，共產黨是中國政治生活的核心。中國憲法也規定，所有的政治組織必須堅持共產黨的領導。因此，無論是「議行合一」原則還是民主集中制原則，首要方面都應該是黨的領導原則。

　　從黨與人大的淵源上說，人民代表大會制度是由共產黨創建的，黨的領導一直是一個天經地義、不容置疑的原則。但是，一方面憲法規定堅持共產黨的領導，而另一方面黨章又規定黨應該在憲法和法律規定的範圍內活動，這樣就存在一個黨如何領導的問題。經過多年的法制建設，黨對人大的領導程序和制度是：其一，黨提出人事安排和政策上的建議，經過人民代表大會的討論變成制度和法律。例如，在2003年3月舉行的全國人民代表大會十次一屆大會上產生的國家主席、中央軍事委員會主席、委員長及副委員長、國務院總理及國務院組成人員，都是由中共中央政治局常委會代表共產黨向人大推薦人選，由人大選舉或決定的。其二，黨以黨組制度直接領導各級人民代表大會的立法和監督工作。其三，在地方各級人民代表大會中，越來越多的地方黨委書記兼任人大常委會主任。這些制度安排保障了人民代表大會能夠堅定不移地執行黨的意志。

　　至於黨的領導原則如何更好地法治化，是中共十五大以來的一個重要目標。十五大提出了依法治國原則，而十六大提出了政治文明，所有這些，其實都是法治化問題。法治化事實上就是憲政原則，即所有的政治組織都要受到憲法的約束。

2. 選舉與監督原則：即全國人民代表大會和地方各級人民代表大會都由選舉產生，對人民負責，受人民監督。選舉制度是人民代表大會制度的重要組成部分，我們將在後面給予關注。

3. 國家行政機關、審判機關和檢察機關都由人民代表大會產生，對它負責，受它監督，以便由人民代表大會統一行使國家權力。

4. 中央和地方國家機構職權的劃分遵循在中央統一領導的原則下，充分發揮地方的主動性、積極性原則。這些原則體現在憲法的規定中。憲法規定，全國人民代表大會常務委員會有權撤銷省、自治區、直轄市國家權力機關制定的同憲法、法律和行政法規相牴觸的地方法規和決議；國務院統一領導全國地方各級國家行政機關的工作，規定中央和省、自治區、直轄市的國家行政機關職權的具體劃分等。同時，我們將在「地方政府」部分看到，憲法擴大了地方國家機關的職權。

第二節　選舉制度

一、中國選舉制度的歷史發展與選舉原則

選舉制度是現代國家重要的政治制度。由於「一府兩院」的權力來自人民代表大會，所以把選舉制度放在這裡加以介紹。選舉的意義是：第一，選舉使公民直接參與了政治權力的分配，使政治權力獲得了最大的合法性。我們知道，只有具備合法性的政權，其政治統治的成本才最小化。第二，選舉是公民政治學習的過程，有利於培養公民的權利意識、政治責任感和政治技能。

正是因為選舉具有如此重大的意義，所以在新中國成立以後，中央人民政府立即開始了籌備選舉工作。1953年2月21日頒布了中國第一部《中華人民共和國全國人民代表大會及地方各級人民代表大會選舉法》，1954年第一屆全國人大第一次會議通過了《中華人民共和國全國人民代表大會組織法》和《中華人民共和國地方各級人民代表大會和地方各級人民政府組織法》，對各級國家

政權機構組成人員的選舉做出規定，標誌著中國選舉制度的正式誕生。從1953年頒布第一部選舉法，到1979年通過新的選舉法和地方組織法，再經過1982年、1986年和1995年的三次重要修改，中國的選舉總的方向是朝著民主化進展。選舉制度的修改真實地反映了社會主義民主政治的發展狀況，因此很有必要在此從縱向的角度加以詳細的介紹和比較。

1953年下半年，在全國範圍內開展了普選工作。這次選舉的特點是：第一，普遍性原則。全國各族人民普遍獲得了選舉權。第二，直接選舉與間接選舉原則。鄉鎮、市轄區和不設區的市全部實行直接選舉，縣以上各級人民代表大會由下一級人民代表大會選舉產生。在各級人大代表中，不存在「特邀」代表。第三，無記名投票與舉手投票並用。在基層政權選舉中，一般是舉手表決；在縣以上的各級人大代表選舉中，實行無記名投票。由於是初次普選，這次選舉中存在的問題是：在縣以下的選舉中並沒有完全實行直接選舉和無記名投票原則；候選人與應選代表等額；選民不知道候選人的背景。[1]之後，由於「大躍進」運動造成的法律虛無主義，選舉制度遭到破壞，直到十一屆三中全會以後，才開始恢復社會主義法制建設。

1979年7月五屆全國人大二次會議通過了新的人民代表大會選舉法和地方人大與政府組織法，在選舉制度上有重大改革和完善。主要表現在：

1. 擴大了普選的範圍。根據當時的政治環境，1953年選舉法根據階級和政治特徵列舉了很大比例的不具有選舉權的人。1979年選舉法規定，除依法被剝奪政治權利的人和精神病患者外，其他年滿18周歲的公民都有選舉權和被選舉權。

2. 將直接選舉擴大到縣一級的人大選舉。

3. 實行差額選舉。地方人大代表和地方政權機關的組成人員一般應實行差額選舉。

4. 給予了省、自治區、直轄市人大常委會對地方各級代表數額較大的決定

1　參見武健：《人大選舉制度和選舉工作》，見劉政、程湘清等：《人民代表大會制度講話》，241頁，北京，中國民主法制出版社，1999。

權。

5. 改變了劃分選區的辦法，將原來按居住狀況劃分選區的辦法，改爲按居住狀況和單位組織劃分。

6. 明確規定每個少數民族至少要有一名代表參加全國人民代表大會。

7. 改變了推薦代表候選人的辦法。任何代表或選民有3人以上附議，都可以推薦代表候選人，而1953年的選舉法規定只有組織提名或非黨派的選民或代表才能聯合或單獨提出代表候選人。

8. 在投票方式上，一律改爲無記名投票，並可以進行委託投票。

9. 專門規定對代表的監督、罷免和補選。

10. 增設了有助於選民瞭解候選人的有關條款。推薦代表候選人的各黨派、團體和選民應向選舉委員會介紹候選人的情況，各黨派、團體和選民可以用任何形式宣傳代表候選人。

11. 改變了地方國家機關領導人的提名方式。以前規定政府組成人員和法院院長候選人的提名方式爲代表聯合提名或單獨提名，1979年改爲主席團提名或者代表聯合提名。

1979年新的選舉法和組織法執行後，1980年第一次實行縣鄉人大直接選舉，社會主義民主建設取得較大進展。但是，在1980年的選舉中，由於選舉法規定可以以任何形式推介代表候選人，一些選區如北京大學的選舉實行了競爭式的選舉。據此，1982年五屆全國人大五次會議對選舉法和組織法進行了相應的修改。主要表現在：

1. 對宣傳代表候選人的方式做了限定，將原來的可以以任何形式推介代表候選人改爲推薦候選人的黨派、團體或選民，只能在選民小組上介紹所推薦的候選人。

2. 減少了農村與城鎮每一代表所代表的人口比例。1979年選舉法規定，縣級人大代表中農村每一代表所代表的人口數，四倍於城鎮每一代表所代表的人口數。修改後的選舉法規定，在特殊情況下，比例可以小於四倍直至1：1。

3. 降低了另行選舉的當選票數，將原規定二次選舉得票數必須過半數才能當選改爲超過選票的1/3即可當選。

4. 在歸僑較多的地區，地方人大應當有適當的歸僑代表。

到1980年代中期，經濟改革的深入日益需要政治體制的協調發展，因此政治改革此時日漸提上議事日程。到1980年代中期，應該說政治體制改革已經取得了一系列引人注目的成果，在「黨和國家的領導體制」部分對此已做部分證述。爲了迎接即將對政治體制作大改革的黨的十三大，1986年全國人大常委會對選舉法和組織法進行了第三次修改，主要進展有：

1. 加強對縣鄉選舉的領導，將縣鄉一級的選舉委員會由同級政府領導改爲由縣級選舉委員會領導。並補充規定，省級和設區的市、自治州的人大常委會指導縣級以下人大代表的選舉工作。

2. 減少了代表名額，將全國人大代表名額限定在3000人以內。

3. 簡化選民登記手續，實行一次登記長期有效的登記制度。

4. 取消了過去直接選舉和間接選舉代表中通過預選確定正式候選人的制度。

5. 間接選舉時，增加了大會主席團向代表介紹候選人、推薦者在代表小組會上介紹所推薦候選人的規定。

6. 降低當選得票數。將直接選舉時候選人獲得全體選民過半數的選票當選，改爲全體選民過半數參加投票有效，獲得參加選舉選民過半數的選票當選。間接選舉仍然要獲得全體代表過半數選票當選。

更重要的是，1986年修改的地方組織法規定，對地方國家政權機關領導人一律實行差額選舉的原則：將政府正副職領導人、縣以上地方各級人大常委會組成人員、法院院長和檢察院檢察長的選舉，由過去採用差額選舉，也可以經過預選再等額選舉，一律改爲差額選舉。其中上述機關正職領導人選舉時，候選人一般應多於一人；若所提候選人只有一名時，才可等額選舉。上述機關副職領導人必須按1～3人的差額比例選舉，人大常委會委員必須按1/10至1/15的差額比例進行選舉；取消預選，正式候選人名單應由主席團和全體代表醞釀討論，根據多數代表的意見確定。

到1990年代中期，中國的幹部管理制度有了較大程度的變化，其中最重要

的是加強了黨對幹部的管理和中央對地方的控制。在經濟改革中，由於地方政府成為一級利益主體，越來越多的地方選舉本地人作為省級領導人，省級領導幹部中來自本省的比例較大。精英選拔中的地方主義趨勢在地方幹部選拔過程中和「差額選舉」中得到加強。1990年代，一些地方人大甚至會拒絕批准中央任命的官員，或者中央推薦的候選人在地方人大選舉中落選，這是以前未曾出現過的現象。與此相應，1995年2月，全國人大常委會再次對選舉法和地方人大與地方政府組織法進行修改，主要有：

1. 重新恢復了預選制度，進一步細化差額選舉制度。將代表候選人名單應「在選舉日的二十日以前公布」改為「在選舉日的十五日以前公布」；修改後的選舉法規定，縣級以上的地方各級人民代表大會在選舉上一級人民代表大會代表時，提名、醞釀代表候選人的時間不得少於兩天。各該級人民代表大會主席團將依法提出的代表候選人名單印發全體代表，由全體代表醞釀、討論。如果所提候選人的人數符合《選舉法》第三十條規定的差額比例，直接進行投票選舉。如果所提候選人的人數超過《選舉法》第三十條規定的最高差額比例，則進行預選，根據預選時得票多少的順序，按照本級人民代表大會的選舉辦法根據《選舉法》確定的具體差額比例，確定正式代表候選人名單，進行投票選舉。

2. 明確了縣級人大常委會領導下級選舉委員會工作。

3. 具體規定了地方各級人大代表的名額，明確要求提高婦女代表的比例。

4. 進一步體現平等性原則，縮小了農村與城市每一代表所代表的人口比例，將原來規定的省級人大與全國人大農村每一代表所代表的人口數5倍於、8倍於城市每一代表所代表的人口數一律改為4倍。

5. 規定了代表當選與罷免代表的具體程序，強化選舉制度的監督功能。

綜合幾次選舉法和組織法的修改以及地方政治的實踐，1980年代以來選舉制度的重大改革主要體現在以下三個方面：

1. 實行了縣鄉直接換屆選舉：由於縣人大代表直接來自各鄉的人大，因此縣政府換屆選舉時越來越重視縣鄉關係。從1979年至今，已經進行了五次縣鄉

直接換屆選舉，選舉過程不斷完善。

2. 實行了選民和代表10人以上聯名推薦候選人：在第四次縣鄉換屆選舉中，根據山東、河南、湖南、廣東、廣西、四川、安徽、陝西八省的統計，在縣級領導班子中，由政黨推薦當選的候選人占97.9%，代表聯名推薦占2%，有的省達5.3%。根據27個省級選舉單位的統計，在第四屆省級人大選舉中，由主席團提名列為正式候選人的共646人，其中代表10人以上聯名的為105人，占正式候選人總數的16%，代表10人以上聯名當選的有12人，占總數的2.5%。此外，在1988年各省、自治區、直轄市進行的全國人大代表選舉中，共提出候選人3872人，其中代表聯名提出的有586人，占14.9%。[2]

3. 實行差額選舉：下至縣鄉換屆，上至省級人大代表、常委會組成人員和「一府兩院」領導以及全國人大代表和常委會委員，都實行差額選舉。截至第四屆換屆選舉，全國有8個省的人大常委會主任、8個省的省長、15個省的法院院長和11個省的檢察院檢察長實行了差額選舉。在2003年3月十屆全國人大一次會議選舉產生的全國人大常委會委員中，候選人為167人，實選159名，差額比例為5%。如此大範圍和高級別的差額選舉，是中國歷史上的空前之舉，表明中國的民主化進程取得了可喜的實質性進步。

透過選舉制度的歷史演變可以看出中國選舉制度的四項基本原則：

1. 選舉權利的普遍性原則：中國憲法和選舉法規定，除依照法律被剝奪政治權利的人和精神病患者外，年滿18歲的公民，不分民族、種族、性別、職務、家庭出身、宗教信仰、教育程度、財產狀況、居住期限，都有選舉權和被選舉權。

2. 平等性原則：根據選舉法規定，每一選民在一次選舉中只有一次投票權。

3. 直接選舉與間接選舉原則：直接選舉是指由選民直接投票選舉人民代表。根據選舉法規定，不設區的市、市轄區、縣、自治縣、鄉、民族鄉、鎮的

2　參見武健：《人大選舉制度和選舉工作》，見劉政、程湘清等：《人民代表大會制度講話》。

人民代表大會的代表，由選民直接選出。間接選舉是由下一級人民代表大會作為一個選舉單位來選舉出席上一級人民代表大會的代表，而不是由選民直接投票選舉。根據中國的法律規定，全國人民代表大會的代表，省、自治區、直轄市、設區的市、自治州的人民代表大會的代表，均由下一級人民代表大會選出。

4. 無記名投票原則：中國選舉法規定，全國和地方各級人民代表大會代表的選舉，一律採用無記名投票的方法。這就是說，中國各級人民代表大會的選舉都必須採用無記名投票的方法，而不能採用諸如舉手表決等公開的方式。

二、中國選舉的程序

選舉程序主要包括選舉機構、選區劃分、選民登記、代表候選人的提名、差額選舉、選舉投票、代表辭職和罷免代表等方面的內容。

（一）選舉機構

選舉機構具體負責選舉事務的管理工作。根據選舉法的規定，全國人民代表大會常務委員會主持全國人民代表大會代表的選舉；省、自治區、直轄市、設區的市、自治州的人民代表大會常務委員會主持本級人民代表大會代表的選舉，並指導行政區域內縣級以下人民代表大會的選舉工作，不設區的市、市轄區、縣、自治縣設選舉委員會，在本級人民代表大會常務委員會領導下主持本級人民代表大會代表的選舉；鄉、民族鄉、鎮設立選舉委員會，受不設區的市、市轄區、縣、自治縣的人民代表大會常務委員會的領導。選舉委員會是組織和管理選舉工作的機構，有權監督選舉的整個過程。

根據憲法規定，黨領導一切。因此，我們將會看到，各級黨委和黨的組織部門事實上直接指導著選舉過程。

（二）選區劃分和選舉單位

以一定數量的人口為基礎劃分區域，在這個區域內開展選舉活動，進行直接選舉，產生一定數量的人民代表，這樣的區域叫作選區。不設區的市、市轄

區、縣、自治縣、鄉、民族鄉、鎮的人民代表，是由選區的選民直接投票選舉產生的。劃分選區的基本原則是：便於選民參加選舉活動；便於選民瞭解候選人和代表聯繫選民；便於選民行使監督權和罷免權。

選舉單位是採用間接選舉的方法，產生人民代表的單位。在中國，縣以上的地方各級人民代表大會都是產生上一級人民代表大會的選舉單位。選舉單位與選區的區別是：選舉單位是間接選舉產生上一級人民代表大會代表的下一級人民代表大會；選區是指縣以下按生產單位、事業單位、工作單位和居住狀況劃分的選舉區域，是由選民直接投票選舉縣以下各級人民代表大會代表的區域劃分。

（三）選民登記

選民登記是選舉工作的重要環節，是公民取得選民資格的基本程序。中國的選民登記採用一次性登記的方法，經登記確認的選民資格長期有效。每次選舉前的選民登記，主要是對上次登記以來的變更情況進行處理。

（四）代表候選人的提名和差額選舉

候選人的提名是選舉過程中最重要的環節。選舉法規定，全國和地方各級人民代表大會代表候選人，按選區或選舉單位提名產生。各政黨、各人民團體，可以聯合或單獨推薦代表候選人。選民或者代表10人以上聯名，也可以推薦代表候選人。縣級以上各級人民代表大會選舉上一級人民代表大會代表時，代表候選人不限於各該級人民代表大會代表。差額的比例是：由選民直接選舉的代表候選人的名額，應多於應選代表名額的1/3至1倍；由間接選舉的代表候選人的名額，應多於應選代表名額的1/5至1/2。

代表候選人的提名充分體現了黨的政治領導和組織領導。根據新華社報導，中共中央高度重視並及時指導十屆全國人大、全國政協換屆人事安排工作。2002年9月，中共中央政治局常委會研究確定了全國人大、全國政協2003年換屆人事安排的指導思想、基本原則和具體政策，並決定成立換屆人事安排小組，負責有關工作。2002年10月23日，經中共中央批准，中央組織部、中央

統戰部聯合召開各省、自治區、直轄市黨委組織部部長、統戰部部長及中央、國家機關有關單位負責人會議，對換屆工作進行具體部署。各省、自治區、直轄市黨委，中共中央直屬機關、中央國家機關有關部門黨組（黨委），各民主黨派中央、全國工商聯、有關人民團體黨組（黨委）和人民解放軍總政治部，堅持集體討論、民主協商的原則，認真推薦全國人大常委會委員、全國政協常務委員人選。[3]

　　下面以省人大代表的產生為例說明間接選舉的過程。在換屆選舉時，省委組織部召開會議安排推選人大代表工作。根據上級主管部門的精神，設區的市委組織部向市委彙報後，成立市推選工作領導小組，下設辦公室，以組織部門為主，抽調人大等部門人員參加，召開市委推選工作會議。各縣區相應成立這樣的機構。如果省裡分給某市60個代表名額，要實行差額選舉。為確保結構和比例的合理性，市推選辦把名額及比例再分至縣、區和市直。這些縣區就很具體了，畢竟人數很少，它們再按比例擴大一倍甚至更多，由基層單位開始推薦，最後由縣委決定上報名單。市委聽取彙報後，確定上報省名單。待省推選辦同意後，提交市人大召開會議選舉。因為是差額選舉，大會主席團要提名的候選人還有一個差額比例。按照選舉法，人代會上的差額一般都是按1/5來確定的。省裡的名額是60人，大會主席團需提名72人。但60人中有8名是省直下派的，要保證選上。這就是說某市共推薦64名代表候選人。當然，這只是主席團提名，人代會上代表還可以聯名再提出代表候選人，但一般情況下經黨委做工作後不會出現這種情況。而且，組織部門的工作很到位，所以在選舉省人大代表時總是一次成功，很少出現沒選夠和多次選舉的現象。

（五）選舉投票

　　選舉投票是選民行使選舉權的集中體現。直接選舉的投票由選舉委員會主持，間接選舉的投票由該級人民代表大會主席團主持。投票結束以後，進入選舉結果的確認程序，包括：確認選舉是否有效、代表候選人當選的確認和宣布

3　參見劉思揚、李術峰、翟偉：《凝聚起民族的意志和力量：十屆全國人大常委會委員、全國政協常務委員產生經過》，載《解放軍報》，2003年3月17日。

選舉結果。

（六）代表辭職和對代表的罷免

根據選舉法規定，縣級以上的人大代表，可以向選舉他的人大常務委員會書面提出辭職。縣級人大代表可以向本級人大常務委員會書面提出辭職，鄉級的人大代表可以向本級人大書面提出辭職。

罷免代表的法律程序是：對於縣級和鄉級的人大代表，原選區選民30人以上聯名，可以向縣級人大常委會書面提出罷免要求。縣級以上的地方各級人大舉行會議的時候，主席團或者1/10以上代表聯名，可以提出對由該級人大選出的上一級人大代表的罷免案。在人大閉會期間，縣級以上的地方各級人大常委會主任會議或常務委員會1/5以上組成人員聯名，可以向常務委員會提出對由該級人大選出的上一級人大代表的罷免案。依法定程序通過的罷免決議產生法律效力。

三、選舉制度的改革

自1979年修改選舉法以來，選舉制度在實踐中不斷進步，但是也出現了需要改進的地方。

（一）代表候選人提名問題

選舉法規定，各政黨、各人民團體可以聯合或單獨推薦代表候選人；選民或代表10人以上聯名，也可以推薦代表候選人。為了使這一規定更具操作性，使選舉真正體現選民的意志，使選民真正對選舉負責，就應該讓選民自己有提出代表候選人的權利，應該對政黨和團體推薦代表候選人的比例有一個明確的限制。在很多地方，代表候選人的提名基本上是由人大主席團控制，選民自己推薦代表候選人的機會不多。

（二）關於農村與城市每一代表所代表人口數的比例

過去，農村與城市每一代表所代表的人口數的比例分別是：縣為4：1，

省、自治區爲5：1，全國爲8：1。這樣的規定基本上反映了城鄉之間存在的差別。但是，這種制度安排的弊病是：1.有悖於基本的平等原則。如果因爲農村落後而農村的人民代表少，各級人大在行使決定權時就更不能保護農村的利益，使落後的農村更加邊緣化；2.有悖於改革開放後農村的現狀。很多農村地區的工業化進程和農民進城務工使農民參政水準提高，都要求改變城鄉代表所代表的人口數比例，使選舉權更加平等化。爲此，新近修改的選舉法規定，農村與城市每一代表所代表人口數的比例相同。

（三）關於差額選舉

中國1979年選舉法規定了差額選舉，這是社會主義民主化進程的重要成就。可以說，沒有差額選舉，就不是眞正的選舉；沒有競選的差額，就不是眞正的差額選舉。只有差額選舉，才能使政治家和人民代表眞正向選民負責，產生負責任的政治。優勝劣汰式的競爭選舉，絕不是資本主義的專利品。早在延安時期，《陝甘寧邊區各級參議會選舉條例》就規定：選舉單位「可提出候選人名單及競選綱領，進行競選運動，在不妨害選舉秩序下不得加以干涉和阻止」。這一規定對當時邊區的民主選舉產生了積極的影響。

（四）關於對候選人的宣傳介紹

目前存在的一種普遍現象是，選民對候選人知之甚少，從而大大地影響了選民參加投票選舉的主動性。產生這一現象的原因是對候選人的宣傳介紹機制有問題。政黨和團體在推薦其候選人時，只介紹他的基本履歷，而不介紹他能做什麼和將爲選民做什麼；而對10人以上聯名推薦的候選人的介紹和宣傳，因爲時間和物質條件的限制更是不到位，因爲代表提名往往是在主席團提名以後才考慮是否另提候選人，導致聯名的代表沒有時間和條件對候選人進行全面的介紹。目前，一些地方採用多種方式介紹候選人，諸如安排候選人與選民或代表直接見面、對話，運用媒體對見面和對話作公開報導、宣傳等，這些都是有益的嘗試。但是，要使選民有興趣瞭解候選人，必須眞正實現選舉法規定的差額選舉。

第三節　全國人民代表大會

一、全國人民代表大會的組成與任期

《憲法》第五十九條和其他法律規定，全國人民代表大會由省、自治區、直轄市、特別行政區和軍隊選出的代表組成。各少數民族都應有適當名額的代表。這表明，全國人大代表是由選舉單位以間接選舉的方式選舉產生的。

現行法律對全國人大代表的總名額做了最高限額的規定，即總人數不超過3,000人。全國人大代表名額的分配權在全國人大常委會，其分配名額的原則是：各省、自治區、直轄市的城鄉每一代表所代表的人口數的比例是8：1；解放軍應選代表名額不按人口數計算，根據需要分配名額；少數民族不是一個選舉單位，每個民族至少應該有一個代表名額。

憲法規定，全國人民代表大會每屆任期5年。為了保證任期之間的銜接，全國人民代表大會在任期屆滿的兩個月以前，全國人大常委會必須完成下屆全國人民代表大會代表的選舉工作。但是如果遇到不能進行選舉的非常情況，由全國人大常委會以全體組成人員的2/3以上的絕對多數通過，可以推遲選舉，延長本屆全國人民代表大會的任期。在非常情況結束後的一年內，必須完成下屆全國人民代表大會代表的選舉。

二、全國人民代表大會的職權

全國人民代表大會的職權主要有以下幾個方面：

（一）立法和監督憲法實施的權力

人大的基本權力是立法權。在介紹人大的立法權之前，有必要瞭解中國自改革開放以來立法的基本體制、立法上的進步和問題。

1982年憲法基本上確立了一元多層次的立法體制，即全國人大及其常委會行使國家立法權，制定法律；國務院制定行政法規，國務院下屬的部委制定規

章；省級人大及其常委會制定地方性法規；民族自治地方的人大有權制定自治條例和單行條例；省會城市和經國務院批准的市人大及其常委會可以制定地方性法規。

改革開放近30多年以來，全國人大立法權的發展經歷了兩個階段：第一階段是1992年以前，立法是在計畫經濟基礎之上、在法律工具主義[4]思想指導下進行的。第二階段是在1993年以後，立法隨著經濟的轉型而面向市場經濟和權利保護。在這個過程中，全國人大的立法觀念和立法職能發生了重大轉變。首先是在立法觀念上，由經驗立法轉變為超前立法。其次，人大在立法中的作用由過去被動的角色轉變為今天起主導作用。再次，在立法指導思想上，由法律工具主義正在轉向權利保護主義。這樣，立法開始強調市場經濟主體的自主、獨立、平等；強調政府行為的法定性和守法性；重視公民權利的保護，強調公民與政府權利義務的平衡。[5]

應該看到，由於立法體制的多層次性，立法中存在一些明顯的問題：1.立法中的部門主義和利益傾向嚴重，把部門的非分利益固定化，忽視對公民權利的保護；2.重視實體立法而忽視程序法建設，使實體法得不到落實；3.法律相互衝突，公民無所適從。[6]

全國人大的立法權限包括三方面：第一，修改憲法和監督憲法的實施。憲法是國家的根本大法，它規定了國家和社會的根本原則，因此，修改憲法有特殊的程序。除全國人民代表大會以外，任何其他國家機關包括全國人大常委會在內都無權修改憲法。憲法規定，憲法的修改要由全國人民代表大會常務委員會或者1/5以上的全國代表的提議，並由全國人民代表大會以全體代表人數2/3的多數通過。全國人民代表大會曾於1975年、1978年和1982年三次全面修改

4　法律工具主義是權利保護主義的對稱，就是把法律視為強化社會管理和控制的工具，把立法當作加強行政管理的手段。法律工具主義在立法中重視政府的權力，而忽視社會的權利；重視政府的管理，而忽視公民權利的保護。

5　參見蔡定劍：《20年人大立法的發展與歷史性轉變》，見蔡定劍主編：《人民代表大會二十年改革與發展》，62～69頁，北京，中國檢察出版社，2001。

6　參見上書，71頁。

了憲法，並於1979年、1980年、1988年、1993年、1999年和2004年多次對憲法的若干條文進行了修改。

憲法還規定，全國人民代表大會監督憲法的實施，以維護憲法的尊嚴和保證憲法的實施。監督憲法的實施主要包括：一是審查有關的法律法規是否與憲法相抵觸；二是審查國家機關及其工作人員的行為是否符合憲法。

（二）制定和修改國家基本法律

所謂基本法律，是指僅次於憲法的普通法律。國家基本法律包括兩個方面：一是涉及社會各個方面和關係到每個人的刑事和民事方面的法律；二是規定國家機構的各種組織法，必須由全國人民代表大會制定和修改。基本法律以外的其他法律由全國人民代表大會常委會制定和修改，同時全國人大常委會在全國人民代表大會閉會期間，對全國人民代表大會制定的法律進行部分補充和修改，但是不得同該法律的基本原則相牴觸。

（三）授權立法

授權立法在中國立法體制中占據重要位置。在過去近30年的改革開放中，授權立法越來越多。這是因為，客觀上，經濟發展和日益複雜的社會生活需要及時調整；同時還有立法機關自身的限制，諸如時間上的限制、專業技術上的限制等。但是，為了防止行政權力的無限擴張和侵犯立法機關的地位和權力，國外授權立法的原則一般是：授權法中必須明確授權的範圍，不得實行一般性的、無限制性的概括授權；行政機關進行授權立法，必須嚴格遵守憲法和法律，嚴格遵守授權法，遵守法定的程序。[7]中國授權立法的基本情況是：

1. 全國人大向其常委會授權

第一次是1981年12月五屆人大四次會議授權常委會修改具有基本法律性質的《中華人民共和國民事訴訟法草案》；第二次是1987年六屆人大五次會議授

7　參見王晨光：《中外授權立法制度比較》，見蔡定劍主編：《人民代表大會二十年改革與發展》，159～161頁。

權人大常委會制定《中華人民共和國村民委員會組織法（試行）》；第三次是1989年七屆人大二次會議授權全國人大常委會在深圳市依法選舉產生市人大及其常委會後，再授權深圳市制定經濟特區法規和規章。

2. 全國人大及其常委會向國務院授權

其中最廣泛的一次綜合性授權是1985年六屆人大三次會議決定：授權國務院對於有關經濟體制改革和對外開放方面的問題，在不與憲法和法律相牴觸的情況下，制定暫行的規定或條例，頒布實施，待條件成熟時由全國人大或全國人大常委會制定法律。

3. 全國人大及其常委會向地方人大授權

幾次授權均是向沿海省人大和經濟特區人大的授權。

中國授權立法爲國家正式立法積累了經驗，其具體作用是：首先，解決了社會經濟發展與法律匱乏或滯後的嚴重矛盾；其次，對國務院的授權適應了經濟改革中不斷出現的新情況而急需法律調整的狀況；再次，適應了經濟特區的需要。

中國授權立法與西方國家的一個明顯不同是：就具體事項授權少，而綜合性的授權較多。在西方國家，爲了防止行政部門的權力不受限制，其方法之一就是只單項性授權，限制綜合性授權。

（二）選舉、決定和罷免國家機構組成人員

在人事權力方面，憲法和全國人民代表大會組織法規定：1.選舉和罷免全國人大常委會委員長、副委員長、秘書長和委員；2.選舉和罷免國家主席、副主席；3.根據國家主席的提名，決定國務院總理人選；根據國務院總理提名，決定國務院副總理、國務委員、各部部長、各委員會主任、審計長和秘書長的人選，並有權罷免上述人員；4.選舉國家中央軍事委員會主席；根據中央軍事委員會主席的提名，決定中央軍事委員會其他組成人員的人選，並有權罷免上述人員；5.選舉和罷免最高人民法院院長和最高人民檢察院檢察長；6.透過全

國人民代表大會各專門委員會的主任委員、副主任委員和委員的人選，並有權撤銷其職務。

（三）對國家重大事項的決定權

全國人大行使決定權的範圍：1.審查和批准國民經濟和社會發展計畫；2.審查和批准國家的預算；3.批准省、自治區和直轄市的建制；4.決定特別行政區的設立及其制度；5.決定戰爭與和平的問題；6.決定國務院各部委的建制。

（四）對其他國家機關的監督權

任何一個現代國家，立法機關的立法功能都很發達。但是，立法機關是否健全，則關鍵要看其監督職能的行使狀況。

權力必須受到制約，沒有制約的權力必然導致腐敗。因此，黨的十六大政治報告特別重視權力制約問題。在中國的政治生活中，有各種形式的監督制度，包括黨組織的紀檢監督，政府的行政監督，檢察機關的法律監督和政協的民主監督。人大監督同這些監督制度在對象、內容、範圍上不同，在法律地位和效力上也不同。

根據黨章規定，黨的紀檢部門監督和查處的是違反黨紀的黨組織或黨員，黨組織對黨員的最高處分是開除黨籍。那些違反政紀國法的黨政幹部，根據情況分別由監察部門、司法部門、人大及其常委會實施監督。

關於行政監督，在中國縣級以上的政府機關設置監察部門。作為人大決定任命的政府部門，其功能有時與人大重疊，但是許可權不同。政府監察機構只有檢查、調查、建議和給予記大過以下處分的許可權，而罷免、撤銷權屬於人大及其常委會。

作為法律監督機關的人民檢察院，主要是對司法機關的活動進行監督，對國家機關和工作人員違法行為的監督，也只限於違反刑法的案件。因此，法律監督與人大監督的範圍是不同的。

政協的民主監督，不具有國家權力的性質，沒有法律效力，並且主要透過提出批評建議的形式發揮監督作用。

監督權是人大最為主要的權力，是衡量人大是否健全的標誌。作為最高的權力機關和人民意志的體現者，人大及其常委會的監督是具有最高法律效力的監督。根據法律規定和實踐經驗，人大監督權可以具體分解為知情權、檢查權、審議權和處置權。人大監督權的含義是：人大及其常委會為了維護憲法、法律的尊嚴和人民的根本利益，代表人民和國家的意志，按照法律規定的形式和程序，對國家行政機關、審判機關和檢察機關的工作和憲法、法律的實施，所採取的瞭解、檢查、審議和處理的強制行為。人大監督權由兩個相互關聯的部分組成：一是監督部分，是指對被監督者的工作和憲法、法律的實施情況進行帶有督促性的瞭解、檢查和審議；二是處置部分，即人大對違憲違法或其他不適當的行為實施處理、糾正和制裁。[8]

在實踐中，全國人大及其常委會的監督對象主要是「一府兩院」（即中央人民政府、最高人民法院與最高人民檢察院）。目前監督的基本形式是聽取和審議國務院、最高人民法院與最高人民檢察院的工作報告。

監督的另一種重要形式是質詢。在全國人民代表大會閉會期間，一個代表團或30名以上的代表，可以書面提出對國務院和國務院各部委的質詢案。質詢案按照主席團的決定由受質詢機關的負責人在主席團會議、有關的專門委員會會議或者有關的代表團會議上口頭答覆，或者由受質詢機關書面答覆。

自1990年代中期以來，人大監督「一府兩院」的工作有一些重要進展，表現在：

1. 加強對政府財政預算的監督

一是成立了常委會預算工作委員會，從組織上加強人大對國民經濟計畫和

8　參見程湘清：《人大及其常委會的監督權和監督工作》，見劉政、程湘清等：《人民代表大會制度講話》，137頁。

預算工作的監督。二是加強了對預算部分調整方案的審批。以前是「先斬後奏」甚至根本不奏。1998年和1999年，人大常委會兩次審查批准了國務院要求增發國債和中央預算調整方案。三是透過審計監督加強對預算執行的監督。1999年的審計工作報告揭露財政部、水利部等行政部門的嚴重違法行為，引起人大常委會的強烈反應，人大財經委員會經過審議要求國務院將有關違法違紀行為的查處在6個月內向常委會報告。[9]

2. 加強對司法監督的力度

1998年和1999年全國人大代表對司法機關的腐敗和不公正不滿，「兩院」工作報告的得票率不高，對「兩院」的工作有很大觸動，促使「兩院」採取一系列改進措施，接受人大代表的監督。1999年9月，全國人大內務司法委員會聽取「兩院」的工作彙報，並邀請了25個省級地方人大到會對「兩院」工作進行評議，對「兩院」工作起到了極大的促進作用。地方人大對司法的監督力度更大。

3. 監督法性質的法律的執行

制定監督法的難度較大，但是已經制定了一些單行的監督法律，如已經通過的《關於對審判、檢察機關重大違法案件監督的決定》和《關於加強中央預算審查監督的決定》。特別是後者，要求政府堅持先有預算，後有支出，嚴格按預算支出；並要求將預算細化，將過去預算只分大類改為細化到按部門和單位列出預算；國務院調整預算應當編制調整方案，並於當年7至9月提交全國人大常委會審查和批准；超收的使用情況，也應該向人大常委會報告。《關於加強中央預算審查監督的決定》還加強了對中央預算執行的審計監督：一是要求不僅要審計預算資金使用是否合法，還要審計資金使用的效益；二是對部門決算進行審計；三是審計出來的問題要限時糾正處理；四是全國人大常委會可以要求國務院進行專項審計。

9　參見蔡定劍：《人大監督在探索中發展》，見蔡定劍主編：《人民代表大會二十年發展與改革》，272頁。

應該說，人大的監督工作已經有了新的進步。為了健全監督職能，必須加強監督機制的建設。比如，審計政府經濟行為的部門應該設在人大，而不應該屬於政府系統；加強人大常委會專門委員會的建設，使人大存在與政府對口的監督部門。這一點將在「全國人大各專門委員會」部分得到進一步闡述。

三、全國人民代表大會會議制度

（一）會期制度及會議的召集和主持

憲法和全國人大組織法規定，全國人大每年舉行一次會議，如果常委會認為必要，或者有1/5以上的全國人大代表提議，可以臨時召集全國人大會議。每屆全國人大第一次會議，在本屆代表選舉完成後的兩個月內由上屆常委會召集。全國人大常委會應當在全國人大會議舉行一個月之前，將開會日期通知全國人大代表。從1985年開始，全國人大會議在每年第一個季度舉行。

全國人大常委會召集全國人大會議。每屆全國人大會議第一次會議，由上屆全國人大常委會召集。全國人大會議舉行前，召開預備會議。預備會議由全國人大常委會主持，每屆全國人大第一次會議的預備會議，由上屆全國人大常委會主持。全國人大預備會議選出主席團，主席團主持全國人大會議。主席團第一次會議推選主席團成員若干人，分別擔任每次大會全體會議的執行主席。主席團第一次會議由全國人大常委會委員長召集。

（二）會議形式及其職責

全國人民代表大會會議期間的會議形式有：大會全體會議、預備會議、主席團會議、代表團團長會議、代表團全體會議、代表團小組會議、秘書處會議和專門委員會會議。

1. 大會全體會議

這是全國人大行使權力的基本形式，其主要任務是：聽取和審議全國人大常委會、國務院、最高人民法院、最高人民檢察院的工作報告，並作出決議；對有關議案和法律案進行表決；依法選舉、任免和罷免國家機構組成人員等。

2. 預備會議

每屆每次全國人大會議第一次全體會議舉行前召開的一次全體會議，任務是選舉本次人大會議的主席團和秘書長，通過會議的議程和關於會議其他準備事項的決定。

3. 主席團會議

主席團是全國人大會議的領導機構，主持全國人大會議。由於主席團在程序上和實質上都決定了全國人大會議的內容，因此，主席團的成員自然主要來自黨和國家的領導人，包括中共中央政治局委員、書記處書記、國務院組成人員、全國人大常委會主要成員和有關省市與部門的主要負責人。

全國人大會議每年第一次會議的主要任務是：推選主席團常務主席若干人；推選主席團成員若干人，分別擔任本次大會全體會議的執行主席等。

作為大會的領導機構，主席團在程序上和實質上的決定權表現在以下幾個方面：

(1) 決定向全國人大會議提出屬於全國人大職權範圍內的議案；決定將主席團、全國人大常委會、全國人大各專門委員會、國務院、中央軍委、最高人民法院和最高人民檢察院向全國人大會議提出的議案列入會議議程；決定一個代表團或者30名以上的代表聯名向全國人大會議提出的議案是否列入會議議程；透過關於議案處理意見的報告，並印發會議；決定將列入議程的議案並交有關的專門委員會進行審議，提出報告，然後由其審議決定提請大會全體會議表決；法律委員會根據各代表團和有關專門委員會的審議意見，對法律進行統一審議後，向主席團提出審議結果的報告和草案修改稿，主席團審議通過後，決定將修改的法律案提請大會全體會議表決；主席團審議通過財經委員會的報告後，將關於國民經濟和社會發展計畫、國家財政預決算的決議草案提請大會全體會議表決。

(2) 在決定國家機關的人選時，經主席團會議討論後提名，由各代表團醞釀協商後，再由主席團會議根據多數代表的意見，確定正式代表候選人名單；

決定在代表中提名全國人大各專門委員會主任委員、副主任委員和委員的人選；在全國人大會議期間，國家機關的組成人員提出辭職的，由主席團會議決定將其辭職請求交各代表團審議，然後決定提請大會全體會議決定；經主席團會議決定，提出主席團對由全國人大會議產生的國家機構組成人員的罷免案；對主席團、3個以上的代表團或者1/10以上的代表提出的對國家機構組成人員的罷免案，由主席團會議決定，交各代表團審議，然後，決定提請大會全體會議表決，或者由主席團會議決定做出提議，並經大會全體會議決定，組成調查委員會，由全國人大會議下次會議根據調查委員會的報告審議決定。

(3) 在詢問、質詢時，對1個代表團或者30名以上的代表聯名書面提出的對國務院及其各部委的質詢案，由主席團會議決定，讓受質詢機關的負責人在主席團會議、有關的專門委員會會議或有關的代表團會議上口頭答覆，或者由受質詢機關書面答覆。

(4) 在組織特定問題的調查委員會時，主席團會議做出決定，提議組織特定問題的調查委員會；對主席團、3個以上的代表團或者1/10以上的代表聯名提出的關於組織特定問題的調查委員會的提議，決定提請大會全體會議做出決定；在全國人大代表中，決定調查委員會組成人員的人選提名，決定將人選提名提請大會全體會議通過。

4. 代表團團長會議

每一個選舉單位就是一個代表團，即每一個省、自治區、直轄市和解放軍系統就是代表團。每個代表團推選代表團團長一人，副團長若干人。代表團團長會議是由主席團常務主席召開的由各代表團團長或副團長參加的會議，就議案和有關報告的重大問題向主席團常務主席彙報審議意見，進行討論。

5. 代表團全體會議和代表團小組會議

任務是集中審議各項議案；透過以代表團名義提出的議案、質詢案、罷免案等；聽取代表團團長傳達主席團會議的決定和意見；聽取國務院或國務院有關部門回答詢問、本代表團提出的質詢。

由於大多數代表團的人數較多，為了使代表充分發表意見，劃分成代表小組。

6. 秘書處會議

主要是辦理主席團交付的事項和處理全國人大會議的日常重要事務性工作。

7. 專門委員會會議

在全國人大會議期間，專門委員會的主要任務是：決定向全國人大會議提出屬於全國人大職權範圍內的議案；當一個代表團或30名以上的代表聯名提出議案，經主席團交付後，有關的專門委員會進行審議，提出是否列入會議議程的意見等等。

四、全國人民代表大會代表

在某種意義上，全國人大會議功能的履行和效果取決於人大代表的政治素質。憲法規定，全國人大是國家的最高權力機關，行使國家的立法權、重大人事任免權和監督權，應當具有最高的權威和權力。與此相適應，人大代表應當是來自各行各業的政治精英，應該是德才兼備、代表選民具有獨立思考和從政能力的精英。但從實際情況來看，憲法的規定需要在實踐中完善，其中重要的是人大代表的素質亟待提高。沒有具備良好素質和參政能力的代表，立法制度和立法程序就難以發揮應有的作用。而要提高人大代表的素質，就必須改變對於人大職能和作用的傳統看法，完善選舉人大代表的制度。

全國人大代表是由各選舉單位以間接選舉的方式選舉產生的，每屆任期5年，可以連任。

人大代表在會議期間的主要工作是出席會議，審議有關議案和報告，提出議案，參加各項選舉活動，提出質詢案和進行詢問，提出罷免案，提議組織特定問題調查委員會，參加表決和提出建議。當然，人大代表在會議期間的活動都不是個人行為，而是代表團和主席團集體領導下的集體行為。

　　人大代表在人大閉會期間的活動形式主要有：組織代表小組進行視察和調查研究，以反映民意；參與執法檢查；列席有關會議；與原選舉單位和人民群眾保持聯繫；提出建議。

　　人大代表在執行職務時，憲法和法律規定了有關的保障措施，諸如言論免責權，人身特別保護權，時間保障、物質保障和得到服務的保障，懲戒阻礙執行代表職務的行為。

第四節　全國人大常務委員會及其專門委員會

一、全國人大常委會的地位、產生和組成

（一）全國人大常委會的地位

　　全國人大常委會是全國人民代表大會常務委員會的簡稱，是全國人大的常設機構，是國家最高權力機關的組成部分，是在全國人大閉會期間行使最高國家權力的機關。其組成人員包括：委員長、副委員長、秘書長和委員，他們由全國人大代表選出，並由全國人大罷免。全國人大常委會主要是監督「一府兩院」的工作。

　　全國人大常委會制度是中國人大制度的一個特色。幾千名人大代表每年集會一次，只能就國家特別重大的問題作出決定。民主的實現需要時間的保障。近3000名代表每年集會一次，每次會期平均為17天左右，除去大約4天（兩個週末）的休息日，還有13天。按照每天開會8小時計，一次會期共有6,240分鐘，近3,000名代表每人擁有約2.1分鐘。去掉大會的報告時間，剩下的時間不過2分鐘。用2分鐘的時間參加討論、審議、質詢、詢問、表決等活動，顯然是遠遠不夠的。為了讓最高國家權力機關真正起作用，作為全國人大常設機關的全國人大常委會自然有著重要作用。

（二）全國人大常委會的產生

　　全國人大常委會由委員長、若干副委員長、秘書長和若干委員組成，名額沒有具體規定。全國人大常委會組成人員由每屆全國人大第一次會議主席團從代表中提出人選，經各代表團醞釀協商後，再由主席團根據多數代表的意見確定正式候選人名單，最後由大會全體會議選舉產生。目前，常委會委員實行差額選舉，委員長、副委員長和秘書長實行等額選舉。以十屆一次人大產生的全國人大常委會為例，從167名候選人中，按5%的差額比例，選出159名十屆全國人大常委會委員。這是值得人們關注的變化：第一，新人占多數，其中新當選的常委會委員122名，占76.7%，連續當選的37名，占23.3%。第二，婦女和少數民族委員數明顯上升，婦女委員21名，占13.2%，高於九屆一次會議時12.7%的比例；少數民族委員24名，占15.1%，高於九屆一次會議時13.4%的比例。人口在100萬以上的18個少數民族均有人選。第三，常委會委員分布更加廣泛，有黨政軍領導幹部，有各民主黨派負責人，有專家學者，包括了各方面的代表人物。中央、國家機關、中央金融機構和國有重要骨幹企業80名，31個省區市和臺灣省籍44名，軍隊13名，香港特別行政區、澳門特別行政區2名，各民主黨派中央、全國工商聯和無黨派代表人士20名。第四，平均年齡為60歲，比九屆一次會議時下降了3.4歲。65歲以下的125名，占78.6%，比九屆一次會議時提高了18.9個百分點。[10]

（三）全國人大常委會的任期

　　全國人大常委會組成人員的每屆任期同全國人民代表大會組成人員的每屆任期相同，都是5年。委員長和副委員長連續任職不得超過兩屆，常委會其他組成人員的任期不受限制。

（四）全國人大常委會的組成

　　全國人大常委會設立委員長會議，處理常委會的日常重要工作。委員長會

10　參見劉思揚、李術峰、翟偉：《凝聚起民族的意志和力量：十屆全國人大常委會委員、全國政協常務委員產生經過》，載《解放軍報》，2003年3月17日。

議由委員長、副委員長和秘書長組成。除委員長會議外，全國人大常委會還設立了代表資格審查委員會、特別行政區基本法委員會、法制工作委員會、預算工作委員會和辦公廳等機構。

二、全國人大常委會的職權

由於人大常委會的職能與全國人大的職能重疊或極爲密切，前面爲了集中說明全國人大的職能，已經有所涉及或一併介紹了人大常委會的一些職權，比如授權立法問題、監督權問題。根據憲法和有關法律，全國人大常委會的具體職權是：

（一）立法權

立法權就是全國人大常委會依照法定程序制定、修改和補充法律的權力。其立法權具體表現爲：第一，制定和修改除應由全國人大制定的法律以外的其他法律，因此全國人大常委會享有廣泛的立法權。第二，在全國人大閉會期間，對全國人大制定的基本法律進行部分的修改和補充，但不得同該法律的基本原則相牴觸。第三，解釋憲法和法律。憲法解釋權在全國人大常委會。法律解釋，就是對具體法律條文的含義作出說明。第四，撤銷國務院制定的同憲法、法律相牴觸的行政法規、決定和命令；撤銷省、自治區、直轄市國家權力機關制定的同憲法、法律和行政法規相牴觸的地方性法規和決議。

作爲全國人大的常設機關，全國人大常委會的立法權應該得到加強。由於全國人大長期閉會，一年僅開會半個月左右，再加上一些人大代表的素質尙不盡如人意的事實，很多日常重大的工作就落到常委會身上。在立法工作中，單就刑法而言，全國人大常委會自1981年以來先後對刑法做出過20個修改和補充規定，其容量比刑法典還大，有的規定甚至修改了刑法的基本原則。這種情況應該認定爲立法權限的衝突。至於全國人大常委會制定的許多法律，如公司法、稅收徵管法和作爲民法典組成部分的合同法等，都超越了人大常委會的立法權限。[11]這樣，在缺乏全國人大授權的情況下，人大常委會已經行使了本應

11　參見曲耀光：《論中國的立法衝突》，載《中國法學》，1995(5)。

由全國人大行使的制定和修改「其他基本法律」的權力。

　　賦予全國人大常委會更大的立法權，便可以有效地防止行政機關在行使授權立法時出現的越權現象。由於全國人大立法不及時，不得不反覆授權行政部門和地方人大立法，而中國的授權立法基本上是綜合性的，從而使行使授權立法的機關有時超越授權範圍，侵害了全國人大的立法權限。據統計，中國的法律草案有80%是行政部門起草的，有的部門不適當地添加了本部門的利益和權利。[12]

（二）監督權

　　根據憲法和有關法律規定，人大常委會監督「一府兩院」和中央軍事委員會的工作。監督方式是聽取工作彙報、開展執法檢查、組織特定問題調查委員會、質詢等。人大常委會有權撤銷國務院制定的同憲法和法律相牴觸的行政法規，撤銷省級國家權力機關制定的同憲法、法律和行政法規相牴觸的地方性法規。

（三）重大事項決定權

　　人大常委會的重大事項決定權主要有：1.在全國人大閉會期間，審查和批准對國民經濟和社會發展計畫、國家預算在執行中所必須做出的部分調整方案；2.決定同外國締結的條約、重要協定的批准和廢除；3.規定軍人和外交人員的銜級制度和其他專門銜級制度；4.規定和決定授予國家的勳章和榮譽稱號；5.決定特赦；6.在全國人大閉會期間，如果遇到國家遭受武裝侵犯或者必須履行國際間共同防止侵略的條約的情況，決定戰爭狀態的宣布；7.決定全國總動員或者局部動員；8.決定全國或個別省、自治區、直轄市的戒嚴；9.在全國人大閉會期間，有權根據國務院總理提出的議案，決定國務院各部委的設立、撤銷或者合併等。

---

12 參見黎小伍、朱應平：《試論擴大全國人大常委會的立法權》，見蔡定劍主編：《人民代表大會二十年發展與改革》，422頁。

（四）人事任免權

在全國人大閉會期間，人大常委會行使對國家機關工作人員的任免權，其任免對象包括：1.根據國務院總理的提名，決定各部委行政首長、審計長、秘書長的人選；2.根據中央軍委主席的提名，決定中央軍委其他組成人員的人選；3.由委員長提名，補充任命專門委員會個別副主任委員和部分委員，任免專門委員會顧問；4.根據最高人民法院院長的提請，任免最高人民法院副院長、審判長、審判委員會委員和軍事法院院長；5.根據最高人民檢察院檢察長的提請，任免最高人民檢察院副檢察長、檢察員、檢察委員會委員和軍事檢察院檢察長；6.批准省級人民檢察院檢察長的任免；7.決定駐外全權代表的任免；8.由委員長提請，任免常委會副秘書長；9.由委員長提請，任免常委會工作委員會的主任、副主任。[13]

（五）其他職權

除上述職權外，全國人大還授予常委會下列職權：主持全國人大代表的選舉；召集全國人大會議；在全國人大閉會期間，領導各專門委員會的工作等等。

三、全國人大常委會會議

根據全國人大常委會議事規則的規定，人大常委會會議每兩個月舉行一次，一般在雙月下旬召開，會期一般為一周左右。會議的主要形式有：全體會議、分組會議、聯組會議、委員長會議、專門委員會會議。[14]

1. 全體會議

這是全國人大常委會依法行使職權的基本會議形式，一般由委員長主持，

---

[13] 有關人大常委會監督權、決定權和人事任免權的總結，參見許崇德主編：《憲法》，220～221頁，北京，中國人民大學出版社，2002。

[14] 參見陳寒楓：《人大及其常委會的會議制度和議事程式》，見劉政、程湘清等：《人民代表大會制度講話》，290～292頁。

委員長也可以委託副委員長主持會議。會議的主要任務是：決定全國人大常委會會議議程；聽取關於議案的說明和補充說明；聽取國務院及其各部委、最高人民法院、最高人民檢察院的工作報告等。

2. 分組會議

這是人大常委會組成人員審議議案的主要會議形式。在人大常委會組成人員聽取了議案說明以後，一般分4組進行審議，有關部門要派人到會，聽取意見，回答詢問。

3. 聯組會議

事實上是一種全體會議，由常委會組成人員和列席人員一起審議和討論議案涉及的主要問題。

4. 委員長會議

它既是一種會議形式，又是一種具有決策性質的國家機構。它由委員長、副委員長和秘書長組成，副秘書長列席委員長會議；經委員長或者負責常務的副委員長決定，有關部門的負責人列席委員長會議。

5. 專門委員會會議

全國人大常委會會議期間的專門委員會會議的主要職責是：常委會組成人員10人以上聯名提出議案後，經委員長會議決定，可以先交有關的專門委員會審議，提出報告，然後再由委員長會議決定是否提請常委會會議審議；聽取議案說明後，由分組會議審議，並由有關的專門委員會審議；聽取了國務院及其各部委、最高人民法院和最高人民檢察院的工作報告後，經委員長會議決定，可以交有關的專門委員會審議，提出意見；審議委員長會議交付的質詢案；由委員長會議決定，有關的專門委員會召開會議聽取受質詢機關負責人的口頭答覆，並向常委會或者委員長會議提出報告。

四、全國人大各專門委員會

人大各專門委員會是為了協助人大及其常委會行使特定職權而設置的工作機關,各專門委員會受全國人大領導,在全國人大閉會期間,受人大常委會領導。各專門委員會的主要職責是對有關議案的研究、審議和擬訂,此外還要對有關問題進行調查研究,提出建議。事實上,專門委員會主要是圍繞人大及其專門委員會的議題,就職權範圍內的專門問題、專項工作進行調查研究或審議,並經過嚴格的法定程序提出議案或報告、建議,還要直接處理人大及其常委會日常專門性的工作。因而,人大專門委員會的工作具有經常性、專門性的特點。[15]

目前,全國人大共有9個專門委員會,分別是:民族委員會、法律委員會、內務司法委員會、財政經濟委員會、教育科學文化委員會、外事委員會、華僑委員會、環境與資源保護委員會、農業與農村委員會。

專門委員會由主任委員1人、副主任委員若干人和委員若干人組成。專門委員會的組成人選由全國人大主席團從代表中提名,大會通過。考慮到工作的專業化和經常性特點,專門委員會組成人員大多數是某一領域內的專家,或具有長期相應工作經驗的人士。

人大專門委員會的專業性決定了人大的立法與監督職權主要由專門委員會行使。要健全人大制度,首先要完善專門委員會制度,因為人大及其常委會的工作,在很大程度上是由專門委員會完成的。

---

[15] 參見立伯鈞:《人大及其常委會組織制度建設的幾個問題》,見劉政、程湘清等:《人民代表大會制度講話》,330頁。

第五節　地方各級人民代表大會

一、地方各級人民代表大會的地位、組成和任期

地方各級人民代表大會是指省、自治區、直轄市、縣、市、市轄區、鄉、民族鄉、鎮的人民代表大會。地方各級人民代表大會由各該行政區內人民直接或間接選舉產生，是各該行政區內行使國家權力的機關。它們保證本行政區內憲法、法律和行政法規的執行，並依法決定本行政區內的重大事項。地方人民政府、人民法院和人民檢察院都由它產生，對它負責並受它監督。

地方各級人民代表大會由地方人民代表組成。目前，中國地方各級人民代表大會代表的選舉分爲直接選舉和間接選舉兩種。省、自治區、直轄市、設區的市、自治州的人民代表大會代表由下一級的人大選舉，不設區的市、市轄區、縣、自治縣、鄉、民族鄉、鎮的代表則由選民直接選舉。縣級以上各級人民代表大會代表每屆任期5年，鄉、民族鄉、鎮的人大代表每屆任期3年。

地方各級人民代表大會每年至少舉行一次會議。縣級以上地方各級人民代表大會的會議由本級人大常委會召集，由預備會議選舉本次會議的主席團和秘書長，通過本次會議的議程和其他預備事項的決定，主席團負責主持會議。鄉級人民代表大會會議主席團由代表大會會議選舉產生，負責主持會議和召集下一次人民代表大會會議。

根據憲法和法律的規定，縣級以上地方各級人民代表大會設立常務委員會，作爲本級人民代表大會的常設機關。地方各級人民代表大會常務委員會是同級國家機關的組成部分，對本級人民代表大會負責並向其報告工作。常務委員會每屆任期與本級人民代表大會每屆任期相同，並行使職權到下屆本級人民代表大會選出新的常務委員會爲止。各級人民代表大會常務委員會由本級人民代表大會選舉主任、副主任若干人和委員若干人組成，省、自治區、直轄市、自治州、設區的市的人民代表大會常務委員會還設有秘書長。常務委員會組成人員不得擔任國家行政機關、審判機關和檢察機關的職務。常務委員會會議由

主任召集，至少每兩個月舉行一次。

省、自治區、直轄市、自治州、設區的市的人民代表大會可以根據需要設立政法、財經、教科文衛等專門委員會。各專門委員會的主任委員、副主任委員和委員人選由人民代表大會的會議主席團在代表中提名並由大會通過。各專門委員會受本級人民代表大會領導，在大會閉會期間受本級人大常委會領導，其任務是研究、審議和擬訂有關議案，對屬於本級人民代表大會及其常委會職權範圍內、同本委員會性質有關的問題進行調查研究，提出建議和議案等。

二、地方各級人民代表大會的職權

作為國家權力機關，地方人大的職權說到底和全國人大一樣，主要是立法權和監督權。這裡先一般性地介紹地方人大的職權，再分別重點討論地方人大的立法權和監督權。

地方組織法對縣級以上地方各級人民代表大會的職權做了列舉性的規定，共有15項，可以概括為：

1. 保證國家統一意志和上級國家權力機關決議的貫徹，即在本行政區內保證憲法、法律、行政法規和上級人民代表大會及其常務委員會決議的遵守和執行，保護各種權利，保證國家計畫和國家預算的執行。

2. 選舉和罷免本級國家機關組成人員或領導人員；選舉上一級人民代表。

3. 決定重大的地方性國家事務，即縣級以上地方各級人民代表大會審查和批准本行政區域內的國民經濟和社會發展計畫、財政預算及其執行情況的報告，討論、決定本行政區域內的政治、經濟、教育、科學、文化、衛生等重大事項。鄉級人民代表大會根據國家計畫決定本行政區域內的經濟、文化事業和公共事業的建設計畫等。

4. 監督其他地方國家機關的工作，對本級人民代表大會常務委員會、人民政府、人民法院和人民檢察院的工作進行監督。

5. 保護各種權利，即保護各種合法財產，維護社會秩序，保護公民的人身權利、民主權利和其他權利；保護農村集體經濟組織應有的自主權；保障少數

民族的權利；保障憲法和法律賦予婦女的男女平等、同工同酬和婚姻自由等各項權利，保護各種經濟組織的合法權益。

縣級以上地方各級人民代表大會常務委員會的職權包括：(1)省、自治區、直轄市和省、自治區的人民政府所在地的市及經國務院批准的較大的市的人大常委會有權制定地方性法規；(2)在本行政區域內保證憲法、法律、行政法規和上級人民代表大會及其常務委員會決議的遵守和執行，領導或主持本級人民代表大會代表的選舉，召集本級人民代表大會會議，討論、決定本行政區域內的重大事項，根據本級人民政府的建議決定對本行政區域內國民經濟和社會發展計畫及預算的變更等：(3)對本級人民政府、人民法院、人民檢察院及下一級人民代表大會及其常務委員會行使監督權；(4)依法決定對行政機關的正副首長、各級人民法院院長和人民檢察院檢察長之外的本級國家機關工作人員的任免；(5)在本級人民代表大會閉會期間補選上一級人民代表大會出缺的代表和撤換個別代表；(6)決定授予地方的榮譽稱號。

三、地方人民代表大會的立法權與監督權

（一）立法權

按照1954年憲法，地方人大沒有任何立法權。為了適應經濟改革中產生的多樣性的需要，地方人大及其常委會的立法權不斷擴大。根據憲法和地方組織法，地方人大及其常委會的立法權有三個層次：第一，省、直轄市的人大及其常委會，在不與憲法、法律和行政法規相牴觸的情況下，有權制定地方性法規，報全國人大常委會和國務院備案。第二，民族自治地方的人大，有權依據當地民族的政治、經濟和文化特點，制定自治條例和單行條例，報全國人大常委會批准後生效。自治州、自治縣的自治條例和單行條例，報省、自治區的人大常委會批准後生效，並報全國人大常委會備案。第三，省、自治區政府所在地的市和國務院批准的較大的市的人大及其常委會可以制定地方性法規，報省、自治區人大常委會批准後施行，並報全國人大常委會和國務院備案。

具體地說，地方人大及其常委會的立法權表現在以下幾個方面：第一，為

保障憲法和法律在本地區的實施,制定一些實施細則、辦法等,如各省、自治區、直轄市根據選舉法制定的選舉實施細則;第二,根據本地情況,制定一些與當地人民切身利益有密切關係的法規,如交通管理、房屋拆遷、環境保護等方面的規章;第三是民族自治地區的自治條例和單行條例。[16]

地方人大及其常委會的立法主要是針對本轄區的事務,然而有的事務雖然屬於地方範圍,但是涉及其他地區甚至國外的關係,依靠地方立法就難以解決。例如,長江的南通港和張家港雖然屬江蘇省管轄,但是涉及外國船舶,因此必須由中央立法才能解決問題。

改革開放近30年的實踐表明,由於地方政府事實上起到市場經濟第一推動力的作用,地方立法也相應地取得了顯著成就,在改革開放和現代化建設中發揮了重要作用。具體表現爲:

1. 地方立法保障和促進了本地區改革的深化、經濟的發展和社會的穩定。例如,制定的農村經濟合作承包合同管理條例、農村集體經濟審計條例等法規,鞏固了農村改革的成果,促進了農村的經濟發展。

2. 地方立法有力地推動了社會主義民主政治的發展。例如,村民自治就是各地地方立法和保護的結果。

3. 地方立法爲國家法律的制定和完善創造了條件,積累了經驗,促進了社會主義市場經濟法律體系框架的形成。例如,國家關於保護農村基層民主的立法就是在總結地方相關法律基礎上形成的。

在取得巨大成就的同時,也應該看到,由於中國授權立法範圍的模糊性和綜合性,有的地方立法存在與國家法律相牴觸的情形。

(二)監督權

在履行監督權上,地方人大及其常委會創造了形式多樣的監督,有的地方

---

16 參見王文友:《中國的立法制度和立法工作》,見劉政、程湘清等:《人民代表大會制度講話》,93頁。

的監督力度超出了人們的想像。主要形式有：

1. 執法檢查

從1980年代中期開始，很多地方人大常委會相繼提出要針對法律實施情況進行執法檢查。到1990年代，執法檢查已經成爲一種制度。1993年，全國人大常委會在總結地方人大工作經驗的基礎上，制定了《關於加強對法律實施情況檢查監督的若干規定》，規定了執法檢查的組織、活動原則和程序。目前，各地執法檢查的力度不一。

2. 「兩評」，即代表評議（又稱工作評議）和述職評議

「兩評」是指人大代表對「一府兩院」的工作進行評議，要求人大任命的幹部述職並對幹部本人評議。據統計，在省級人大開展的述職評議已經從1988年的幾個省發展到目前的20多個省、自治區、直轄市。在縣級，全國有31個省、自治區、直轄市均有部分縣級人大開展述職評議。

「兩評」工作的意義在於：第一，將監督人與監督事結合起來，有力地推動了人大監督的積極性；第二，「兩評」中採取的信任投票的方式，不僅加大了監督的力度，還使監督更具操作性；第三，推動了被評議者的工作；第四，使社會上更多的人因此關心人大的監督活動，推動了民主法制建設。

3. 個案監督

主要是指對重大司法案件的監督。最高人民法院和最高人民檢察院相繼通過了本系統機關接受人民代表大會及其常務委員會監督的若干規定。目前司法界和學術界對這一監督形式存在爭議。

4. 監督法律文書的運用

監督法律文書就是將人大在實施法律監督中形成的意見變成具有法律效力的法律文書，使被監督者在接受人大監督時有所遵循，也使人大在後續的監督中有明確的法律依據。

5. 執法責任制和錯案追究制

執法責任制是人大對行政部門的執法責任監督，把執法責任制與幹部任免結合起來。目前很多地方的人大執行了相關的規定。錯案追究制最初在法院內部實行，很多地方人大很快將這種方式演變爲人大對政府監督的一種方式。[17]

上述監督方式是地方各級人大的探索和實踐，正在改變長期以來人大監督被動、呆板、走形式的狀況，活躍了人大的監督工作，推動國家權力機關有效地實行各項職權。但是，應該承認，這些監督方式的制度化和規範化程度較低，各地具有較大的隨意性和不統一性，這樣下去勢必會弱化人大的監督職能的發揮。

雖然人大的監督職能有了新的發展，但是從總體上說，中國人大的監督權尚不到位，人大在行使法定職權的過程中，有一些職權沒有得到充分行使或無法行使，有一些職權的行使有走過場、形式化的傾向。從本質上說，人大職權的憲法規定實際上是一種憲政設計，如果人大的職權不能到位，就是憲法實施中的問題，依法治國就只能是一種願望。而要眞正落實人大的監督權，就需要進一步改革和完善人民代表大會制度。

四、特別行政區立法會

按照特別行政區基本法的規定，特別行政區立法會是特別行政區的立法機關。香港特別行政區立法會由在外國無居留權的香港特別行政區永久性居民中的中國公民組成。但非中國籍的香港特別行政區永久性居民和外國有居留權的香港特別行政區永久性居民也可以當選爲香港特別行政區立法會議員，但其所占比例不得超過立法會全體議員的20%。澳門特別行政區立法會議員由澳門特別行政區永久性居民擔任。香港特別行政區立法會議員由選舉產生，除第一屆任期爲兩年外，每屆任期四年。澳門特別行政區立法會多數議員由選舉產生，立法會議員就任時應依法申報經濟狀況，任期除第一屆另有規定（一年零十個

---

17 參見董珍祥：《人大監督方式新探索的述評與思考》，見蔡定劍主編：《人民代表大會二十年發展與改革》，278～291頁。

月）外，每屆任期四年。按照基本法的規定，特別行政區立法會議員享有提案權、質詢權、辯論表決權和豁免權。

香港特別行政區立法會設立主席一名，澳門特別行政區立法會設立主席和副主席各一名。立法會主席和副主席由立法會議員互選產生。立法會的主席是立法會的主持人。香港特別行政區基本法規定，立法會主席由年滿40周歲、在香港通常居住連續20年並在外國無居留權的香港特別行政區永久性居民中的中國公民擔任。澳門特別行政區基本法規定，立法會主席和副主席由在澳門通常居住連續15年的澳門特別行政區永久性居民中的中國公民擔任。立法會主席是立法會的主持人，其職權主要是：主持會議；決定議程；決定開會日期；在休會期間可召開特別會議；召開緊急會議或應行政長官的要求召開緊急會議；立法會議事規則規定的其他職權。立法會活動的主要形式是舉行會議。

概括香港特別行政區基本法第73條和澳門特別行政區基本法第71條的規定，特別行政區立法會具有比較廣泛的職權。主要有以下幾個方面：

1. 立法權：立法會根據特別行政區基本法規定並依照法定程序制定、修改、暫停實施和廢除法律。

2. 審核批准權：立法會審核、通過政府提出的財政預算案，審議政府提出的預算執行情況報告，批准稅收和公共開支，根據提案決定稅收，批准由政府承擔的債務。

3. 監督權：立法會聽取行政長官的施政報告並進行辯論，對政府的工作提出質詢，就公共利益問題進行辯論。按照基本法的規定，立法會對政府的監督主要體現在對政府施政方針的監督和對政府工作的監督兩個方面。

4. 彈劾權：如果發現行政長官有嚴重違法或瀆職行為而不辭職，立法會可委託首席法官或終審法院院長負責組成獨立的調查委員會進行調查。調查委員會認為有足夠證據構成指控時，立法會以全體議員2/3多數通過，可提出彈劾案，報請中央人民政府決定。

5. 基本法規定的其他職權。

第六節　人民代表大會制度的改革和完善

一、完善黨與人大的關係

從根本的政治制度安排上說，憲法規定了中國共產黨的領導權，就意味著黨領導包括人大在內的所有其他政治主體。從歷史上看，人大與黨的關係不同於西方國家的議會與黨的關係。在西方，政黨產生於議會的活動中，在議會中政見分野而產生政治派別。而在中國和其他東方式的革命中，[18]是先有政黨組織，政黨經過長期的革命鬥爭以後建立了新的制度，其中包括人民代表大會制度。這樣，黨與人大的關係就成為領導與被領導的關係。領導的方式包括人大日常運作過程中的黨組制度，人大代表選舉過程中黨委組織部的領導，人民代表大會期間以黨為核心的主席團制度等。這些制度強有力地保證了黨對人大的絕對領導。

另一方面，作為國家根本大法的憲法又規定了人大制度是中國根本的政治制度，各級人民代表大會是中國各級最高權力機關。既然是最高的權力機關，就意味著所有其他政治主體的權力都不應該高於人大。這樣，就存在一個到底如何處理黨與人大關係的問題。

是黨大還是法大？前全國人大常委會委員長彭真一再指出：「有人問：是法大，還是哪級黨委大、哪級黨委書記大？」彭真的回答是：「法大」，「不論哪級黨委，更不論哪個負責人……誰都得服從法律」[19]。而法律是人大制定的，因此，事實上是人大高於黨委，其實質是人民的權力高於黨委的權力。憲法規定一切權力屬於人民，人民的利益高於一切。這就意味著，黨的權力對於人大不具有國家強制力。

18　美國政治學家杭廷頓把先摧毀舊秩序再奪取政權的革命稱為東方式的革命，把先奪取政權再摧毀舊秩序的革命稱為西方式的革命。（參見〔美〕塞繆爾·杭廷頓：《變遷社會中的政治秩序》）

19　轉引自郭道暉：《地方人大常委會建制20年的回顧與思考》，見蔡定劍主編：《人民代表大會二十年發展與改革》，47頁。

　　從中國政治發展的進程看，黨與人大的關係是一個不斷完善的過程。自「大躍進」開始的法律虛無主義以後，黨事實上成爲唯一的政治主體。在黨政機構重疊下，政府機構形同虛設，更不要說人大立法與監督了。1982年是黨與人大關係的一個轉捩點，1982年黨的十二大和1982年憲法第一次明確提出黨應該在憲法和法律規定的範圍內活動。但是黨如何在憲法和法律規定的範圍內活動呢？這就提出了黨如何領導的問題。經過幾年政治改革的探索，黨的十三大提出了黨的領導是政治領導，即政治原則、政治方向、重大決策的領導和向國家政權機關推薦重要幹部。在1990年代，黨的十五大和十六大分別提出「依法治國」和「政治文明」，都表明共產黨一直在探索如何執政。現行黨章規定，黨的領導主要是政治、思想和組織領導。但這些探索只是方向性的，並沒有回答黨在現實中應該如何領導。

　　在政治原則、理論和程序上，大家都承認：第一，黨委的決定必須經過人大的法定程序，得到人大同意，變成國家意志，制定爲法律後，才能成爲國家權力，才能對政府和全社會有約束力。第二，爲了黨政分開，加強黨在人大中的作用和加強人大對政府行爲的約束與監督，黨應該透過進入人大和領導人大而制約政府的行爲。爲此，越來越多的省委書記和市委書記兼任本級人大常委會主任，以便使黨對政府的領導和控制透過人大的程序來實現。上述兩點是1980年代以來黨政關係或黨與人大關係的重要進步或變化。

　　但是，在現實政治中，腐敗的源頭有兩個：一是政府在經濟審批活動中的尋租行爲和權錢交易的腐敗；二是用人中的腐敗。幹部是由各級黨委來任命和管理的，這一安排存在於政府體制之外。因此，現實的問題是不但要制約政府的行爲，還要制約用人中的腐敗。爲了從根本上解決問題，減少腐敗，就要眞正地落實憲法的規定，使各級人大的重大事項決定權、監督權落實到位。如此，各級國家機關主要人員才能眞正由人大產生，黨只能向人大推薦重要幹部，而不能直接委任國家機關人員。在這種條件下，黨透過加強對人大的領導，既能減少用人問題上的腐敗，又能制約政府在經濟過程中的權力。這樣，就需要完善黨的領導方式，應該是黨章規定的政治的領導而不是直接的事務性管理。而要實現黨的政治領導，需要做到：

第一，在觀念上，黨應該把人大看成是最高的國家權力機關，全黨上下應該從遵守憲法的高度和依法治國的高度正確對待人大的職權和人大的行為。在這方面我們已經看到了希望，從黨的領導人空前地重視憲法和學習憲法的政治活動，可以看到黨對待憲法的態度。從某種意義上說，態度決定行為。

第二，在組織結構上，人大應該是黨的最為重要的活動場所，改變黨直接指揮政府的黨政不分的權力結構。為此，黨委書記不但可以兼任人大主任，黨的其他重要幹部也可以到人大的相關專門委員會任職。當然，在人大常委會和各專門委員會中，黨員代表的比重應該適當，而不應該過大。

第三，在決策方式上，黨應該採用議案的形式使自己的意志和建議在人大通過，使黨的決策變為國家意志和法律。

第四，在組織制度上，堅持民主集中制和委員會制。人大的任何決議、決定都要經過半數以上的代表或委員同意才能施行，不允許任何特權，不允許有任何超越制度的代表或委員。這樣，黨雖然不直接管理國家事務，但是通過人大仍然能夠實施對國家的領導；人大的權力因此才能具有最高性，各項職權因此才能到位，憲政因此而得以實現。[20]

二、健全人民代表大會制度

如前所述，人民代表大會制度由一系列制度構成，如選舉制度、代表制度、組成人員制度和委員會制度等。要真正發揮人民代表大會的監督功能，前提是要理順黨與人大的關係，其次就是要在制度上健全人大。

1. 選舉制度

中國的選舉法規定，實行差額選舉的比例是25%～50%；推薦代表候選人的單位有政黨、團體和10人以上的代表聯名。在實踐中，選舉法的這一規定在很多地方得不到落實，事實上只有政黨提名，而沒有團體和代表提名，提名的

---

[20] 參見江路通：《人大職權不到位是依法治國必須解決的一個難題》，見蔡定劍主編：《人民代表大會二十年發展與改革》，408～409頁。

代表候選人比例遠遠不到25%，甚至不足10%的差額。要知道，中共中央委員會的差額比例還有5.8%。

2. 代表素質

差額選舉制度中存在的問題，必然在代表的素質上有所反映。代表如果不認字、不懂政治或對政治沒有興趣，就不是合格的代表。代表民意和表達利益要求是最為重要的政治範疇。因此，人民代表至少應該是懂政治並對政治有強烈興趣的政治活動家。代表身分不僅僅是一種政治榮譽，更重要的是一種政治責任。

3. 人大常委會的會議制度和組成人員

作為人大的常設機關和主要的立法與監督機關，一年開六次會議實在太少，人大常委會及其專門委員會應該由職業代表組成。與此相適應，常委會及其專門委員會的組成人員應該是年富力強的政治家，專司立法與監督。

4. 專門委員會

在任何國家，議會大會的象徵意義大於實質意義，議會是否健全取決於議會專門委員會的多少和功能。應該如何設置和完善專門委員會制度呢？世界上大多數國家的議會專門委員會都是按照與政府部門對口的原則設置的。也就是說，除了議會運轉本身所需要的專門委員會之外，如議事規則委員會，基本上有多少政府部門就有多少專門委員會，這一原則在西歐國家尤其明顯。[21]這樣，政府部門提出的議案、人事任免和政府部門的執法行為都有專門對應的委員會去監督，最大限度地控制了行政權力的擴張。目前全國人大常委會只有9個專門委員會，而政府部門和國務院直屬機構將近50個，形成了監督機構與執行機構的嚴重不對稱。為了控制行政權力，中國人大專門委員會的建設應該提到議事日程上來，增設更多的專門委員會，使所有的行政部門都有相應的監督

21　參見楊光斌：《歐洲議會委員會制度的比較觀察》，見宋新甯、張小勁主編：《走向二十一世紀的中國與歐洲》，香港，香港社會科學出版社，1997。

和制約機構。

　　無論是黨與人大的關係，還是人大制度本身的問題，都是憲法規定的制度所存在的問題。因此，不存在不能完善的問題，其中人大制度中的一些機制缺失其實就是技術性問題，是很容易解決的。可以肯定，在理順了黨與人大的關係和健全人大運轉所需要的基本制度與結構以後，人大的立法權、決定權和監督權將能得到更好的實現。

第五章　中央政府

重點問題

◎如何認識「議行合一」理論與中國政府體制設置的關係？
◎中國政府的領導體制是什麼？
◎如何認識國務院的地位和性質？
◎國務院的領導體制是什麼？
◎比較中國行政體制建制與其他國家的異同。
◎如何認識中國立法體制中的行政立法？

　　本書前面已經對「黨政關係」中的「政」做了廣義上的解釋。在理論和實踐中，「政府」也有廣義和狹義之分。在中國，廣義上的政府是指行政化了的黨的領導機構以及中央和地方的全部立法、行政、司法和官僚機關，主要包括：1.國家權力機關，或稱立法機關；2.中央政府；3.司法機關；4.武裝力量，主要指軍隊。除了上述機關外，行政機構對國家意志的實施也發揮著重要作用。狹義上的政府機構僅指中央政府、地方政府及中央和地方的各級行政機關。由於在前面已經從廣義上考察了政府的含義，而廣義政府的立法機關和司法機關有專章論述，因此本章是考察狹義上的「政府」，與每年一度的國務院總理向全國人民代表大會作的《政府工作報告》中的「政府」一致。但是，本章第一節所涉及的「議行合一」中的「行政」又是指廣義上的政府。

　　政府是制定和執行政策的機構。政府機構為政治行為的展開提出了穩定性的權威框架。政府是國家的組織要素或政治機器，是體現、達到國家目的和行使、表現、執行、解釋國家意志的機關。在人民當家作主的國家，如果把國家比作公司，人民便是股東，政府是公司的最高決策機構董事會。國家的作為，實際上就是政府的作為。因此，國家的本質決定著政府行為的性質和政府機構

的設置。

　　按照憲法，狹義上的政府包括國務院及其行政機構、地方各級人民政府和特別行政區政府。本章主要考察中國政府設置的原則、中央政府國務院及其行政機構、地方各級政府及上述政治主體在市場經濟中的角色。

第一節　政府的設置原則和領導體制

　　當今世界的政府構成，原則上主要有兩大類：一類是「三權分立」原則下的政府；一類是「議行合一」原則下的政府。中國是典型的議行合一政府。根據「議行合一」原則和民主集中制原則，中國的政府領導體制實行首長負責制。因此，本節不但要考察指導中國政府設置的「議行合一」理論，還要考察貫穿中國各級政府的領導體制。

一、「議行合一」理論

　　「議行合一」是馬克思在批判資產階級議會民主制和總結工人運動的基礎上提出來的，並在蘇聯加以實施。

　　馬克思主義的創始人對資產階級議會民主制的批判眾所周知，他們認為資產階級議會在本質上是「有產者的統治」，是金錢政治，是「不斷踐踏人民意志」而不能反映民意的「清談館」。在吸收盧梭思想和巴黎公社實踐的經驗教訓之後，提出了著名的「議行合一」理論。盧梭在嚴厲批判當時的議會民主制的弊端時，提出了直接民主思想，「議行合一」是直接民主的一種形式。盧梭指出：「制定法律的人要比任何人都更加清楚，法律應該怎樣執行和怎樣解釋。因此看來人們所能有的最好的體制，似乎莫過於能把行政權與立法權結合在一起的體制了。」不過，盧梭強調，這種形式的直接民主只適宜於小國。[1]

---

[1]　參見〔法〕盧梭：《社會契約論》，87頁，北京，商務印書館，1982。

　　1871年3月，法國巴黎工人起義，建立了一個「議行合一」的新政權——巴黎公社。由巴黎20個市區的工人直接選舉產生的86名代表組成的公社委員會行使新政權的全部權力。公社有權通過一切法令，決定所有重大問題，同時直接行使行政權和審判權。公社委員會下設執行、財政、軍事、公安等10個委員會。公社社員兼任各委員會委員，委員是立法的人民代表，同時又是執行法律的政府官員，集立法權與行政權於一身。巴黎公社僅存在了73天。

　　這種戰時的、高效的政權體制被馬克思總結為新型的無產階級國家政權體制。馬克思在總結巴黎公社的經驗時指出：「公社是由巴黎各區普選選出的城市代表組成的。這些代表對選民負責，可以隨時撤換。」「公社不應當是議會式的，而應當是同時監管行政和立法的工作機關。」[2]「一切有關社會生活事務的創議權都留歸公社。總之，一切社會公職，甚至原應屬於中央政府的為數不多的幾項職能，都要由公社的官吏執行，從而也就處在公社的監督之下。」[3]在這裡，馬克思明確提出了新型的無產階級國家政權應該是集行政權和立法權於一體的工作機關，它由選民直接選舉產生，並直接受到選民的監督和罷免。這就是後來作為所有社會主義國家政權設置原則的「議行合一」理論。

　　在理論上，列寧與馬克思是一致的，主張廢除立法和行政分立的議會制，「把國家的立法工作和行政工作結合起來。把管理和立法合在一起」[4]。十月革命的勝利使俄國實踐了馬克思列寧主義的「議行合一」原則。根據俄國1918年憲法和蘇聯1924年憲法，全俄蘇維埃代表大會是國家最高權力機關。代表大會閉會期間，全俄中央執行委員會為國家最高權力機關。中央執行委員會組織人民委員會負責管理國家事務，並組織人民委員會來管理各部門工作。人民委員既是蘇維埃常設機關的成員，又負責政府部門工作，是典型的「議行合一」。

2　《馬克思恩格斯全集》，中文1版，第17卷，358頁，北京，人民出版社，1963。

3　同上書，646頁。

4　《列寧全集》，中文2版，第34卷，67頁，北京，人民出版社，1985。

　　在1936年憲法中，最高蘇維埃主席團（相當於中國的全國人民代表大會常務委員會）取代了中央執行委員會，部長會議（相當於中國的國務院）代替了人民委員會，並取消了蘇維埃常設機關成員必須在管理機關各部門工作的規定。這意味著典型的「議行合一」體制有所變化，蘇維埃主席團是立法和監督機關，部長會議是行政機關，議會和行政開始分家。但是，無論是立法機關還是行政機關，都是在蘇聯共產黨領導下開展工作，立法和行政的最終決定權都在蘇聯共產黨最高權力機關。因此，蘇聯的政治體制並沒有偏離「議行合一」原則，而是一種發展了的「議行合一」體制。

　　馬克思列寧主義的「議行合一」原則和蘇聯模式對中國政府體制的建構有著直接的影響。

二、中國政府的「議行合一」原則

　　關於中國的人民代表大會制度的活動原則是否是「議行合一」這一問題，學術界是有爭論的，有「肯定說」和「否定說」。我們認為，無論是肯定性的解釋還是否定性的議論，都沒有把握中國政治制度的核心和實質。

　　否定者認為，「議行合一」是典型的巴黎公社制度，即議事機構和行政機構的結構合一、職能合一。而中國現行的人民代表大會和國務院的關係，無論從體制上還是從職能上說，都不是合一的。例如，中國憲法規定，人大常委會組成人員不得擔任國家行政機關、審判機關和檢察機關的職務。由此，一些人認定中國已經不是按「議行合一」原則來組織政府。這種看法表面上看並沒錯。

　　肯定者認為，中國人民代表大會制度的「議行合一」，並不意味著人民代表大會既制定法律又包辦國務院的行政管理，而是指它既制定法律又組織行政機關，並監督行政機關的工作，把「議行合一」理解為政府由議會機構產生並對議會負責。如果說這就是「議行合一」的話，議會制的資本主義國家豈不都是「議行合一」了？我們知道，在議會制體制下，內閣由議會產生並對議會負責。

　　問題的關鍵是如何理解「行政」。如前所述，如果僅僅把中國的行政理解為國務院系統的政府，就難以理解中國的政治過程。談中國的行政體制，不能無視政黨體制，否則就不能認識中國政治。西方學者對此也有較清楚的認識。美國著名政治學家阿爾蒙德和鮑威爾在論及社會主義國家的「政府行政領導部門」時，談論的是黨的領導人和政治局，而不是國務院。[5]

　　本書第二章已經充分論證了黨和國家的領導體制。我們已經明白，歸口管理體制決定了無論是人民代表大會還是國務院，都要服從黨的中央組織在政治上、組織上和思想上的領導。

　　因此，無論是人民代表大會還是狹義上的政府，都是在執行黨的意志和政策；二者雖是不同的機制，發揮不同的作用，但最終歸各級黨的委員會領導，因此在根本體制上是無可爭議的「議行合一」，是對馬克思列寧主義的「議行合一」理論的發展。

　　不僅中國核心的政治機制體現了「議行合一」，一年一度的人民代表大會的會議過程也典型地體現了這一原則。大會主席團在人民代表大會的會議過程中起決定作用，比如會議的日程、議案表決辦法都由主席團決定。而主席團的主要成員不僅來自人大系統，還有政治局和國務院。當然，來自不同系統的成員首先是人大代表。人大代表既可以是議事代表，又可以是黨政機關工作人員，這本身就是「議行合一」的表現。而決定人民代表大會會議過程的主席團制度更生動地表明，「議」和「行」既是連署辦公式的機構統一，又是利益一致基礎上的職能合一。

　　因此，無論是談論「議行合一」原則，還是談論行政、立法和司法之間的關係，都不能離開黨和國家的領導體制，否則就會發生認識上的偏差。當然，我們已經知道，中國現行的「議行合一」與巴黎公社式的「議行合一」已經有很大的不同，這種發展在體制上表現為「議行合一」中的「議」與「行」在機

5　參見〔美〕阿爾蒙德、鮑威爾：《比較政治學：體系、過程和政策》，304～307頁，上海，上海譯文出版社，1987。

構設置上的分立和職權上的分立。但是，無可爭議的是，所有的機構和職權上的分立原則在實踐上都離不開黨在政治上、組織上和思想上的領導。這樣，我們把指導中國政府設置的「議行合一」原則歸結為如下幾點：

第一，無論是立法機關、行政機關和司法機關的建構還是其立法與執法活動，都需要共產黨在政治上、組織上和思想上的領導；共產黨在憲法和法律允許的範圍內活動。

第二，人民代表大會集中統一行使國家權力，行政機關和審判機關的權力直接來源於人民代表大會。人民代表大會執掌國家權力，但是並不直接執行國家權力，人大常委會組成人員不得在國家行政機關、司法機關任職，行政機關和司法機關執行國家權力並受到人民代表大會的監督。

第三，人民代表大會的代表來自黨和國家的各個工作部門，他們在人民代表大會開會期間親自參加法律的制定，閉會後回到各個工作部門貫徹執行法律。

三、政府領導體制

根據憲法和實踐，貫穿於中國各級政府的領導體制包括首長負責制和首長負責制下的分管領導制度與領導小組制度。

（一）首長負責制

首長負責制經過了一個發展變化的過程。1982年以前，各級政府實行的是集體負責制。1949年的《共同綱領》規定，人民政府委員會向人民代表大會負責並報告工作。在人民代表大會和人民政府委員會內，實行少數服從多數的制度。當時的領導體制是委員會下的集體負責制。體現蘇聯模式的1954年憲法，規定各級政府實行集體負責制與首長負責制的結合。一方面規定國務院組成人員、國務院全體會議、國務院常務會議、國務院發布的決議和命令，必須經國務院全體會議或者國務院常務會議的通過。另一方面又規定了首長負責制，如總理領導國務院工作，副總理協助總理工作等。1975年憲法沒有對政府的領導

體制作出規定，在實踐中國務院的工作直接受到黨中央的領導和干預。1978年憲法恢復了1954年憲法的相關規定，但實際上仍然是集體負責制。[6]

政府管理工作中的集體負責制不符合行政管理的一般規律，必然會產生人浮於事的官僚主義，制度上規定的集體負責制，在實踐中必然表現為無人負責。正如鄧小平所說：「我們的黨政機構以及各種企業、事業領導機構中，長期缺少嚴格的從上而下的行政法規和個人負責制，缺少對於每個機關乃至每個人的職責許可權的嚴格明確的規定，以至事無大小，往往無章可循，絕大多數人往往不能獨立負責地處理他所應當處理的問題，只好成天忙於請示報告，批轉文件。」[7]在這種情況下，政府的辦事效率可想而知。

1982年憲法規定了行政管理機關的首長負責制。第八十六條規定：「國務院實行總理負責制。各部、各委員會實行部長、主任負責制。」《憲法》第一百零五條規定：「地方各級人民政府實行省長、市長、縣長、區長、鄉長、鎮長負責制。」這樣，首長負責制作為各級政府的領導體制正式建立起來。首長負責制的具體內容將在以後章節中有關行政機構的部分分別闡述。

必須指出，中國的行政首長負責制是建立在民主集中制基礎上的。《憲法》第三條規定：「中華人民共和國的國家機構實行民主集中制的原則。」這就意味著，首長負責制的第一個前提是民主制，是民主之下的個人負責制，例如，下面將要涉及的決策會議制度事實上是民主制的一種形式。第二個前提是集中制，就是說首長負責制的前提是共產黨在政治上、組織上和思想上的領導，如前所述，行政首長是黨委會中的一員。

但是，在現實中，為什麼出現了一系列的主管行政工作的幹部腐敗案？看來，民主集中制還需要完善，對行政首長的制度約束還需要建設。

6　參見許崇德主編：《憲法》，234頁。
7　《鄧小平文選》，2版，第2卷，328頁。

（二）分管領導制度和領導小組制度

要求行政首長知悉每一個工作領域是不可能的，因此，在各級政府中，都設置了若干名副職以協助行政首長的工作，在實踐中成為分管領導制度，與黨的歸口管理制度相對應。在實踐中有政法、文教、工業、財貿、交通、農林水等領域，由政府副職分管。政府中的分管領導與黨的歸口領導的領域或口有重疊者，政府中的分管領導還要對管理該口的黨的主管負責。

這樣，我們可以知道，雖然是行政首長負責制，但並不是所有的事情都要由行政首長事必躬親，也不是所有的問題都要由行政首長一個人負責，在分管領導的領域內出現問題，分管領導要負責，在實踐中這是一種目標責任制；但是，若分管領導的領域出來大問題，最後還是需要行政首長負責，畢竟，分管領導是對行政首長負責的。

與黨的領導小組制度相似，政府也有領導小組。政府內的領導小組是與分管領導制度聯繫在一起的。領導小組的領導人事實上是某一個領域的分管領導，主要是協調相關領域和不同行政部門的工作。因此，領導小組一般由總理、副總理或國務委員牽頭，由各有關部門、單位和地方行政首長共同組成，處理專項重大問題，例如，全國救災工作領導小組、國家科技領導小組、人口普查工作領導小組、貧困地區開發小組、三峽工程移民試點工作領導小組等。領導小組下設專門的辦公室以協調工作，有關部門和地區都設置相應的辦公室。

領導小組制度是中國政府領導體制的一大特色，其優勢是能夠集中力量辦大事。其問題是，為完成領導小組的工作而設置的辦公室對機構編制構成了挑戰，領導小組的專項任務完成以後，其下設的諸多辦公室往往不能立即撤銷。另外，如果能對領導小組的法律地位和權力範圍做出明確規定，對於政府工作的法治化建設將有重要意義。[8]

8　參見謝慶奎等：《中國政府體制分析》，222頁，北京，中國廣播電視出版社，1995。

第二節　國務院

國務院就是中央人民政府，是中國對外政策的代表者。本節簡單介紹有關國務院的制度規定，考察國務院的行政機構設置，並透過引進行政立法的概念，簡單分析中國政府的「條」的特徵和機構改革的必然性。

一、關於國務院的制度規定

（一）國務院的地位和性質

國務院就是中央人民政府。根據1949年《中華人民共和國中央人民政府組織法》，政務院是國家政務的最高執行機關，對當時的行使最高權力職權的中央人民政府委員會負責並報告工作。1954年憲法將政務院改稱國務院，並規定：國務院即中央人民政府，是國家最高權力機關的執行機關，是最高國家行政機關。國務院對全國人民代表大會負責並報告工作；在全國人民代表大會閉會期間，對全國人民代表大會常務委員會負責並報告工作。以後的幾部憲法都按1954年憲法規定了國務院的性質和國務院在國家機構體系中的地位。

1. 國務院即中央人民政府，是相對於地方各級政府而言的。中國是一個統一的多民族國家，國家結構實行單一制。在單一制下，國家整體與部分的關係是中央與地方的關係，地方的權力來自中央人民政府的授權，因此不同於聯邦制下地方的權力來自本省或州的憲法。這樣，在單一制下的中國，中央人民政府只有一個，中央人民政府即國務院，對外以國家的名義進行活動，對內則領導地方各級人民政府。

2. 國務院作為國家最高行政機關，其性質是對國家行政事務進行管理的機關，既不同於國家最高權力機關，也不同於國家審判機關和國家檢察機關。作為最高行政機關的國務院，有權統一領導全國地方各級國家行政機關的工作，有權改變地方各級國家行政機關不適當的決定和命令等；地方各級國家行政機關在對本級地方國家權力機關負責並報告工作的同時，還必須對上一級國家行政機關負責並報告工作，服從和接受國務院統一領導；地方各級國家行政機關

還必須執行國務院制定的行政法規、規定的行政措施以及發布的決定和命令等。這些表明了國務院在國家行政機關體系中的最高地位和中央集權的特徵。

3. 國務院是最高國家權力機關即全國人民代表大會及其常務委員會的執行機關。全國人民代表大會及其常務委員會制定的法律和通過的決議，由國務院執行；國民經濟和社會發展計畫、國家預算經全國人民代表大會審查和批准後，在全國人民代表大會閉會期間，國民經濟和社會發展計畫、國家預算在執行過程中所必須做的部分調整方案，經全國人民代表大會常務委員會審查和批准後，由國務院執行；國務院規定行政措施、制定行政法規以及發布決定和命令，必須以全國人民代表大會制定的憲法、基本法律和全國人民代表大會常務委員會制定的法律為依據。作為國家最高權力機關的執行機關，國務院不能違背最高國家權力機關制定的法律、通過的決議去處理國家行政事務，也不能行使憲法和法律未作規定或授予的職權。

4. 國務院作為國家最高權力機關的最高執行機關，需要對全國人民代表大會及其常務委員會負責並報告工作，表明國務院對全國人民代表大會及其常務委員會的從屬關係。這種關係具體反映在憲法的有關規定中：(1)國務院全體組成人員的人選由全國人民代表大會決定，在全國人民代表大會閉會期間，全國人民代表大會常務委員會有權決定部長、委員會主任、審計長、秘書長的人選；(2)全國人民代表大會有權罷免國務院組成人員；(3)全國人民代表大會常務委員會有權監督國務院的工作，有權撤銷國務院制定的同憲法、法律相牴觸的行政法規、決定和命令；(4)全國人民代表大會代表及其常務委員會，在開會期間有權提出對國務院的質詢案。

但是，在實踐中，如何加強全國人民代表大會及其常務委員會對行政機關的監督與制約，仍然是需要探索的問題。例如，國務院的有關部門不能嚴格執行全國人民代表大會批准的國家預算，有關行業主管部門制定的規章與法律相牴觸等，都表現出強政府弱議會的特徵。

（二）國務院的組成和任期

根據1982年憲法，國務院由總理、副總理、國務委員、各部部長、各委員

會主任、審計長、秘書長組成。國務院總理的人選由國家主席提名，全國人民代表大會決定，國家主席任免。國務院其他組成人員由國務院總理提名，全國人民代表大會決定，國家主席任免；在全國人民代表大會閉會期間，根據國務院總理提名，全國人民代表大會常務委員會決定，國家主席可任免部長、委員會主任、審計長、秘書長。

國務委員的職位相當於副總理，受總理委託，分管某方面的工作，並且可以代表國務院進行外事活動。國務院秘書長在總理的領導下，負責處理國務院的日常工作。

國務院每屆任期與全國人民代表大會相同，爲5年，總理、副總理、國務委員連續任職不得超過兩屆。

（三）國務院的領導體制

根據1982年憲法，國務院實行總理負責制。總理負責制表現爲：1.人事提名權。國務院其他組成人員的人選，由總理提名，全國人民代表大會決定，國家主席任命；2.全面領導權。總理領導國務院的工作，副總理和國務委員協助總理工作；3.最後決定權。總理召集國務院全體會議和常務會議以討論重大問題，但是總理有最後決策的權力，少數服從多數的規則在此不適用；4.全面責任制。國務院發布的決定、命令和行政法規，向全國人民代表大會及其常務委員會提出的議案，任免人員，由總理單獨簽署。

國務院在實行總理負責制的同時，還實行兩種形式的會議制度。國務院全體會議由國務院全體成員組成，一般兩個月或一個季度召開一次。提交全體會議的一般是涉及眾多部門乃至全局的重大事項，以便協調各部門的工作。

國務院常務會議由總理、副總理、國務委員和秘書長組成。國務院常務會議主要討論重大事項、提請全國人大常委會的議案、國務院擬發布的行政法規草案。常務會議一般一個月召開一次。

此外，總理還不定期地召開總理辦公會議，研究處理國務院日常工作中的

重要問題。

　　國務院各部委實行部長、主任負責制，但是國家發展計畫委員會除外。有「小國務院」之稱的國家發展計畫委員會，是執行國家經濟產業政策的一個綜合性經濟部門，其成員除正副主任外，還包括國務院綜合部門的主要負責人，因此有關重大問題均由委員會協商決定，實行集體領導。[9]

（四）國務院的職權

　　作為國家的最高行政機關，憲法賦予國務院廣泛的權力。根據1982年《憲法》第89條，國務院可行使17項憲法列舉規定的職權，以及全國人民代表大會及其常務委員會授予的其他職權。這些職權可以歸納為以下幾個方面：

　　1. 行政立法權：根據憲法和法律，規定行政措施，制定行政法規，發布決定和命令。

　　2. 行政提案權：即向全國人民代表大會及其常務委員會提出議案。

　　3. 行政領導權：組織領導全國性行政工作，即規定各部委的職責和任務，並且領導不屬於各部委的全國性行政工作；統一領導全國各級國家行政機關的工作，規定中央和省級國家行政機關職權的具體劃分；編制和執行國民經濟和社會發展計畫和國家預算；批准縣以上的建制和區域劃分；決定省、自治區、直轄市範圍內部分地區的戒嚴；審定行政機構的編制，任免、培訓、考核和獎懲行政人員。

　　4. 行政管理權：領導和管理各行業、各部門的行政工作，即領導和管理經濟、城鄉建設、教育、科學、文化、衛生、體育、計畫生育、民政、公安、司法行政、監察、外事、國防和民族事務等工作。

　　5. 行政監督權：國務院有權改變或撤銷各部委發布的不適當的命令、指示和規章，改變或撤銷地方各級國家行政機關的不適當的決定和命令。

　　6. 全國人民代表大會及其常務委員會授予的其他職權。

　　此外，各部委根據法律和國務院的行政法規、決定、命令，可在本部門的

9　參見浦興祖主編：《當代中國政治制度》，140頁，上海，復旦大學出版社，1999。

許可權內，發布命令、指示和規章。

二、國務院的行政機構

在政治學和行政管理學中，政府的部門與機構被稱為「行政機構」或「科層制結構」。現代社會是受大型組織支配的，而行政機構則是現代社會中最龐大的組織。

政治學家羅伯特‧普特南說：「對於由誰統治我們的複雜的現代社會這一問題，真的還有很多疑問嗎？政府採用的絕大多數政策動議，是由主要日常文官組成的公共行政機構負責提出的。不僅是決定個別問題的許可權，而且起草大多數立法議案內容的許可權都已從議會轉移到了行政部門。由於行政官員們事實上既壟斷了設計實際政策方案所需的技術專長，也壟斷了有關現行政策缺點的大部分情報，因而他們獲得了擬訂決策議事日程的主要的影響力。在所有國家中，職業文官的人數，以及他們的任職時間都大大超過經選舉產生的行政官員。事實上，現代政治體系本質上是『官僚化的』——以『文官統治』為其特徵的。」[10]

那麼，行政機構的職能是什麼？官員們究竟做些什麼？行政機構最關鍵的一項政治功能是在各種具體情況下實施法律、法規、規章和政策。例如，在衛生部，官員們可能是在確定某一公司生產的藥品是否符合政府規定的藥物標準，某一藥品廣告是否違反了廣告法。

可見，部委官員的首要功能是執行中央政府的決策或政策傾向。同時，官員們也大大地影響著決策過程。一方面，中央政府在制定某個方面的政策時，少不了專業化官員的資訊和參與；另一方面，中央政府所制定的政策，大多是指導性的，只有當行政官員制定行政規章、詳細闡述政府的政策時，指導性的政策、法律才能有效地實施。一項指導性的政策貫徹到什麼程度，通常取決於官僚的解釋，以及他們在實施該政策時的興趣和效率。此外，行政機構的官員還被賦予一定的自由裁量權。

10　轉引自〔美〕阿爾蒙德、鮑威爾：《比較政治學：體系、過程和政策》，324～325頁。

　　在政治過程中，官僚還是事實上的立法者。一方面，前面所說的行政官員制定的解釋政策的規章，對一切相關的公民、企事業單位甚至地方政府的活動都具有法律作用。當然，這種立法是在法律確立的原則範圍內做決定。另一方面，西方國家存在大量的「委任立法」。在中國，則存在大量的授權立法，官僚部門制定的法律體現了該機構工作經驗的總結。從這個意義上說，官僚又是改革者。

　　但是，官僚制的特徵決定了行政機構總是趨向於維護現狀。由於部門利益問題，在執法和立法的過程中，官僚部門總是竭力保護本部門和本部門管轄內的行業和事務，結果造成行政過程中制度成本過大，權力大於法律，並形成法律衝突現象，制約了國家權力的正常運轉。

　　總之，現代複雜的相互依賴的社會離開了行政機構就無法維持，因為沒有行政機構提供組織、分工和專業化，人們就不可能提出任何執行大規模社會任務的規劃。然而，經過中央政府和議事機構批准的公共政策在執行過程中有可能被行政機構誤解、歪曲。因此，建立和保持一個靈活的、高度負責任的行政機構是所有現代國家共同面臨的一個棘手問題，「官僚主義」是現代社會的通病。必須減輕官僚制的病症，而方法之一就是使行政機構和官僚處於控制之下。

　　中國中央行政機構或國務院的行政部門自新中國成立以來經歷了多次變革，僅改革開放以來，行政機構的改革就有5次，分別是1982年機構改革、1988年機構改革、1993年機構改革、1998年機構改革和2003年機構改革。應該說，改革開放以來的每次機構改革都是經濟對政治推動的結果，1982年機構改革，是在「計畫經濟為主，市場調節為輔」的條件下進行的；1988年機構改革是在「公有制基礎上有計畫的商品經濟」的條件下進行的；1993年機構改革是在確立社會主義市場經濟體制原則的條件下進行的；1998年機構改革是在建立市場經濟的制度創新中進行的；[11]2003年機構改革是在中國加入WTO的背景下進行的。此處暫時不評價機構改革，我們將在其他部分進一步探討政府職能

11　參見汪玉凱主編：《中國行政體制改革20年》，92頁，鄭州，中州古籍出版社，1998。

轉變中的機構改革問題。

　　1998年機構改革以後，國務院共設置29個部、委、行、署，1個辦公廳，15個直屬機構和6個辦事機構。在基本維持既有格局的基礎上，2003年機構改革進一步加強了宏觀經濟調控部門和國有資產管理部門的建設。

（一）國務院辦公廳

　　國務院辦公廳是國務院根據《中華人民共和國國務院組織法》而設立的協助國務院領導處理國務院日常工作的行政機構，是整個國務院行政系統的樞紐，主要職能是協助總理與國務院各部門、各省級政府的聯繫，為國務院領導提供資訊、傳達政令、辦理文電和會議事務，承辦不屬於部委業務範圍的交辦事項，處理人民來信來訪等。國務院辦公廳由國務院秘書長領導，副秘書長若干。秘書長直接受總理領導。

（二）部、委、行、署

　　部、委、行、署是依法分別履行國務院基本行政管理職能的行政機關，包括22個部、4個委員會、1個中國人民銀行和1個審計總署。按職能和管理領域劃分，對部、委、行、署可做如下分類：[12]

1. 宏觀調控部門

　　主要有國家發展和改革委員會、商業部、財政部和中國人民銀行。宏觀調控部門的職責是：保持經濟總量平衡，抑制通貨膨脹，優化產業結構，實現經濟持續快速健康發展；健全宏觀調控體系，以經濟和法律手段而不是行政手段來進行宏觀調控。

2. 專業經濟管理部門

　　包括鐵道部、交通部、農業部、水利部、商業部、資訊產業部和國防科學

---

[12]　參見《瞭望》週刊編輯部編：《國務院機構改革概覽》，11～19頁，北京，新華出版社，1998。

技術工業委員會。專業經濟管理部門的主要職責是：制定行業規劃和行業政策，進行行業管理；引導本行業產品結構調整，維護行業平等競爭秩序。

3. 教育科技文化、社會保障和資源管理部門

包括科學技術部、勞動和社會保障部、人事部、教育部和國土資源部。

4. 國家政務部門

包括外交部、國防部、文化部、衛生部、國家計畫生育委員會、國家民族事務委員會、司法部、公安部、國家安全部、民政部、監察部和審計署。

（三）國務院直屬機構

國務院直屬機構是主管國務院某項專門業務，具有獨立的行政管理職能的行政機構。其中國有資產管理委員會是新設立的國務院直屬特設機構。國務院直屬機構按其業務範圍和性質，在冠名上有所不同，有的冠以「中華人民共和國」，例如中華人民共和國海關總署；有的冠以「中國」，例如中國民用航空總局；有的冠以「國家」，例如國家稅務總局；而業務範圍最小的冠以「國務院」，例如國務院宗教事務局。

（四）國務院辦事機構

國務院辦事機構是協助總理辦理專門事項，不具有獨立的行政管理職能的行政管理機構，包括國務院外事辦公室、國務院僑務辦公室、國務院港澳事務辦公室、國務院法制辦公室、國務院經濟體制改革辦公室、國務院研究室和列入中共中央直屬機構序列的國務院臺灣事務辦公室與國務院新聞事務辦公室。

上述國務院辦事機構是列入國務院正式編制的機構。在國務院，還有專門為分管領導工作服務的，協調國務院有關部、委、行、署工作的綜合性辦公室，是承接國務院和其下屬部門之間的辦公機構。一般每一個辦公室都有一個副總理或國務委員牽頭，對該辦公室分管的各個部門進行統一領導。例如，根據1954年國務院組織法，國務院設有8個辦公室，分口管理各有關部門。第一

辦公室負責管理政法部門的工作，第二辦公室負責管理和協調文教部門的工作，第三辦公室負責重工業部門的工作，第四辦公室負責輕工業部門的工作，第五辦公室負責財貿部門的工作，第六辦公室負責交通部門的工作，第七辦公室負責農林水部門的工作，第八辦公室負責商業方面的工作。

隨著機構的改革和變遷，上述中間性質的機構有所變動，但是這種分管領導體制保留下來了，現在國務院設有生產貿易辦公室、金融辦公室等，由主管副總理或國務委員牽頭。例如，1993年時任副總理的朱鎔基兼任國務院生產貿易辦公室主任。

（五）國家部委管理的國家局

國家局是國家部委管理的、主管特定業務的、行使行政管理職能的行政機構，例如國家煙草專賣局、國家糧食儲備局等。國家局的前身有的是國務院行業主管部門，例如國家機械局；有的是國務院直屬機構，例如國家外國專家局。

國家局既接受有關部委的領導，又有相對的獨立性，它們不是部委內部的職能局。國家局大多數設在國家經濟貿易委員會，其他按性質分別設在其他有關部委。國家局不直接管理企業，而是負責制定行業規劃和行業政策，進行行業管理。

（六）國務院議事協調機構

不同於前述的國務院為分管工作而設立的綜合性辦公室，國務院議事協調機構是承擔跨國務院行政機構的重要業務工作的組織協調任務的行政機構，例如，國務院軍隊轉業幹部安置工作小組、國務院糾正行業不正之風辦公室。

三、國務院的工作制度和運行機制

（一）國務院的全體會議、常務會議

2008年3月21日國務院第一次全體會議通過的《國務院工作規則》規定，

國務院實行國務院全體會議和國務院常務會議制度，必須經國務院全體會議或國務院常務會議討論決定。國務院全體會議由總理、副總理、國務委員、各部部長、各委員會主任、人民銀行行長、審計長、秘書長組成，由總理召集和主持。國務院全體會議的主要任務是：討論決定國務院工作中的重大事項；部署國務院的重要工作。國務院全體會議一般每半年召開一次，根據需要可安排有關部門、單位負責人列席會議。提請國務院全體會議和國務院常務會議討論的議題，由國務院分管領導同志協調或審核後提出，報總理確定；會議文件由總理批印。國務院全體會議和國務院常務會議的組織工作由國務院辦公廳負責，文件和議題於會前送達與會人員。

國務院常務會議由總理、副總理、國務委員、秘書長組成，由總理召集和主持。國務院常務會議的主要任務是：討論決定國務院工作中的重要事項；討論法律草案、審議行政法規草案；通報和討論其他重要事項。國務院常務會議一般每週召開一次。根據需要可安排有關部門、單位負責人列席會議。

總理召集和主持國務院全體會議和國務院常務會議，有權決定開會日期、議事內容和議事程序等事項。國務院全體會議和國務院常務會議的紀要，由總理簽發。

（二）國務院的工作制度和議事規則

根據現行《國務院工作規則》，國務院工作總的準則是，實行科學民主決策，堅持依法行政，推進政務公開，健全監督制度，加強廉政建設。

1. 實行科學民主決策

國務院及各部門要健全重大事項決策的規則和程序，完善群眾參與、專家諮詢和政府決策相結合的決策機制；國民經濟和社會發展計畫及國家預算，宏觀調控和改革開放的重大政策措施，國家和社會管理重要事務、法律議案和行政法規等，由國務院全體會議或國務院常務會議討論和決定；國務院各部門提請國務院研究決定的重大事項，都必須經過深入調查研究，並經專家或研究、諮詢機構等進行必要性、可行性和合法性論證；涉及相關部門的，應當充分協

商；涉及地方的，應當事先聽取意見；涉及重大公共利益和人民群眾切身利益的，要向社會公開徵求意見，必要時應舉行聽證會；國務院在做出重大決策前，根據需要通過多種形式，直接聽取民主黨派、社會團體、專家學者、基層群眾等方面的意見和建議；國務院各部門必須堅決貫徹落實國務院的決定，及時跟蹤和回饋執行情況。國務院辦公廳要加強督促檢查，確保政令暢通。

2. 堅持依法行政

國務院及各部門要嚴格按照法定許可權和程序履行職責，行使行政權力。國務院根據經濟社會發展的需要，適時向全國人大及其常務委員會提出法律案，制定行政法規，修改或廢止不相適應的行政法規、行政措施或決定。擬訂和制定與群眾利益密切相關的法律草案和行政法規，原則上都要公布草案，向社會徵求意見。行政法規實施後要進行後評估，發現問題，及時完善。各部門制定規章和其他規範性文件，必須符合憲法、法律和國務院的行政法規、決定、命令，並徵求相關部門的意見；涉及兩個及以上部門職權範圍的事項，應由國務院制定行政法規、發布決定和命令，或由有關部門聯合制定規章或其他規範性文件。其中，涉及群眾切身利益、社會關注度高的事項及重要涉外、涉港澳臺事項，應當事先請示國務院；部門聯合制定的重要規章及規範性文件發布前須經國務院批准。部門規章應當依法及時報國務院備案，由國務院法制機構審查並定期向國務院報告。提請國務院討論的法律草案和審議的行政法規草案由國務院法制機構審查或組織起草，行政法規的解釋工作由國務院法制機構承辦。嚴格行政執法責任制和執法過錯追究制，有法必依、違法必究，公正執法、文明執法。

3. 推進政務公開

國務院及各部門要大力推進政務公開，健全政府資訊發布制度，完善各類公開辦事制度，提高政府工作透明度；國務院全體會議和常務會議討論決定的事項、國務院及各部門制定的政策，需要保密的除外，應及時公布；凡涉及群眾切身利益、需要群眾廣泛知曉的事項以及法律和國務院規定需要公開的其他事項，均應透過政府網站、政府公報、新聞發布會以及報刊、廣播、電視等方

式，依法、及時、準確地向社會公開。

4. 健全監督制度

國務院要自覺接受全國人大及其常務委員會的監督，認真負責地報告工作，接受詢問和質詢，依法備案行政法規；自覺接受全國政協的民主監督，虛心聽取意見和建議。國務院各部門要依照有關法律的規定接受司法機關實施的監督，同時要自覺接受監察、審計等部門的監督。對監督中發現的問題，要認真查處和整改並向國務院報告。加強行政系統內部監督，健全政府層級監督制度。國務院各部門要嚴格執行行政覆議法和規章備案制度，及時撤銷或修改違反法律、行政法規的規章和其他規範性文件，糾正違法或不當的行政行為，並主動徵詢和認真聽取地方政府及其部門的意見和建議。國務院及各部門要接受新聞輿論和群眾的監督。對新聞媒體報導和各方面反映的重大問題，國務院有關部門要積極主動地查處和整改並向國務院報告。國務院及各部門要重視人民群眾來信來訪工作，進一步完善信訪制度，確保信訪管道的暢通；國務院領導同志及各部門負責人要親自閱批重要的群眾來信。國務院及各部門要推行行政問責制度和績效管理制度，明確問責範圍，規範問責程序，嚴格責任追究，提高政府執行力和公信力。

5. 加強廉政建設

國務院及各部門要從嚴治政。對職權範圍內的事項要按程序和時限積極負責地辦理，對不符合規定的事項要堅持原則不得辦理；對因推諉、拖延等官僚作風及失職、瀆職造成影響和損失的，要追究責任；對越權辦事、以權謀私等違規、違紀、違法行為，要嚴肅查處。國務院及各部門要嚴格執行財經紀律，規範公務接待，不得用公款相互送禮和宴請，不得接受地方的送禮和宴請。要艱苦奮鬥、勤儉節約，切實降低行政成本，建設節約型機關。國務院組成人員要廉潔從政，嚴格執行中央有關廉潔自律的規定，不得利用職權和職務影響為本人或特定關係人謀取不正當利益；要嚴格要求親屬和身邊的工作人員，不得利用特殊身分拉關係、謀私利。

四、行政立法

　　現代政治的一大特點是政府職能越來越廣泛，行政立法行為因而日益常見。在轉型時期的中國，行政立法在政治生活中的地位更是重要，這是由中國特定的歷史時期和政治體制所決定的。因此，要理解中國政治，基本瞭解行政立法是必要的。

　　由於中國政治體制的「條塊」特徵，不僅國家最高行政機關國務院在行政管理中制定了大量的行政法規，國務院各部門也相應地制定了數以萬計的行業性規章，因而行政性法律法規直接制約和影響著中國社會的方方面面。自1979年至今，國家執行了300多部法律、800多部行政法規、3萬多個地方法規和規章。

　　不僅如此，由於「條塊」分割的政治體制特徵，很多行政規章又存在著部門利益上的衝突，這種部門利益上的衝突和以規章形式對部門利益的分割，實際上是對國家權威的侵蝕和分割。這樣，現行的行政性法律法規不僅對中國共產黨要求的依法治國和依法行政帶來困難，也不適應WTO規則。為此，國務院319號令宣布廢止800多部行政法規中的151部，並指導和監督各部門必須廢除大量的與WTO規則不一致的規章。

　　那麼，什麼是行政法規和規章呢？根據憲法，國務院有權根據憲法和法律制定行政法規，國務院各部委有權根據法律和國務院的行政法規、決定和命令，在本部門的許可權內制定規章。

（一）行政法規

　　根據1982年憲法，行政法規特指國務院為領導和管理國家各項行政事務，根據憲法和法律，按照法定程序制定和發布的規範性檔。其基本特徵是：1.立法主體只能是國務院；2.效力僅次於憲法和法律，不得與憲法和法律相牴觸，作為執行國家權力的手段，具有普遍的約束力。

　　根據《行政法規制定程序暫行條例》，行政法規的名稱有「條例」、「規

定」和「辦法」之分。

「條例」是最高級別的行政法規，國務院的其他文件都不得與之衝突，目的是對某一方面的行政工作做出比較全面、系統的規定，例如《國務院行政機構設置和編制管理條例》。

「規定」是對某一方面的行政工作的某些問題做出規定的行政法規，例如《國務院關於進一步推進科技體制改革的若干規定》。為了區別國務院部委機關頒布的「規定」，在名稱上冠以「國務院」。

「辦法」是對某一項行政工作做出比較具體規定的行政法規，例如《中華人民共和國歸僑僑眷權益保護實施辦法》。

凡涉外行政法規，均冠以「中華人民共和國」字樣。

按制定目的和制定根據的區別，行政法規分為四類：

1. 授權性行政法規：在世界上，授權立法是一種常見的立法形式。授權立法是指在立法機關制定某項法律的條件還不成熟時，授權行政機關制定行政法規，在立法機關批准後實施。授權立法一般是就某一具體問題進行授權。與其他國家比較，中國的授權立法的範圍要廣得多，比如1985年4月全國人大通過的《關於授權國務院在經濟體制改革和對外開放方面可以制定暫行的規定或者條例的決定》，可以算得上範圍最廣的授權，也就是說，國務院事實上有權制定所有的有關經濟發展的行政法規。這種授權反映了當時的歷史條件，由於改革開放是一項全新的事業，沒有法律可循，為了提高效率，也只能讓工作在第一線的國家行政機關制定行政法規。

2. 執行性行政法規：這是指國務院為了執行立法機關的某項法律、決定、決議而制定的行政法規。例如，國務院為執行《中華人民共和國中外合資經營企業法》而頒布了《中華人民共和國中外合資經營企業法實施條例》。

3. 補充性行政法規：這是為了補充法律或其他行政法規的未盡事項而制定的行政法規，例如《國務院關於勞動教養的補充規定》。

4. 自主性行政法規：這是針對那些尚未由法律或行政法規規定的行政事務

而制定的行政法規，例如《中華人民共和國國庫券條例》。自主性行政法規不得與憲法和法律的基本精神相衝突。

（二）行政規章

行政規章分爲部門性行政規章和地方性行政規章，是國務院各部委以及各省、自治區、直轄市的人民政府和省、自治區的人民政府所在地的市以及國務院批准的較大的市的人民政府根據憲法、法律和行政法規而制定和發布的規範性檔。部門性行政規章只在自己主管的專門領域內有效，不得與憲法、法律和行政法規衝突，否則國務院有權改變和撤銷。

國務院各部委的行政規章，可以冠以「實施細則」、「規定」、「辦法」等名稱，但不得爲「條例」。實施細則一般是爲執行法律和行政法規而制定的，例如原外經貿部頒發的《中華人民共和國中外合作經營企業法實施細則》。規定和辦法，一般爲主管部門依據國家法律和行政法規，結合本部門或本行業的實際情況而制定的具體規定和實施辦法。

在實踐中，由於「條塊」分割的政治體制，有時部門行政規章之間以及部門行政規章與地方行政規章之間存在衝突。在這種情形下，一般提請國務院裁決。《中華人民共和國行政訴訟法》規定：人民法院認爲地方政府制定、發布的規章與國務院部、委制定、發布的規章不一致的，由最高人民法院提請國務院做出解釋。可見，部門性行政規章與地方性行政規章在法律效力上是平行的。

由於部門之間、地方與部門之間的利益不同，而部門規章和地方規章在法律地位上又是平行的，因此當行政規章之間出現衝突時，法院會無所適從。按照《中華人民共和國行政訴訟法》，可以提請國務院解釋或裁決，但是提請國務院的程序是：受理案件的法院透過一定的程序上報最高人民法院，再由最高人民法院提請國務院解釋。這種程序所造成的代價不是一般的當事人或作爲微觀市場主體的企業所能承受的。例如，根據中央電視臺《焦點訪談》的報導，長沙市一家裝修公司爲一大樓安裝中央空調，工程完成後大樓的業主不付錢，

理由是該裝修公司沒有安裝中央空調的資質。但是，該裝修公司有經原輕工業部認證的資質，而根據建設部的規定，該裝修公司不具備安裝中央空調的資質。結果法院難以裁定，最後導致該裝修公司破產。這個案例說明，機構改革就是推進市場化的過程，就是推進法治化的過程。因此，需要進一步的機構改革。

第六章　地方各級政府

重點問題

◎地方政府的類型有哪些？
◎地方政府的職能是什麼？
◎地方政府的運行機制是什麼？
◎如何認識縣制的重要性？
◎中國基層政治中的主要問題及其原因是什麼？

　　地方各級人民政府是中國的行政區劃設置。行政區劃是國家行政機關分級管理的區域劃分制度。按照中央政府統一領導全國、地方政府分級管理的原則，設置了科層制式方的各級政府。按照現行《中華人民共和國憲法》和《中華人民共和國地方各級人民代表大會和地方各級人民政府組織法》的規定，省、直轄市、市、縣、市轄區、鄉、民族鄉、鎮等設立人民政府；自治區、自治州（盟）、自治縣（旗）設立自治機關；特別行政區設立特別行政區政府。這樣，省、市、縣、鄉各級人民政府、各級自治機關以及各級特別行政區政府，即構成地方各級人民政府。[1]各級地方人民政府是國家地方行政機關，也是同級人民代表大會的執行機關。

　　在憲法中，「村委會」雖然不屬於政權組織系列，但事實上卻屬於政權組織，而且是上級政權的組織基礎。爲此，我們特別在本章裡介紹和討論農村基層政權和村民自治問題。

---

[1]　本章側重對各級地方政府的一般介紹，對各級自治機關以及各級特別行政區政府則分別在十、十七章做具體介紹。

第一節　地方各級人民政府的地位、產生和任期

一、地方各級人民政府的變遷[2]

　　新中國成立以來，中國地方政府的組織形式經過了幾次大的變化，形成了一套具有中國特色的地方人民政府政體制的基本架構。

　　新中國成立初期，各地實行軍事管制制度，軍事管制委員會行使地方政府的權力。當時中國實行大區建制，即在全國先後成立了東北、西北、華北、華東、西南、中南六大行政區，簡稱大區，作為省以上的一級區域建制。在大區以下，則建立軍事管理機構，行使各級地方政府的權力。在當時起憲法作用的《共同綱領》規定：「凡人民解放軍解放的地方，應一律實施軍事管制，取消國民黨反動政權機關，由中央人民政府或前線軍政機關委任人員組織軍事管制委員會和地方人民政府，領導人民建立革命秩序，鎮壓反革命活動，並在條件許可時召集各界人民代表會議」。因此，當時各大區都成立了人民政府或軍政委員會，其既是本轄區內最高一級的地方政府，同時也是中央人民政府的代表機關。據統計，1950年大區政府工作機構一般為30個左右。各大區管轄的範圍內分為省、縣、鄉或省、縣、區、鄉，從而使地方的行政建制分為四級制或五級制。大區內各級地方政府機構大都設有軍事管制委員會、人民政府和接管委員會。這些機構負責人及其組成人員分別由軍政機關或上級政府任命。人民政府是軍事管制委員會的下屬機構，負責地方各項事務的管理，軍、政、司法審判權高度集中和統一行使。這一時期的政府體制被稱為軍事管理體制，它同時也作為戰爭時期軍事領導體制的延續。軍事管制體制對地方社會秩序的迅速恢復、減少社會動盪、恢復生產起了重要作用。

　　各地在社會秩序基本恢復正常後，大致在1950-1951年期間先後結束了軍

2　這裡主要介紹中國地方各級人民政府組織體制的變遷，關於相應的地方行政區劃變遷，可參見陳小京等，《中國地方政府體制結構》，北京，中國廣播電視出版社，2001，第五章；浦興祖主編，《中華人民共和國政治制度》，224～226頁，上海，人民出版社，2005。

事管理體制，相繼建立人民政府委員會作爲地方國家政權機關。這一時期人民代表大會沒有召集，人民政府委員會實質上成爲各級地方唯一的擁有全部國家權力的機關，擁有權力機關和行政機關的職權。是地方國家政權機關。依據《共同綱領》的規定，地方各級建立人民政府委員會，實行高度集權體制。各級人民政府委員會及其下屬機構（各行政機構、法院、檢察署等）的負責人，一律由上級人民政府委員會任免或批准任免；所通過的地方性法規、政令和重大決定（包括機構設置等）都須經上級人民政府委員會批准。上級人民政府委員會有權變更或撤銷下級人民政府委員會的決定，有權向下級人民政府委員會下達命令。委員會會議內主席主持，在委員會閉會期間，委員會主席主持和協調各行政權構的日常工作。承擔地方行政首長的職責。1954年6月，撤銷了大行政區的建制，省政府就成了最高一級的地方政府。同年9月，中國第一部憲法頒布實施後，中國地方政府的名稱改爲人民委員會。

　　根據憲法，1955年地方各級設置人民代表大會作爲地方國家權力機關，地方各級人民代表大會選舉產生各級地方國家機關；人民委員會是地方人民代表大會的執行機關，也是地方國家行政機關，由同級人民代表大會選舉產生，報上級人民委員會備查。人民委員會由地方首長、副首長和委員組成。委員會實行合議制，由地方首長主持會議。在委員會閉會期間，由地方首長主持日常工作。由於當時地方各級人大未設常設機關，在各級人大閉會期間，由各級人民委員會行使常設機關的職能，兼行人大常設機關的部分職權，因而人民委員會的負責人，也就成爲地方國家政權機關的首長，對外代表本地的地方政府。下一級的人民委員會是上級人民委員會的下級機關，上下級人民委員會之間存在領導與服從關係。依據中國地方政府組織法的規定，上下級人民委員會之間的相應工作部門，存在工作領導關係，即人民委員會的各工作部門除接受本級人民委員會的領導外，還要接受上級人民委員會相應工作部門（稱主管部門）的領導。這些主管部門有權向下一級相應工作部門，就其業務範圍內的事項發布命令和指示。就人民委員會的機構設置來說，自1954年至1966年，地方政府機關實行省、縣、鄉（人民公社）三級體制。「五四」憲法規定，全國劃分爲省、自治區、直轄市；省、自治區下轄自治州、縣、自治縣、縣級市；縣、自

治縣下轄鄉、自治鄉、鎮；自治州下轄縣、自治縣、縣級市。

　　1966年「文化大革命」開始後，地方政府經歷了曲折和反覆。從1967年開始，革命委員會被確定爲地方各級人民代表大會的常設機關，同時又是地方各級人民政府，是統領該地方一切權力的組織形態。地方各級革命委員會最初是由「三結合」方式產生，即由軍隊代表、群眾組織代表和革命幹部代表組成。革命委員會經協商選舉產生一個常務委員會，由主任、副主任、常務委員若干人組成。革命委員會及其常務委員會的組成人員都由上級革命委員會批准任命。革命委員會較少舉行會議，其常務委員會才是眞正的工作機構，權力主要集中於常務委員會。革命委員會是擁有黨、政、軍各種權力於一體的唯一的地方權力機關，但其法律地位並不明確，直到1975年《憲法》才將其正式規定爲人民代表大會（權力機關）的執行機關和常設機關，也是地方國家行政機關。1975年憲法有關革命委員會的規定是；地方各級革命委員會由地方各級人民代表大會選舉產生，是它的常設機關，同時也是地方各級人民政府。地方各級人民代表大會選出的地方各級革命委員會，需經上級國家機關審查批准。地方各級革命委員會對本級人民代表大會和上級國家機關負責並報告工作。應該指出，法定的權力機關地方各級人民代表大會在1966-1977年間從未舉行，直到1977-1979年，地方各級人民代表大會才得到恢復，因此上述規定中所指的「上級國家機關」，實際上即是上級革命委員會。[3]

　　1979年的《地方各級人民代表大會和地方各級人民政府組織法》（以下簡稱《地方組織法》）及1982年憲法對地方政府組織結構及體制做了重大的改變，奠定了現有地方各級人民政府體制架構的基礎。《地方組織法》此後又在1982、1986、1995、2004年經過四次修正，並在實踐中得以實施，使地方各級人民政府體制日臻完善，對於其運行、權力結構等特徵，將在本章下面幾節和其他相關章節予以詳細介紹。

---

[3]　參見曾偉、羅輝主編，《地方政府管理學》，41頁，北京，北京大學出版社，2006。

二、地方各級人民政府的類型、產生和任期

地方政府類型的劃分，可因研究需要和目的不同而具有多種劃分方法。如按地方制度劃分，可分為行政地方政府、自治體地方政府、混合體地方政府；按設置目的劃分，可分為一般地域型政府、城市型政府、民族區域型地方政府、特殊型地方政府；按行政層級劃分，可分為高層地方政府、中層地方政府和基層地方政府。[4]就當代中國地方政府體制的橫向結構而言，由於國家設置地方政府的目的與要求地方政府所發揮的作用的不同，目前存在著四種類型的地方政府：一是一般地域型地方政府。這類地方政府的設置目的純是為了一般地域管理的需要，如省、縣、鄉，在地方政府體制類型結構中，這類地方政府為數最多，設置最普遍。在中國，法定的這類地方政府包括省政府、縣政府和鄉（鎮）政府三類。但實際上還存在由原來作為省級政府派出機構行政公署發展而來的地級市政府。二是民族區域型地方政府。這類地方政府的設置目的是為了各民族的團結和對少數民族地區的治理，包括自治區、自治州、自治縣、民族鄉四級。三是城鎮型地方政府。這類結構單元的設置目的係為了人口密集的城鎮地區實行專門管理，如直轄市、地級市、縣級市（鎮）；四是特殊型地方政府。這類地方政府的設置目的係因時因地制宜而設置的。[5]

這些不同的分類使目前中國地方政府的層級設置較為複雜，大體有以下一些形式：[6]

二級制：直轄市－區；

三級制：直轄市－區－縣、自治縣－鄉、民族鄉、鎮；

四級制：省、自治區、直轄市－設市區的市（行政公署）、自治州（盟）－縣、自治縣、旗、市－鄉、民族鄉、鎮；

五級制：1.省、直轄市－副省級市－設市區的市（行政公署）－縣、市－

4　參見周平主編，《當代中國地方政府》，6～13頁，上海，人民出版社，2007。

5　更為詳細的分類介紹參見，周平主編，《當代中國地方政府》，44～55頁，上海，人民出版社，2007。

6　引自楊鳳春，《中國政府概要》，339頁，北京，北京大學出版社，2002。

鄉、民族鄉、鎮；2.省、自治區、直轄市－自治州－行政公署－縣、市－鄉、民族鄉、鎮（目前這種層級目前僅存在於新疆伊犁）。

為了避免與本書其他章節重複，這裡主要介紹地方政府的產生和任期。

按照《憲法》和《地方組織法》的規定，地方各級人民政府領導人員，即省長、副省長，自治區主席、副主席，市長、副市長，州長、副州長，縣長、副縣長，區長、副區長，鄉長、副鄉長，鎮長、副鎮長由本級人民代表大會選舉產生。上述人選由本級人民代表大會主席團或者代表依照法定程序聯名提出。省、自治區、直轄市人民代表大會代表10人以上書面聯名，設區的市和自治州的人民代表大會代表20人以上書面聯名，縣級人民代表大會代表10人以上書面聯名，鄉、民族鄉、鎮的人民代表大會代表10人以上書面聯名，可以提出本級人民政府領導人員的候選人。主席團和代表聯名提名的候選人人數均不得超過應選名額。提名人應如實介紹所提名的候選人的情況。

地方各級人民政府領導人員，實行差額選舉。地方各級人民政府正職領導人員的差額比例1：1。如果提名的候選人只有1人，也可以進行等額選舉。地方各級人民政府副職領導人員的候選人應比應選人數多1人至3人，具體差額數由本級人民代表大會根據應選人數在選舉辦法中規定。如果提名的候選人數符合選舉辦法規定的差額數，由主席團提交代表醞釀、討論後，進行選舉。如果提名的候選人數超過選舉辦法規定的差額數，由主席團提交代表醞釀、討論後，進行預選，根據在預選中得票多少的順序，按照選舉辦法規定的差額數，確定正式候選人名單，進行選舉。

選舉採用無記名投票方式。代表對確定的候選人，可以投贊成票，可以投反對票，可以另選其他任何代表或者選民，也可以棄權。選舉本級地方各級人民政府領導人員，以全體代表的過半數通過。獲得過半數選票的候選人人數超過應選名額時，以得票多的當選；如遇票數相等不能確定當選人時，可就票數相等的人再次投票，以得票多的當選。獲得過半數選票的當選人數少於應選名額時，不足的名額另行選舉。另行選舉時，可以根據在第一次投票時得票多少的順序確定候選人，也可以按照前述提名候選人的程序另行提名，確定候選

人。另行選舉時，同樣實行差額選舉，具體差額數按照正職領導人員1：1，副職領導人員的候選人應比應選人數多1人至3人，由本級人民代表大會根據應選人數在選舉辦法中規定。另行選舉的時間，由本級人民代表大會決定，可以在本次大會上進行，也可以在下次大會上進行。一般講，另行選舉，特別是正職領導人員的另行選舉均在本次大會上進行。

補選地方各級人民政府領導人員時，可以多於應選人數，也可以同應選人數相等。補選是指在選舉產生的人員因死亡、被罷免、辭職等原因出缺而進行的補充選舉。選舉換屆選舉時沒有選夠的應選人數，不屬於補選，屬於另行選舉。補選的程序和方式由本級人民代表大會決定，可以等額選舉，也可以差額選舉。無記名投票，以全體代表的過半數當選。

縣級以上地方各級人民代表大會常委會，在本級人民代表大會閉會期間，由本級人民政府正職領導人員或本級人大常委會主任會議提名，可以決定任命本級人民政府個別副職領導人員。在本級人民政府正職領導人員不能擔任職務的時候，可從本級人民政府副職領導人員中決定代理人選。代理人選一般由本級人大常委會主任會議提名。

縣級以上地方各級人民政府領導人員，可以向本級人民代表大會提出辭職，由大會決定是否接受辭職；大會閉會期間，可以向本級人大常委會提出辭職，由常委會決定是否接受辭職。常委會接受辭職後，須報本級人民代表大會備案。鄉、民族鄉、鎮的人民政府領導人員，可以向本級人民代表大會提出辭職，由大會決定是否接受辭職。

縣級以上地方各級人民政府的非領導人員，即省、自治區、直轄市、自治州，設區的市的人民政府的秘書長、廳長、局長、委員會主任等；縣、自治縣、不設區的市、市轄區的人民政府的局長、科長等，均由本級人大常委會決定任命。具體程序是：縣級以上新的一屆地方各級人民政府領導人員依法選舉產生後，應在兩個月內提請本級人大常委會任命本級人民政府的秘書長、廳長、局長、主任、科長。本級人大常委會根據省長、自治區主席、市長、州長、縣長、區長的提名，決定本級人民政府上述非領導人員的任命。決定任命

之後，省級人民政府報國務院備案，縣級人民政府報上一級人民政府備案。

《憲法》和《地方組織法》規定，地方各級人民政府每屆任期同本級人民代表大會每屆任期相同，即每屆任期五年。每屆人民政府行使職權至新的一屆人民政府產生為止。在人民政府每屆任期內補選和任命的本級人民政府組成人員，其任期以本屆政府任期的剩餘時間為限。地方各級人民政府的省長、副省長，自治區主席、副主席，市長、副市長，州長、副州長，縣長、副縣長，區長、副區長，鄉長、副鄉長，鎮長、副鎮長可以連選連任，連任多少屆，法律沒有限制性的規定。

三、地方各級人民政府的地位及其與同級黨委、人大的關係

就地方各級人民政府在整個國家行政機關系統中的地位來說，它們是國務院統一領導下的國家行政機關，都服從國務院，貫徹執行國務院的行政法規、指示、命令和決定；同時，又是地方國家行政機關，必須接受上一級國家行政機關的領導，執行上一級國家行政機關的決定和命令，對上一級國家行政機關負責並報告工作。地方各級人民政府不同於地方各級權力機關、審判機關和檢察機關，作為行政機關，它們負責管理本行政區域內政治、經濟、文化等各方面的行政事務。地方政府的這種雙重負責制，把中央的統一領導和地方的主動性、積極性兩方面有機結合起來，是民主集中制原則在國家政權體制中的具體表現。這有利於國家行政的統一，保證政令暢通，也有利於調動地方的主動性、積極性，促進地方的建設和發展。

在新中國成立後地方政府長期運行慣例中，形成了黨對地方政府的直接領導。[7]這種領導關係，由於現行的憲法沒有做出具體的規定，只是抽象的原則性規定。《中國共產黨章程》也沒有把黨與政府的關係細化。《憲法》在序言中指出了中國共產黨在國家各方面的領導地位，當然也是設置和處理地方各級人民政府與黨委關係時，所必須遵循的總原則。《中國共產黨章程》則把中國

7　關於地方黨政關係的形成與變遷，可參見謝慶奎等，《中國地方政府體制概論》，163頁以下，北京，中國廣播電視出版社，1997。

共產黨的領導地位規定爲「政治、思想和組織的領導」，並指出「黨必須保證國家的立法、司法、行政機關，經濟、文化組織和人民團體積極主動地、獨立負責協調一致地工作」。[8]在具體政府過程中，以黨委爲核心的地方黨組織主要是按行政區劃來設置的，地方政府與同級黨委的關係如下：

首先，「黨管幹部」原則在各級政府中的運用。特別是黨委書記是各級黨政系統的「一把手」，由上一級黨委任免，而不受同級政府的制約，其地位與權力一般都在行政首長之上。對於地方各級人民政府各工作部門來說，不論是選舉職務人選還是任命職務人選，幹部是由黨委來推薦和確定的，政府自身沒有對本級政府高級領導職務的推薦權和任命權。[9]除了下屬工作部門幹部任免權外，由於黨委書記或副書記負責領導地方事務的某一個方面。其他政策制定的最終決定權也掌握在黨委手中。[10]因此，在實際運行中，地方各級黨委實際上比各級人民政府更有權力。

其次，在政府部門中設立由同級黨委統一領導的黨組。[11]地方政府部門中的黨組，一是負責實現黨的路線、方針、政策，研究制定貫徹執行中央和批准其成立的黨的委員會決議、決定的措施，二是對本部門的重大問題做出決策，三是按照幹部管理許可權和規定的程序，負責幹部的推薦、提名、任免和管理，四是指導機關和直屬單位黨組織的工作。

最後，歸口管理「口」是指政府工作的某些領域，在與各級政府並行的黨委領導黨組織中，設立組織、宣傳、政法等部門，對政府中的人事、新聞、公檢法等具體工作部門進行「歸口管理」，一般由同級黨委（後來是分管書記）分口負責，以加強對政府行政工作的領導。這樣，地方政府各工作部門同時還受到來自職能部門黨組織的領導，黨委對政府領導的得到雙重組織制度保證。

8　《中國共產黨章程》，20、21頁，上海，人民出版社，2007。

9　周平主編，《當代中國地方政府》，58～59頁，上海，人民出版社，2007。

10　關於中國地方黨政結構的分析可參見，沈榮華，《地方政府治理》，111～121頁，北京，社會科學文獻出版社，2006。

11　一般來說，黨組是黨在中央和地方國家機關、人民團體、經濟組織、文化組織和其他非黨組織的領導機關中設立的黨的組織。

在現行的政治體制架構下，地方政府的黨委與政府的這種權力結構關係對於維繫國家的統一、中央的政令暢通和保持一個安定的政治局面發揮著重要作用。

從法理上說，地方各級人民代表大會是相應行政區劃內的最高權力機關，它同地方各級人民政府之間是授權與被授權的關係，用政治學術語說就是委託者與代理者的關係。這種關係主要表現在以下幾個方面：

1. 地方各級人民政府的權力來源於同級人民代表大會及其常務委員會：《憲法》和《地方組織法》都規定，地方各級人民代表大會分別選舉並且有權罷免本級人民政府的省長和副省長、市長和副市長、縣長和副縣長、區長和副區長、鄉長和副鄉長、鎮長和副鎮長。同時，《地方組織法》還規定縣級以上的地方各級人民代表大會舉行會議的時候，主席團、常務委員會或者十分之一以上代表聯名，可以提出對本級人民政府組成人員的罷免案，由主席團提請大會審議。鄉、民族鄉、鎮的人民代表大會舉行會議的時候，主席團或者五分之一以上代表聯名，可以提出對人民代表大會主席、副主席，鄉長、副鄉長，鎮長、副鎮長的罷免案，由主席團提請大會審議。

地方各級人民政府領導人員可以向本級人民代表大會提出辭職，由大會決定是否接受辭職；大會閉會期間，可以向本級人民代表大會常務委員會提出辭職，由常務委員會決定是否接受辭職。鄉、民族鄉、鎮的人民代表大會主席、副主席，鄉長、副鄉長，鎮長、副鎮長，可以向本級人民代表大會提出辭職，由大會決定是否接受辭職。

2. 基於權力的授予關係，《地方組織法》第五十四條、第五十九條規定，地方各級人民政府是地方各級人民代表大會的執行機關，是地方各級國家行政機關；縣級以上的地方各級人民政府的職權首先是執行本級人民代表大會及其常務委員會的決議以及上級國家行政機關的決定和命令，規定行政措施，發布決定和命令。

3. 地方各級人民政府要接受同級人民代表大會及其常務委員會的監督：《憲法》第一百零四條規定，縣級以上的地方各級人民代表大會常務委員會討論、決定本行政區域內各方面工作的重大事項，監督本級人民政府。地方人大

及其常委會對地方政府的監督主要有以下幾種方式：

(1) 聽取、審議和批准工作報告：《憲法》第一百一十條規定，地方各級人民政府向本級人民代表大會負責並報告上作。縣級以上的地方各級人民政府在本級人民代表大會閉會期間，對本級人民代表大會常務委員會負責並報告工作。人大有權審查政府工作報告、政府部門專題工作報告、國民經濟和社會發展計畫及計畫執行情況報告、國家預算及預算執行情況的報告。人大不批准報告單位的報告，報告單位不僅要整改，定期再做報告，而且報告單位的領導團體和主要負責人員要引咎辭職。

(2) 進行質詢：《地方組織法》規定地方各級人民代表大會舉行會議的時候，代表十人以上聯名可以書面提出對本級人民政府和它所屬各工作部門的質詢案。質詢案由主席團決定交由受質詢機關在主席團會議、大會全體會議或者有關的專門委員會會議上口頭答覆，或者由受質詢機關書面答覆。在主席團會議或者專門委員會會議上答覆的，提質詢案的代表有權列席會議，發表意見；主席團認為必要的時候，可以將答覆質詢案的情況報告印發會議。質詢案以口頭答覆的，應當由受質詢機關的負責人到會答覆；質詢案以書面答覆的，應當由受質詢機關的負責人簽署，由主席團印發會議或者印發提質詢案的代表。在地方各級人民代表大會審議議案的時候，代表可以向有關地方國家機關提出詢問，由有關機關派人說明。在常務委員會會議期間，省、自治區、直轄市、自治州、設區的市的人民代表大會常務委員會組成人員五人以上聯名，縣級的人民代表大會常務委員會組成人員三人以上聯名，可以向常務委員會書面提出對本級人民政府、人民法院、人民檢察院的質詢案。質詢案必須寫明質詢對象、質詢的問題和內容。質詢案由主任會議決定交由受質詢機關在常務委員會全體會議上或者有關的專門委員會會議上口頭答覆，或者由受質詢機關書面答覆。在專門委員會會議上答覆的，提質詢案的常務委員會組成人員有權列席會議，發表意見；主任會議認為必要的時候，可以將答覆質詢案的情況報告印發會議。質詢案以口頭答覆的，應當由受質詢機關的負責人到會答覆；質詢案以書面答覆的，應當由受質詢機關的負責人簽署，由主任會議印發會議或者印發提質詢案的常務委員會組成人員。

(3) 執法檢查和特別問題調查：各級人大常委會要根據工作需要和實際情

況，每年有計畫、有重點地安排執法檢查，檢查重要的專項法律實施情況。各級人大要制定年度執法檢查計畫，組織執法檢查組，督促依法行政，寫出執法檢查報告，提交本級人大審議，有關國家機關的負責人必須到會聽取意見，回答詢問。組織對於人民嚴重不滿、社會影響極大、後果嚴重的政府違法問題，縣級以上各級人大代表有權依法提議組織特定問題調查委員會，透過調查核實做出處理。

(4) 視察工作：人民代表大會閉會期間，各級人大常委會要組織人大代表對本級或者下級國家機關和有關單位的工作進行集中統一的視察，人大代表也可以持代表證就地進行分散視察。人民代表可以在視察中及時發現有關國家機關及其工作人員執行職務存在的問題，瞭解人民的心聲和願望，便於向有關國家機關提出建議、批評和意見，便於更好地履行代表職務。

此外，地方各級人民代表大會及其常務委員會有權撤銷本級人民政府的不適當的決定和命令。縣級以上的地方各級人民代表大會常務委員會的組成人員不得擔任國家行政機關的職務。在鄉鎮一級，鄉、民族鄉、鎮的人民代表大會主席、副主席不得擔任國家行政機關的職務；如果擔任國家行政機關的職務，必須向本級人民代表大會辭去主席、副主席的職務。這體現了授權與被授權關係上的明確分離，便於監督權力的行使。地方各級人民政府每屆任期五年，與同級人民代表大會屆期相同，從時間上保證了二者上述權力關係的實施。

第二節　地方各級人民政府的職權

一、地方各級人民政府基本職能的變化和改革

地方各級人民政府作為承接中央行政體制，聯結廣大社會的中間環節，是國家整個行政管理體制中的基礎環節，直接承擔著組織、協調和管理經濟社會發展的職能，是中國行政體制中一個執行實施的行政層級，同時也可以在法律規定的範圍內具有一定的決策職能。地方政府在行使公共服務功能和社會管理

責任方面，與中央政府具有明顯不同的要求，其職能範圍應包括以下幾個方面：[12]

（一）經濟調節職能

地方政府的經濟調節職能是指地方政府透過採用適當的財政政策和經濟調控手段對地方經濟的發展進行中觀調節，把握本地區經濟發展的動向，及時發現經濟運行中的問題，保證地方經濟穩定增長的職責和功能。全國性的宏觀經濟調節職能具有統一性和整體性，一般是由中央政府進行的。地方政府主要是落實中央政府的部署，在中觀和微觀的層面上，對本區域的經濟進行調節。具體來說是：全面建設小康社會，表現在經濟上，不僅要求經濟總量有大幅度的提高，而且要求經濟結構不斷優化。政府的經濟調節職能主要是為經濟發展提供良好的宏觀經濟環境，優化經濟結構。首先，透過用適當的財政政策和貨幣政策等宏觀經濟政策進行宏觀調控，促進經濟增長，增加就業，穩定物價，保持國際收支平衡。其次，為縮小城鄉差別、促進城鄉經濟協調發展提供必要的制度保證和政策支持。一方面，透過改革和穩定土地家庭承包經營制度、土地流轉制度、征地制度、農村稅費制度、農產品補貼制度，加大對農業技術研究和推廣以及農村基礎設施的財政資金投人等方式，促進農村經濟發展，增加農民收入；另一方面，加強對城鎮化的規劃、指導和財力支持，改革戶籍制度、城鄉就業制度，以加快城鎮化進程。第三，對區域經濟發展給予協調、指導和財政支持，促使東、中、西部地區在發揮各自的比較優勢的前提下協調發展。特別是在西部大開發中，中央政府應利用制度安排、投資專案、稅收政策和財政轉移支付，在重點支援西部地區基礎設施和生態環境建設的同時，重視對西部地區教育的支援；第四，在符合世貿組織規則的前提下，採取鼓勵性的政策措施，促進出口，吸引外資，支援本國企業跨國投資經營。

---

[12]　參見，劉靖華、姜憲利等著，《中國政府管理創新》（管理卷），46～50頁，北京，中國社會科學出版社，2004。

（二）市場監管職能

　　地方政府的市場監管職能是指地方政府作爲制度的供給者，透過制定和執行相關的法律法規，按照市場經濟發展要求和運行規則，對地方市場經濟秩序進行監督和管理。地方各級政府都是當地市場經濟秩序的規範者與市場環境的保護者，理應在當地市場的監管中發揮作用。具體地說，政府作爲制度的供給者，應透過制定和執行相關法律法規，履行其在市場監管方面的主要職能：界定和保護各類產權；創造良好的信用環境；促進全國統一市場的形成，擴大市場對內對外開放，逐步消除行政性壟斷，加強對自然壟斷行業的規制；對產品定價和產品品質資訊披露行爲進行嚴格監管等等。

（三）社會管理職能

　　社會管理職能主要包括政府承擔的管理和規範社會組織、協調社會矛盾、保證社會公正、維護社會秩序和穩定、保障人民群眾生命財產安全等方面的職能。全面建設小康社會目標的實現要求經濟與社會協調發展，這就決定了社會管理職能應成爲政府職能中十分重要的組成部分。具體來看，這方面的職能主要有：1.保障公民享有憲法規定的經濟、政治和文化權利。依法指導和幫助非政府組織的健康發展，推進社區和鄉村基層組織自治；爲落實公民在選舉、決策、管理和監督等方面的民主權利創造條件；2.維護社會安全秩序。依法懲處各種犯罪活動；妥善處理突發性、群體性事件；解決好各種利益矛盾和糾紛，在安全生產方面實行嚴格的監督管理；做好防災減災工作等等。

（四）公共服務職能

　　地方政府的公共服務職能是指地方政府滿足地方社會公共需求、爲地方社會提供基本而有保障的公共產品和公共服務的職責和功能。具體而言，地方政府爲當地社會提供的公共服務職能主要包括政府承擔的發展各項社會事業，實施公共政策，擴大社會就業，提供社會保障，建設公共基礎設施，健全政務、辦事和資訊等公共服務系統等方面的職能。經濟增長是政府宏觀調控追求的目標之一，但它並不是最終目的，而只是實現社會進步和人的全面發展的手段。

在全面建設小康社會中，應更加重視政府的公共服務職能，強化以下幾個方面：把擴大就業放在更加突出的位置，加強對就業的指導和扶持，給予企業的技術培訓項目和下崗失業人員的技能培訓以更大的財政支持；擴大社會保障的覆蓋面，加快建設和完善與經濟發展水準相適應的社會保障體系，加大收入分配調節力度，把居民收入分配差距控制在適度的範圍；加大對教育的投人，提高政府公共教育服務水準，尤其是要提高義務教育的品質和普及程度；逐步把公共醫療服務對象擴大到所有的城鄉居民，使人人享有基本醫療保健；加強對文化建設、基礎科學研究和技術開發領域的財政支援；通過政府投資和組織民間資本參與建設的方式，加大基礎設施的建設和供給，加強環境保護等等。

改革開放以前的中國地方政府體制是適應指令性計畫經濟和高度中央集權政治體制，其結構、功能和運行關係都與計畫經濟體制相適應，並深受馬克思主義政府體制理論、蘇聯行政體制模式和中國傳統政治文化的影響。建國後歷次政府機構精簡和人員裁減，都沒有取得持續性的理想效果，原因在於計畫型社會經濟基礎沒有變動，行政改革難以觸及管理體制本身，外延式的機構改革跳不出「精簡—膨脹—再精簡—再膨脹」的歷史「怪圈」。

改革開放後，特別是1982年以來，中國各級政府進行的五次行政體制改革促進了地方政府職能的轉變。總體來講，地方政府一直在進行著適應性和變革，集中表現在六次大規模的行政機構改革，政府的職能主要還是被定位爲社會經濟的「消防員」和「穩定器」角色與功能上。1998年兩次大的機構改革在轉變地方各級政府職能上邁出了較大步伐，地方各級政府機構的職能發生了很大的變化。2003年地方政府機構改革的主要特點在於：1.上下對口設置省級國有資產管理機構。與國務院國有資產監督管理委員會相對應，各地組建省級國有資產監督管理委員會；2.有關機構調整和職能整合從各地實際出發；3.嚴格控制機構和編制。各地的方案比較好地體現了精簡、統一、效能的原則。做到機構、編制、領導職數「三個不突破」：機構調整均在規定的機構限額內進行，人員編制未突破中央核定的總數，領導職數嚴格按照規定配備。與2008年中央政府機構改革相適應，地方機構改革也以推進大部制改革是此次地方政府機構改革爲特點。此次地方政府探索「大部制」改革，將在農業、工業、交通

運輸、城鄉建設、人力資源、文化領域、食品藥品等七個方面加強統籌協調，這與國務院機構改革並不完全一致。各地還對議事協調機構、部門管理機構、自定行政機構和承擔行政職能的事業單位進行了清理規範。據統計，改革後全國各省區市共減少副廳級以上機構80多個。到2009年年中，省級政府機構改革應當基本完成，並同時啟動市縣級政府機構改革、提出改革的要求以及預案。按照中央部署，此後5年要加快政府職能轉變，深化政府機構改革，加強依法行政和制度建設，為深化行政管理體制改革的總體目標打下堅實基礎，到2020年，建立比較完善的中國特色社會主義行政管理體制。

此外，此次改革，還大力鼓勵地方因地制宜，以轉變政府職能為核心。按照中央政府的要求，此次政府機構改革的核心是轉變政府職能。並要求加快推進政企分開、政資分開、政事分開、政府與市場仲介組織分開，把不該由政府管理的事項轉移出去，進一步下放管理許可權，深化行政審批制度改革，減少行政許可。突出強調地方政府要更好地履行職責，增強地方提供社會管理與公共服務的能力。同時，強調政府的「責任」意識與制度化。政府的權力範圍和手段，要求政府應當承擔起相應的責任，只有突出了責任，才能釐清權力的範圍。改革將積極探索強化責任的途徑及方法，推進政務公開、績效考核、行政問責。

二、地方各級人民政府的主要職權及其特點

根據《地方組織法》的規定，縣級以上的地方各級人民政府行使下列職權：1.執行本級人民代表大會及其常務委員會的決議，以及上級國家行政機關的決定和命令，規定行政措施，發布決定和命令；2.領導所屬各工作部門和下級人民政府的工作；3.改變或者撤銷所屬各工作部門的不適當的命令、指示和下級人民政府的不適當的決定、命令；4.依照法律的規定任免、培訓、考核和獎懲國家行政機關工作人員；5.執行國民經濟和社會發展計畫、預算，管理本行政區域內的經濟、教育、科學、文化、衛生、體育事業、環境和資源保護、城鄉建設事業和財政、民政、公安、民族事務、司法行政、監察、計畫生育等行政工作；6.保護社會主義的全民所有的財產和勞動群眾集體所有的財產，保

護公民私人所有的合法財產，維護社會秩序，保障公民的人身權利、民主權利和其他權利；7.保護各種經濟組織的合法權益；8.保障少數民族的權利和尊重少數民族的風俗習慣，幫助本行政區域內各少數民族聚居的地方依照憲法和法律實行區域自治，幫助各少數民族發展政治、經濟和文化的建設事業；9.保障憲法和法律賦予婦女的男女平等、同工同酬和婚姻自由等各項權利；10.辦理上級國家行政機關交辦的其他事項。縣級以上各級人民政府的這些職權可以概括為執行權、制令權、行政領導權、人事管理權、行政領導權保護權。[13]

除上述職權外，《地方組織法》第六十條規定，省、自治區、直轄市的人民政府可以根據法律、行政法規和本省、自治區、直轄市的地方性法規，制定規章，[14]報國務院和本級人民代表大會常務委員會備案。省、自治區的人民政府所在地的市和經國務院批准的較大的市的人民政府，可以根據法律、行政法規和本省、自治區的地方性法規，制定規章，報國務院和省、自治區的人民代表大會常務委員會、人民政府以及本級人民代表大會常務委員會備案。制定規章，須經各該級政府常務會議或者全體會議討論決定。《地方組織法》賦予它們享有地方政府規章的制定權，可以更好地行使省級政府的職權。這也是依法行政的需要。

對鄉、民族鄉、鎮的人民政府的職權，《地方組織法》做了如下規定：1.執行本級人民代表大會的決議和上級國家行政機關的決定和命令，發布決定和命令；2.執行本行政區域內的經濟和社會發展計畫、預算，管理本行政區域內的經濟、教育、科學、文化、衛生、體育事業和財政、民政、公安、司法行政、計畫生育等行政工作；3.保護社會主義的全民所有的財產和勞動群眾集體所有的財產，保護公民私人所有的合法財產，維護社會秩序，保障公民的人

13　對幾項職權的詳細概括，可參見王健康等主編，《中國黨政制度全書》第2卷，634～637頁，吉林，吉林攝影出版社，2003。

14　「規章」是指地方政府規章，即由省、自治區、直轄市以及省、自治區人民政府所在地的市和經國務院批准的較大的市的人民政府根據法律、行政法規、地方性法規並按照一定程序所制定的普遍適用本地區行政管理工作的規定、辦法、實施細則、規則等規範性文件的總稱。

身權利、民主權利和其他權利；4.保護各種經濟組織的合法權益；5.保障少數民族的權利和尊重少數民族的風俗習慣；6.保障憲法和法律賦予婦女的男女平等、同工同酬和婚姻自由等各項權利；7.辦理上級人民政府交辦的其他事項。

中國地方各級人民政府組織機構設置是以行政區劃爲基礎的，屬於區域性政府。縱向關係上來說，地方各級人民政府是國家行政體系的一部分，是次級政府，從橫向關係上來說，它是同級權力機關即人民代表大會的執行機關，從地方各級人民政府與黨的關係上來說，政府即受同級黨委的領導，同時由於黨的系統內實行「下管一級」的幹部管理原則，所以地方各級黨政又受上級黨委的領導，這決定了地方各級人民政府的上述各項職權的基本特徵。

（一）派生性

如前所述，地方政府職權並不來源於地方政府自身。就行政系統內部而言，在中國這樣一個單一制中央集權國家中，「地方政府的權力是由中央政府讓予的，所以，不管怎麼樣，中央政府都有最終決定權」。[15]《地方地方組織法》明確規定，「全國地方各級人民政府都是國務院統一領導下的國家行政機關，都服從國務院」。就地方政府與同級黨委、人大關係而言，從法理上，其職權由同級人大授予。在地方政府權力上，地方政府許可權的確定與變更，也由立法機關透過憲法和普通法律的制定與修改來實現。同時地方政府又受黨委的領導，黨委在憲法和法律範圍內把自己的意志和政策透過人大等管道，將由地方政府執行，從而實現了黨對地方政府的全面領導。在實踐過程中，黨委也成爲地方政府權力的重要來源之一。

（二）區域性

中央政府對地方政府職權的配置，主要是出於因地制宜或屬地管理的原則，其客觀結果也必然使地方政府權力具有區域性。地方政府的職權僅限於法定的地域範圍，其職權所產生的結果如所制定的地方性法規、規章也只能在地方政府所轄行政區域內具有效力。地方政府一般只提供與轄區內的地方性公共

---

[15]　林尚立：《國內政府間關係》，21頁，浙江人民出版社，1998。

物品。如轄區內的醫療衛生、教育、社會保障、交通運輸、基礎設施等。如在政府過程中兩個或以上同級政府（如省與省、縣與縣、鄉與鄉）間發生矛盾，一方對其他方沒有處置職權，一般要透過上級政府協調或裁決。

（三）法定性

地方政府職能必須由憲法與一系列法律規範來確定，其中，尤以憲法和地方政府組織法等依據爲最根本。隨著市場經濟體制的不斷健全和完善以及行政改革的不斷深化，地方政府職能將在實踐中逐步增強其明確性、規範性與法定性，由改革帶來職能的變化，必須用相應的法律法規將改革的成果確定下來。地方政府職能的法定性主要表現爲：依法規範各級地方政府的職能層次和內容，依法明確各級地方政府實現其職能的方法與路徑，依法規定地方政府職能履行中的自由裁量度與邊界，依法解決政府層次過多、職能交叉過亂、執法主體臃腫以及權責關係脫節等實踐中嚴重存在的問題。

（四）強制性

從地方政府職權產生的後果看，由於它在作用於公共事務領域的過程中以法律爲依據，以國家機器爲保證，以強制力手段爲依託，任何公民和社會組織都不得抵制和違抗，否則就會受到法律或行政的制裁，因此，地方政府權力具有強制性和約束力。[16]

三、地方各級人民政府行使職權的原則和要求

建設法治政府是依法治國的重要體現，也是依法行政的總原則和總要求。1996年中國提出了依法治國、建設社會主義法治國家的基本治國方略，1999年憲法修正案將依法治國納入憲法。爲了建設法治政府，1999年國務院發布《關於全面推行依法行政的決定》，2004年4月20日，國務院又向社會發布了《全面推行依法行政實施綱要》，系統規劃了中國依法行政的實施藍圖，明確提出了建設法治政府的宏偉目標，全面確立了中國未來10年推進依法行政、建設法

16　周平主編，《當代中國地方政府》，217頁，人民出版社，2007。

治政府的行動綱領。2008年5月20日，國務院以做出了關於加強市縣政府依法行政的決定，以上這些法律法規與政策，都爲地方各級政府依法行政提供了具體指導與規定。

依法行政是建設法治政府，貫徹依法治國方略的重要內容和關鍵環節。《地方組織法》規定：「地方各級人民政府必須依法行使行政職權」，這就要求地方各級人民政府行使職權必須遵循「依法行政」這一原則。依法行政就是國家行政機關依照憲法、法律的規定管理國家和社會事務。就地方政府本身的法治建設而言，地方政府權力的獲得、許可權範圍及權力運作必須由法律規定並依法進行。地方政府權力是公共領域中的公共權力，是由法律規定及授予的，凡法律禁止或沒有授予的，都不得爲之，堅持的是「法不授權即禁止」的原則，否則就是越權或者濫用職權。地方政府職權法定，越權無效，濫用職權違法。

中國政府的法治建設是一項系統工程，包括中央和地方各級政府都應該致力於這樣宏偉工程的建設。地方各級政府的法治建設的品質好壞關係著法治政府建設的整體品質。如何使三十多個省級政府、幾百個市級政府、幾千個縣級政府都能真正做到嚴格執法、自覺依法辦事，這是衡量是否建成法治政府的一個關鍵因素。地方政府在中國政權體系中具有十分重要的地位，是國家法律法規和政策的重要執行者。特別是市、縣兩級地方政府，其實際工作往往直接涉及人民群眾的具體利益，各種社會矛盾和糾紛大多數也是由市、縣政府處理的。市、縣政府能否切實做到依法行政，很大程度上決定著政府依法行政的整體水準和法治政府建設的整體進程。目前，從總體上看，中國地方政府的依法行政工作取得了明顯進展和顯著成效。但是，同時也必須看到，由於中國地域遼闊，推進依法行政工作在不同的省市進展還不平衡，不同地方依法行政工作的貫徹落實的狀況落差很大，大多數地方政府的依法行政、依法辦事的能力和水準與建設法治政府的要求相比還有不小差距。

地方各級人民政府要在行使職權中進一步落實和貫徹依法行政的原則，必須按國務院《全面推進依法行政實施綱要》所提出的行政機關及其工作人員必

須嚴格遵循的六條基本原則要求：[17]

（一）合法行政

　　作爲地方行政主體的各級地方政府在行使行政權時必須依據法律、符合法律，不得與法律相牴觸。合法不僅指合乎實體法，也指合乎程序法，凡沒有法律、法規、規章的規定，地方行政機關不得做出影響公民、法人和其他組織合法權益或者增加公民、法人和其他組織義務的決定。

（二）合理行政

　　這主要是要求地方行政機關實施行政管理，應當遵循公平、公正的原則，要平等對待行政管理相對人，不偏私，不歧視。合理行政主要適用於自由裁量權領域。由於自由裁量權是一個具有很大靈活性的權力，所以更容易被濫用。爲了防止濫用自由裁量權，必須在肯定和授予自由裁量權的同時，透過法律對自由裁量權的行使進行必要的監督、約束和控制。正是在這種情況下，行政行爲不僅要合法，還必須合理。

（三）程序正當

　　這是要求地方各級政府按照正當的法律程序列政，執法不僅要公正，而且要以看得見的方式來實現公正（如告知、聽取申辯、說明理由、回避等）。地方政府實施行政管理，除法定保密之外，應當公開，注意聽取公民、法人和其他組織的意見；要嚴格遵守法定程序，依法保護行政相對人、利害關係人的知情權、參與權和救濟權；行政人員履行職責，與行政相對人存在利害關係時，應當迴避。程序正當的核心是要通過合適的程序安排根除和避免那些可能導致不公正結果的因素。事實上，程序公正是實體公正的前提，實體公正的實現有賴於程序公正來保障。沒有程序的公正，就不可能有實體的公正。

---

[17] 以下論述參考了陳新安的《依法行政必須嚴格落實六項其本要求》一文，見《西安市人民政府公報》，2006年，第3期；另可參見，馬懷德，《漫議依法行政的基本要求》，載《中國監察報》，2004年5月19日。

（四）高效便民

這是強調行政機關必須按照法律的宗旨行政。高效是衡量行政機關工作品質的重要標準，也是決定行政機關能否眞正落實服務於民宗旨的重要環節。地方各級行政機關實施行政管理，應當遵守法定時限，積極履行法定職責，提高辦事效率，提供優質服務，方便公民、法人和其他組織。只有高效行政，才能眞正做到便民、利民、爲民。

（五）誠實守信

誠實守信不僅是人與人之間的道德準則和法律約束，而且也是政府機關行使行政權時必須遵循的原則，是依法行政對行政機關及其行政活動的必然要求，也是行政機關及其工作人員的法律義務與責任。

（六）權責統一

爲順應從權力政府向責任政府轉變的發展趨勢，各級地方行政機關必須依照法律規定的職權、職責行政，行使多大的權力就要承擔多大的責任。行政機關依法履行經濟、社會和文化事務管理職責，要由法律、法規賦予其相應的執法手段。行政機關違法或者不當行使職權，應當依法承擔法律責任，實現權力和責任的統一。依法做到執法有保障，有權必有責，用權受監督，違法受追究，侵權須賠償。

各級地方政府在實施行政管理過程中，嚴格遵循上述六項基本要求，堅持對人民負責，對人民制定的法律負責，自覺依據法律行使行政權，始終繃緊依法行政這根弦，就一定能夠全面推進依法行政，實現建設一個廉潔的、勤政的、務實的、高效的、誠信型、責任型、服務型地方政府和法治地方政府的目標。

第三節　地方各級人民政府的機構設置和領導體制

一、地方各級人民政府的組成

　　從1979年開始，特別是1982年憲法實施之後，地方各級人民政府由本行政區域的行政首長、部門首長組成。根據憲法和地方組織法的規定，省、自治區、直轄市、自治州、設區的市的人民政府設秘書長。因此，省、自治區、直轄市、自治州、設區的市的人民政府分別由省長、副省長，自治區主席、副主席，市長、副市長，州長、副州長和秘書長、廳長、局長、委員會主任等組成。即由政府首長、秘書長、和各該級人民政府所屬各工作部門的負責人三部分組成。縣一級人民政府不設秘書長。因此，縣、自治縣、不設區的市、市轄區的人民政府分別由縣長、副縣長，市長、副市長，區長、副區長和局長、科長等組成。即由政府首長和各該級人民政府所屬工作部門的負責人組成。鄉、民族鄉、鎮人民政府是基層人民政府，沒有規定它設工作部門，只設鄉長、副鄉長，鎮長、副鎮長。目前，鄉一級人民政府為了開展工作，一般都設有公安助理、司法助理、民政助理、計畫生育助理等，協助鄉人民政府搞好基層工作。但他們不是鄉人民政府的組成人員。

　　地方各級人民政府的組成情況，是以它們的行政管理事務繁簡程度為根據的。設區的市以上的人民政府的地域比縣大，人口比縣多，行政管理事務比縣繁重，所以在政府組成人員中設定了秘書長一職。縣級政府的地域比鄉大、人口比鄉多，行政管理事務也比鄉級繁雜，所以其政府組成人員中比鄉鎮多了所屬工作部門負責人這部分。鄉一級的政府只設行政首長，是因為鄉一級政府管轄範圍較小，人口較少，而且大部分是從事農業生產的農場，行政管理事務與縣一級相比，比較單一。所以鄉政府不設所屬工作部門，只設負責公安、司法、文教等事務的助理員，負責執行鄉長的決定和處理一般性的行政事務。民族鄉不是比族區域自治的行政建制，不享有特殊的自治權。但民族鄉政府在組成上有不同於一般鄉政府的特點，即為了體現中國的少數民族政策，地方組織法明確規定了民族鄉的鄉長由建立民族鄉的少數民族公民擔任。

二、地方各級人民政府的機構設置

　　為了規範地方各級人民政府機構設置，提高行政效能，根據憲法、地方各級人民代表大會和地方各級人民政府組織法，自2007年5月1日起施行實施的《地方各級人民政府機構設置和編制管理條例》，提出了地方各級人民政府機構的設置原則。

　　第一，地方各級人民政府行政機構應當以職責的科學配置為基礎，綜合設置，做到職責明確、分工合理、機構精簡、權責一致，決策和執行相協調；地方各級人民政府行政機構應當根據履行職責的需要，適時調整。但是，在一屆政府任期內，地方各級人民政府的工作部門應當保持相對穩定。地方各級人民政府行政機構的設立、撤銷、合併或者變更規格、名稱，由本級人民政府提出方案，經上一級人民政府機構編制管理機關審核後，報上一級人民政府批准；其中，縣級以上地方各級人民政府行政機構的設立、撤銷或者合併，還應當依法報本級人民代表大會常務委員會備案；地方各級人民政府行政機構職責相同或者相近的，原則上由一個行政機構承擔。

　　第二，地方各級人民政府設立議事協調機構，應當嚴格控制；可以交由現有機構承擔職能的或者由現有機構進行協調可以解決問題的，不另設立議事協調機構；為辦理一定時期內某項特定工作設立的議事協調機構，應當明確規定其撤銷的條件和期限。

　　第三，縣級以上地方各級人民政府的議事協調機構不單獨設立辦事機構，具體工作由有關的行政機構承擔；地方各級人民政府行政機構根據工作需要和精幹的原則，設立必要的內設機構。縣級以上地方各級人民政府行政機構的內設機構的設立、撤銷、合併或者變更規格、名稱，由該行政機構報本級人民政府機構編制管理機關審批。

　　第四，行政機構之間對職責劃分有異議的，應當主動協商解決。協商一致的，報本級人民政府機構編制管理機關備案；協商不一致的，應當提請本級人民政府機構編制管理機關提出協調意見，由機構編制管理機關報本級人民政府

決定。

中國地方各級人民政府機構主要是上述原則設置的，其中，大體可以分為四種類型：

1. 省、自治區、直轄市人民政府的機構設置、自治區、直轄市人民政府的機構設立、增加、減少或者合併，由本級人民政協報清國務院批准，並報省級人民代表大會常務委員會備案。由於省級政府處於上傳下達的中間環節，因此，除去一些主管外交、國防等全國性事務的行政機構和合併某些職責相近、任務單純的行政機構外，省、自治區、直轄市的人民政府的行政機構設置大體上與國務院的機構職能和設置相適應。

隨著以2008年3月國務院機構改革的「大部制」方案執行，新一輪政府機構改革拉開帷幕，地方各級政府的機構設置改革也已經展開。這次改革，中央不統一要求上下對口，允許各省區市因地制宜，從各地實際情況出發，尊重個性化差異，反映其地方特色，在設立機構時各有側重。同時，各省、自治區、直轄市的情況存在地域性差異，工作機構設置的繁簡，人員編制的多寡，也視其任務、計畫、財力與人力而定，所以各省級政府所設機構在名稱和數量上都很不統一。到2009年5月，已經有30個省級政府機構改革方案獲中央批准，其機構改革在上半年完成。就已經已獲批准的省級政府的機構改革方案來看，省、自治區黨委、政府的工作機構一般設40-50個之間（海南為33個，西藏為35個），其中，省、自治區、直轄市政府的辦公廳和組成部門25個左右，直屬特設機構1個（省國有資產管理委員會），直屬機構16個左右，部門管理機構約6個。[18]例如：北京市人民政府設置工作部門46個，其中，辦公廳和組成部門27個，直屬特設機構1個，直屬機構18個，設置部門管理機構6個。具體設置見下表：

18　資料來源：http://www.chinaorg.cn/zt/zt/node_105900.htm

北京市人民政府機構設置表

	辦公廳
	發展和改革委員會
	教育委員會
	科學技術委員會
	經濟和信息化委員會
	民族事務委員會
	公安局
	國家安全局
	監察局
	民政局
	司法局
	財政局
	人力資源和社會保障局
	國土資源局
組成部門	環境保護局
	規劃委員會
	住房和城鄉建設委員會
	市政市容管理委員會
	交通委員會
	農村工作委員會
	水務局
	商務委員會
	文化局
	衛生局
	人口和計畫生育委員會
	審計局
	外事辦公室
	社會建設工作辦公室

直屬特設機構	國有資產監督管理委員會
直屬機構	地方稅務局
	工商行政管理局
	質量技術監督局
	安全生產監督管理局
	廣播電影電視局
	新聞出版局
	文物局
	體育局
	統計局
	園林綠化局
	旅遊局
	金融工作局
	知識產權局
	民防局
	僑務辦公室
	法制辦公室
	信訪辦公室
	研究室

說明：

北京市人民政府設置工作部門46個。其中，辦公廳和組成部門27個，直屬特設機構1個，直屬機構18個。監察局與紀律檢查委員會機關合署辦公，列入政府工作部門序列，不計入政府機構個數。經濟和資訊化委員會掛國防科學技術工業辦公室牌子；民族事務委員會掛宗教事務局牌子；規劃委員會掛首都規劃建設委員會辦公室牌子；住房和城鄉建設委員會掛住房制度改革辦公室牌子；商務委員會掛口岸辦公室牌子；外事辦公室掛港澳事務辦公室牌子；新聞出版局掛版權局牌子；園林綠化局掛首都綠化委員會辦公室牌子；辦公廳保留參事室牌子。人力資源和社會保障局對外可使用公務員局、外國專家局名稱開展工作。此外，設置部門管理機構6個：監獄管理局、勞動教養工作管理局由司法局管理；農業局由農村工作委員會管理；糧食局由商務委員會管理；藥品監督管理局、中醫管理局由衛生局管理。

目前，由於省級政府的機構改革還沒有全部完成，所以省級以下的機構改革還沒有展開，下面對省級以下政府的介紹還是按改革前的設置來介紹。[19]

2. 自治州、市、市轄區政府機構設置：為了對內部各種事務進行整體規劃、綜合管理，政府機構就需要整體配置，使之功能健全。由於這一級政府機構數量多、差異大、情況複雜，在機構設置方面應視不同情況而定。以人口、面積、行政區劃、財政預算內收入及國內生產總值等指標為依據，可將市一級政府分為三大類，政府的工作機構限額按市的分類確定。一類市設60個左右；二類市設50個左右；三類市設30個左右。其中，一、二類市政府必設機構為：辦公室、計畫委員會、經濟貿易委員會、經濟體制改革委員會，教育委員會、科學技術委員會、公安局、民政局、司法局、財政局、人事局、勞動局、建設局、交通局、農業局、貿易局、文化局、衛生局、計劃生育委員會、審計局、統計局、工商行政管理局。人事局、勞動局可分設也可合設。三類市政府必設機構為：辦公室、計畫與經濟貿易委員會、教育委員會（或教育與科學技術委員會）、公安局、民政局、財政局、人事局（或人事與勞動局）、建設局、交通局、農業局、衛生局、計畫生育委員會、審計局、統計局、工商行政管理局。某些經濟不發達、人口較少的市應設得更少一些。

自治州人民政府工作部門的設置。自治州的黨政工作機構設置35個左右。其中，自治州政府必設機構為：辦公室、計畫與經濟局、教育局（或教育與科學技術局）、民族宗教局、公安局、民政局、財政局、農業局、衛生局、計劃生育局、審計局、統計局、工商行政管理局。自治州政府的機構設置要體現民族自治的特點，其機構設置和人員編制可適當放寬些。

3. 縣人民政府工作部門的設置：中國政府首先將縣加以分類，然後按不同的類別設定不同的行政機構。目前，依據人口、面積、工農業總產值及預算內財政收入等指標，將縣一級政府分為四大類：經濟發達、人口眾多的縣；經濟

---

[19] 省以下政府的機構設置的介紹，參考了包玉娥主編的《當代中國政治制度》，高等教育出版社，2007；王健康等主編的《中國黨政制度全書》，第2卷，吉林攝影出版社，2003的相關內容。

比較發達、人口比較多的縣；經濟發展水準和人口數量居中的縣；經濟貧困、人口較少的縣。縣黨委、政府的工作機構限額按縣的分類確定。政府的工作機構限額按縣的分類確定，一、二、三類縣政府應設機構為：辦公室、計畫與經濟局、農業局、教育局（或教育與科學技術局）、公安局、民政局、財政局、人事局（或人事與勞動局）、衛生局、計畫生育局、審計局、工商行政管理局、統計局。四類縣政府應設機構可以更綜合一些。

　　4. 鄉鎮人民政府工作部門的設置：鄉、鎮黨委、政府的工作機構限額按鄉、鎮的分類確定。一類鄉、鎮可設置黨政、財經、社會事務、鄉村建設等四、五個綜合性辦公室；二類鄉、鎮可設置黨政辦公室、財經辦公室和民政、文教衛生、鄉村建設、計畫生育等助理員；三類鄉黨委司設組織、宣傳、紀檢等委員，政府設民政、財政、生產、科教文衛、計畫生育、鄉村建設等助理員，不設職能機構。此外，以前中國有些鄉鎮還設立村公所作為其派出機構。為了減少管理層次，根據十四屆二中全會通過的《關於黨政機構改革的方案》要求，從1993年開始，鄉鎮不再設村公所作為其派出機構。從2004年的「破冰試水」起算，鄉鎮機構改革試點已在各地進行了整整5個年頭。2009年1月，中共中央辦公廳、國務院辦公廳正式印發《中央機構編制委員會辦公室關於深化鄉鎮機構改革的指導意見》。這標誌著，新一輪鄉鎮機構改革全面啟動，預計這一涉及3.4萬多個鄉鎮的改革任務將於2012年基本完成。[20]

三、縣鄉關係及其問題

　　在地方各級人民政府及其相互關係，縣鄉關係尤為重要。一是因為縣制本身的重要性，即縣制是中國最為古老的地方政治安排，而現在的縣政府特別是縣級市政府具有城市行政管理的功能，同時由於縣政府轄區的大部分在農村，有大量的農業人口，因而大部分縣政府的農業口都設有部門齊全的農村事務管理系統，例如農業局、林業局、水利局、水產局、畜牧特產局、農機管理局、鄉鎮企業管理局、氣象站、農業區劃辦公室、農村能源辦公室、土地管理局等。縣政府的一大任務是處理好城鄉之間的複雜關係，因而縣政府與鄉政府的

20　盛若蔚，〈全國過半鄉鎮完成或正進行機構改革〉，《中國改革報》，2009年5月25日。

關係在此值得一提。

當代中國縣組織與鄉鎮組織的關係主要表現在以下幾個方面：第一，縣對鄉鎮領導的核心機制是縣委對全縣工作的政治領導和組織人事領導。第二，根據《地方組織法》，縣長由縣級人民代表大會直接選舉產生。而縣人大代表中的大多數來自鄉鎮，這些代表都是由鄉鎮政府負責在基層行政村和鄉鎮由廣大有選舉權的公民直接投票選舉產生；而且，人大代表對國家機關工作人員有罷免權，對人大、政府有關決議有表決權，因此，從程序上看，鄉鎮組織對縣政府負責人人選具有很大的決定權，對縣政府的工作具有監督權。第三，縣政府和鄉鎮政府有直接的隸屬關係，縣長的主要職責之一是對鄉鎮長的直接領導，縣政府對於鄉鎮政府的領導，主要是透過各政府部門及其設在各鄉鎮的辦事機構來推動。第四，縣政府的各部門與鄉鎮政府之間的關係，既有直接隸屬於上級部門的條條關係（如郵電所、稅務局、工商所等），也有由鄉政府和縣對口部門雙重領導、共同管理的條塊關係（如派出所、司法所、法庭等），還有受縣政府有關部門業務指導的隸屬於鄉政府的塊塊關係（主要是鄉政府的為農業服務的職能部門）。

近年來，縣鄉關係中的矛盾和摩擦增多，主要表現為縣各職能部門和鄉鎮政權之間的利益衝突，這種利益衝突有進一步加劇之勢。

1. 縣各種駐鄉機構急劇膨脹，鄉鎮政權管理權能受到削弱

人事權不歸鄉管的各種駐鄉機構近年來日益膨脹，其人員數量已遠遠超過鄉鎮政權工作人員數量。某市某鄉截至1996年5月底共有工作人員104人，而各種駐鄉機構總人數則高達318人，這些駐鄉機構包括：郵電所、派出所、工商所、稅務所、信用社、農行營業所、衛生院、糧管所、電管所、運管所、技術監督所、電視插轉臺、供銷社、煙站、衛生院等15個機構。由於這些駐鄉機構直接和農民打交道，同時又是由縣有關職能部門實行垂直領導，所以對於它們的損農坑農行為鄉里奈何不得。地方組織法規定，鄉鎮人大和政府的一項重要職權是「保護各種經濟組織的合法權益」。但是恰恰對諸如電管所隨意提高電價、供銷社抬高化肥供應價格、派出所以抓賭為名亂罰款、運管所隨意設卡收

費、糧管所收購糧食壓級壓價乃至「打白條」等損農坑農行為，鄉鎮人大和政府想管卻又管不了，農民對此意見很大。他們認為「塊塊管不住條條」。

2. 縣各職能部門和鄉鎮政權爭奪對下屬機構的領導權

在條塊之爭中，前述人事權不歸鄉管的駐鄉機構以實行條條的垂直領導為主。但即使在條條和塊塊實行雙重領導、以塊塊領導為主的機構中，縣各職能部門也在加緊爭奪控制權。它們的辦法之一是透過將原來設在各鄉鎮的下屬機構撤併，實行分區設所劃片管理，擺脫各鄉鎮的控制；辦法之二是透過財權上收實現對歸口部門的管理。有關職能部門認為，「七所八站」下放給鄉鎮管，缺少縣裡的業務指導和專業人才的統一調配使用，處於人才流失、經費不足的半癱瘓狀態，削弱了其職能的履行。鄉鎮政權則認為，「七所八站」不歸鄉管會使農民利益得不到合理保護，鄉鎮缺少管理經濟和社會事務的必要手段。

3. 縣各職能部門和鄉鎮之間圍繞鄉鎮企業和個體工商戶、專業戶的利益爭奪加劇

由於鄉鎮政權的財政收入基本上來自鄉鎮企業和個體工商戶、專業戶，因此它們在一定程度上結成了利益共同體。鄉鎮政權一般來說對於保護鄉鎮各種經濟組織的合法權益持積極態度，對來自縣各職能部門的「三亂」行為加以抵制。鄉村幹部、鄉鎮企業廠長經理、個體戶普遍反映，縣各職能部門「光收費不服務」、「只罰不管」，哪一個都得罪不起。這些職能部門有各種部門做擋箭牌，根本不把鄉鎮政權放在眼裡，而且常常繞過鄉鎮政權直接向企業和個體戶收費或罰款。在這場利益爭奪戰中，鄉鎮政權處於劣勢地位，鄉鎮企業、各類個體工商戶、專業戶合法權益難以得到有效保護。

4. 在支農資金管理和使用上，縣有關職能部門和鄉鎮政權分歧嚴重

所謂「戴帽資金」是指鄉或村直接從省有關部門爭取到的專項資金，專款專用。縣農林水部門認為這種做法既助長了腐敗現象，又使縣職能部門無法對資金使用情況加以監督。鄉里認為不搞「戴帽資金」，下撥的款項都被縣職能部門截留了，搞不了基本建設專案。對「配套資金」下面反映也很強烈。原來

修路、修水庫防洪壩等基本建設專案，全部由國家出資，農民只需出工出力就行。現在農民既出錢又出力，大大加重了農民負擔。1973年某縣搞水利建設時農民光出力不出錢，現在國家只撥建設所需1/3款項，縣鄉拿出1/3，農民個人還要拿1/3。拿不到配套資金，國家補助也得不到，遂向農民集資。總之，各級政府實行財權上收、事權下放，客觀上加重了農民的負擔，也引發了鄉鎮政權與縣職能部門之間關係的緊張。

改革開放以來，中國各地縣級政權在促進本地經濟發展過程中曾經起過並且仍在起著十分積極的作用。但與此同時，縣級政權在運作過程中也暴露出一些問題，這些問題已經嚴重到了不容忽視的地步。具體來說，目前中國縣級政治中存在的主要問題有以下三個：腐敗問題、「三亂」（即亂罰款、亂收費和亂攤派）問題[21]以及前述的縣鄉之間的利益衝突問題。

在腐敗問題上，最大的腐敗是用人問題上的腐敗。縣級政權中用人問題上的腐敗包括兩個層面：第一個層面是發生在鄉鎮和縣各職能部門首長任命過程中的腐敗現象，即跑官買官現象。第二個層面是發生在任命使用行政執法部門和司法部門工作人員過程中的腐敗現象。公檢法、工商局、環保局、技術監督局、城建局、城管局等擁有執法或司法大權的部門，各鄉鎮的計畫生育小分隊、治安聯防隊員等職位，已經成為縣城和各鄉鎮青年人嚮往的職業。其他腐敗形式包括權錢交易、公款消費等。

縣級政權中上述問題的產生既有制度因素，又有經濟、歷史和文化的因素，重點應分析產生這些問題的制度性原因。

第一，黨的一元化領導體制和壓力型體制的領導方法是造成上述問題的一個重要原因。

黨的十三大曾把改變權力過分集中於黨委的領導體制作為政治體制改革的一個重點。但此後黨的一元化領導體制在很大程度上又得到了恢復，在縣鄉兩級表現得尤為明顯。縣委書記、鄉鎮黨委書記成為領導核心和權力中心。縣六

---

21 社會主義新農村建設政策使「三亂」問題以及由此引發的「三農」問題有所改觀。

大班子（縣委、縣政府、縣紀檢委、縣人大、縣政協、縣武裝部）在縣委書記的統一領導下分工負責各自的工作。縣級決策體制基本上仍是「黨委決定，各方去辦」。縣委常委會包括常委擴大會是就全縣重大問題進行決策的基本形式，縣委書記透過此類會議貫徹自己的意圖。在權力配置上仍是黨委大權獨攬、小權分散的格局。在這種領導體制下，只有上級黨委才能對縣鄉兩級黨委進行有效的監督，但往往表現爲事後監督。權力過分集中於縣委書記手中，同時缺少相應的責任制約束，易產生家長制、一言堂、腐敗現象等問題。

第二，各級領導幹部事實上的任命制和各部門領導說了算的做法是導致用人問題上的腐敗的主要原因。

在現行幹部人事制度下，縣委主要領導及組織部門掌握著各鄉鎮黨政領導和縣各職能部門領導幹部的任免權。各級人大的選舉或任命只是從程序上認可縣委的人事安排意圖，因而往往多流於形式。在縣各職能部門進人問題上，一般缺乏嚴格的考試錄用制度。只要縣主要領導寫批示，有關職能部門領導同意，人事部門定向分配即可。

縣級政權中諸問題的形成有著深刻的制度原因，要解決這些問題就必須積極推進縣級政治體制改革。

第四節　農村基層政權與基層民主

一、農村基層政權結構的演變

農村基層民主實際上就是指村民自治。從歷史和學理的角度而言，「自治」與「民主」是一對關係密切的概念，因此有必要首先釐清二者的關係。自治和民主都是人民主權理論所派生出來的概念，但是二者並不是同義反覆。自治的原意是指人們自己治理自身事務並對其負責的一種狀態，是「自我統治」，而民主是指「人民統治」。在初始的民主政治中，例如在古希臘城邦和

13世紀之前的一些英格蘭小鎮中，採取一種公社式的自治政治，是一種「直接民主」。但是，當政治共同體擴大以後，尤其是在民族國家形成以後，這種自治式的直接民主變得不可能，直接民主向以選舉爲仲介的間接民主轉變。這樣，無論是「地方自治」、「基層自治」還是「社團自治」，都離不開選舉機制。「現代社會不同層次的『自治』，不管其『自治強度』與『自治邊界』有多大，充其量只不過是『代表統治』的代議制民主，而不是公民從一切人都是治者和被治者意義上『統治自己』的直接民主。如是，『自治』也就變爲成就現代民主政治的基礎因素和必要構件。」[22]

作爲中國民主政治基礎因素的村民自治是「政社合一」體制的對立物。新中國成立後，農村基層組織的歷史沿革如下：

1. 政社合一體制下的農村基層組織

1949年中華人民共和國成立以後，全國縣以下的基層政權實行區、鄉（有的稱行政村）兩級制，基本上沿襲了民國時期的行政區劃。1950年12月，政務院頒布了《鄉（行政村）人民政府組織通則》，規定行政村與鄉爲一級地方政權機關。1954年內政部頒布了《關於健全鄉政權組織的指示》，要求各地在普選的基礎上健全鄉政府的功能與組織。「爲了加強代表與人民的聯繫，便於推行工作，鄉以下應根據不同情況劃分工作單位：一般可以自然村或選區爲工作單位，必要時在自然村或選區下亦可劃定若干居民組；人民居住集中的鄉，鄉人民政府可直接領導居民進行工作；地區遼闊、居住分散的鄉，鄉以下可由若干自然村分別組成行政村，行政村按自然村劃定居民組進行工作。」這個文件是唯一說明鄉以下自然村政治結構的行政規章。

1954年《憲法》和同時執行的《地方各級人民代表大會和地方各級人民委員會組織法》規定，中國農村的基礎政權爲鄉、民族鄉和鎮，行政村建制失去法律根據。但實際上，鄉以下自然村的政治結構，仍然按照內政部的「指示」

22　白鋼、趙壽星：《選舉與治理：中國村民自治研究》，4頁，北京，中國社會科學出版社，2001。

推行，實行行政村建制。尤其是在農業合作化運動中，在從初級社向高級社的轉變中，行政權力支配鄉村社會的特徵更加凸顯，「一村一社」的村社合一體制初現端倪。黨政權力在鄉村的滲透和進入，達到了史無前例的地步。民國時期把地方政府的最基層組織從傳統的縣下伸到鄉，1949年以後下伸到村級。而且縣政府的各種職能機構的下屬部門都延伸到鄉政府內，鄉村行政職能急劇擴張。

在1957年的反右派鬥爭中，農業領域內也批評保守提倡冒進。在1958年1月的南寧會議上，毛澤東批評了1956年的「反冒進」，宣導「大躍進」。此後合併「小社」爲「大社」的運動在全國展開。1958年下半年，中共中央通過了關於在農村建立人民公社問題的決議，人民公社化運動在全國迅速展開。中共中央的有關決議指出，人民公社是中國社會主義社會結構的工農商學兵相結合的基層單位；人民公社實行統一領導、分級管理的制度，一般分爲公社管理委員會、管理區（或生產大隊）、生產隊三級；把國家在農村的糧食、商業、財政、銀行等部門的基層機構下放給公社，業務上受上級主管部門的指導。這樣，用行政手段管理經濟的「政社合一」體制在全國建立起來。

由於對農村財產的平調嚴重影響了農民的積極性，加上自然災害的因素，所以出現了3年（1959-1961年）困難時期，農村經濟幾乎崩潰。爲此，1962年初，中共中央發布了《中共中央關於改變農村人民公社基本核算單位問題的指示》，把原以生產大隊爲核算單位改爲以生產隊爲核算單位，生產隊的規模約20～30戶，實行「三級所有，隊爲基礎」。這種調整只是範圍上的縮小，並沒有影響以政治手段管理經濟的政社合一體制。

人民公社在經濟上將農村財產「一平二調」，在政治上是黨對農村的權力延伸中實行的黨政合一和政社合一的過程。在公社化以後，實行公社黨委與公社管理委員會合署辦公，生產大隊一級普遍設立黨支部。從此，公社黨委書記和大隊書記成爲人民公社的權力核心。

依靠黨組織擴張權力是新中國成立後新政權與以前的國家政權的區別。新中國成立後，黨組織與正式的國家政府機構平行設立在從中央到公社（鄉）的

每一個層次上，並居於同級政府機構的領導地位。從公社（鄉）往下到行政村，黨支部代替了國家政權機構。在黨政合一、政社合一的體制下，「三級所有，隊爲基礎」實際上是將公社及其以下的兩級組織構成了一個緊密整體的三個層次。這一體制是黨組織貫徹其政策的制度保證，它是自明清「里甲」或「保甲」制度以來，中國稅收制度最重大的一次組織變革，便於國家長久地控制和滲透農村。[23]國家政權就這樣延伸到了鄉村社會的家庭層面。這種結構體系在農村組織管理中表現出的形態在「政府體制：地方政府」部分已經得到考察。

2. 村民自治與農村基層政權組織結構

1983年10月，中共中央、國務院發布《關於實行政社分開建立鄉政府的通知》，標誌著存在1/4世紀的人民公社體制的終結。終結公社體制有賴於農民和地方政府的制度創新。1978年11月，安徽省鳳陽縣小崗生產隊的18戶農民簽訂生死狀，實行「包產到戶」的責任制。這一制度衝破了「三級所有，隊爲基礎」的人民公社羈絆。不久，家庭聯產承包責任制在全國得以實行，基本經濟核算單位由生產隊（集體）變爲農戶（個人），農民獲得了生產經營自主權。

隨著農民自主性的增加和基本經濟結構的變化，傳統上賴於集體經濟存在的權力結構受到有力挑戰，生產大隊和生產隊組織迅速癱瘓。這樣，農村基層社會出現了權力眞空，社會治安和公共事務處於無人管理的狀態。

1980年底，廣西的宜山、羅山兩縣的農村，爲了應對混亂的治安局面，農民們自發創建了一種全新的基礎性權力組織——村民委員會，以取代處於癱瘓狀態的生產大隊和生產隊組織。以維持社會治安爲初旨的村民委員會逐漸演變爲對諸多事務的自我管理，變成了農民自治性組織。同時，在其他省份，也出現了類似村民委員會的組織。

1982年憲法確認了村民委員會的法律地位。憲法規定：村民委員會是農村

23　參見〔美〕吉伯特·羅茲曼主編：《中國的現代化》，453頁，上海，上海人民出版社，1989。

基層群眾性自治組織；村民委員會的主任、副主任和委員由村民選舉產生；村民委員會同基層政權的關係由法律規定。村民委員會設人民調解、治安保衛、公共衛生委員會，辦理本居住地區的公共事業和公益事業，協助維護社會治安，並向人民政府反映群眾意見、要求和提出建議。

這樣，地方行政單位由縣、人民公社、生產大隊和生產隊變為縣、鄉鎮、行政村和村民小組（見表6-1）。

1987年11月，全國人大常委會通過了《中華人民共和國村民委員會組織法（試行）》。試行十多年之後，1998年11月，全國人大常委會通過了修改後的《中華人民共和國村民委員會組織法》。根據《中華人民共和國村民委員會組織法》的規定，村民委員會由農民直接選舉產生的主任、副主任和若干委員組成，任期3年。村委會的性質是基層群眾性自治組織，農民透過村委會實現自我管理、自我教育和自我服務。村委會的主要政治功能有：1.處理本村公共事務，興辦公益事業，調解民間糾紛，維護公共秩序和社會治安，以及向鄉政府反映村民的意見；2.管理農村集體土地和其他集體財產，組織村民發展生產、經營合作經濟；3.宣傳憲法、法律和國家政策，敦促村民履行規定的義務，保護環境，愛護公物；4.接受鄉鎮政府的指導、支持和幫助，協助鄉政府開展工作。為了履行這些功能，村委會分設人民調解、治安保衛、公共衛生等專門委員。

村委會雖然是基層群眾性自治組織，但在政治上和組織上需要黨的領導。

表6-1　明清時代和20世紀的地方行政單位

明清	民國	1949-1955年	1956-1957年	1958-1983年	1984年至今
縣	縣	縣	縣	縣	縣
里／保	區	鄉	鄉	人民公社	鄉鎮
	行政村	行政村	高級合作社	生產大隊	行政村
			初級合作社	生產隊	村民小組

資料來源：黃宗智：《長江三角洲小農家庭與鄉村發展》，182頁，北京，中華書局，1992。

村黨支部的領導核心作用主要透過以下方式實現：1.黨支部書記擔任村委會換屆選舉工作領導小組組長，對選舉工作進行引導和控制；2.村黨支部成員與村委會成員交叉任職，村委會主任一般由黨支部副書記或委員擔任，村委會成員也多半是黨員，這樣就形成了一套班子、兩塊牌子的局面。

這樣，在操作過程中，變成了黨支部領導村委會，這是村民自治政治中的一個普遍現象。不僅如此，在與鄉政府的關係上，有些鄉習慣性地將村民委員會視為下級單位。因此，村民自治是一種很具中國特色的制度安排，與理論上的「自治」形態有著很大的區別。它是在共產黨領導下的一種群眾性基層組織，帶有「准行政單位」的印記。[24]

從整體的農村基層組織關係看，農村自治組織的產生和改公社為鄉的黨政分開，根本性地改變了農村基層政權的組織格局，原三級結構中的大隊為行政村即村民委員會所取代，村民委員會的性質是自治組織，而不再是行政系列的一環。儘管村民委員會的選舉和組織過程並沒有完全擺脫傳統體制的影響，鄉政府對它的干預仍然存在，但是至少在理論上，鄉與村之間的命令結構解體了。由於行政命令體制的解體，組織活動不再可能依賴強制性的行政命令方式去完成，而必須透過有效的非行政手段去獲得地方社會包括村民委員會的合作，因而農民和非政府機構在一定程度上獲得了自主權。

二、村民自治的實踐

（一）村民委員會的選舉

村民委員會是由村民直接選舉產生的，這是在憲法和法律範圍內對社會主義民主的實踐，而直接選舉則是政治改革的體現。1979年全國人大修改了《中華人民共和國全國人民代表大會和地方各級人民代表大會選舉法》，在選舉方式上做了重大修改：1.將直接選舉的範圍擴大到縣一級；2.用差額選舉制代替過去的等額選舉制；3.用直接的祕密投票方式代替過去的間接的公開投票方

---

[24]　參見白鋼、趙壽星：《選舉與治理：中國村民自治研究》，38頁，北京，中國社會科學出版社，2001。

式。選舉法的修改爲農民的政治參與提供了制度保障。

1987年《中華人民共和國村民委員會組織法》試行以後，各地方相繼執行了與之相配套的實施辦法。這些法律法規規範了農民的選舉行爲，保證了農民的政治參與行爲朝著制度化和法制化方向發展。

選舉的一般過程是，首先確定村選舉領導班子；其次是政府進行政治動員；再次是確定候選人；最後是投票。從選舉過程來看，應該說村民委員會選舉或者說村民自治是政府大力推動的。在確立了以村支書爲組長的選舉領導班子以後，在換屆選舉時政府就進行多次規模較大的選舉動員。例如，山東省鄒城市在1992年選舉動員期間，市有關部門召開了6次選舉動員會議，鄉鎮、行政村和村小組召開的選舉動員會議4700多次。[25]政府組織動員選舉的方式與西方的選舉制度有所不同，但在文化落後和文盲集中的中國農村卻很有必要。

選舉制度的創新爲農村的治理方式帶來了根本性的變化。

（二）村民自治與治理方式的變革

由於村委會是由村民直接選舉產生的，村主任和村委會成員的命運由村民決定，村委會和村民之間的關係更加和諧了，村民擁有了更多的機會和權利參與管理和制約村委會，而村委會的管理方式也更加透明化。

1. 村民會議制度和村民代表會議制度

《中華人民共和國村民委員會組織法》規定，村民委員會負責辦理本村的公共事務和公益事業，涉及全村村民利益的問題，村民委員會必須提請村民會議決定。這就是說，村民會議是全村的最高權力機關。但是，由於村民流動性的增強，召開村民會議是一件很困難的事，於是村民自發地創造了「村民代表會議制度」。1990年，民政部發出了《關於在全國農村開展村民自治示範活動的通知》，肯定了村民代表會議制度。根據民政部的統計，到1990年代中期，

---

[25] 參見中國基層政權建設研究會：《中國農村村民委員會換屆選舉制度》，26～27頁，北京，中國社會出版社，1994。

約有一半的村建立了村民代表會議制度。

村民代表會議的職責是對本村重大事務做出決定，具體包括：1.村民委員會成員的選舉、撤換和補選；2.制定、審議本村的發展規劃和年度計畫；3.完善各種形式的生產責任制、簽訂經濟契約；4.制定、修改村規民約、村自治章程；5.審議村委會工作報告和財政收支情況的報告；6.審查計畫生育指標的安排與落實；7.其他與村民利益有關的問題。

村民代表會議是一種代議制，與過去一切由村幹部決定的做法比較，村民擁有了更大的決定權，村民代表對於自己不滿意的提案可以行使否決權，並提出自己的議案。例如，河南省汝南縣在1991年共召開村民代表會議1505次，平均每村召開5次，共審議村內事務2202件，其中被否決的有250件，由村民代表提出的合理化建議1950件。[26]

2. 村務公開

自從在農村推行建立在村委會基礎上的村民自治以後，根本地改變了農村的治理結構和治理狀況，中國農村普遍實行了財務公開和政務公開，極大地提高了農村的政治透明度，從總體上推進了農村的民主。

農村政務公開和財務公開是國家要求推行的一項重要制度，《中華人民共和國村民委員會組織法》和中共中央的有關決定對此有明確要求，地方各級政府制定了實施細則和辦法。為了落實村務公開，在村民代表會議的基礎上，一些地方又專門成立了「村務公開民主管理工作小組」和「村民理財小組」。

村務公開的內容包括：村幹部的工資、獎金及各類補貼；集體財務收支情況；計畫生育情況；耕地、池塘、果園、山林和企業承包；工程建設專案的投標和招標；宅基地分配；被徵土地面積及補償情況；義務工攤派；統籌提留款金額及使用；徵購糧指標分配；救災救濟物資和生產資料發放情況；扶貧資

26　參見河南省汝南縣人民政府：《開展村民自治，促進社會進步》，見白鋼、趙壽星：《選舉與治理：中國村民自治研究》，64頁。

金的使用；爲村民辦實事的專案等等。[27]應該說，所有有關村民利益的重大事項，都在村務公開之列。

對於村務公開方式，有的地方做了規範性規定，例如開封市要求統一公開內容、統一公開程序、統一公開時間、統一公開形式和統一監督管理機制。

以透明和公開爲主要內容的村民自治的推行，極大地推動了中國農村的法治化建設，有效地遏制了村幹部以及鄉鎮幹部的腐敗行爲，對農村地區的穩定有著不可忽視的作用。

不僅如此，基於村民自治之上的村民委員會還有力地推動著農村的公共利益最大化。主要途徑是：村委會向政府爭取更多的利益；當本村與政府或鄰村發生利益衝突時保護本村利益；實行種種辦法增進村民的經濟利益和公共福利；進行綜合治理，全面提高村民的生活品質。[28]

（三）村民自治中的問題

農村基層民主建設的成就有目共睹，但是也存在不少亟待解決的問題。首先是選舉中的問題。主要有：第一是賄選，即以賄賂的方式爭取選票，以達到當選的目的。由於村委會在本村土地使用權上的優勢地位，爲占據這一優勢地位，在一些經濟發達地區，賄選達到了令人震驚的程度。[29]第二是指選或派選，即鄉政府沿襲舊的管理方式，把村民自治組織當作下屬機構，直接任命、指定或委派村委會成員，剝奪和侵犯了村民的民主權利。第三是領導選舉機關帶頭違法，選舉程序不合法。第四是用非法手段破壞選舉，主要表現形式是「村霸」或社會惡勢力非法控制選舉。

其次是村務公開中的問題。村務公開在各地發展極不平衡，有的地方村財

27　參見俞可平：《中國農村民間組織與治理的變遷》，見俞可平等：《中國公民社會的興起與治理的變遷》，58頁。

28　參見俞可平：《中國農村民間組織與治理的變遷》，見俞可平等：《中國公民社會的興起與治理的變遷》。

29　參見李民、黨國英：《鄉村政治向錢進？》，載《中國社會導刊》，2002(11)。

務混亂，村務不公開。村幹部普遍有「三怕」：怕失去特權，不願公開；怕受到查處，不敢公開；怕村民瞭解實情，搞假公開。結果導致矛盾激化，各種惡性事件不斷。有些地區實行「村財鄉鎮管」，使本應該由村民自我管理的事務變成了政府行為，鄉鎮政府因而剝奪了村民的自治權利。

為此，政府應該進一步加快村民自治的法治化建設，規範村委會選舉的實際操作步驟和程序；加大村務公開的程度和推進的力度，杜絕不公開、假公開、半公開現象，切實發揮村民代表會議制度的作用；建立系統和規範的鄉鎮與村幹部培訓制度。

第七章　司法制度

重點問題

◎黨與司法體制的關係是什麼？

◎如何看待法院的法律制定權？

◎中國法院和檢察院的組織體系是什麼？

◎如何認識中國司法體制設置與地方保護主義的關係？

第一節　黨的政法委員會

一、政法委的歷史演變

在中國，講到司法制度，不能不首先考察黨的政法委的歷史及其功能，否則對司法制度的理解就是不全面的。

最初，政法委員會設在政府機構而不是黨的機關。新中國成立之初，政務院下設政法、財經、文教等指導委員會，分別對口聯繫和指導政務院有關部門的工作。政法委的全稱是「政務院政治法律委員會」，下轄公安部、內務部、法制委員會、司法部等各部委和人民法院與檢察署。1952年，中共中央決定加強黨的機構建設，在中央設立了黨的政法工作部。1953年，在反對分散主義的鬥爭中，對幹部採取分口分級管理的方法，在中央一級與政府對口的若干部門就有政法口。

如前所述，為了加強中共中央的權威，在發動「大躍進」的過程中，毛澤東指示大政方針在政治局，部署權在書記處，執行權在國務院。為此，1958年6月，中共中央決定成立有關領導小組，直接對政治局負責。政法領導小組是

其中之一。這一基本的制度安排沿用至今。

「大躍進」運動在司法上的表現是法律虛無主義。中央政法小組在其報告中講：「刑法、民法、訴訟法根據中國情況來看，已經沒有必要制定了。」1959年，撤銷了司法部和監察部，將司法部主管的司法行政工作交由最高人民法院管理。1960年，根據地方的集中司法權的做法，中共中央政法小組決定將公安部、最高人民法院、最高人民檢察院合署辦公，由公安部黨組統一領導，最高人民法院和最高人民檢察院各派一人參加公安部黨組。這樣，公檢法之間相互制約的關係不復存在。

在「文化大革命」期間，公安部部長謝富治提出把公安機關「徹底打碎」，「砸爛公、檢、法」，司法系統徹底癱瘓。

「文化大革命」以後，在加強法制建設時，中共中央於1980年決定成立政法委員會，到1981年，全國各省、市、自治區黨委都相繼成立了政法委，任命專職政法委書記。1982年，政法委員會的建制延伸到縣一級。

1987年黨的十三大決定對中國的政治體制進行全面改革，其核心是改革黨政關係，實現黨政分開。為此，1988年，中共中央決定撤銷中央政法委員會，另行設立中央政法協調小組。從中央到地方，都進行了相應的改制。

1989年政治風波給黨和國家造成了很大損失，中共中央決定在各領域加強黨的領導。1990年3月，中共中央決定恢復中央政法委員會，撤銷原中央政法領導小組，恢復中央政法委員會原有的建制和功能，同時加強其職能。這樣，從中央到縣一級，政法委的建制和功能在1990年代得到全面的加強。

二、政法委的功能

由於鞏固政權的需要，也因為司法制度的不健全，建國初期，共產黨建立了一套黨委審批重要案件制度，重要案件尤其是死刑案件的逮捕、審判，均需通過相當一級黨委的審批。事實上，黨委審批案件就是黨的政法部門審批案件，後來在政法委形成了一套十分嚴格的黨內審批案件制度。1979年，新中國

第一部《刑法》和《刑事訴訟法》頒布，中共中央決定取消各級黨委審批案件制度。

現在，各級政法委員會的實際運作過程十分複雜。從中央到地方，各級各地政法委現實運作方式表現出很大的差異性，但是共同的有黨內聯席會議制度、執法檢查監督制度、協管幹部制度。[1]

（一）黨內聯席會議制度

黨內聯席會議是指，政法各部門之間存在重大分歧，經協商未能解決，請示黨委政法委員會予以協調，或者黨委政法委員會認為應當協調的重大疑難案件和其他事項，透過召開政法各部門有關領導聯席會議進行研究、協調解決的工作方式。

這一制度主要是各級政法委員會運用其協調權解決公、檢、法等政法各部門的重大問題的一種工作方式與方法。協調主要是統一政法各部門的思想認識，保證它們各自嚴肅執法，促進相互配合、相互制約，防止案件處理不公、久拖不決；另一方面，案件的法律處理仍由司法部門各司其職，依法進行。

黨內聯席會議有時又稱「四長會議」或「五長會議」。這主要是因為參加會議的人員一般是由政法委書記或專職副書記主持，正副公安局長、正副檢察長、正副法院院長、正副司法局長、正副國家安全局長等參加的一種協調性會議。

協調的範圍主要是本區域內有重大影響、需要政法各部門協作從重、從快辦理的案件；政法各部門之間有重大分歧或爭議的疑難案件；各級黨委政法委員會與政法各部門之間有重大分歧或爭議的疑難案件；政策性、敏感性強，涉及需要政法系統以外有關方面協調配合辦理的案件；各級領導交辦的需要黨委政法委員會予以協調的案件；黨委政法委員會認為需要研究協調的其他重要事

1　參見馬宏兵：《政法委：歷史、結構與功能》，北京，中國人民大學碩士學位論文，2000。

項。

　　會議過程一般首先由提請協調的政法部門對請示予以協調的案件和其他眾多事項的基本情況、辦理過程做出彙報，重點說明案件的重大影響、敏感性、有關部門之間分歧和爭議的焦點，並對問題的處理提出傾向性意見；其次，與會的政法各部門領導根據情況發表意見，進行討論、研究；最後，主持人綜合各方面的意見，做出協調處理決定。其中涉及對案件的定罪、量刑等實際適用法律的問題，各級政法部門一般應在向上級主管部門請示的同時，也向同級政法委員會備案。

　　黨內聯席會議制度與過去的「聯合辦案」有很大的不同，其主要目的是對政法各部門之間有重大分歧和爭議的疑難案件進行協調研究，保證嚴肅執法，維護憲法的尊嚴和法律的公正，根據中央決定，研究制定本區域開展重大專項鬥爭的方針政策及具體安排。在這一會議制度中，政法委運用的是其協調權，從會議協調範圍來看，涉及的領域是很廣的，會議所作出的決定對政法各部門都有一定約束力，但會議的決定不作為法律上的依據，各級政法委也不涉及具體案件的處理。

（二）執法檢查監督制度

　　1998年中央政法委員會下發《關於加強黨委政法委員會執法監督工作的意見》，各省、市、自治區根據中央政法委員會的檔精神，都相應地制定了各地黨委政法委員會加強執法檢查監督工作的具體制度，從而使中國的黨內執法監督工作基本實現了制度化、規範化。

　　各級黨委政法委員會執法檢查監督的原則是在執法活動中加強黨對政法工作的領導，把握正確的政治方向；以黨的路線、方針、政策為指導，把執行黨的政策和執行法律有機地統一起來，注重執法的社會效果；宏觀抓共性，微觀抓典型，把全面指導與個案監督結合起來，有錯必糾，保證嚴肅公正執法；同時，堅持在憲法和法律範圍內活動，不代替政法部門具體辦案，支持政法部門依法獨立行使職權。

　　從各地的情況來看，政法委員會執法檢查監督的範圍大致如下：1.檢查監督政法各部門執行國家法律法規和黨的路線、方針、政策的情況，調查研究與分析，及時糾正現實中存在的傾向性問題，有針對性地研究制定保證嚴格執法的方針、政策及具體措施；2.督辦在國內外或者本區域內有重大影響的案件和群眾反映強烈的案件，督促政法部門依法及時、嚴肅、妥善處理，以求得最佳的社會效果。必要時組織有關部門共同研究、協調行動、依法辦理；3.在協助黨委及其組織部門考察、管理政法部門領導幹部時，把是否嚴格執法作為其稱職與否的重要依據；4.總結推廣先進經驗，指導政法部門建立健全各種執法檢查監督制度，堵塞漏洞，預防和減少貪贓枉法等司法腐敗現象；協助黨的紀檢監察部門查處政法部門領導幹部違法違紀問題；5.指導下級黨委政法委員會的執法檢查監督工作；辦理上級黨委政法委員會或同級黨委交辦的有關執法檢查監督的其他工作。

　　各地各級黨委為加強政法委員會的執法檢查監督工作，在不同程度上還賦予了各級政法委員會相應的督察職權。政法委員會要經常瞭解、掌握政法部門的執法情況，必要時要求政法部門就有關問題作出報告。在政法部門正確的執法活動受到阻撓或干擾時，幫助政法部門排除阻力和干擾，支持法院、檢察院依法公正獨立行使審判權和檢察權，預防、糾正以言代法、以權壓法等現象。如發現政法部門有法不依、執法不嚴、知法犯法時，要及時提出糾正意見，並督促其限期糾正。政法部門如拒絕接受正確監督意見，或在限期內未履行法律職責的，黨委政法委員會要提出具體處理意見，報告同級黨委和上級黨委政法委員會，同時抄送該政法部門上級主管機關。監督政法部門嚴格執行冤案、錯案責任追究制度和賠償制度；對領導批示和上級領導機關交辦的人民群眾上訪申訴案件，督促有關政法部門認真辦理，承辦部門要按要求上報辦理結果。

　　政法委員會進行執法檢查監督採取的工作方法多種多樣，如對群眾反映執法不公、有重大影響的典型案件進行個案監督調查；針對突出的違法違紀問題組織開展專項檢查和專項治理；還可以對執法活動中的重點問題進行調查研究。此外，可以定期組織開展執法大檢查活動。檢查公安、檢察、審判、司法行政、國家安全部門在執法活動中有法不依、執法不嚴、違法不糾、貪贓枉法

等行為，檢查政法各部門辦理的具體案件，檢查監獄、勞改所、看守所、拘留所等監管改造場所的執法活動。

各級政法委員會作為黨委主管政法工作的職能部門，運用其監督檢查權協助黨委加強對政法各部門執法活動的黨內監督，是從宏觀上統一組織領導政法工作的重要內容，是各級政法委員會的重要職責。執法檢查監督制度是中國共產黨堅持「依法治國」，協調政法各部門將執行黨的政策與執行法律有機結合，保證政法部門依法獨立行使職權而建立起來的制度性安排，這是一種對法律的黨內監督，也是實現黨委政法委對政法部門領導權的制度性安排。

（三）協管幹部制度

所謂協管幹部就是指各級政法委員會協助同級黨委組織部門對政法部門領導幹部進行考察、任免、管理的一種幹部管理制度。

在中國，按照中國共產黨的組織體系，各級領導幹部是由各級黨的組織部門來進行管理的。隨著改革開放的進一步深化和現代化建設的發展，黨中央國務院不斷加強對政法工作的領導，賦予各級黨委政法委員會各項權力。各級黨委政法委員會在實踐的基礎上，制定了相應的各項制度和運作模式。其中協管政法幹部制度就是一項十分重要的制度。

各級黨委政法委員會協管幹部的範圍基本上與同級黨委組織部管理的政法部門領導幹部的範圍相一致。其他範圍各級黨委政法委員會可以自定。在省、市、自治區一級，黨委政法委員會協助省一級黨委組織部考察管理政法部門副局級以上領導幹部。它對於加強黨對政法工作的領導，強化各級黨委政法委員會的職能具有重要意義。

第二節 人民法院

一、中國法院的沿革與組織體系

在中國古代，有比較完備的中央審判機關和地方審判機關，但沒有現代的法院制度。國民黨政府於1932年10月公布了《法院組織法》，並於1935年7月起開始施行。按《法院組織法》的規定，法院分三級：地方法院、高級法院及最高法院。一般民事、刑事訴訟案件，實行三審終審制。

中國的社會主義法院系統，發端於中國新民主主義革命時期的革命根據地。新中國成立後，在總結新民主主義時期根據地和解放區司法實踐的基礎上，中央人民政府於1951年9月公布了《中華人民共和國人民法院暫行組織條例》，規定人民法院為國家的審判機關，設立縣級人民法院、省級人民法院、最高人民法院三級人民法院，並設立專門人民法院。1954年，隨著新中國第一部憲法的頒布施行，同時頒布了《中華人民共和國人民法院組織法》。人民法院的組織體系由三級改為四級，即基層人民法院、中級人民法院、高級人民法院、最高人民法院。基層人民法院又設若干個人民法庭作為派出機構。同時設立了軍事法院、鐵路運輸法院、水上運輸法院等專門人民法院。

1957年下半年出現「左」的思潮，反右鬥爭擴大化。1958年8月，最高人民法院、司法部召開第四屆全國司法會議，撤銷了鐵路運輸法院和水上運輸法院。有些地區出現了一股合併風，如把公安、檢察、法院等機關合併為政法公安部。「文化大革命」期間，中國的司法制度遭到嚴重破壞，時任公安部部長的謝富治公然提出「砸爛公、檢、法」，法院的工作無法正常進行。

十一屆三中全會以後，司法制度進入恢復發展時期。1979年7月1日中國制定的新人民法院組織法規定設立基層人民法院、中級人民法院、高級人民法院和最高人民法院四級法院，並設立軍事法院、鐵路運輸法院、水上運輸法院等專門人民法院，組織體系完備起來。

1. 最高人民法院

中國是單一制的國家，法院體系也是單一的。最高人民法院是中國的最高審判機關，設刑事審判庭、民事審判庭和其他需要設立的審判庭。最高人民法院審判的案件包括：具有全國影響的重大案件；高級人民法院、專門人民法院判決和裁定的上訴案件和抗訴案件；最高人民檢察院按照審判監督程序提出的抗訴案件。同時，最高人民法院監督地方各級人民法院和專門人民法院的審判工作，並對審判過程中如何具體應用法律、法令的問題進行解釋。

2. 地方各級人民法院

地方各級人民法院分為基層人民法院、中級人民法院、高級人民法院。基層人民法院設於縣、自治縣、市轄區及不設區的市，並可根據地區、人口和案件情況設立人民法庭。基層人民法院審判刑事、民事和行政的第一審案件，但法律、法令另有規定的除外。基層人民法院還可處理不需要開庭審判的民事糾紛和輕微的刑事案件，及指導人民調解委員會的工作。

3. 中級人民法院設在省、自治區、直轄市的較大的市和自治州

中級人民法院設刑事審判庭、民事審判庭及其他需要設立的審判庭。中級人民法院審理的案件包括：法律、法令規定由它管轄的第一審案件，如涉外案件；基層人民法院移送審判的第一審案件；基層人民法院裁判的上訴案件和抗訴案件；人民檢察院按照審判監督程序提出的抗訴案件。

4. 高級人民法院設在省、直轄市和自治區一級

高級人民法院受理全省（直轄市、自治區）性的重大案件；下級人民法院移送審判的第一審案件；對中級人民法院判決和裁定不服的上訴和抗訴案件；人民檢察院按照審判監督程序提出的抗訴案件。

5. 專門人民法院是全國人大常委會根據需要加以解釋而決定設立的特殊管轄法院

中國的專門人民法院主要有軍事法院、海事法院和鐵路運輸法院。目前，

除了軍事法院以外，其他的專門法院陸續廢除。

中國是單一制的國家，所以審判權也應集中統一，中國的法院組織體系也是依此目的而建構的。然而，長期以來，中國法院的管理區域與地方權力機關、地方行政機關的管理區域完全重合，人民法院過於依附地方或部門，導致地方保護主義與部門保護主義對人民法院正常司法活動的干擾，這不僅嚴重阻礙社會主義市場經濟的發展，而且影響了人民法院依法獨立公正行使審判權。要維護國家法制統一，使人民法院眞正成爲國家的法院，必須防止地方人民法院成爲地方保護主義的工具。

2013年中共十八屆三中全會關於全面深化改革的決定指出，省以下法院實行由省法院垂直管理。司法權體現的是國家意志，因而必須具有「國家性」。也就是說，這種改革的方向是符合司法權本身的規定性的。

二、法院的職權

（一）司法審判權

司法審判權是法院所專有的、具有排他性的職權，其他任何機關、團體和個人都無權行使。現代國家均將司法審判與行政區分開來，將司法審判權賦予法院獨立行使。

中國《憲法》第一百二十三條規定：「中華人民共和國人民法院是國家的審判機關。」第一百二十六條規定：「人民法院依照法律規定獨立行使審判權，不受行政機關、社會團體和個人的干涉。」可見，「審判權屬法院所專有」在中國也是一項重要的憲法性原則。

與西方資本主義國家有所不同，中國實行人民代表大會制度，一切權力屬於人民，各級人民法院是由各級人民代表大會產生的，對其負責、受其監督。中國的審判制度，有利於充分保障廣大人民行使國家權力，有利於保障審判工作爲人民服務、充分體現人民的意志，也有利於維護中國人民民主專政的國家性質。但在人民法院行使審判權的過程中，也出現了一些問題，主要是對法院

依法獨立行使審判權的干涉問題，如地方保護主義對審判活動的影響。黨在十五大報告中提出，要推進司法改革，從制度上保證司法機關依法獨立公正地行使審判權和檢察權。對審判制度的改革，應當包括審判人員任免制度、人民代表大會對審判工作的監督方式等方面的改革。我們必須堅持保障「審判權爲人民法院依法獨立享有，其他任何機關、團體和個人都不得干涉原則」的切實貫徹執行。

對民事案件和刑事案件的審判權，是各國法院司法審判權的最主要內容，這一職權一般由各國的普通法院行使，可稱之爲普通審判權。

1. 依所審理案件的性質，可分爲民事審判權和刑事審判權。在中國，各基層法院、中級法院、高級法院以及最高法院都享有民事、刑事審判權，各法院內部設有民事審判庭和刑事審判庭。

2. 依是否對案件有初次審理的權力，審判權又可分爲初審權、上訴審權及終審權。初審權即對案件初次審理的權力。上訴審權即法院對於不服初審判決而提出上訴案件的審理權。終審權即對案件作出終審判決的權力。

中國實行四級兩審制，最高人民法院、高級人民法院、中級人民法院、基層人民法院都有初審權，其中最高人民法院管轄的第一審案件是全國性的重大案件，實踐中，除「四人幫」反革命集團案件外，最高人民法院初審的案件幾乎沒有。最高人民法院、高級人民法院和中級人民法院都有上訴審權。最高人民法院享有終審權，而高級人民法院、中級人民法院對判處死刑以外的案件，也可以作出終審的二審裁決。

一些專門法院如海事法院、軍事法院、鐵路運輸法院等，也有自己的專門管轄權，對某種類型的案件行使專門審判權。

（二）法律制定權

法院在行使審判權的過程中，除了解決爭議以外，還產生了一種重要的「副產品」，即發展法律法規以適用於未來的案件。因而，法律不僅由立法機關執行，也由法院制定，法院享有法律制定權。

在英美法系國家，法官立法已成爲一種普遍的現象，並且獲得了公開的認可。

中國更接近於大陸法系國家，不採用判例學說，也不承認法院有制定法律的權力。在中國，對法律進行解釋、改進和發展，主要依靠立法機關，即全國人大常委會。中國最高人民法院擁有法律解釋權，但其與英美法系國家法院擁有的法律制定權有著顯著區別。中國法院的法律解釋權僅限於最高人民法院行使，其他法院均無此項權力；中國最高人民法院可以就如何具體適用某一法律自行做出解釋，也可以諮詢性地批覆對來自某一地方高級人民法院或專門法院的對某一案件如何適用法律問題的請示做出回答。中國最高人民法院的司法解釋因其廣泛性及在審判過程中的權威性，已成爲中國法律體系中特殊而重要的一部分。這種司法解釋既不同於制定法，不是由立法機關制定的；也不同於判例法，不是在案件裁決中形成的。當然，在形式上它更接近於制定法。

（三）行政裁判權

行政裁判權，是指法院審理和裁判有關行政訴訟的權力。中國沒有設立行政法院，而是在普通法院中設立行政審判庭，審理行政訴訟案件，行使行政裁判權。《中華人民共和國行政訴訟法》規定，人民法院依法對行政案件獨立行使審判權，不受行政機關、社會團體和個人的干涉。根據中國行政訴訟法的規定，中國法院只對具體行政行爲是否合法進行審查，而不能受理下列行爲：國防、外交等國家行爲；行政法規、規章或者行政機關制定、發布的具有普遍約束力的決定、命令；行政機關對行政機關工作人員的獎懲、任免等決定；法律規定由行政機關最終裁決的具體行政行爲。與其他國家相比，中國法院受理的行政案件的範圍狹窄，沒有對國家行爲、抽象行政行爲、行政機關內部行爲及行政機關最終裁決的行爲的合法性進行審查的權力。

綜上可知，中國法院享有的職權與其他國家相比相對較小，這與中國的政治制度有關。中國實行人民代表大會制度，人民享有一切權力並透過各級人民代表大會來行使權力。中國不像西方國家那樣實行立法權、行政權、司法權的三權分立，而是實行一權之下的分工。因而，在中國如違憲審查權等重要權力

是由全國人大行使的。但是，應當注意的是，法院狹小的職權已經不能適應中國社會主義法治國家建設的需要。對於行政法規、地方性法規、單行條例、規章及各部門有關法律的規定、解釋，法規的制定和履行，宜經過最高人民法院審查，避免出現與憲法、法律相牴觸或者互相矛盾的情況，以保障中國法律、法規系統的統一。

在實踐中，中國法院在行使各項職權的過程中，還存在一些問題。中國憲法規定了法院獨立行使審判權的原則，這與世界各國是一致的，但在實踐中這一原則受到了一定程度的威脅和破壞，其中最突出的就是地方保護主義對法院獨立行使審判權的影響。這主要是由中國司法體制中的問題和弊病所導致的。中國地方法院由同級人大產生，司法管轄區與行政管轄區完全重合，法院的人、財、物受制於地方，這很大程度上導致了司法權的地方化，從而易受到地方勢力的干涉。另外一個比較嚴重也頗受關注的問題是司法腐敗。隨著改革開放的深入進行，「金錢至上」等思想也在氾濫，加上封建腐朽思想的長期影響和體制上的不完善，使腐敗現象滲入到司法活動之中，從而極大地威脅著司法公正乃至整個統治秩序。這些問題的解決，最重要的在於司法體制的改革和完善。

（四）司法行政權

中國法院司法行政權的行使比較分散，由人民代表大會、司法行政機關以及人民法院共同管理法院的司法行政事務。

在法院的司法行政事務中，人民代表大會主要負責人事的任免。根據中國憲法和人民法院組織法的規定，最高人民法院院長由全國人民代表大會選舉產生；副院長、庭長、副庭長、審判員由全國人民代表大會常務委員會任免；地方各級人民法院院長由地方各級人民代表大會選舉產生，副院長、庭長、副庭長和審判員由地方各級人民代表大會常務委員會任免。

中國的司法行政機關屬於國家行政機關體系。目前中國已經建立了從中央司法部到基層司法助理員的組織體系。各司法行政機構都受同級人民政府的領

導，而下級司法行政機關還要受上級司法行政機關的領導。但是，中國的司法行政機關對法院的司法行政事務涉及並不多，主要是管理司法幹部培訓、指導人民調解委員會工作、開展司法行政理論研究與法制宣傳工作等。

人民法院在司法行政中也起著重要的作用。各人民法院中一般都設有辦公室、政治處等辦事機構，負責本院的司法行政工作。最高人民法院設有辦公廳、司法行政廳、研究室、人事廳等辦事機構。最高人民法院有權對在審判過程中如何具體應用法律的問題進行解釋，以監督地方各級人民法院和專門人民法院的審判工作。最高人民法院院長有權提請全國人民代表大會常務委員會任免本院的副院長、庭長、副庭長和審判員。地方各級人民法院有權監督其下級法院的審判工作。地方各級人民法院的副院長、庭長、副庭長、審判員由本院院長提請任免，地方各級人民法院院長有權任免本院的助理審判員。另外，人民法院設法官考評委員會，委員會由5至9人組成，本院院長擔任委員會主任。法官考評委員會負責指導法官的培訓、考核、評議工作。

三、法院的審判組織

法院審判案件，必須透過一定的具體組織形式進行，這種代表法院對案件進行審理和裁判的組織形式，就是審判組織。

1. 獨任庭

獨任庭是由法官一人獨任審判案件的組織形式。在中國，基層人民法院和它的派出法庭審理事實清楚、權利義務關係明確、爭議不大的簡單的民事案件，由審判員一人獨任審理；而基層人民法院管轄的適用簡易程序的刑事案件，由審判員一人獨任審判。

2. 合議庭

合議庭即由法官數人或法官與其他人員共同組成的法庭集體審理案件的審判組織形式。它是世界各國法院最主要的審判組織形式，也是適用最廣的審判組織形式。

　　合議庭也是中國法院審判案件的主要組織形式。根據中國人民法院組織法的規定，人民法院審判第一審案件的合議庭，由審判員組成或者由審判員和人民聯審共同組成；人民法院審判上訴和抗訴案件的合議庭，只能由審判員組成。合議庭評議案件實行少數服從多數的原則，合議庭的成員必須是單數。合議庭由院長或者庭長指定審判員一人擔任審判長，院長或庭長參加審判案件的時候自己擔任審判長。審判長主持法庭的審判活動，並且負責指揮法庭人員、司法員警維持法庭秩序。合議庭的成員，在依法審判案件時，享有同等的權力。合議庭評議案件的時候，如果意見存在分歧，應當實行少數服從多數的原則，但是少數人的意見應當寫入筆錄。評議筆錄要由合議庭的組成人員簽名。

　　人民陪審制度，即人民法院在審理第一審案件時，可以由審判員和人民陪審員共同組成合議庭。根據有關法律規定，凡年滿23歲有選舉權和被選舉權的公民，都可以被選舉爲人民陪審員，但被剝奪政治權的人除外。

3. 其他審判組織

　　在其他審判組織中，中國的審判委員會是具有代表性的組織之一，這是中國比較有特色的一種審判組織，也是存在著諸多爭議的一種審判組織。審判委員會是人民法院內部對審判工作實行集體領導的組織形式。《中華人民共和國人民法院組織法》第十一條規定：各級人民法院設立審判委員會，實行民主集中制。審判委員會的任務是總結審判經驗，討論重大或者疑難的案件和其他有關審判工作的問題。各級人民法院審判委員會的委員，均由院長提請同級人民代表大會常務委員會任免，本院無權決定。每個法院只設一個審判委員會，其成員不能任意變動。對於疑難、複雜、重大的案件，合議庭認爲難以做出決定的，由合議庭提請院長決定提交審判委員會討論決定。如果合議庭的意見與審判委員會的意見存在分歧，合議庭應當服從並執行審判委員會的意見，按照審判委員會的意見製作判決書或裁定書，但判決書或裁定書仍由合議庭成員簽名。可見，審判委員會與合議庭之間，具有領導與被領導的關係，審判委員會具有對重大疑難案件的討論決定權。審判委員會會議由院長主持，同級人民檢察院檢察長可以列席，但沒有表決權。

審判委員會作為中國特有的審判組織，其設立以來發揮了一定的積極作用。首先，審判委員會能夠發揮集體智慧，彌補法官素質的不足；其次，由於中國法制建設比較落後，中國的立法及立法技術都還有一定的缺陷，審判委員會透過研討案件，可以更好地理解立法的精神，彌補立法上的一些不足，有助於正確理解、適用法律；第三，中國的整體法治環境還不十分理想，法院審理案件常常會遭到來自其他國家機關、個人的干預或社會輿論各方面的壓力，影響法官秉公執法，審判委員會在某種意義上可以分組對抗這些壓力，以保障法官依法辦案。

然而，隨著社會主義法制的不斷發展和完善，尤其是近年來強調依法治國、司法公正特別是程序公正的呼聲不斷高漲，審判委員會審理案件的不足和缺陷更為突出地暴露出來。第一，審判委員會決定個案的處理在客觀上造成了「審判分離」的結果，違背了司法活動的基本原理；第二，審判委員會決定個案處理，使當事人喪失了參與、申辯和申請回避等訴訟權利，違反了公開原則；第三，審判委員會委員各自從事的專業不同而對其討論決定的案件品質造成隱患。另外，審判委員會決定個案在某種程度上為合議庭逃避責任提供了便利。中國法院普遍實行「錯案追究制」，一些合議庭或法官為了保障自己不出「錯案」，避免承擔責任，對於一些能決定的案件也上交審判委員會討論決定，這一方面增加了審判委員會的工作量；另一方面導致合議庭執法責任感的降低，同時也與中國正在推行的庭審方式改革背道而馳。實踐中，各級法院的審判委員會都把主要精力放在了對個案的討論決定上，而忽略了其他職能的發揮，長此以往，不僅不利於審判委員會的發展和完善，也不利於中國司法體制的進一步發展和完善。

第三節　人民檢察院

中國現行檢察機關的設置及性質定位依然沿襲了1996年刑事訴訟法修改以前的狀況，體制上來源於原蘇聯，檢察機關不僅與審判機關平行，同稱為司法

機關，實行上命下從式行政管理，上級檢察官對下級檢察官從事的檢察事務有職務收取權和移轉權，而且賦予了檢察機關包括對審判具體活動進行監督的法律監督職能。因此，中國現行檢察機關既是實行行政管理的司法機關，也是專門的法律監督機關。

一、檢察機關的組織體系與領導體制

中國檢察機關組織體系的設置實行與國家行政區劃、權力機關體系、審判機關體系以及檢察工作的需要相一致的原則。根據這一設置原則，現行《中華人民共和國人民檢察院組織法》第二條第一款規定：中華人民共和國設立最高人民檢察院、地方各級人民檢察院和軍事檢察院等專門人民檢察院。

最高人民檢察院是中國最高檢察機關，由全國人民代表大會產生，對全國人民代表大會及全國人民代表大會常務委員會負責並報告工作。

地方各級人民檢察院是指設在省及省以下地區的人民檢察院。中國地方各級人民檢察院按行政區劃設置，並與地方各級審判機關的設置相一致。根據《中華人民共和國人民檢察院組織法》第二條的規定，地方各級人民檢察院包括：省、自治區、直轄市人民檢察院；省、自治區、直轄市人民檢察院分院，自治州和省轄市人民檢察院；縣、市、自治縣和市轄區人民檢察院。此外，省一級人民檢察院和縣一級人民檢察院，根據工作需要，提請本級人民代表大會常務委員會批准，可以在工礦區、農墾區、林區等區域設置人民檢察院，作為派出機構。

專門人民檢察院是指根據檢察工作需要，在特定的組織系統內設置的、具有專屬管轄權的法律監督機關。它是人民檢察院的重要組成部分，在最高人民檢察院的統一領導下，獨立行使檢察權。專門人民檢察院與其他人民檢察院的主要區別在於：首先，專門人民檢察院的機構是在特定的組織系統內設置的，並與該組織系統中的專門公安機關、專門人民法院的設置相一致。而地方各級人民檢察院是依照國家的行政區劃設置的，並與地方各級人民法院的設置相一致。其次，專門人民檢察院在履行各項法律監督職能中具有對特定範圍案件的

專屬管轄權；而地方各級人民檢察院對這類案件一般沒有管轄權。

　　目前中國設置的專門人民檢察院包括軍事檢察院和鐵路運輸檢察院。軍事檢察院是國家在中國人民解放軍系統內設置的法律監督機關，是屬於軍隊建制的人民檢察院，是中國檢察機關的組成部分。軍事檢察院實行雙重領導體制，即中國人民解放軍軍事檢察院在最高人民檢察院和中華人民共和國中央軍事委員會總政治部的領導下進行工作；其他各級軍事檢察院在上級軍事檢察院和本級軍隊政治部的領導下進行工作。軍事檢察院按照專屬管轄的原則，行使對下列案件的檢察權：1.現役軍人的犯罪案件；2.軍內在編職工的犯罪案件；3.非軍人參與的軍人違反職責共同犯罪案件。

　　鐵路運輸檢察院是國家在鐵路運輸系統內設置的法律監督機關，也是中國檢察機關的重要組成部分。鐵路運輸檢察院由其所在的各省、自治區、直轄市人民檢察院領導。其主要任務是透過依法行使檢察權，保障國家法律、法規在鐵路運輸系統內的統一與實施，打擊在鐵路運輸系統所轄區域內發生的各種違法犯罪活動，維護鐵路正常程序，保護鐵路財產和鐵路運輸物資，保護鐵路旅客和鐵路職工的人身權利、財產權利、民主權利和其他權利。

　　人民檢察院的派出機構，是指人民檢察院根據工作需要，依照法定程序在特定區域、場所內設置的法律監督機構，是地方人民檢察院的組成部分。根據人民檢察院組織法和檢察工作實踐，派出機構目前有派出檢察院和派出檢察室兩種基本形式。

　　根據《中華人民共和國人民檢察院組織法》第二條第三款的規定，派出檢察院是由省一級人民檢察院和縣一級人民檢察院根據工作需要，提請本級人民代表大會常務委員會批准，在工礦區、農墾區、林區等特定區域設置的派出機構。派出檢察院在派出它的人民檢察院的領導下進行工作，在所轄區域內依法獨立行使檢察權。派出檢察院內依法設立檢察委員會和其他業務機構；其檢察長、副檢察長、檢察委員會委員和檢察員，均由派出的人民檢察院檢察長提請本級人民代表大會常務委員會任免。

　　根據法律的規定，中國檢察機關的領導體制是雙重領導體制，在業務上，中國上下級檢察機關之間是領導關係，下級檢察機關在業務上必須服從上級檢察機關的指揮，因而中國檢察機關具有一些集中性特徵。但與此同時，由於中國檢察機關是按行政區域設置的，地方黨委、人大及政府部門控制著檢察機關的人事及財政權力，甚至有權對檢察機關進行業務上的領導。具體而言，這種雙重領導體制包括如下內容：

　　1. 根據憲法規定，中國各級人民檢察院對同級人民代表大會和它的常務委員會負責並報告工作。就是要接受同級人民代表大會及其常務委員會的領導並報告工作，接受其監督。國家權力機關對檢察院的領導、監督主要表現爲選舉、任免、批准各級人民檢察院檢察長、副檢察長、檢察委員會委員、檢察員；聽取和審查人民檢察院的工作報告；對人民檢察院提出質詢；審議人民檢察院檢察委員會存在意見分歧的重大問題；監督人民檢察院正確行使檢察權等。

　　2. 根據憲法規定，中國檢察機關上下級之間具有領導關係。即最高人民檢察院領導地方各級人民檢察院和專門人民檢察院的工作，上級人民檢察院領導下級人民檢察院的工作。檢察機關組織系統的這種領導關係，主要表現在以下幾個方面：(1)全國和省、自治區、直轄市的人民檢察院檢察長，有權向本級人民檢察院常務委員會提請批准任免和建議撤換下一級人民檢察院檢察長；(2)當下一級人民檢察院在辦理重大案件遇到特殊困難時，上級人民檢察院應當及時給予支援和指示，必要時可派人協助工作，也可以將案件上調由自己辦理；(3)上級人民檢察院可以瞭解和掌握下級人民檢察院幹部的政治素質和業務素質，幫助培養檢察幹部，總結、交流檢察工作經驗，以便逐步建立一支正規化的精通業務的檢察隊伍。

　　中國檢察機關的現行領導體制是在總結長期歷史經驗的基礎上逐步形成的，適應中國地域廣闊，各地政治、經濟、文化發展極不平衡的現實國情。但隨著中國社會的發展及法制建設的深入，這種領導體制也暴露出不少問題：一是由於中國地方各級檢察機關的人事權和財政權掌握在地方黨委、人大和政府手中，而上下級檢察機關之間除有業務上的聯繫外，上級檢察機關對下級檢察

機關並無實際的控制權，這導致中國檢察機關在實際運作過程中地方化的傾向非常嚴重。各級檢察機關往往非常注意配合地方國家機關實現特定時期的政治、經濟等方面的任務，而不注意國家法律的統一實施，特別是當國家法律與本地局部利益發生衝突時，許多地方的檢察機關往往極力維護地方利益，而置國家利益於不顧。各地檢察機關在偵控貪污賄賂犯罪過程中一旦涉及地方上的重要黨政領導幹部，往往不了了之，與此也是不無關係的。二是個別黨的領導幹部出於地方保護主義或維護個人私利的需要，不正當地干預檢察機關辦理具體案件，侵犯了檢察活動應有的獨立性，破壞了國家法律的統一實施，這也是導致檢察活動地方化的一個重要原因。爲了克服這些問題，有必要採取以下措施：

　　1. 將中國檢察機關的領導體制由雙重領導體制恢復爲垂直領導體制，理順中央與地方的關係。

　　2. 改革和完善黨的領導，保護檢察機關依法獨立行使檢察權。江澤民同志在黨的十五大報告中對依法治國和黨的領導問題做了專門論證，對正確認識和處理黨的領導與檢察工作之間的關係具有重要指導作用。他指出，依法治國，是黨領導人民治理國家的基本方略，是發展社會主義市場經濟的客觀需要，是社會文明進步的重要標誌，是國家長治久安的重要保障。黨領導人民制定憲法和法律，並在憲法和法律範圍內活動。依法治國把堅持黨的領導、發揚人民民主和嚴格依法辦事統一起來，從制度和法律上保證黨的基本路線和基本方針的貫徹實施，保證黨始終發揮總覽全局、協調各方的領導核心作用。要維護憲法和法律的尊嚴，堅持法律面前人人平等，任何人、任何組織都沒有超越法律的特權。要推進司法改革，從制度上保證司法機關獨立公正地行使審判權和檢察權。

二、中國檢察機關的機構設置

（一）中國檢察機關的內部領導機構

　　檢察長是人民檢察院的最高首長，對外代表人民檢察院，屬於人民檢察院的領導機構。中國人民檢察院組織法規定，各級人民檢察院設檢察長1人，副

檢察長若干人，檢察長統一領導檢察院的工作。

（二）中國檢察機關的內部決策機構

　　檢察委員會是人民檢察院的法定決策機構。檢察委員會實行民主集中制，在檢察長的主持下，討論決定重大案件和其他重大問題。檢察委員會由檢察長、副檢察長和部分檢察員組成；檢察委員會委員須由檢察長提請本級人民代表大會常務委員會任免。

　　中國檢察機關的檢察委員會是一種集體領導的組織形式，這種組織形式一方面是檢察委員會實行民主集中制、少數服從多數的原則，集體討論決定重大案件和其他重大問題。當檢察長不同意多數委員的意見時，按多數委員的意見決定。這樣有利於充分發揮集體智慧，防止檢察長獨斷專行，從而保證正確、有效地實現對檢察工作的領導。另一方面，檢察長又擁有一種法定的特別權力，即當檢察長的意見與多數委員的意見不一致時，或者說檢察長不同意多數委員的意見時，雖然檢察長不能否定多數委員的意見，但檢察長有權將自己的不同意見報告上級人民檢察院決定。這種制度較國外檢察機關內部領導機構的議事制度更有優勢，既能保證充分發揚民主，又能保證正確進行集中。

（三）中國檢察機關的內部職能機構

　　檢察職能機構是按照人民檢察院法律監督的不同對象和分工設立的工作機構。目前中國各級人民檢察院主要設立下列檢察職能機構和綜合職能機構：

　　1. 刑事檢察機構：刑事檢察機構是人民檢察院對偵查機關和人民法院在刑事訴訟中的偵查活動和審判活動實行法律監督的職能部門。

　　2. 貪污、賄賂檢察機構：貪污、賄賂檢察機構是人民檢察院對貪污、賄賂等經濟犯罪行為實行法律監督的職能部門。其主要職責是對人民檢察院直接受理的貪污、挪用公款、受賄、單位受賄、行賄、對單位行賄、介紹賄賂、單位行賄、巨額財產來源不明、隱瞞境外存款、私分國有資產、私分罰沒財物等12種犯罪案件進行立案、偵查等工作。

　　3. 法紀檢察機構：法紀檢察機構是人民檢察院對國家機關工作人員的瀆職

犯罪行為、國家機關工作人員利用職權實施的特定的侵犯公民人身權利的犯罪行為以及侵犯公民民主權利的犯罪行為實行法律監督的職能部門。

　　4. 監所檢察機構：監所檢察機構是人民檢察院對執行刑事判決、裁定的活動和監管改造機關的活動實行法律監督的職能部門。

　　5. 民事、行政檢察機構：民事、行政檢察機構是人民檢察院對人民法院的民事審判活動和行政訴訟活動實行法律監督的職能部門。其主要職責是負責對人民法院已經發生法律效力的民事、行政判決、裁定，發現確有錯誤或者違反法定程序，可能影響案件正確判決、裁定的，依法提出抗訴等工作。

　　6. 控告申訴檢察機構：控告申訴檢察機構是人民檢察院透過受理申訴、控告、舉報、報案、自首以及處理來信、來訪等事務，實行法律監督的職能部門。

　　7. 檢察技術機構：檢察技術機構是人民檢察院運用科學技術手段，對案件證據進行收集、檢驗、鑑定及複核的職能部門。

　　8. 研究機構：研究機構是人民檢察院對檢察業務及其有關法律、政策進行調查研究的綜合性業務部門。

三、檢察機關的職權

（一）檢察機關的一般法律監督職責

　　檢察機關的一般法律監督對象包括社會各階層的公民、國家機關、社團組織及其工作人員等一切從事法律規定的社會活動的公民和社會組織。中國雖未具體列舉檢察監督的對象，但憲法、刑事訴訟法、民事訴訟法、行政訴訟法以及檢察院組織法都規定檢察機關是法律監督機關。因而，其監督對象非常廣泛。

（二）刑事功能

　　檢察院的刑事功能主要包括偵查、提起公訴和抗訴。

1. 偵查權

各國在肯定員警是偵查主體的同時，無一例外地賦予檢察機關對某些案件的直接受理權和自行偵查權。根據法律規定，中國檢察機關對貪污賄賂犯罪、國家機關工作人員的瀆職犯罪、國家機關工作人員利用職權實施的侵犯公民人身權利和民主權利的犯罪以及利用職權實施的其他重大犯罪案件，有權直接立案偵查。可見，檢察機關直接偵查的案件，一般是公務人員利用職權實施或涉及政府、司法廉潔的案件，是那些直接對國家利益或社會公共利益、公民合法權益造成嚴重危害的案件。

2. 提起公訴

檢察機關代表國家決定起訴或不起訴。根據法律規定，對符合起訴條件的案件決定起訴；根據法律規定，對不符合起訴條件的案件作出不起訴決定，或行使一定的自由裁量權對符合起訴條件的案件作出不起訴決定。因此，如何控制檢察機關的自由裁量權是各國的一個共同任務。

3. 抗訴

根據法律規定，檢察機關對其認為不當或錯誤的司法裁判提出上訴或抗訴。

第三部分

政治關係與政治過程

第八章　國家與社會關係：從全能主義到國家統合主義

重點問題

◎中國一體化的國家與社會關係是如何形成的？
◎如何評價一體化的國家與社會關係？
◎經濟改革對國家與社會關係有什麼樣的影響？
◎如何認識市場經濟條件下單位體制的政治性質與單位功能？
◎如何認識國家與新興社會組織的關係？

「國家與社會」是學術理論界頗為流行的研究典範，國家與社會研究的是傳統上所說的「官府」與「民間」的權力的界定、變化或交換，進而發現關於社會秩序的制度與規範的變化。在中國的制度環境中，用「黨和國家與社會」或許更能準確地表達國家與社會的關係。但是不管如何稱謂，國家與社會的關係事實上就是政府與社會的關係。

政府是一個國家為維護和實現特定的公共利益，按照區域劃分原則組織起來的、以暴力為後盾的政治統治和社會管理組織。這裡的政府不僅包括廣義上的立法、司法和行政機關，在中國還應該包括黨的體系，包括官方的意識形態和文化教育系統。政府的行為主要發生在公共領域，為維護公共秩序，政府可以合法地使用暴力。

社會是與政府相對應的一個概念，是在一個民族國家的範圍內個人之間結成的各種非政府的組織和關係的總和。社會既是政府權力的承受者，同時又影響和制約著政府權力，因此是與政府相對應的另一種人類組織形式。社會所調節的主要是私人活動領域，因而是自願結成的組織。

關於公域與私域的界定是西方政治學的傳統，但是在中國歷史文化中，國家和社會的界限並不是那麼清晰，甚至渾然一體。

新中國以後的國家／政府與社會是什麼樣的關係呢？眾所周知，以始於1978年的「第二次革命」爲標誌，中華人民共和國的歷史大致可以分爲兩個時期，這兩個時期的國家／政府與社會的關係也有著革命性的變化。

當然，我們並不滿足於一般性地描述國家／政府與社會關係的演變，在國家與社會的視角下，我們還將探討在城市社會中作爲國家與社會聯結點的單位體制和在農村社會中作爲國家與社會焦點的村民自治問題，以及新興民間組織問題。無論是城市的單位體制還是農村的村民自治，都是「非政府政治」，是國家與社會的最爲典型的範疇。

第一節　當代中國國家與社會關係的演變

從政治體制上看，古代中國是一個高度中央集權的官僚制帝國。[1]但是從國家與社會的視角觀之，我們發現帝國的政權系統只達於縣這一級，在縣以下的民間社會中則是紳士起著關鍵性的作用，因而形成了某種意義上的「蜂窩狀結構」[2]。皇權與紳權的並舉使得中國出現了表面上看來令人費解的狀況，一方面專制主義與大一統高度發達；另一方面國家的行政組織能力與動員能力又極其低下。後者在近代中國與西方列強的相互衝突中得到了淋漓盡致的展現。

馬克思主義對治療「一盤散沙」的社會結構有特殊的功效。列寧指出，在社會主義國家，全體公民都成了一個全民的、國家的「辛迪加」的職員和工人，並服從這個國家；整個社會將成爲一個管理處，成爲一個勞動平等和報

---

[1]　參見〔以〕艾森斯塔德：《帝國的政治體制》，10頁，南昌，江西人民出版社，1992。

[2]　是指組織規模狹小、組織結構類似、彼此不相聯繫的狀態。

酬平等的工廠。[3]毛澤東指出：我們應當將全中國絕大多數人組織在政治、軍事、經濟、文化及其他各種組織裡，克服舊中國散漫無組織的狀態。因此對近現代中國而言，無論是從國家獨立還是從國家富強的意義上，如何改變「一盤散沙」的局面，迅速提高國家的動員能力與行政組織能力，爲中國現代化的啓動創設基礎性條件，便成爲先進的中國人及其群體思索與探求的中心課題。

正是在這樣的歷史遺產與主題關懷下，以毛澤東爲核心的中國共產黨在建國之初就確立了高度集權的政治經濟體制，整個社會從微觀到宏觀、從個人到組織都被納入到黨—國家的權力結構中。這種國家與社會關係模式被有些學者稱爲「全能主義政治系統」，其基本特徵是：國家權力可以侵入社會的各個領域和個人生活的諸多方面，而不受法律、思想、道德（宗教）的限制。[4]伴隨著改革開放，「全能主義政治系統」發生了很大變化。

一、高度一體化的國家與社會（1949-1978年）

在中國共產黨領導的新民主主義革命中，官僚資本主義與帝國主義、封建主義一起被列爲革命的主要對象。透過對農業、手工業和資本主義工商業的社會主義改造以及國民經濟計畫管理體系的建立和統購統銷政策，新中國終於實現了黨—國家對整個國民經濟的全面控制，行政關係取代了市場關係的一切殘餘。國家對一切經濟資源享有絕對的壟斷地位，它不僅控制了生產、交換、流通與消費的全過程，而且直接涉及社會生活與個人生活的一切方面。

（一）國家對城市社會的滲透與控制

在舊中國的城市社會中，資本主義的經濟關係以及相應的社會交往形式僅僅在表面上占據著主導地位，與資本主義的經濟關係同時存在的還有大量傳統的和前資本主義的經濟關係與社會勢力。這些社會勢力利用幫會、宗族、行會、同鄉會、宗教組織與迷信團體等傳統社會關係控制著基層的普通民眾。它們與殘存的忠於國民黨政權的人一樣，是共產黨和新生政權向社會貫徹其權

3　參見《列寧選集》，3版，第3卷，258頁，北京，人民出版社，1995。

4　參見鄒讜：《二十世紀中國政治》，206頁。

威的障礙。1950年代初期，黨發動了一系列的政治活動，主要有「鎮壓反革命」、「城市民主改革」、「三反」、「五反」等，以急風暴雨般的階級鬥爭方式摧毀了這些盤踞在城市社會基層的舊的社會—政治勢力。這個過程的基本特點是政權力量與群眾運動相結合，即透過發動群眾控訴和揭發反動份子的罪行，由政府對其進行鎮壓和懲罰，同時向群眾灌輸黨的意識形態並使群眾擁護和服從黨的權威。

　　根據中國共產黨的新民主主義革命理論，帝國主義與封建主義、官僚資本主義一起構成中國革命的主要對象。中國的大中城市，特別是沿海城市，與資本主義有著千絲萬縷的聯繫。因此，肅清資本主義在華影響便成為新政權在城市社會貫徹其權威的一個基本方面。隨著大城市的陸續解放，各地軍管會開始清理西方國家在中國建立的官方或半官方的宣傳機構，不允許外僑在中國興辦報紙與雜誌，還停止了同新中國無外交關係的外國通訊社與外國記者的活動。新中國還著手處理外國人經辦或接受外國津貼的文化、教育、衛生、救濟等機構。1951年1月，教育部召開了處理接受外國津貼的高等學校的會議，決定一律由政府接辦，改為國家事業。對接受外國津貼的醫院、救濟機構，也由監督檢查過渡到由政府接辦。1950年9月，中國基督教知名人士發表了《中國基督教在新中國建設中的努力途徑》的宣言，號召中國基督教會開展自治、自養、自傳的革新運動。同年11月，中國天主教知名人士也發表《天主教自立革新運動宣言》。[5]此後成立了中國基督教「三自」愛國委員會與中國天主教主教團，成為在黨和國家領導下的宗教團體。

　　黨和新政權對革命統一戰線中的同盟軍——民族資產階級與城市小資產階級，則採取了比較和緩的手段來獲得對他們的控制。黨對民族資產階級總的政策是「利用、限制和逐步改造」。舊的商會組織逐漸停止了活動，而代之以黨控制下的工商聯。1953年11月，中華全國工商業者聯合會宣告成立，它被視為「全國各類工商業者聯合組成的人民團體」。知識份子是城市小資產階級的主要組成部分，他們多數聚集於各種類型的學校中，也有一部分屬於自由職業

5　參見韓念龍主編：《當代中國外交》，21～23頁，北京，中國社會科學出版社，1988。

者。至1952年末，除了接受外國津貼的學校被接辦外，所有私人控制的學校也被取消。共產黨在各級學校中建立黨委或支部，成為學校工作的領導核心。從小學、中學直到大學，全部採用統一制訂的教學大綱與計畫。此外，每一個專業集團和每一門學科都被組織到黨所控制的協會中。例如，創作藝術家加入中國文學藝術界聯合會。在這個聯合會中，每一門學科又有它自己的組織，例如，中國作家協會或中國戲劇家協會。中國作家協會在各省和各大城市都有分會，它的北京中央機關指派各省分會的負責人和當地文學刊物的編委成員。[6]在這個聯合會之上，則有中共中央宣傳部的統一領導。這樣，幾乎所有知識份子都被納入到黨控制下的組織網路中。

透過群眾組織掌握群眾是黨向社會基層貫徹其權威的重要手段。1949年7-8月，黨領導的中華全國總工會在北平（即北京）召開全國工作會議，決定在一年左右的時間內把全國工人首先是產業工人組織起來，基本手段是在企業和其他就業場所普遍成立工會。1950年6月中央人民政府公布施行的《中華人民共和國工會法》規定：全國的工會組織以中華全國總工會為最高領導機關，凡工會組織成立時，均須報告中華全國總工會或其所屬之產業工會、地方工會。1950年4月，中共中央發出《關於加強青年團及其他群眾團體工作的指示》。在各種政治運動中，工會和青年團等群眾團體在社會基層迅速擴大。以此為基礎，黨的組織系統向一切社會基層組織延伸，並從工人中吸收了大量的積極份子入黨。

除了群眾組織的擴展以外，政權機關也向社會基層延伸。公安部於1952年8月公布施行《治安保衛委員會暫行組織條例》，規定在城市的機關、工廠、企業、學校、街道普遍建立治保組織，協助基層政府和公安機關監視、調查、檢舉、遣送反革命份子和逃犯，從而使它們所在的社會組織具有了行政功能。1954年12月，全國人大常委會通過並公布施行《城市街道辦事處組織條例》、《城市居民委員會組織條例》和《公安派出所條例》。街道辦事處是城市基層

6　參見〔美〕F.R.麥克法誇爾、〔美〕費正清編：《劍橋中華人民共和國史（1949-1965年）》，146頁，北京，中國社會科學出版社，1992。

政府的派出機構，它透過居民委員會這種具有行政功能的群眾組織把政府的權威傳達給每一戶居民；公安派出所則作為公安局的派出機構將執行公共安全職能的行政組織伸向社會基層。在全國範圍普遍建立起來的這些機構和組織，是共產黨政權和社會的結合部，其特點是政權組織與群眾組織相結合。[7]

（二）國家對鄉村社會的滲透與控制

從1920年代末起，共產黨就制定了一條「農村包圍城市」的革命路線，在它奪取全國政權之前，大部分的精力和工作集中在農村。因此，在對基層社會的動員與控制方面，黨對農村比對城市更富有經驗。鄉村社會中自宋代以來逐漸擴展的宗族力量是黨向農村貫徹其權威的重大障礙。杜贊奇在其對華北農村的研究中指出，宗族組織以不同的面目生存在農村的區域權力網路中，是帝國的地方行政體系與非正式的社會團體的中間形態。[8]新中國成立以後，黨和國家透過各種運動來打破宗族村落的疆界。在1949年至1952年的土地改革運動中，新政權沒收和徵收族田、徵收祠堂、焚毀族譜，其目的是為了用新的土地關係和認同取代舊的宗族土地制度和認同。「反霸」、「鎮反」則旨在透過階級劃分與鬥爭，打破宗族在民間的社會分化格局。農業集體化則通過建立個人與國家之間的直接經濟關係，打破宗族與區域的中間層。「社會主義思想教育」運動則使同一的文化直接深入至民間的個人。[9]

隨著宗族組織的日益衰敗，國家行政組織的觸角也向鄉村社會基層延伸。政務院於1950年12月頒布了《鄉（行政村）人民代表會議組織通則》和《鄉（行政村）人民政府組織通則》，確認行政村和鄉為一級地方政權機關。不過，村的地位有所反覆。1954年9月，一屆全國人大一次會議通過了《中華人民共和國憲法》和《中華人民共和國地方各級人民代表大會和地方各級人民委

7　參見路風：《中國單位體制的起源與形成》，載《中國社會科學季刊》（香港），1993年11月總第5期。

8　參見〔美〕杜贊奇：《文化、權力與國家》，81～110頁，南京，江蘇人民出版社，1994。

9　參見王銘銘：《宗族、社會與國家》，載《中國社會科學季刊》（香港），1996年8月總第16期。

員會組織法》，規定縣以下農村基層行政區劃為鄉、民族鄉和鎮，撤銷了行政村建制。但是在農村的實際工作中，村政仍然是不可缺少的。在農村合作化運動中，初級社的組建範圍是自然村，高級社的組建範圍則是行政村。1958年北戴河會議通過了《中共中央關於在農村建立人民公社問題的決定》。[10]1962年「七千人大會」上，中共中央發出《中共中央關於改變農村人民公社基本核算單位問題的指示》，宣布：在中國絕大多數地區的農村人民公社，以生產隊為基本核算單位，實行以生產隊為基礎的三級集體所有制。這樣，以生產隊為農村集體經濟的基本核算單位、以生產大隊為政社合一的農村社會基本單位的村政格局，終於顯現出一個大致穩定的輪廓。

政社合一的大隊建制最終得以形成的一個關鍵是中共黨支部在大隊一級的普遍建立。國民黨統治中國20多年，仍未能在農村普遍建立起區級黨部。中共黨組織的網路延伸至最基層的農村，並不是一件輕而易舉的事情，從區級到鄉級再到大隊一級，用了10年左右的時間。1954年第一次全國農村黨的基層組織工作會議前，全國22萬個鄉中，已有17萬個鄉建立了黨的基層組織。[11]1956年中共八大明確提出在農村鄉以下建立黨的基層組織。到1960年代初，生產大隊一級普遍建立了黨支部，大隊黨支部成為村政的核心組織和決定性力量，黨的權威被貫徹到農村社會的每一角落。在舊式社區領袖與民間精英被消滅的情況下，政社合一的生產大隊成為農村中唯一的合法組織。

國家政權就這樣延伸到鄉村社會的家庭層面。農村的街道、房屋等外表形象沒有什麼變化，但農民發現自己帶上了某個階級的標籤，並被要求參加集體勞動、群眾大會和其他集體活動。集體是他們現在唯一的依靠，因為他們不再擁有也不能再出租或租賃自己的耕地、農具、勞動或產品。革命把農民從封建制度和其他束縛之下解放出來建立起政權的合法性，現在卻透過戶籍制度把農民固定在土地和出生地上，農民離開土地就意味著不僅失去了社會身分，也失

---

[10] 參見張樂天：《告別理想——人民公社制度研究》，537～539頁，北京，東方出版中心，1998。

[11] 參見沈延生：《村政的興衰與重建》，載《戰略與管理》，1998(6)。

去了賴以生存的口糧。對農民流動的限制，使國家成了最直接的控制者。[12]

（三）社會成員對國家的依附

隨著黨—國家對社會資源全面壟斷地位的確立，社會成員對黨—國家的依附關係也最終形成。這種依附關係主要是透過勞動就業制度、戶籍制度、身分制度以及單位制度這些制度安排實現的。

1. 勞動就業制度

建國之初，政府對勞資爭議的仲裁和解僱工人的程序做出了一系列的明確規定，對資方自由解僱工人的權利做出了程序上的限制，同時政府還直接扮演了仲裁人的角色。1952年8月公布的《政務院關於勞動就業問題的決定》進一步規定：「一切公私企業，對於因實行生產改革、合理提高勞動效率而多餘出來的職工，均應採取包下來的政策，仍由原企業單位發給原工資，不得解僱。」同年，政務院在關於處理失業工人的辦法中規定，凡需要僱用工人職員的公私企業，須先擬具僱傭人員條件及待遇辦法草案交送當地勞動局審查核准後，由勞動力調配機關統一介紹，或由僱用人員的企業在勞動局指定的已經登記的當地失業人員中自行選擇，經調配機關審查批准後乃僱之；非經勞動局批准，不得採用登報或出布告等自由招僱的辦法。從1953年起，政府在工業部門正式實行統一的新勞動保險制度，要求企業對個人承擔無限責任，而個人則基本上不承擔責任。根據1953年1月修正公布的《中華人民共和國勞動保險條例》，職工享受勞動保險必須透過政府、企業當局和工會組織的行政程序，勞動者個人如果脫離這種組織過程（例如自主更換就業場所）就會冒失去勞動保險的風險。這種規定還導致了阻止工人在企業之間自由流動的工齡制度的形成。這樣，工人與企業之間的職能聯繫被日益限定在政府行政管理程序內。由於國家強迫企業對工人承擔的義務後來被國家直接承擔起來，這種關係最終就演變為工人與國家之間的直接聯繫。

社會主義改造完成以後，國家同企業及其職工的關係在全社會範圍內發生

---

[12]　John K. Fairbank, China: A New History, pp. 353～354, Harvard University Press, 1992.

了根本變化。繼建國初期把被接管的人員「包下來」以後，1956年國家又把公私合營企業的職工「包下來」。這時，高等學校、中等專業學校、技工學校的畢業生作為工業化的技術骨幹和國家幹部的來源已經由國家統一分配工作，復員轉業軍人也由國家統一安置。於是，從1955年到1957年，新中國形成了這樣的勞動制度：國家對每年新成長的勞動力承擔起安排就業的義務，用統一招收的方式將他們分配到企業和其他機構中；對於由國家安排就業的人員，企業當局不得隨意辭退，成為固定工。後來它被稱作「統包統配」的勞動制度。

2. 戶籍制度

戶籍管理在中國有著悠久的歷史，它在歷史上的主要功能是為政府徵收提供統計依據。新中國的戶口登記制度是在1953年為準備普選而進行的第一次全國人口調查登記的基礎上建立起來的。1956年6月，國務院公布了《關於建立戶口制度的指示》，決定在全國範圍內建立戶口登記制度，並規定了居民遷居時必須履行的行政手續。1958年1月，國家公布《中華人民共和國戶口登記條例》，政府發給每戶居民一本「戶口名簿」，並規定「戶口名簿所登記的內容具有證明公民身份的法律效力」。戶口登記又分為城市戶口與農村戶口兩大類。對城市人口實行居民口糧分等定量並發給供應憑證的供應制度，對農村戶口則由生產隊按當年收穫和向國家交售的情況分配口糧。因此，兩類戶口的最大區別就是具有不同戶口登記的居民按不同的管道和數量獲得必需品。由於居民的生活必需品供應被納入國家的計畫，又由於這些必需品始終短缺，所以，人口的遷移（主要是從農村流向城市）就被置於國家的行政控制之下，而且變得越來越困難。即使均為城市戶口，夫妻兩地分居等現象也很普遍。

3. 身分制度

在國家壟斷絕大多數資源的情況下，共產黨所締造的新社會是一種等級社會而非階級社會，在此條件下階級無法產生，形成的只能是等級或身分。改革前的中國社會中實際上存在著四大身分系列。一是政治身分系列。處在這個系列兩端的，就是理論上的無產階級和資產階級，但是在中國的實際情況下，這兩部分包含著十分混雜的成分，特別是在原有的資產階級已經消失的情況下，

「資產階級」這個概念實際上包括了所有被認為是「與社會主義敵對」的人，甚至包括某些權力鬥爭的失意者。二是城鄉身分系列。戶籍制度將城鄉居民分割成兩種截然不同的社會身分。三是「幹部」與「工人」的職業系列身分。「幹部」與「工人」的身分是相當固定的，「以工轉幹」是非常困難的。也正因為如此，所以才有「以工代幹」現象的廣泛存在。依據這種身分系列，實際上是將城市中的所有職業劃分為兩大類，一類是只有「幹部」才能從事的職業，另一類是只有「工人」才能從事的職業。四是所有制身分系列。在1956年社會主義改造基本完成以後，所有制身分主要表現在全民所有制企業與集體所有制企業之間。「全民所有制工人」與「集體所有制工人」，都是不可輕易變更的社會身分。這樣，農民與城市居民，「幹部」與「工人」，「全民所有制工人」與「集體所有制工人」，以及「階級」所屬就成為由國家行政權力所決定的具有固定身分差異的社會階層。每一個社會成員在由身分系列所構成的社會結構中的位置都是由黨—國家賦予和確定的。

4. 單位制度

在由勞動就業制度、戶籍制度、身分制度等一系列制度安排所構成的制度環境中，在城市中特別是在國營部門中產生了一種特殊的組織形式——單位。單位形成的主要制度因素包括：第一，由於國家一方面盡力削減市場聯繫並用行政手段控制資源的分配，另一方面又強迫企業承擔起勞動者永久性就業和福利的責任，因而造成勞動者對就業場所的全面依附，其實質是個人對國家的依附。第二，決定新中國國家組織過程的政治結構和原則使法律沒有成為國家管理社會的主要手段，因而實現了公有制為基礎的被納入行政組織結構的經濟組織，成為國家對社會進行直接行政管理的組織手段。第三，由於同樣的原因，當國家政治生活中居於絕對領導地位的黨組織延伸到一切社會基層組織之後，勞動者的就業場所同時成為他們參與政治過程的主要場所。第四，對於個人來說，就業場所的黨組織和行政當局不僅是勞動過程的管理者，而且在政治上和法律上都實際代表了黨和政府。在社會生活受到國家行政權力全面控制的條件下，離開就業場所就失去了黨政當局的認可和證明，個人的許多社會活動就無

法進行（例如婚姻登記、戶口登記、工作調動等）。[13]這樣，單位掌握著個人的基本生活條件，大到個人的政治態度、工作積極性，小到子女的生育、夫妻間的關係，甚至業餘時間的安排，都是在單位（實際上也就是國家）的直接控制之下。

農村社會中的人民公社或生產大隊都不是嚴格意義上的單位，國家對之「只管不包」。雖然國家像對城市單位一樣對生產大隊下達行政指令和生產計畫，但始終沒有對農民承擔分配上的義務，沒有在農村實行超出賑災和救濟範圍的福利制度和社會保險。儘管如此，農村中的人民公社和生產大隊還是構成了單位制度的組成部分，因爲它體現了黨—國家用行政手段組織人民的原則。在國家對社會實行直接行政管理的條件下，每個社會成員與其基本社會生活場所的官方當局都具有一種組織關係，這種關係規定了社會成員的合法地位並不同程度地決定了其生活權利。這樣，社會成員對城市的單位、農村中的人民公社或生產大隊的組織依附關係最終演變爲對國家的依附關係。

（四）一體化結構的評價

在中華人民共和國成立後的一段時期內，共產黨和新政權通過國家經濟職能的極度擴展、國家對社會公域的滲透與控制以及社會成員對國家的依附最終確立了黨—國家與社會的高度一體化模式。

透過各種手段所完成的國家與社會關係的一體化模式的結果是：1.強大的政府動員能力。政府可以運用組織嚴密的全國性的組織系統，動員全國的人力、物力和財力資源以實現某一政府目標，「大躍進」是這種體制的典型體現；2.社會成員高度依賴具有行政功能的單位；3.社會的自治和自組織能力差，社會組織結構呈現「蜂窩式狀態」。個人依賴於單位的資源，而單位依賴於計畫經濟下的資源分配，社會的自組織性和自組織能力很差；(4)社會缺乏中間階層的作用，顯得脆弱而不穩定。政府直接面對民眾，社會秩序完全依賴

---

[13]　參見路風：《中國單位體制的起源與形成》，載《中國社會科學季刊》（香港），1993年11月總第5期。

於政府控制的力度，當政府控制受到削弱時，社會就會出現自發的混亂和無秩序趨向；(5)社會生活被高度政治化和行政化。社會各系統均被納入政府體系，缺乏獨立運作的條件；(6)「身分制度」使得社會流動困難，社會結構僵化；(7)缺乏自下而上的溝通機制，民眾的利益表達缺少必要的組織形式和組織管道，因而政策輸出與利益要求之間存在較大差距。[14]

　　這種高度一體化的政府與社會關係的直接目的是為了加強政府的動員組織能力，以此解決中國社會當時面臨的最迫切的兩個問題，即結束自晚清以來的全面的社會危機和實現工業化。高度一體化的社會結構對於解決上述兩個問題起到了非常重要的作用。但是，在簡單的政治動員階段結束以後，1950年代中期以來，高度一體化的社會結構開始不適應社會的發展。由於社會生活的政治化和行政化，政府的行政等級制關係彌漫到社會的每一個角落，形成了普遍的個人動力不足的局面，整個社會發展缺乏足夠的動力機制。

　　不僅如此，此模式的塑造勢必引起不同社會群體利益分配格局的變化，國家對社會的高度整合不可避免地招致一些社會階層的不滿、反對乃至反抗。特別是對農民及其創造的經濟剩餘進行無償的強制轉移，嚴重損害了農民的直接利益，不僅農民表示不滿與反對，許多黨內高層領導和黨外的知名人士對此做法都持有程度不同的反對意見。因此，當面對如此普遍的不滿與反對時，國家單純動用軍事、政治與經濟力量的代價必定是極其高昂的。為了降低國家整合社會的成本，國家有效地運用了意識形態的力量。從1950年代開始，國家運用政治動員與思想教育相結合的方法，透過政治宣傳、學習、討論、辯論、鬥私批修、自我反省、檢舉揭發、組織處理等各種方式，大力宣傳社會主義的優越性，陸續發動了批判武訓運動、批判俞平伯運動、反胡風運動、反右運動、反右傾運動、總路線教育、農村社會主義「四清」教育、「農業學大寨」等一系列意識形態運動，直至發動打倒「黨內走資本主義道路的當權派」的「文化大革命」，從每個社會成員的「世界觀改造」入手來保證國家整合社會的順利進行。

---

14 參見中國戰略與管理研究會「社會結構轉型」課題組：《中國社會結構轉型的中近趨勢與隱患》，載《戰略與管理》，1998(5)。

但是，所有這些仍然不能解決整個社會的發展動力問題。在個人動力不足的制度中，引發了個人民生的危機，而在高度一體化的社會結構中，民生的危機其實就是國家安全的危機。為了國家的安全以及黨的前途，執政黨必須進行改革。高度一體化的社會結構的經濟基礎是中央高度集權制下的計畫經濟體制，因此，經濟體制的改革必然會帶來國家與社會關係的轉型。

二、經濟改革與國家─社會關係的重構

鄧小平領導的改革實際上是一場新的革命，它給中國帶來的變化並不亞於毛澤東領導的那場把半殖民地半封建的舊中國改造為社會主義新中國的偉大革命。經濟體制變革的影響已遠遠超出其經濟意義，而輻射至社會生活的各個方面，並導致社會結構的重組。

（一）經濟改革的影響

首先，經濟改革導致社會主體分化。企業開始享有一定程度的自主權，不再完全是政府的附屬物。農村家庭也成了獨立的經濟單位。企業和農民的這種主體地位的形成，必然伴隨著新的利益要求和新的權利的產生。為此，新的利益主體要尋求新的聯結方式。過去，企業從政府那裡獲取經濟資訊；今天，作為獨立的商品生產者和經營者，面對的是競爭的市場和國外商品的壓力。因此，它們就需要以新的方式溝通和聯結起來，以保護自己的利益。社團組織形式就將分化出來的社會主體聯結成新的群體，形成了新的社會溝通管道和利益保護機制。

其次，改革促使社會結構分化。經濟改革之前，社會主義是以消滅階級差別為目標的。改革肯定了在社會主義初級階段社會經濟成分多樣性的必要性和必然性。個體經濟、私營經濟以及外國資本和人員參與的合資與獨資企業，都是全新的社會經濟成分。這些新的社會經濟成分在原來的組織體系中沒有既定的位置，它們就成立新的社會組織保護自己的利益，如個體勞動者協會、私營企業主協會。

最後，經濟改革引起了劇烈的利益分化。市場的發育打破了以往由政府決

定人們利益的狀況，拉大了收入差距。在個人之間，一部分人先富起來；在地區之間，一部分地區先富起來。

利益分化在組織上的表現，就是形成和強化了人們的群體觀念，出現了群體認同。觀念的一致促使人們聯合起來，爲成員謀取利益。社會分化的結果導致了組織的分化，黨與政府、政府與企業之間責、權、利的重新調整和功能的重新配置成爲1980年代中國組織變遷的重要內容。與此同時，新型社會組織的發育，突破了舊有組織體系自我發展的不足，作爲與改革後新的經濟社會條件相吻合的組織形式，成爲組織分化的一個重要內容。

（二）國家與社會關係重構的基礎

在改革開放過程中，社會出現了「自由流動資源」與「自由活動空間」，在此基礎上社會正在成爲一個與政府並列的、相對獨立的提供資源與機會的源泉。因此，「自由流動資源」與「自由活動空間」是改革開放時期國家與社會關係重構的基礎。但是，無論是「自由流動資源」還是「自由活動空間」的形成與發展，都離不開政治環境的變化。因此，政治環境是國家與社會關係重構的制度基礎。

1. 自由流動資源的形成

如前所述，在改革開放以前，幾乎所有的資源都是由國家壟斷的，社會成員從國家之外的其他途徑獲得這些資源是不可能的。改革開放的目標和結果之一，就是國家控制資源的範圍的縮小和力度的減弱，這樣就使一部分資源從國家的壟斷中游離出來，成爲自由流動資源，進入社會或市場。對這些資源的擁有權是可以轉讓的，而不再從屬於某種行政權力。

自由流動資源首先出現於農村。農村中生產責任制的實施以及人民公社的解體，雖然沒有改變土地所有權的性質，但是農民獲得了兩個極其重要的東西，一是土地耕作和經營的相對自主權；二是對自身勞動力的支配權。這兩個自主性的權利，成爲改革後農民所擁有的兩項最基本同時也是極爲重要的自由流動資源。農民對這兩項自由流動資源的擁有，意味著國家資源壟斷體制最薄

弱的環節發生了裂變，從國家壟斷幾乎所有資源的體制中，游離出了最初的自由流動資源。

在城市，自由流動資源首先是由於國家對生產資料和資金管制的放鬆而出現的，特別是生產資料價格雙軌制的實行，使相當一部分生產資料脫離了國家的控制而進入市場。外資的進入和政府財政稅收體制的改革，都增加了擁有資源管道的多元化，其結果就是個體、私營企業、「三資」企業和鄉鎮集體企業等各種非公有制工商企業的出現。非公有制企業的出現，加上國有企業用工制度的改革，形成了契約式的就業制度。這種就業制度不是由國家提供的，而是由民間社會以市場的形式提供的。

2. 自由活動空間的擴展

自由活動空間的形成和擴展，既是體制改革的結果，也是政府政策調整的產物。自由活動空間就是「在政策允許的範圍內」，人們利用和使用自由流動資源的具體場所。如果只有自由流動資源而沒有自由活動空間，自由流動就不具有實質性的意義。[15]

在農村，自由活動空間包括對種植的選擇、集貿市場的活躍、鄉鎮企業所帶動的農村的工業化以及農民進城務工的自由，形成了非國家控制的空間。在城市，自由活動空間的形成也有一個過程。第一階段是知青返城的就業壓力使政府開闢了商品零售市場；第二階段是1984年政府在啓動城市經濟體制改革的同時宣導的第三產業的發展；第三階段是1992年鄧小平南方談話以後掀起的幹部、知識份子和工人的「下海」潮以及社會主義市場經濟體制方向的確立，為非公有制企業的發展提供了更加廣闊的空間。

在經濟領域的新資源和新空間形成的同時，意識形態領域也出現了新的空間，突出表現在思想解放過程中社會科學的發展。社會科學不再由單一的傳統馬克思主義支配，各種思想流派和最新出現的方法論在大學課程中得到充分介紹和研究。

---

[15] 參見孫立平：《「自由流動資源」與「自由活動空間」》，載《探索》，1993(1)。

「自由流動資源」與「自由活動空間」的形成與發展，爲重塑國家與社會的關係提供了可能。

3. 制度基礎

1978年經濟改革以來，中國在政治上沒有推行西方學者所期望的政治改革，實行多黨制和代議制。但是，政治體制的變化是不容忽視的。如前所述，中國在法制和法治建設、黨政關係、行政體制、領導體制、選舉制度、監督制度以及中央與地方關係等方面，都發生了重要變化，這些變化直接或間接地促進了民間社會的發展。

第一，政府日益重視法制和法治，公民的結社自由不再是紙上的規定，而具有了一定的實踐意義。公民結社自由的權利得到重視，公民申請成立非政治性社團很可能得到批准。

第二，政府大幅度放權。經濟改革其實就是政府放鬆控制的過程，是政府向社會放權。首先是政企分開，政府將經營權、人事權下放給企業，將大部分經濟權力下放給社會；其次是中央政府大幅度地將權力下放給地方政府，無論在幹部管理權、行政管理權和社會管理權方面，還是在政治決策與經濟決策方面，以及在稅收、財政和金融等方面，改革開放以後各級政府的權力大大增加；最後，政府對公民的管理逐漸放鬆，公民自由活動的空間前所未有地增大。黨和國家將部分權力返回社會後，管理社會秩序的功能由民間組織來填補，例如農村的村民自治。

第三，政府職能開始轉變。改革開放前是一個控制一切的全能主義政府，在1978年以後政府職能發生了重大變化。一個總的趨勢是，政府不斷弱化其經濟職能和社會職能，而不斷強化其行政管理職能。在大部分生產、經營、民事以及文化、藝術和學術等領域，政府不再單純地直接管理，而是將部分職能交給非政府的行業協會、同業組織等。[16]

---

16 參見俞可平：《中國公民社會的興起及其對治理的意義》，見俞可平等：《中國公民社會的興起與治理的變遷》，北京，社會科學文獻出版社，2002。

　　上述經濟環境和政治環境的變化使得民間組織迅速興起並成長，傳統的單位體制發生了重大變化，以及基層民主政治的興起，這些使得國家與社會的關係得以重組。

三、新興民間組織

（一）民間組織的發展

　　從1949年到1978年，社團發展的選擇性很強，在全國性社團中，影響比較大的有工會、共青團、婦聯、科協、文聯等八大人民團體。而高度統一的政治與經濟體制，政治上的一元化領導，造成黨群不分、政群不分，群眾性的政治團體被納入了國家編制。1949年以前，一些政治傾向比較明顯的政治團體被定義為「民主黨派」，轉化為政黨組織。共產黨領導下的多黨合作制，聯絡和團結了各種社會力量的政治組織，容納了帶有各種政治傾向的政治團體。因此，其他政治性社團失去了存在的基礎。經濟上實行高度集中的計畫管理體制，使政府成了生產活動的管理者，產品生產者（企業）缺乏明確的責、權、利，缺乏應有的獨立性。這樣，沒有獨立經濟利益的生產者也就失去了爭取利益的動力，更沒有社團在經濟領域爭取利益的空間。高度統一的政治與經濟體制，再加上單位功能的無所不及，把每一個人的政治、經濟和社會生活全部融入組織體系，使得代表不同群體的其他政治社團的產生成為不可能。

　　經濟改革使原來隸屬於黨政體系的企事業單位及個人逐漸趨於獨立，利益主體的多元化和上述政治環境的寬鬆使得民間組織飛速發展。到1997年，全國縣級以上社會團體發展到181,318個，其中在縣域範圍內活動的102,063個，在地區範圍內活動的56,003個，在省域內活動的21,404個，在全國範圍活動的1,848個。[17]

　　民政部把數以萬計的社團分成四類：一是學術性團體，指從事自然科學、社會科學及交叉學科研究的團體；二是行業性團體，指同行業的企業自願組成的團體；三是專業性團體，指由專業人員組成的或以專門技術、專門資金從事

---

[17]　參見《中國民政工作年鑑（1998）》，274頁，北京，中國社會科學出版社，1999。

某項事業而成立的社會團體；四是聯合性團體，指人群的聯合體或團體的聯合體。[18]

這種分類法對於觀察國家與社會的關係顯得不夠，因為社團的分類要麼以行業為標準，要麼以利益的性質為標準，也可以以組織形態為標準。由於國家與社會的研究實際上就是界定權利的變化與轉移，因此，在實踐中，普遍的做法是根據團體的利益性質而劃分社團的類型。為此，有學者將中國的社團主要劃分為：興趣活動組織（登山協會、作家協會等）、經濟利益組織（工會、個體和私營企業協會、行業組織、農民利益群體等）、民間社會服務組織（教育和衛生領域的福利基金會）、民間自助組織（村民委員會、業主委員會等）、社會公益組織（婦聯、共青團、紅十字會等）、次級文化群體組織（少數民族團體、宗教團體等）和科學技術領域的民間組織。[19]

（二）民間組織的特點

迅猛發展的中國民間組織具有如下特徵[20]：

1. 民間組織的發展，有賴於自上（政府）而下的拉動和自下（民間）而上的推動

要把新組織發育的客觀需求變成現實的組織發展，需要人們有意識的自覺行動。在改革過程中，個人利益的增強激發了人們參與社會組織活動的積極性。例如，為保護個體勞動者利益而組成的個體勞動者協會。

社會組織的發展還有賴於自上而下的拉動。在改革開放的年代，黨和政府更是重視行業組織的建立和發展。因為經濟改革弱化了政府的職能，如何管理新的利益主體和社會成分，如何協調利益衝突，都是黨和政府要面對的問題。因而，黨和政府為了加強政治管理，總是支持一些行業性的社團組織，以協助

18　參見吳忠澤主編：《社團管理工作》，7～8頁，北京，中國社會出版社，1996。

19　參見王穎、孫炳耀：《中國民間組織發展概況》，見俞可平等：《中國公民社會的興起與治理的變遷》。

20　有關民間組織特徵的描述主要參照王穎、孫炳耀的《中國民間組織發展概況》和俞可平的《中國公民社會的興起及其對治理的意義》。

政府管理。自下而上的努力和自上而下的推動的合力，就形成了今天社會組織蓬勃發展的局面，並在社會主義政治過程中起著十分重要的作用。

2. 民間組織既然是上下合力的結果，與政府關係密切，因而具有明顯的官民兩重性

其一，按照中國的社團登記法，社團登記註冊的條件是，必須有一個主管單位，主管機關的權力部門必須對該民間組織負政治領導責任。各級工、青、婦組織直接由各級黨委負責，其他社團則由相關黨政部門負責。例如，個體勞動者協會和私營企業協會的主管單位是工商行政管理局，行業協會的主管單位是經委，科協的主管部門是科委，文聯的主管部門是黨委宣傳部。由於社團在法律上的從屬性質，各社團在章程中都規定了「助手」條款。例如，共青團是「黨的助手」；個體勞動者協會必須「協助稅務和工商行政機關督促會員依法交納稅金」；私營企業協會要「協助政府及有關部門做好私營企業的監督管理工作」；科協有義務「接受政府委託，提供科技諮詢和服務」。可見，大多數社團都有相當程度的行政職能。正因為如此，民間組織的活動才得到各級政府和新聞媒介的支援。中國民間組織活動的特徵就是，凡具有重大社會影響的活動，國家與社會都會參與進來，而且也只有如此，才能形成有重大影響的社會活動。

其二，絕大多數有重要社會影響的民間組織都是由政府自己創立的，儘管它們最後從組織關係上逐漸脫離了其創辦者，但兩者之間依然有著極為密切的聯繫，創辦者依然是這些民間組織的主管部門。例如，行業協會組織的成員企業在行政上受主管部門的領導，而不是受協會的領導；行業協會本身在組織人事、活動經費和業務上也要受政府主管部門的制約。

其三，1998年中央政府發布文件規定現職處以上黨政機關幹部不得擔任民間組織的主要領導，但是幾乎所有重要社團組織的主要領導都是由現職領導職位退下來的或機構改革後分流出來的原政府黨政官員擔任。

其四，按照政府的有關規定，民間組織的經費原則上自己籌集，但事實上還有一些重要的非政府組織的活動經費由政府財政撥款，在經濟上完全依賴於政府。

3. 與官民兩重性相聯繫，民間組織不夠規範

　　1998年民政部頒布了試圖規範民間組織的新的管理條例，但規範化進程還剛剛開始。從組織體制上看，第一，傳統上的共青團、工會、婦聯、文聯、社科聯等社團組織依然是高度的行政化，它們與行政機關沒有什麼差別，不受社團登記管理條例的約束，直接受各級黨政機關的領導，享有一定的行政級別，其領導人的任免由各級黨委決定。第二，相當行政化的社團，如工商聯、消費者協會等各種行業管理組織，它們有一定的編制並享有一定的行政級別，承擔部分行政管理職能，其主要領導人實際上也由各級黨政部門任免，享受幹部待遇。第三，基本上民間化的學術團體，其中極少數也享有人員編制和行政級別待遇。

4. 民間組織的仲介性質

　　在體制轉型中，民間組織日益發揮政府與社會之間的橋樑和紐帶的作用，被稱為「社會中間層」。在舊體制無法容納越來越多的非行政隸屬關係的社團組織和個人的情況下，政府主動敞開自己的組織系統，透過掛靠關係、業務主管關係、黨組織延伸、官辦和半官辦全國性社團組織擴展與延伸的關係，將各種民間組織聯繫在擴張了的行政組織系統之下。例如，司法部通過其創辦的全國律師協會來管理律師事務所。由此可見，社團被整合進國家之中，或者說社團形式使國家和社會在公共領域內重新整合起來。

5. 民間組織正在走向成熟，民間化色彩不斷加深

　　中國民間組織在產生之初，官辦性極強，協助政府的社會管理職能大於服務和維權職能。但是，隨著民間組織自身的經濟來源增強，社會關係廣泛建立，社會和新聞媒介監督作用的加強，民間組織不再僅僅是掛靠於行政系統的依附性組織了，它們獨立開展活動的能力越來越強，自治程度越來越高，自我管理、自我服務、保護成員利益的能力逐漸加深。例如，在中國加入世界貿易組織後，2002年3月底，國家郵政總局頒發的64號文件規定，除了「進出境的單件重量在500克以上（不含500克）」的寄遞之外都應該由郵政專營。該檔一方面在製造市場壁壘；另一方面對限價的規定也是對市場行為的直接干預。但

是，在國際性快運公司和國內快運協會的堅決抵制下，國家郵政總局的64號文件最終作廢。可以說，中國民間組織正在走向成熟。

需要指出的是，社會自治是重要的，因為任何政府都不可能管理好百姓生活的所有方面。但是，社會自治式地方的公共性，而地方的公共性並不必然帶來全國的公共性，而民主政治是全國的公共性。也就是說，公民社會與民主政治的關係不是直線的，其中有好有壞，關鍵視公民社會的「民情」而定。「民情」是關心公共利益、守法而又理性的，則有利於民主和治理；相反地，則不利於好的民主政治，比如義大利南部、印度、菲律賓等國的「恩主庇護型文化」的公民社會，就不利於民主政治，即基於這種民情的公民社會不會帶來好的民主政治。[21]

四、從全能主義到國家統合主義的國家－社會關係

計畫經濟時代的國家社會關係是典型的全能主義式的，即國家權力不受法律和道德約束而滲透到社會的每一個角落。但是，改革開放以來的國家社會關係已經演變為國家統合主義式的。

作為一種重新發現的理論，統合主義強調政府通過與相關利益者直接對話、談判和協商來解決重大的社會問題。因此，統合主義關注利益的代表與協調，強調國家在其中的積極角色，並重視組織在政治過程中的作用，主張適度的國家干預和政府與公民間相互信任的合作關係。

事實上，中國學者比如康曉光、韓恒也正是在這個意義上來解釋當下的國家－社會關係的。[22]在已有的國家與社會關係研究中，方法論上的一個共同特點是把政府管理社會組織的方式作為考察國家與社會關係的切入點。從整體上來看，政府管理社會組織的手段不是「單一的」，而是「多元的」，即對不同的社會組織採取不同的管理方式。這種「多元化的管理策略」可以稱之為「分

21　參見楊光斌，「公民社會的民情與民主—治理的品質」，《河南大學學報》2014年第3
　　期。

22　以下部分來自康曉光、韓恒，「分類控制：當前中國大陸國家與社會關係研究」，《開放
　　時代》，2008(2)，30～41頁，感謝作者授權使用。

類控制」，並用其概括當前中國大陸的國家與社會關係的基本特徵。

對政府而言，社會組織具有「雙重屬性」，一方面，它是一種挑戰力量，因為社會組織是最有力的集體行動的載體之一，另一方面，它又是一種輔助力量，因為社會組織可以為社會提供公共物品，而這也正是政府應盡的職責。同時，不同的社會組織挑戰政府權威的能力不同，而且為社會提供的公共物品也不同。所以，作為暴力合法壟斷者的國家必然會根據各類社會組織的挑戰能力和提供公共物品的種類對它們實施不同的管理方式。顯然，這僅僅是政府的「主觀願望」，要想使這種「主觀願望」成為現實，還需要政府具有足夠的能力。中國政府恰恰具有這種能力。中國的改革是從強國家體制起步的。在改革的初始階段，在國家與社會的權力分配格局中，政府占據著絕對主導地位。改革並沒有從根本上改變這種格局。而且改革本身就是「政府主導型改革」。改革前的權力分配格局和改革中的政府主導地位，使得政府有能力根據自身的意願推動改革，而改革的漸進性又使得政府有時間不斷調整改革的策略，從而根據自身利益建立起一套對不同的社會組織實施不同控制策略的「分類控制體系」。

根據上述「理論」，可以得出兩個推論。如果說政府最根本的利益是壟斷政治權力，而對政治權力的最大挑戰來自公眾的集體行動，那麼政府首先將根據社會組織發動集體行動的能力選擇控制手段。由此，第一個推論：對具有不同的挑戰能力或組織集體行動能力的社會組織，政府將採取不同的控制手段。由於政府還承擔著提供公共物品的職能，而且如果不能較好地履行這種職能，其穩定性就會受到威脅，所以政府會根據社會組織所提供的公共物品的性質選擇控制手段。由此，可以得出第二個推論：對提供不同的公共物品的社會組織，政府將採取不同的控制手段。

根據對八類社會組織進行的典型調查，分別為政治性組織、工會、行業協會和商會、城市居委會、宗教組織、官辦NGO、草根NGO、非正式組織（參見表8-1）。它們組織集體行動的能力不同，而且提供的公共物品也不同。政治反對組織的挑戰能力最強。工會是勞工組織。行業協會和商會是企業主的利

表8-1　調查樣本一覽表

大類	小類	名稱	備註	地點
功能性組織	工會	SG總工會	國企工會	北京
		SG煉鐵廠工會	國企工會	北京
		SK公司工會	合資工會	深圳
		SD公司工會	外資工會	深圳
	行業協會、商會	YY商業協會		北京
		ZB行業協會		深圳
		WS投資協會		深圳
社區性組織	城市居委會	SY社區居委會	「大院」居委會	北京
		XX社區居委會	普通居委會	北京
宗教組織	基督教三自教會	YC基督教會	市內教會	河南
		BD基督教會	農村教會	河南
NGO	官辦NGO	FP基金會		北京
	草根NGO	XY教育研究所	本土組織	北京
		FZ簡報	海外組織	北京
非正式組織	興趣組織	RD書畫研究會	單位內組織	北京
		SY腰鼓隊	單位內組織	北京
		QN興趣組織	公園內組織	北京

益集團。這些功能性團體都具有很強的組織集體行動的能力。宗教組織則對官方意識形態提出了挑戰。地緣性的社區組織，一方面為社區居民提供重要的公共物品，一方面為他們的集體行動提供組織載體。一般說來，公益性的官辦NGO和草根NGO以及沒有正式組織形式的興趣團體對政治權威沒有顯著的挑戰性。但是，對政府來說，在提供公共物品方面，官辦NGO和草根NGO的重要性要大於非正式組織。

　　透過分析組織類型與政府控制手段之間的關係，我們能夠得出五種對應模式（參見表8-2）。

表8-2　組織類型與控制方式的對應關係

對應模式	組織類型	政府對社會組織的控制方式						
		成立控制	業務管理部門的設置	治理結構控制		資源控制		日常活動控制
				重大決策的制定	負責人的任命	經費控制	人力資源控制	
I	政治反對組織	禁止成立	政府指定業務管理部門	社會組織自主決定	社會組織自己決定	政府通過行政手段限制組織的經費獲取	組織自主決定	自主開展
II	工會、社區居委會	政府自上而下強制組建	政府指定業務管理部門	業務管理部門制定	業務管理部門任命；所依附的單位任命	政府通過法規對組織的經費來源做出明確規定，並予保證	業務管理部門決定；所依附的單位決定	主要實施主管部門交待的任務；日常活動依附於所在單位
III	教會組織	必須納入政府設定的體系內	政府指定業務管理部門	社會組織提出，但須經主管部門審批	社會組織和主管部門協商決定	政府通過行政手段限制組織的經費獲取	組織自主決定，但需上報主管部	日常活動內容由組織決定，但實施前須經主管部門審批
IV	協會、商會、官辦NGO	鼓勵成立	協商決定業務管理部門	社會組織提出，但須經主管部門審批	業務管理部門任命；所依附的單位任命；社會組織和主管部門協商決定	政府通過行政手段支援組織的經費獲取；政府不干預經費來源，但組織需向主管部門上報經費來源情況	所依附的單位決定；組織自主決定，但需上報主管部	日常活動由組織決定，但實施後需要向主管部門彙報
V	草根NGO、興趣組織	以企業形式存在；政府無直接干預	沒有專門的業務主管單位	自主決定	自主決定	自主解決活動經費；受到所在單位的資助	自主決定	自主開展

　　上述資料分析顯示：對具有不同挑戰能力的社會組織，政府確實採取了不同的控制策略。比如，對政治反對組織（表現出公開的現實挑戰），政府的策略是禁止和取締。對工會和社區居委會組織（具有較強的潛在挑戰能力），政府的策略是將其作為「準政府組織」。對宗教組織（具有較強的潛在挑戰能力），政府的策略是限制發展。對協會、商會和官辦NGO（潛在挑戰能力較弱），政府的策略是鼓勵和支持。對草根NGO和非正式組織（潛在挑戰能力很弱），政府的態度是不加干預。在保證社會組織不對自己的權威構成威脅的前提下，政府會根據社會組織提供的公共物品，對社會組織實施不同的控制策略。比如，對於協會、商會、官辦NGO等社會組織，政府對其採取鼓勵和支持的策略，因為這些組織所提供的公共物品是政府所急需的。對那些所提供公共物品並不是政府所急需的社會組織，政府對其採取的控制策略或是限制其發展、或是採取放任政策。也就是說，政府確實是根據社會組織的挑戰能力和提供的公共物品，對不同的社會組織採取了不同的控制策略。

　　對經驗資料的分析表明，在改革的過程中，伴隨著政治控制的放鬆以及經濟領域的市場化改革，社會領域中出現了多元化的利益需求，湧現出大量的社會組織。面對如此眾多的社會組織，原有的國家支配社會的全能主義一體化模式逐漸瓦解，取而代之的不是社會的自治，而是一套新的國家支配體制——分類控制體系。在這種新的國家與社會關係中，「國家控制社會」是其根本的特徵。當然國家的控制並不「僵化」，反而「很聰明」，需要嚴格控制的就嚴格控制，需要放鬆控制的就放鬆控制，不需要控制的就放任自流。在新的控制體系中，實施什麼樣的控制策略和控制強度，取決於政府的利益需求以及被控制對象的挑戰能力和社會功能。實際上，這是一套國家利用「非政府方式」，在新的經濟環境中，對社會實行全面控制的新體制。

　　「分類控制體系」，不但更為準確地描述了當前中國大陸國家與社會關係的本質特徵，而且確立了一種全新的國家與社會關係的「理想類型」——國家統合主義，即國家決定著社團生存的空間與行為方向，而社團也樂於與國家合作並從中獲得更多資源。

　　經過三十多年的市場化改革，市場已經取代計畫成爲主導性的資源配置方式，全能主義體制也隨之讓位。國家不再全面控制經濟活動，也不再干預公民的個人和家庭生活，但仍然嚴密地控制著「政治領域」和「公共領域」。分類控制體系就是在這一大背景下形成的國家控制公共領域的基本策略及其組織系統。在這一體系中，國家允許公民享有有限的結社自由，允許某些類型的社會組織存在，但不允許它們完全獨立於國家，更不允許它們挑戰自己的權威。同時，國家也有意識地利用各種社會組織提供公物品的能力，使其發揮「拾遺補缺」的作用。其結果，儘管公民自由獲得了前所未有的發展，但是權威和秩序並未受到根本性的挑戰。當然，二十幾年的時間的確太短，根據如此有限的經驗，還無法預測分類控制體系的長期效應，也無法預測社會領域的進一步組織化將給中國帶來什麼樣的後果。同樣，我們也無法預測，分類控制體系究竟是一種短命的過渡性安排，還是一種具有持久生命力的終極性體制。

第二節　單位體制

一、單位的政治性質

　　「單位」是中國社會中使用頻率極高的一個詞，人們把自己所就業其中的社會組織或機構——工廠、商店、學校、醫院、研究所、文化團體、黨政機構等——統稱爲單位。這樣，在中國，尤其是在城市社會中，在經濟體制改革以前，幾乎每一個人都和「單位」有緊密的聯繫。經濟改革以後，傳統的單位體制受到衝擊，但是對於城市中的大多數人來說，生活中仍然離不開單位。那麼，什麼是「單位」呢？

　　「單位」所包含的內容不是英文「unit」所能表達的。按社會分工區分，可以分爲行政單位、事業單位和企業單位，其中事業單位和企業單位是行政單位的附屬物。在中國，無論是事業單位還是企業單位，都有固定的行政主管部門，這些行政主管部門也就是行政單位。在政治學上，行政單位就是官僚

機構，是國家的統治機構。因此，雖然行政單位是單位的一大類別，但是並不是政治社會學所要討論的典型，典型的單位就是我們社會中的企事業組織機構。[23]

撇開行政單位，一般的企事業單位具有如下特徵：[24]

1. 單位組織資源的公有制或國有制

社會資源的公有制或國有制，是中國社會占主導地位的資源占有制度。儘管「三資企業」和民營企業有了很大的發展，對國民生產總值的貢獻在2000年以後甚至超過了國有企業，但是在資源的占有上，絕大部分社會資源仍然由公有制單位或國有制單位所有。公有制即傳統上的全民所有制，是指直接受到國家或政府控制的單位，國有制單位即集體所有制由基層地方政府控制。

2. 非獨立性

因為這些單位所擁有的資源及各種可支配的機會和利益大都來自國家或政府，所以必然要受到代表國家的上級主管部門的規制，接受上級單位的指令，成為國家和政府的附屬物。這樣，國家是全部活動的中心，單位實際上是實現國家和政府目標的工具。單位的利益和可供控制的資源的多少取決於國家或政府的供給，由此形成了單位對國家和政府的依附性。

3. 功能多元化

因為單位的上述性質，它在社會中承擔著包括政治、經濟、社會等多方面的功能，起著政府管理的作用。一旦進入了單位，個人的利益就要透過單位得到保障，形成了個人對單位的依附性。

---

[23] 儘管涉及的是企事業單位組織，但是我們討論的出發點不是社會學而是政治學意義上的單位組織，或者說是政治社會學，儘管有時社會學和政治學在某個問題上的區分並不是很明顯。

[24] 參見李路路等：《單位在改革中的變化與分化》，載《中國社會科學季刊》（香港），1994年1月總第6期。

4. 單位組織之間的「行政式」差別

　　根據單位支配的資源的多少和資源的重要性，形成了單位的不同等級，上至副部級單位，如事業單位中的以北京大學和中國人民大學為代表的22所大學，下至科級單位。但是，企事業組織之所以被稱為單位，在於其不管是什麼樣的行政級別，必須是財務上獨立核算的法人組織。這樣，我們可以明白，大學內的各個系所不是「單位」，因為它們既不是獨立的法人組織，也沒有權力在銀行開設獨立的帳戶。

　　由單位組織的基本特徵我們可以看到，單位是國家和個人的一個連接點，形成了單位依附於國家、個人依附於單位的依附鏈條。同時，國家有賴於單位組織控制和整合社會。[25]這樣，單位體制就成了中國政治區別於蘇聯模式的關鍵。在原蘇聯東歐國家，單位組織是人們的勞動場所，但並不是所有資源的再分配之處，比如住房並不都是由單位提供的，雖然也有單位提供住房的情況。[26]

　　單位組織既然在社會結構中起到這樣的連接作用，那麼單位事實上就有了政治統治的性質。根據馬克思主義的國家理論，國家是實現在經濟上居優勢地位的階級的利益的強制性工具。典型的強制機關包括軍隊、員警、法院和監獄。但是除了強制力，國家還需要有政治管理和社會管理，而實現這些管理職能的機關就是各種官僚機構。官僚機構是輔助於強制力量而存在的。在經典的馬克思主義看來，政治統治實際上是通過主宰社會的政治強制力量來完成的。

　　在某種意義上，國家控制力的加強也正是馬克思主義者的治國設計。針對當時資本主義發展過程中的種種弊端，列寧開出了克服資本主義生產無政府狀態的藥方，提出在社會主義國家，整個社會將成為一個管理處，成為一個工廠，「全體公民都成了一個全民的、國家的『辛迪加』的職員和工人」[27]，並

25　參見路風：《中國單位體制的起源和形成》，載《中國社會科學季刊》（香港），1993年11月總第5期。

26　參見李忠傑等：《社會主義改革史》，北京，春秋出版社，1988。

27　《列寧選集》，3版，第3卷，258頁。

服從於這個國家。根據馬克思主義對舊世界的批判，尤其是針對中國社會100多年以來的全面的社會危機和一盤散沙的社會格局，毛澤東提出要將全社會組織起來，克服舊中國散漫無組織的狀態。

這樣，革命勝利以後的社會主義國家依靠其強制力量，直接占有了幾乎所有的重要資源，使得強制性命令的統治和倚仗利益的統治合二爲一了。國家既是權威和強制性命令的統治者，又是財產所有者，基於財產上的利益統治和基於政權命令權力的統治結合在一起，是政權與產權的合一，國家在經濟上處於絕對的壟斷地位。在這種統治形式下，國家的力量異常強大，所有的社會組織和個人必須依賴國家、向國家提供服務才能得到所需要的利益。

但是，經濟利益在任何時候都是存在的，如何滿足社會成員的基本需求？透過隸屬於國家行政機構的各種單位組織。我們可以看到，行政機構不但具有傳統的實現政治統治的功能，還替代了滿足人們經濟利益的經濟組織的基本職能，或者說，隸屬於行政機構的單位組織此時就具備了國家行政機構的基本功能，成爲國家實現目標的一種組織化手段，是國家實現統治的一種組織化形式，單位組織成爲國家統治的一個最基本的機構。「人們不將中國的社會組織稱爲『組織』而稱爲『單位』，即是因爲『單位組織』的實質是維持國家統治即命令統治的手段或工具。在這個意義上，中國的『單位組織』不僅僅是組織化的政治控制手段，也不僅僅是分配社會資源的制度，其本身就是整個社會統治結構的一個組成部分。」[28]

在這樣的國家結構下，在日常的生活中，一般意義上的強制性權力機關相對於單位組織而言變得不重要了，因爲單位幾乎承擔著國家所有的命令權力或國家的統治功能。國家透過單位組織，將自己的統治延伸到社會各個方面，從而實現對社會的統治。

這樣，建立在生產資料公有制基礎上的統治關係，是一種更爲嚴格或更爲

---

[28]　李路路、李漢林：《中國的單位組織：資源、權力和交換》，18頁，杭州，浙江人民出版社，2000。

集中的政治關係。因爲，第一，國家掌握著經濟強制工具，將工作場所和幾乎所有的工作條件的支配權集中於一個中心，其規模不是單獨資本家和公司所能相比的。第二，國家能夠將經濟「強制」和政治強制直接結合起來。從整體上看，這種政治關係呈現出依賴性狀態，即下級對上級的依賴，個人對單位的依賴，是一種自下而上的「依賴性向量」。國家將一切權力都集中到自己手中，國家基本上完全取代了社會，並難以從社會中分離出來。[29]

二、市場經濟中的單位體制

市場經濟對單位體制造成的衝擊有目共睹。首先，在城市社會中，人們不再單一地依賴單位而生存，人們的生活中出現了替代性資源，離開了國家的單位，還可以到外資企業、民營企業中工作，甚至還可以自己創業，新的社會分層已經出現。其次，單位體制本身也發生了巨大的變化，單位組織的人、財、物的自主性擴大，無論是企業單位還是事業單位，其內部都在進行趨向市場的改革，工作終身制制度正在被打破。再次，單位資源的來源發生了變化。過去，作爲政治統治一環的單位組織的資源全部依賴於國家的分配，今天，單位不但要從國家那裡獲得資源，還要從市場那裡爭取資源，在某種意義上單位由「行政人」變成了「經濟人」。[30]作爲政治統治意義上的「行政人」在資源獲得上是被動地接受，在政治上是無條件地執行上級的命令。而作爲經濟學上的有理性的以自己單位利益爲最大化目的的「經濟人」，不但要主動地從國家和市場那裡爭取資源，在政治上也可以有經濟上的考慮。

因此，無論是從社會學上還是從經濟學上看，市場經濟對單位體制的衝擊都是巨大的。

雖然單位與國家之間的關係發生了重大變化，市場經濟也塑造著新的社會結構，但一個不容否認的事實是，城市中的絕大多數人仍然生活在單位體制之中，而且單位組織生存的資源基礎並沒有根本性地改變，從組織數量、資源和

29　參見〔波〕W.布魯斯：《社會主義的所有制和政治體制》，北京，華夏出版社，1989。

30　參見劉建軍：《單位中國》第13章，天津，天津人民出版社，2000。

財產結構、就業場所上看，大部分資源特別是重要的資源或財產，仍然由國家控制。[31]

不僅如此，在市場經濟中，國有企業離開了國家在資源配置上的特殊安排就無法生存，這一點在前面部分得到了充分證明。國家每年在財政上拿出幾百億元補貼國有企業，把有限的上市融資的機會專門分配給國有企業，把銀行貸款等生產要素壟斷性地配置給國有企業。所有這一切都說明，雖然國有企業對國民生產總值的貢獻不到50%，但卻壟斷性地占有著最重要的資源。

事業單位也更加依賴國家的眷顧。雖然市場經濟中的大學可以從市場上得到一些資源，但是，與國家分配的資源相比，前者簡直微不足道，如國家實施的「211工程」、「985工程」，對大學的發展和競爭力有著決定性的影響。

既然城市中的絕大多數人仍然生活在單位組織之中，既然單位組織對國家的依賴性關係沒有改變，那麼單位組織的政治屬性也就依然如故。

（一）單位組織的行政隸屬關係不變

在市場化的經濟改革中，國家行政機構改革和現代企業制度的建設都沒有改變政權與產權合一的根本性的政治—經濟關係。產權上的國家所有其實就是各級政府或政府部門所有，而政府又不可能親自經營自己的產權，只能依賴下屬的各種企事業單位。我們可以看到，儘管改革已經實行了近30年，但沒有哪個單位組織沒有主管部門的，只不過有的從隸屬於部委變成了隸屬於更高的國家權力機關而已，例如中共中央大型企業工作委員會和中共中央金融工作委員會直接統轄著決定中國國計民生的所有大型企業。在現代企業制度建設中，雖然有股份制改造，但最大的股東仍然是國家，股份制企業仍然由國家控股並由國家直接控制。況且，即使不是最大的股東，當涉及股權變更時，都需要地方或中央國有資產主管部門的批准。因此，國家對企業單位組織具有法律上的控制權和實際上的支配權。而絕大部分事業單位只是發生了經營體制上的改革，產權的改造尚未提上議事日程。

31　參見李路路、李漢林：《中國的單位組織：資源、權力和交換》，20～24頁。

　　從這個意義上說，單位組織的性質還沒有改變，幾乎所有的單位組織還是國家的一個組成部分，單位組織與政府或上級主管部門之間，完全是行政隸屬的關係。單位組織規模越大，行政隸屬關係就越緊密、越明顯。較小的或較不重要的單位組織的行政關係可能有所淡化。

　　這樣，沒有主管部門的單位組織幾乎是不存在的。依附於國家權力，既是國家權力機關的意志，在某種意義上也是單位組織所追求的，因為這種特殊的政治經濟關係可以使既存的企事業單位組織獲得壟斷性的利潤，透過行政審批式的政府管制，排除了其他市場主體的「進入」。

　　由於行政隸屬關係的不變性，我們可以看到，隸屬於國家權力系統的企事業單位組織都是有行政級別的，大學校長是副部級或局級，院長或系主任是處級，在待遇上教授相當於副處級。人們習慣於把企業的總經理、大學的校長和院長視為「官」，根據官的級別配備不同檔次的專車。

（二）單位組織的政治特徵不變

　　改革前後，單位組織都具有政黨政治的特徵。黨和國家的領導體制在非政府系統的落腳點是單位組織，在每一個一定規模以上的單位組織中，都設有與黨政主管部門相對應的黨的部門，黨的三大部門組織部、宣傳部和統戰部一應俱全。這樣，無論是黨的組織人事功能、宣傳動員功能還是政治協商功能，政黨政治在各單位都得到了充分的體現。前述的黨的政治動員體系的落腳點就是各個單位。但是，和黨政部門或行政單位不同的是，由於黨政體制的一定程度的改革，在企事業單位中，行政首長負責制基本上全面建立起來，黨委和黨的三大職能部門的工作主要表現在黨的政治領導、組織領導和思想領導上，黨政不分的局面基本上不復存在。不僅如此，在企事業單位中，黨的職能部門在很大程度上是為企事業單位的管理服務的，例如，有些大學的黨委宣傳部的另一個名字是新聞中心。這樣，黨的部門就行政化了，這是在市場經濟條件下的積極的轉變，黨的宣傳部門不再僅僅為了傳達和落實上級部門的政策與指示而存在，它還要為單位的對外形象和資源獲取做出一定的貢獻。

政黨政治在單位中的突出地位，淡化了代表職工利益的工會、職工代表大會等組織的作用。

（三）控制單位的基本手段不變

由於單位組織的主要資源依然由國家提供，最重要的是單位組織的產權是國家的，作為產權所有者的國家當然有法定的權力透過人事任免而直接控制單位組織。在市場化改革中，作為所有者的國家，關心的可能不再是直接經營和管理，而是資產的增值。但是，誰去管理透過單位組織占有而體現的國有資產，依然是國家或政府部門最為關心的問題。國家對單位組織的人事任免權的控制，體現了國家對單位組織的所有者權力。

在這個意義上，在經濟體制改革和政治體制改革中，單位組織的自主權雖然擴大了，但是改變的僅僅是國家對單位組織控制的範圍和程度。作為所有者，國家一直沒有放棄對單位組織的最直接的控制形式：單位組織領導人的任免權。這種權力和由公司的大股東組成的董事會有權任命公司的高級管理人員一樣正常。因此，在可以預見的將來，國家不可能放棄這種因所有權而衍生的人事控制權。借助於對人事任免權的完全控制，就形成了一個單位組織對國家的完全依賴性結構。

這樣，在實際生活中，各類各級單位領導人的選擇，基本上是透過上級主管部門的直接任命、強制性推薦和將選舉過程形式化的做法來加以控制的。這種辦法基本上保證了被任命人員對上級主管部門的服從，原因很簡單，他們的政治前途由主管部門決定。儘管在現實中，單位組織和主管部門可能存在一種博弈關係，但是主管部門有各種辦法和資源來控制單位組織的領導人。

既然單位組織的資源屬於國家，單位組織對國家還有行政上的隸屬關係，在市場經濟條件下，國家控制單位組織的主要手段即人事任免權依然不變，對國家的依賴性結構不變，那麼單位組織的政治功能也就基本不變。

三、單位組織的政治功能

根據前述的單位組織的政治性質，我們已經知道，單位組織是政治統治結構的一個組成部分，行政性的單位組織因取代經濟組織的功能而使中國形成了一個單位依賴國家／政府、個人依賴單位的依賴性結構。在這種結構中，單位組織的職能具有全能性，或者說全能國家的功能在很大程度上是透過單位組織的全能性來實現的，形成了企業辦社會和學校辦社會的局面。一個大型單位，除了殯儀館什麼都有。社會學家的調查證明了中國單位組織的全能主義功能特徵（見表8-3）。

表8-3　對下列專案，您認為單位應在何種程度上對您負責？

專案與實際樣本數	單位應該負責（%）	單位不應該負責（%）
退休保險（2105）	96.6	3.4
醫療保險（2152）	97.5	2.5
文化教育（1962）	89.3	10.7
技術培訓（1940）	88.5	11.5
調解糾紛（1979）	85.5	14.1
子女上學就業（1952）	82.3	17.7
生活服務（1964）	86.7	13.3
住房（2129）	91.8	8.2
文體活動（1891）	77.7	22.3
政治思想狀況（1951）	89.6	10.4
計劃生育（1808）	79.3	20.7
黨團組織生活（1822）	87.4	12.6
離婚（1657）	45.1	54.9
婚姻戀愛（1703）	37.2	62.8

註：樣本總數=2348。

資料來源：李漢林：《中國單位現象與城市社區的整合機制》，載《社會學研究》，1993(5)。

　　全面和一般性地描述單位組織的全能主義功能不是本書的任務，從政治關係上看，單位組織具有下列顯著的政治功能：

1. 行政管理

　　由於政府與企事業單位合一的體制，很多由政府管理的事項轉由單位組織承擔。很多單位組織都設有與政府部門相對口的部門，諸如計畫生育、交通管理、社會治安、環境衛生、植樹綠化等，政府管理部門將這些指標層層分解到各個單位，由單位負責指標的落實。在執行政府政策的過程中，行政主管部門透過各種途徑和方式，督促檢查指標的落實情況，並及時將有關情況和問題向上級部門彙報，為上級部門制定和修改政策提供可靠的依據。

2. 政治社會化和政治動員

　　任何組織都有一定的政治社會化功能，西方的學校是最典型的政治社會化組織。但是，和西方組織的社會化過程不同，中國的單位組織除了具有組織的一般的政治社會化功能外，還具有特殊的政治社會化系統，這就是前述的政黨政治在單位中的具體體現。根據規定，每個單位即使是醫院，每一個星期都要安排一定時間（一般是半天）的政治學習，學習黨的政策和最新的形勢發展。而在重大事件時期，則必須安排更多的專門時間進行政治學習和思想整頓。例如，在1989年政治風波以後，北京的各單位組織尤其是大學和新聞單位，集中在1989年的8-9月進行政治學習和思想整頓。由此可見，這種政治社會化具有強制性灌輸特徵。其實，這也正是馬克思主義的基本理論在社會主義國家的具體體現。列寧有經典的政治社會化理論，即對於工人階級的思想教育要進行灌輸，因為他們不能自覺地接受先進思想；無產階級不去占領思想陣地，資產階級就會去占領。因此，政黨政治在單位組織中的體現，決定了中國的企事業單位的政治社會化功能與西方社會組織的政治社會化有著根本性的區別。沒有單位組織的政治社會化過程，黨的政治動員和政治思想教育目標很大程度上就會落空。而政治社會化過程在很多時候就體現為政治動員。

3. 政治參與

無論是行政管理、政黨政治還是具體的政治社會化，都是單位組織在中國政治中政治權力自上而下的一種單向性行使的過程，與此同時，作爲國家與個人的重要連接點的單位組織，還有自下而上的政治參與功能。值得指出的是，在中國，區分主動參與和動員式參與在一定意義上是沒有意義的，因爲中國主導型的參與就是黨政部門安排的。明白了這一點，就可以看到形形色色的政治參與是通過單位組織完成的。最明顯的是，中國選舉制度中的「選區」有的就是單位。例如，北京市海淀人民代表大會的代表名額按比例分配給有關單位，北京大學、清華大學和中國人民大學一般有3個代表名額，每次海淀區人大換屆選舉都主要是由各個單位組織起來的。因此，單位是政治參與的主要場所。

不僅如此，各個單位還是一個政治參與整體，力圖影響政府的宏觀政策或爭取對自己有利的具體的政策安排。例如，在美國轟炸中國駐南斯拉夫大使館後的特定時期，除了黨政功能部門以外，有關大學和研究所事業單位都向政府提供政策性建議。更常見的情況是，單位組織的領導經常爲了本單位的利益而向政府主管部門遊說，以便得到更多的資源。在實行市場經濟的今天，單位組織與行政主管部門的密切程度拉大了單位之間的資源配置比例。

另外，根據黨的組織制度和其他有關規定，黨員或一般民眾的意見表達和利益要求首先應該透過本單位的黨組織或有關部門管道，然後由本單位的有關部門向上級主管黨政部門反映。否則，就被本單位認爲是「越級上訪」而有損本單位的形象和利益。

總之，全能主義的單位組織在政治上與政府有著相似的功能，只不過是程度的區別而已。但是全能主義單位組織的弊端也是很明顯的。第一，由於單位組織是一個功能齊全的、封閉的體系，所以阻礙了作爲人類文明象徵的分工的發展。社會越進步，分工就越專業化，例如醫療、保險、就業、教育等都由專門的社會機構去從事，而不應該由一個單位去承擔。可喜的是，單位的這種全能化職能正在逐步化解。第二，作爲一個封閉的體系，每一個單位事實上相當於一個「獨立王國」，使得對單位組織行爲的監督制約異常困難，因而容易產

生腐敗。例如，改革開放以後，單位組織在人財物支配權上的自主性，使單位組織的工程建設並沒有實行市場化的招標。不能說沒有招標的工程就一定有腐敗，但肯定容易導致腐敗，或者說具有腐敗的傾向。

第九章　政治與市場的關係：利益集團問題

重點問題

◎改革開放中國家如何推進了市場化進程？
◎行政機構與市場經濟的關係。
◎地方政府與市場經濟的關係。
◎政治經濟關係意義上的利益集團有哪些？
◎利益集團如何影響公共政策？如何治理利益集團？

第一節　中央政府—行政機構與市場的關係

一、中央政府與社會主義市場經濟

　　作為國家代表的中央政府在改革開放中有兩個基本考慮：一是社會和政治的穩定；二是在經濟上透過市場經濟提高效率進而實現社會產出和稅收的最大化。沒有社會和政治的穩定，經濟改革就難以實行；而沒有社會產出的最大化，例如改革開放之前的狀況，就不能保證民眾利益和國家安全，也就沒有真正的社會和政治穩定。這兩大因素決定了，中央政府要在保證社會和政治穩定的前提下推動社會主義市場經濟。

　　由於政治經濟的一體性特徵，在傳統國家中，政治領導權的經濟支撐是國有企業。因此，近30年的經濟改革的過程中，對國有企業的保護行為是很明顯的，也是可以理解的。但是另一方面，政治學上的一個一般原理是，任何一個政黨或政府都必須同時是全社會利益的代表者，如果全社會的利益得不到實現，政治統治就會被動搖。因此，政府要最大限度地保護、實現全社會的利

益，力圖達成各種利益的一致。

就中國而言，以國有經濟為基石的計畫經濟管理體制實現了全社會利益的統一。但是，這種經濟體制形式上所表現出的利益高度統一最終既不是共產黨的根本利益，也不是人民的根本利益。因為這種體制既威脅到民眾的生存，進而也威脅到國家的社會安全及國家在全球的地位。因此，放棄這種經濟體制就成了必然的選擇。

選擇什麼樣的經濟體制才能重新整合不同階層的利益？經過十幾年的探索，國家最終選擇了市場經濟。中國改革開放的實踐、國外幾百年的經濟實踐證明，只有市場經濟才能使社會產出最大化。

選擇市場經濟是一個痛苦的過程，選擇過程中激烈的意識形態爭論所表現出來的利益之爭深刻說明了抉擇的不易！因為這種抉擇從國家權力結構上看是對國家權力賴以存在的經濟制度的動搖，是與權力主體的根本利益相矛盾的一種選擇。

但是，如果固守既定的政治－經濟所編織的國家權力結構而不顧民眾的利益要求和國際環境的壓力，共產黨的政治權力就有可能受到顛覆。如果連統治權力都不復存在，還談什麼根本利益？而選擇市場經濟並使社會產出最大化，雖然衝擊了傳統上的國家權力組織結構，但結構上的非並聯性並不等同於利益上的完全矛盾或衝突。畢竟，社會產出最大化意味著為國家提供了更多可供汲取和支配的資源。

因此，雖然市場經濟與既有的國家權力存在一定的結構性矛盾，但市場經濟產出的更多的經濟資源又彌補了國家權力所賴以生存的國有經濟產出之不足，是一種國家和社會公眾雙贏的選擇。與傳統的國家權力結構所導致的後果相比較，這種選擇也可以被認為是損失最小而收益最大的戰略，是代表國家根本利益的戰略選擇。對於國家根本利益的認識，任何權力主體都不可能取代中央政府。地方政府只代表當地選民的利益，行政機構有其自身的部門利益，議員只代表本選區選民的利益，這種因所處位置不同而代表不同利益及由此形成

不同意見的情況，在任何國家都是一樣的。

正因爲只有中央政府才是國家利益的唯一代表者，所以推動符合國家利益的市場經濟就是中央政府的唯一選擇。縱觀中國經濟改革進程，無論幾代領導人的市場化傾向的追求是很明顯的，並最終將市場經濟制度納入體現國家秩序的憲法之中。具體表現在以下幾方面：

1. 建立保護市場經濟的法律

這是中央政府代表市場化傾向的根本標誌。

對1982年憲法進行過3次修改，每次修改都與民營企業的合法性有關。1988年，憲法修正案基本上確立了私營企業的合法地位，規定國家允許私營經濟在法律規定的範圍內存在和發展。私營經濟是社會主義公有制經濟的補充。國家保護私營經濟的合法權利和利益，對私營經濟實行引導、監督和管理。1988年修憲還規定土地使用權可以有償出租、轉讓，第一次承認了私有財產。1988年憲法修正案基本上反映了當時的實際情況，私營經濟只是社會主義公有制經濟的補充。

1993年憲法修正案標誌著經濟體制的根本變革，明確提出國家實行社會主義市場經濟，國家加強立法，完善宏觀調控。以「農村中的家庭聯產承包爲主的責任制」取代了「農村人民公社、農業生產合作社」，確立了農村的基本經濟制度。

1999年憲法修正案第一次把非公有制經濟作爲合法的經濟主體，與公有制經濟平等地列在一起。這是一個相當重大的突破。

除了在憲法上就私營經濟的法律地位進行規定外，國家還於1999年頒布《中華人民共和國個人獨資企業法》，賦予了個人獨資企業與其他企業同等的市場主體地位，對於保護個人獨資企業和投資人的合法權益，意義重大。

2. 放權讓利

　　爲了推進中國的市場化改革，1980年代初，中央政府開始了大規模的放權讓利。雖不能簡單地將放權改革視爲行政性分權，但事實上在分權過程中給予了地方政府管理公共經濟的權力，使得地方政府有權力決定本地的經濟形式，從而極大地推動了中國市場經濟建設。當然，在放權讓利的過程中，中央政府企圖直接給予企業的自主權被各種企業主管部門或實際所有者截留了。[1]這是因爲，中國的計畫條塊分割的管理制度，中央所做出的放權讓利，不是被以政府部門爲主線的「條」所拿走，就是落實到代表「塊」的地方政府頭上。所不同的是，由於利益驅動不同，地方政府往往能夠利用得到的權而放更多的權，而行政官僚部門則主要利用所得到的利而進行行政壟斷。這一判斷將在「地方政府」和「行政機構」中加以討論。

3. 推動市場化的具體措施

　　從1984年中共中央《關於經濟體制改革的決定》決定改革城市經濟體制，到1999年中共中央《關於國有企業改革和發展若干重大問題的決定》所要求的對國有企業實行公司制改革，再到2013年中共十八屆三中全會的《關於全面深化改革的決定》，都表明中央政府爲啓動市場化和推動市場化改革而殫精竭慮。但是，中央政府的放權讓利也好，推動市場化的決定也好，直至將市場經濟寫入憲法，都還只是強制性制度變遷的表現，至於制度變遷的結果、效能如何，還取決於各種制度／機構的主體的意志和利益。

　　1978年以來的改革開放實踐表明，在市場與權力的博弈中，中央是站在市場一邊的，[2]是推動制度變遷的主導力量。但是又不得不承認，出於對前述兩大因素的考慮，中央政府在推動市場經濟的過程中還必須考慮政治上的因素，保護國有企業。(1)爲了不讓國有企業破產，國家每年拿出幾百億元的財政收

入補貼國有企業；[3](2)把上市融資的機會專授予國有企業，國家期望以此緩解國有企業的困境。[4]這就意味著不大可能將上市額度分配給最有資格、最有需求的公司，因而浪費了資本市場資源，降低了資本市場的效率。在計畫經濟式的安排下，非國有企業不可能靠分配得到上市指標，於是買殼上市便流行起來，很多民營企業便是透過買殼而上市的，從而增加了交易成本；(3)對貸款等生產要素的壟斷。1999年全國金融機構各項貸款年末餘額合計為93,734億元，其中短期貸款為63,887億元，占全部貸款比重的68%。而在短期貸款中，鄉鎮企業、民營企業和三資企業貸款所占比重分別只有9.6%、0.9%和4.7%，而它們對國民生產總值的貢獻卻超過了51%。這就意味著，83.8%的銀行貸款都流向了對國民經濟貢獻不到一半的國有企業。銀行是國家的，銀行的性質決定了其主要資金只能流向國有企業。

總之，無論是推動市場經濟的行為，還是保護國有企業的舉措，都是國家維護社會政治穩定與提高效率的需要。說到底，公平與效率，是任何一個政府都不能輕視的大問題。

二、行政機構與社會主義市場經濟

行政機構是推行國家權力的功能部門，從這一意義上說，行政機構是代表國家利益的。但是，在推行國家權力（無論是國家政策還是國家法律）的過程中，行政機構在解釋著政策和法律，從而又起到立法部門的作用。正是由於執行國家權力過程中的複雜性，所以行政機構形成了特殊機構的特別利益即部門利益和部門利益中的個人利益。這一特徵早已為官僚政治理論和公共選擇理論證明。其實，中國的政治過程也驗證了官僚政治理論和公共選擇理論。如果不從官僚政治出發，就難以理解「大躍進」中的冶金工業部堅持「大躍進」指標

3　參見國家統計局：《2001年中國統計年鑒》，247頁，北京，中國統計出版社，2001。

4　1998年中國證監會《關於重點支援國有大中型企業上市的通知》指出：「為了支援國有大中型企業的改革和發展，各地在選擇1997年計畫內企業時，除優先推薦地方所屬的512家重點國有企業外，還應優先推薦符合上市條件的中央直屬企業中的512家重點國有企業。」

並使「大躍進」放慢速度的努力爲什麼不可能；就無法解釋1977年主持石油工業的領導們爲什麼要制定那樣的「洋躍進」；就更不能理解在中國加入WTO的談判過程中爲什麼那麼多的主管部門如此激烈地反對中國接受WTO規則；也不能理解中國機構改革的困難性。因此，部門利益的特殊性是不可否認的存在。

不僅如此，行政機構在執行國家法律與政策的過程中，其部門功能又決定了行政部門要成爲事實上的立法者和政策制定者，利用資訊不對稱而擴大自己作爲代理人的許可權，從而形成了所謂的官僚自主性（bureaucratic discretion），即行政機構和個人超越其法定的地位和職能，超越政治家的控制，在公共決策過程中發揮主導作用的現象。

由於天然的資訊優勢，作爲政治代理人的行政機構必然會去擴展其部門的權力和影響力。官僚部門往往能夠「透過運用被授予的權威，來取得對未被授權的某個領域的控制，權威得到了擴展」[5]。不論是直接的或間接的，權威經常能夠擴展開來，取得超出最初授權範圍的權力。

官僚自主性的本性和權威擴展的自然性，決定了經濟轉型中的中國行政機構的問題可能遠非官僚政治理論家和公共選擇學說理論家所能想像的。由於行政機構改革尚不到位、不徹底，有的行業性行政機構成了翻牌公司，而有的依然存在，從而成爲行政性壟斷的維護者、審批權的擁有者和追求者，進而造成了行政機構的運作「黑箱」，自由裁量權的運用達到極致甚至荒唐的地步。

在中國，部門主義式的政府管制早已成爲一種既定的制度安排，這不僅清楚地表現在政府部門制定的條例中，還爲一般性的法律所承認。中國《公司法》第八條規定：「法律、行政法規對設立公司規定必須報經審批的，在公司登記前依法辦理審批手續。」與此相對應，《中華人民共和國公司登記管理條例》第十四條規定：「法律、行政法規規定設立公司必須報經審批或者公司經

5　〔美〕查理斯·林德布洛姆：《政治與市場：世界的政治—經濟制度》，30頁，上海，上海三聯書店、上海人民出版社，1991。

營範圍中有法律、行政法規規定必須報經審批的項目的，應當在報送審批前辦理公司名稱預先核准，並以公司登記機關核准的公司名稱報送審批。」這就意味著，微觀市場主體從事任何由政府主管部門主管的經營活動，幾乎都需要得到相應主管部門的審批。從事衛生醫藥的經營需要得到衛生主管部門的審批，而從事環境保護的經營事先要得到環保局的審批。中國經濟的審批範圍是如此之廣，審批專案又是如此之多，因此，中國的經濟體制又可以稱為審批制經濟。

在審批過程中，「內部人」當然優先。外界要進入某領域，首先要找內部人或相應的政府主管官員。審批事實上是對進入的排斥，以保持本行業中的國有企業的壟斷性經營。由於進入限制總是對原有企業有利，故而代表原有企業利益的集團可能會利用各種方式，透過政治程序迫使政府做出並非必要的行業進入限制。事實上，中國各行業性政府主管部門正是本系統的國有企業的所有者，同時又是其政治代言人。

審批制不僅直接帶來經濟資源的浪費，也直接增加了政治制度的運營成本。審批制存在的首要問題是要設立審批的機構，為其安排人員編制。這顯然影響了效率，因為要從社會資源中分出承擔審批任務的機構和人員。如果這些機構和人員不是用來審批企業、投資項目和其他本來可以由自由市場完成的事務，而是用作社會生產和再生產的其他領域，社會總資源的效率就會提高。這可以看成是無審批經濟「多出來的效率」，也可以看成是有審批經濟「丟失掉的效率」。所以，無審批經濟的效率高於有審批經濟的效率。

審批制存在的另一問題是，多一個政府機構不僅多一層管制，多一塊「管制成本」，而且為了實現審批者的意願，審批制與微觀經濟主體之間需要協調，協調中既要付出協調成本，又有可能產生「權錢交易」。在對審批者的行為缺少嚴格制度規範的情況下，審批者很容易濫用權力，將屬於「公共物品」的權力變為實現個人權益的資源。而事實上，要對一個審批過程、審批的權力範圍（包括將得到專案的權力批給誰等）做嚴格的制度規定，是非常困難的事情。

　　審批所涉及的資源配置、政府效率、交易成本、權力尋租等術語，說到底就是制度成本和壟斷租金的問題，而制度成本的高低和壟斷租金的多少則直接關係到國家經濟發展的快慢，因而直接關係到支持國家權力的基礎性資源。

　　我們已經知道，幾乎所有的行政部門都是有審批權的，這也是它們致力於維護和追求的。這就與市場經濟的要求形成了矛盾，市場經濟要求儘量少的行政干預。而在走向市場經濟的過程中，中央政府不可能親自制定各種關於市場經濟的條例，而必須由其政治代理人去完成。而官僚政治的本質又決定了任何行政機構在制定相關的法律法規時，都不會主動地削減自己的許可權，而總是要在法律法規中加上本部門的許可權、增加審批程序的複雜性。考察中國的經濟法規不難發現，所有的部門規章都充斥著部門利益。

　　正是由於部門利益的存在，所以才使得行政改革缺乏動力，因而使得壟斷和層層審批依舊存在。這種體制嚴重阻礙了中國的市場化進程。正如李景鵬教授所說：「在市場與行政權力的博弈中，中央是站在市場一邊的，是『替天行道』的，而各級國家機關則主要是站在體現舊的體制與政策的行政權力一邊的。正是因為中央與各級國家機關在改革政策上的博弈是行政部門權力與市場之間的更大的博弈的反映，所以中央在推行改革政策、衝破各級國家機關對改革政策的抵制和反對時，借助於市場的力量是完全應該的，這恐怕也是中央能借助的唯一的力量源泉了。」[6]

　　需要指出的是，在我們指出審批體制的弊端時，並不是一概否定必要的國家管制，對一些重大事項，在任何時候和任何地方都需要國家的管制和行政審批。例如，涉及國家安全、社會治安的事項；涉及國家重要資源的開發利用和保護的事項；涉及城市規劃、建設以及環保的事項；涉及特種行業如食鹽的專賣等。

　　由上可見，對行政體制的進一步改革是必然的。審批制下不可能有完善的

---

[6]　李景鵬：《試論中國行政改革的動力》，見王浦劬、徐湘林主編：《經濟體制轉型中的政府作用》。

市場經濟，因此，1998年機構改革本身是減少了審批機關。但是還有大量的行業性審批部門存在。中國的改革實踐說明，行政審批部門越少，越有利於市場經濟的形成。

當然，僅有機構改革是不夠的，還應該相配於法律的全面審查和修改，因為我們的很多法律法規既是計畫經濟時代的產物，又是部門利益的體現。

在仍然以國有資產為主體的國民資產構成中，作為所有者的國家和部門不可能不對其資產加以監管。[7]但問題是如何監管？是以市場的方式還是以行政審批的方式？例如，關於什麼樣的企業能上市這一問題，既可以由中國證監會把關，也可以轉變為由市場中的保薦人舉薦，將責任推向市場。另外，近30年的改革實踐表明，改革實際上是一個不斷放權即減少審批權和縮小審批規模的過程，中國因此而獲得的經濟績效遠遠大於改革前。因此，與其說審批制是必要的，不如說是部門利益決定了審批制的存在。

為了最終建成市場經濟體制，中央政府必須以更大的決心廢除阻礙市場經濟建設的一些行業性主管部門，加強政府綜合部門、監督部門和政治法務部門的建設。我們不能說機構改革到位就是市場經濟的形成，但無論從理論上的結構—功能主義、官僚政治途徑或公共選擇學說來看，還是從中國的實踐來看，改革行業性主管部門都將極大地推進社會主義市場經濟建設。

三、地方政府與市場經濟

作為一級政府，各級政府也必須兼顧穩定與效率問題。與中央政府不同，由於在經濟改革中各級地方政府已經成為一個利益主體，而不單單是公共行政的管理者，因而為了自己本地區的利益，地方政府的一些行為既阻礙了統一的市場經濟的形成，同時其制度創新的行為又推動了市場經濟的發展。

地方保護主義。在中央政府放權讓利的過程中，因本地的利益保護和自身的利益需求使地方政府似乎成為經濟秩序的破壞者並進而分割了國家權力。第

7　參見樊綱：《論市場中的政府》，載《改革》，1993(5)。

一，各地追求「自成體系」，搞「大而全」、「小而全」的經濟體系，造成國民經濟投資結構失調；第二，相互封鎖，導演了「棉花大戰」、「羊毛大戰」、「蠶絲大戰」和商品流通不暢；第三，從1990年代中期起，地方保護主義表現為地方政府與當地法院合謀使本地企業破產逃債以保護本地利益。從1989年至1993年，中國的破產案件平均每年只有277起，到了1994年就上升到2100起，1997年高達5,640起，以後每年都在增加。[8]一些地方政府出於自身或局部利益的考慮，公開干預法院對破產案件的審理，甚至組織企業實施違規違法破產而「逃廢債」。2001年，引起國務院高度重視的湖南省寧鄉縣石化總廠破產案和四川省中江縣絲綢公司破產案就是地方黨政部門直接干預企業破產而導致企業「逃廢債」的典型。[9]

新型的地方保護主義與地區封鎖式的地方保護主義不同的是，後者讓外地產品不得進入、本地資源不得外流，而前者使外地的投資者不敢再進入，但二者的結果都是一樣的，即阻撓了統一的市場經濟的形成。

地方政府的制度創新。中國經濟轉型以來，國民財富急劇增加，經濟增長與當地政府的制度創新能力成正比例關係。

1. 土地制度的創新

1980年在全國範圍內開展的農業聯產承包責任制是安徽省鳳陽縣小崗村農民的創舉，是地方政府保護和中央認可的結果。而在1979年召開的七省農口幹部會議上，當時的中央主管領導基本上否定了農民分田到戶的願望，但是在1980年中央召開的各省市第一書記會議上，各地都力爭把本地的經驗寫進中央政策，最後會議通過的政策文件允許生產隊實行多種責任制安排，其中包括包產到戶。

8　參見《法律服務時報》，2002年5月31日。
9　參見《法律服務時報》，2002年4月26日、2002年5月31日。

2. 發展模式的創新

在改革過程中，地方政府結合本地情況，創造了江蘇發展鄉鎮企業的蘇南模式、浙江發展私營企業的溫州模式、廣東吸引外資的外商合資企業模式。這些模式都是由地方創造、後來得到中央肯定並推廣的。到1990年代中期，全國外商投資額的70%集中在廣東、江蘇、上海、福建、山東，這些地區之所以先發展起來不僅是由於外資的湧入，而且更主要地應歸功於外資所帶入的產權模式和管理經驗。遺憾的是，鄉鎮企業因爲不符合西方經濟學的產權理論而被改制，被迫退出歷史舞臺。

無論是土地制度的創新還是發展模式的創新，說到底是產權制度的創新，即非國有產權制度的創新。是個人選擇創造了新制度還是地方政府保護了個人選擇？如果說一開始是地方政府保護了個人的一些行爲的話，那麼，作爲一種合法的制度存在，是離不開地方政府支持的。尤其是，當財政體制改革使地方政府成爲獨立的利益主體時，當經濟增長成爲衡量地方政府政績的主要指標時，地方政府的利益與當地居民的利益事實上一體化了，地方政府具有了強烈的創新動機。

正是由於這些不同於傳統的國有企業產權模式的出現，才使得地方經濟得到巨大增長。世界銀行的研究更進一步證明：各地區經濟增長率與各地區非國有經濟產值在總產值中所占的比重，呈明顯的正比例關係。[10]這種研究也間接地證實了地方政府對市場化改革的貢獻。

地方政府的市場化行爲模式有著不容忽視的政治制度上的意義：

1. 地方政府的市場化行爲是在中央政府下放了公共經濟管理功能的條件下出現的，這使得中央政府不再具體管理市場。在地方政府管理市場的過程中，地方政府的主要追求是保護和擴大本地的市場力量——雖然地區封鎖是反市場化的行爲，因爲這樣能夠實現其追求經濟發展與繁榮的目標，而這一目標的實

---

[10] Xiao Geng, "State Enterprises in China: Dealing with loss-makers", *Transition,* The World Bank, Vol. 2, no. 11, Dec. 1991.

現又可能爲其帶來政治上的利益，發展經濟事實上成爲一種政治激勵機制。什麼樣的產權組織有利於本地的經濟發展，外地和本地的經驗都證明了是新的產權制度的經濟形式，而不是傳統的國有企業。因此，地方政府事實上起到激勵和保護非國有經濟發展的政治勢力的作用。目前，不少地方政府的財政開支就是以非國有經濟爲基礎的，這也正是「三個代表」重要思想現實的政治經濟關係背景，這種現實背景實際上就是一種建立在市場制度上的政治關係。

　　2. 地方政府與市場互爲依存的新型政治關係是對集權力量的制約。經濟轉型意味著中央政府是市場化的主導者。但是，不應該忽視的是，無論是土地制度的創新還是發展模式的創新，事實上都是微觀主體、地方政府與中央政府多方合作博弈的結果，是微觀主體引導地方政府、地方保護微觀主體並爭取地方模式普遍化的過程。中央政府雖然具有市場化動力，但是從理論上看，中央政府所處的壟斷地位使任何中央政府尤其是中央集權制下的中央政府都有先天的集權傾向，並且有控制整體經濟的潛在能力。1980年代中國經濟的「收—放」循環典型地說明了中央政府的控制潛能。因此，與有必要制約地方政府的非市場化行爲一樣，制約中央政府的非市場化控制也是必要的。在產權和政權一體化的制度下，沒有任何力量能夠制約中央政府的行爲。因爲計畫經濟體制下的地方政府不是獨立的利益主體，沒有管理經濟和配置資源的權力，其主要職能是維護中央計畫的執行，其政績也體現爲完成中央計畫的程度，地方政府沒有動力與地方企業共謀來對付中央計畫，在有些時候，地方政府甚至有可能以犧牲地方的利益來完成中央計畫，「大躍進」就是典型的案例。在體制改革的過程中，地方政府的角色發生了重大變化。稅收制度的改革意味著地方政府有可能或事實上與地方企業合謀對付中央政府，這已經是無須論證的事實。尤其是在產權和政權逐漸分立的政治經濟關係中，依賴於非國有經濟的地方政府可能有不同於中央政府的目標追求。例如，在1990年代，中央政府對待國有企業的政策是「抓大放小」，而有的地方政府則採取一律「放」的政策。在實踐中，地方政府總是企圖突破中央政府的控制或具有計畫經濟色彩的法律法規。總之，地方政府在分權過程中產生的積極動力，「沒有一項動力是與中央政府完全相同的。這就使地方政府與中央政府之間不會產生『合謀』行爲，而只會形成互相制約的關係。從這個意義上說，地方政府行爲方式的變化，是對中央政

府壟斷整個經濟控制權的潛在能力的一種制約的力量」[11]。當有效的經濟組織已經成為推動經濟增長的主體力量時，其最大化行為與社會產出的最大化融為一體並與政府的最大化目標息息相關時，就會對中央政府的干預行為構成現實的制約。在這種情況下，地方政府要保持經濟的穩定增長，就必須對有效的經濟組織提供產權保護。這種地方政府與地方企業利益的一致性，使得傳統的中央與地方之間的行為模式得到改變，並最終導致一種趨向均衡的國家結構。[12]

3. 建立在新型產權制度上的政治關係和均衡的國家結構將是中國市場經濟的最為堅實的政治基礎，使市場經濟成為一種不以個人意志為轉移的不可逆轉的制度選擇。在實行法治之前，國家的方向往往取決於領袖個人的偏好和意志，尤其在政企合一的政治經濟關係中。而在產權和政權逐漸分立的今天，雖然法治仍然是一個建設的目標，但是已經沒有任何個人能夠改變基於新型政治經濟關係的市場經濟方向。中國正在徹底改變「人亡政息」的週期循環，以實現穩定性的政治發展。

可以認為，地方政府的制度創新不僅極大地提高了國家權力賴以存在的國民財富，同時也在根本性地重新塑造中國的政治經濟關係，而新型的政治經濟關係不僅能實現政治穩定，也保護了國民經濟的穩定增長。

第二節　政治經濟過程的利益集團問題

20世紀初，政治過程論的創始者本特利指出，「如果能解釋利益集團，那麼一切都可以解釋清楚了」。[13]儘管目前中國的利益集團還沒有達到理解一切政治現象的重要程度，但是利益集團已經成為中國政治過程中的重要變數。在

11　周振華：《體制變革與經濟增長：中國經驗與範式分析》，179頁，上海，上海三聯書店、上海人民出版社，1999。

12　參見趙成根：《轉型期中的中央和地方》，載《戰略與管理》，2000(3)。

13　〔日〕十中豐：《利益集團》，13頁，經濟日報出版社，1989。

1980年代政治改革高潮時期，中國官方文件和媒體多次談到「利益集團」。[14] 2006年10月中共十六屆六中全會以後，當中國提出建設社會主義和諧社會時，提出必須防止「既得利益集團」的出現，「利益集團」又一次在官方文件中。與此相呼應，官方權威媒體新華社《瞭望》新聞週刊2006年10月關於「利益集團」的文章引起廣泛關注，認為中國近年來突出的社會不公正問題與「特殊利益集團」有著直接關係，「利益集團」在中國政治中的出現和作用已經處處可見。那麼，中國的利益集團以什麼樣的形式組織起來？在政治過程中有什麼樣的作用？中國政府擬如何應對利益集團政治所帶來的問題？在1978年改革開放之前，共產黨在意識形態上強調全國人民在根本利益上的一致性，否認利益差別。在計畫經濟體制下，儘管存在城鄉差別、地區差別，但是基於農村中的人民公社體制和城市中的國有企業體制，把人民事實上分為工人階級和農民階級。但是，鄧小平的改革給中國帶來革命性變革：原來單一的經濟結構演變為多元化的經濟結構，在此基礎上，形成了眾多利益不同的社會階層。不僅如此，在工人階級、農民階級和知識份子階級內部也多層次化了。這種新的經濟結構和社會結構是產生利益集團的基本社會條件。

　　經濟體制和經濟結構的變革必然帶來政府管理體制的變革。在計畫經濟時代，所謂的經濟主管部門主要是依據行業和產品而設立的，以致於到1978年國務院下的部委多達100個。可以想像，建立在行業和產品之上的政府部門事實上成為本行業和本產品的利益代言人。例如，即使在不講部門利益的計畫經濟時代，在以大煉鋼鐵為主的「大躍進」搞得民不聊生的時候，主管鋼鐵工業的冶金部則依然在鼓吹增加鋼鐵產量。在過去30年裡，中國對政府管理體制進行了六次大規模的改革，大大減少了國務院下屬的行政管理部門，提高了行政效率。但是，政府改革並不徹底，很多政府部門依然是計畫經濟的產物，它們依然建立在行業和產品上。在市場經濟的時代，它們的利益代言人角色就更加突

---

[14]　1988年中共中央在十三屆二中全會工作報告裡第一次承認中國社會存在著不同的利益集團：「在社會主義制度下，人民內部仍然存在著不同利益集團的矛盾。」為此，黨內理論權威鄭必堅在《人民日報》上發文分析經濟結構的變化所帶來的利益關係調整和利益集團問題。（「大變動，再認識」，《人民日報》，1988年5月20日。）

出。我們對利益集團作的界定是：基於共同利益或態度而組織起來的、在政治過程中進行利益表達的行動性群體。這裡側重強調當代中國利益集團的兩個主要特徵：一是從當代中國政治過程中起實際作用的角度，強調利益集團的組織化特徵的同時，也強調實際政治過程中存在的利益集團，因爲後者可能比前者的影響力更大，這是與西方典型意義上的組織化利益集團不同的；二是強調利益集團的政治影響，即是指那些有意識地去推動特定方面的公共政策的團體。這把它與那些成員具有共同態度，卻不關心公共政策的團體區分開來，

一、利益集團的性質與類型

利益的多元化或利益性質的不同決定著利益集團的多樣化：政治性利益集團，比如中華全國臺灣同胞聯合會；公共利益型利益集團，比如環保組織；特定人群權益型利益集團，比如中國殘疾人事業聯合會；經濟利益型利益集團，比如中國紡織品協會。在現實政治中，規模最大、數量最多的利益集團就是經濟利益型利益集團，而且它們也是中國政治社會問題的一個重要變數。因此，這裡主要考察中國治理中的經濟利益型利益集團。

對於利益集團的簡單界定是：爲特定利益而組織起來的一種社會組織。在大多數國家，利益集團主要指社團性利益集團，即專門爲利益表達而建立起來的行業性組織，比如各種各樣的「協會」。其他類型的利益集團包括機構性利益集團和非社團性利益集團。[15]在政策過程研究中，儘管美國政治學家把官僚機構當作一種利益集團，他們更多的是從部門政治或官僚政治而非利益集團路徑來研究美國的政策過程。中國社會的發育狀況決定了不能簡單地用現存的利益集團類型和標準來審視中國的利益集團，除了「行業」和「特定利益」外，另一個是理解中國利益集團的關鍵字是「官商關係」。中國的很多行業主管部門比西方國家的政府部門具有更多的部門利益和行業利益，事實上是一種典型

15　從組織形態上看，在常態政治中，美國政治學界家把利益集團主要分類爲：1.機構型利益集團，比如官僚機構、立法機關、軍隊、政黨、教會及公司；2.社團性利益集團；3.非社團性利益集團，它們以共同的種族、語言、宗教和職業爲基礎，但是沒有組織起來（詳細內容參見阿爾蒙德和鮑威爾：《比較政治學：體系、過程和政策》，202～207頁，上海：上海譯文出版社，1987。）

的行業性利益集團。在這種制度安排下，特定行業即那些有著特定官商關係的公司本身就是利益集團的組織形式，其在政治過程中的作用甚至比社團性利益集團更大。而與西方國家的利益集團相比較，中國的社團性利益集團具有更多的政策執行功能而較少的主動性利益表達，但是無組織的利益集團卻更加活躍。為此，根據中國的利益集團的組織狀況及其在政治經濟過程中的作用大小，我們把中國的利益集團分類為：機構型利益集團（institutionalized interest group）、公司型利益集團（enterprised interest group）、社團型利益集團（associational interest group）和無組織型利益集團（unorganized group）。但是，具有明確的政治經濟關係意義的利益集團則主要是機構型利益集團和公司型利益集團，為此這裡只介紹和考察這兩類，而社團型利益集團則在國家─社會關係部分得到闡釋。

（一）機構型利益集團

作為國家代表的政府部門，本應是公共利益的代表者。但公共選擇理論的研究表明，政府官僚機構與官員並不必然是公正無私的「道德人」，有可能具有追求自身利益最大化的「經濟人」特徵。據此，西方學者和一些國內學者把政府官僚機構當作一種利益集團，起著利益表達與綜合的作用。[16]我們不同意這種劃分方法。不能因為任何時間和地點都存在本位主義和部門利益，而把作為國家權力建制的有機組成部分稱為利益集團，因為利益集團是特指國家權力機構之外的政治社會力量，如果把存在組織化利益的團體都歸類為利益集團，利益集團就成為解釋一切政治現象的概念，「國家權力」等經典概念就失去了應有價值。儘管如此，什麼是國家權力的有機組成部分，在經濟轉型時期需要進一步界定。一般而言，維持國家正常運轉的政務部門（如司法部、外交部、

16　日本學者十中豐認為在集團理論中，除了利益團體之外，官廳組織、軍隊和政黨等也都同樣作為壓力團體而構成一種過程。〔日〕十中豐：《利益集團》，40頁，經濟日報出版社，1989。也有一些西方學者在討論中國政治時，把中國軍隊作為一個利益集團，並分析了它在中國外交決策過程中的角色和影響力。Harry Harding, "The PLA as a Pollitical Interest Group", in Victor Falkenhein(ed), *Chinese Politics from Mao to Deng,* New York: Paragon House, 1987.

民政部、文化部、教育部等）和宏觀經濟調控部門（如央行、財政部、發改委、國資委等）是任何國家都必須有的，不能因爲它們或許存在部門利益而把它們成爲利益集團。我們的問題是，中國目前的政府部門設置依然具有計畫經濟的特徵。例如，在國務院下屬的行政管理部門中，還有各種以行業和產品爲基礎的主管部門。例如，有主管郵政與資訊產業的資訊產業部、主管鐵路產業的鐵道部等等。正常來說，中央各部委應該是中央政策的執行者，自身保持政治中立，只努力追求政策執行的效率。但是在經濟轉型時期，因爲中央決策機制的不健全，在很多場合，實際上部委決策，中央背書，很大程度中央各部委成了中央政策的決策部門。這就使他們有能力將自己的「部門利益」凌駕於社會公共利益，乃至於國家利益之上，通常被稱爲「特殊利益集團」。不僅如此，由於行業和產品的交叉性，行業和產品而設置主管部門必然導致部門的重疊和功能的交叉與利益衝突。以文化領域爲例，最高主管部門是中共中央宣傳部，在國務院則有文化部、國家廣播電視總局、國家新聞出版總署、國家文物局；以交通爲例，有主管水路交通和陸路交通的交通部，也有只管水利而無權管理水上交通的水利部；再以水污染爲例，國家環保局和水利部都在管理，都在爭奪管理權。這些部門的行政級別相同，而功能和利益存在交叉，利益衝突是常見的現象。在市場經濟的今天，這些行業主管部門很容易演變爲該行業或產品的利益代言人，利益衝突導致機構之間的矛盾。

因此，這裡特別把那些建立在產品和行業基礎上的所謂經濟主管部門稱爲機構型利益集團。在經濟轉軌過程中，有些部門的存在具有時代的合理性和必要性，比如爲了加快資訊產業的發展而組建的資訊產業部；有的沒有被改革則因爲國家當時沒有足夠的資源去同時解決那麼多的部門政治難題，因此，一下子撤銷13個部委的朱鎔基總理在1998年說，此改革是過渡性的，還不夠，還要改。進一步的行政改革已經非常迫切、必要，因爲在市場經濟體制基本建立的條件下，有的部門的歷史使命已經完成，有的已經成爲市場經濟的阻礙力量，代表著特殊的行業和利益。從這個角度來看，可以說一些產品和行業主管部門是最強大的利益集團。如果缺少外部競爭、外部約束、缺乏內部的自覺性，有些主管部門會有非常強烈的動機去爭取自己的利益最大化、法定化、國家化甚

至是國際化。[17]對於這種現象，決策者已經有充分的認識，因此中共十七大政治報告明確提出實行大部門制。

（二）公司型利益集團

在中國，很多公司本身就是利益集團，或者至少起著利益集團的作用。「行業」、「特定利益」和「官商關係」等關鍵字意味著，並不能把絕大多數公司歸類為利益集團，能被視為利益集團的公司主要有兩類：

1. 壟斷行業的大型國有公司：諸如石油行業的中國石油總公司、中國石油化工總公司和中國海洋石油總公司；電信產業的中國電信、中國移動和中國聯通；電力行業的中國電網公司和幾家發電公司；郵政行業的中國郵政總公司，鐵道行業的幾家鐵路總公司，燃氣行業的中國天然氣總公司等等。很多其他國家的行業壟斷是一種自然壟斷，並在國家的干預下實行反壟斷。但是在中國，行業壟斷其實是一種行政壟斷，行業壟斷公司的背後都有行政主管部門，因而是行政權力保護著壟斷行業的壟斷利益。在這種條件下，壟斷公司本身就是龐大的利益集團，它們不需要以社團性利益集團即「協會」的形式而組織起來，它們對政府的影響比「協會」更直接、更有效。

2. 暴利行業的公司：在中國，暴利行業特指房地產業和採礦業。這些行業的產權多元化，既有國有也有私有。但是無論是什麼樣的企業，離開權力的保護就難以運轉，因而在很多地方形成了官商一體化的利益集團。與壟斷行業相比，暴利行業的利益集團在數量上更多，在形態上更隱蔽但卻是公開的秘密，在影響政策的方式上合法與非法並存。

二、政治經濟過程中的利益集團

和任何國家一樣，在中國政治過程中，不同的利益集團在具體的公共政治過程中的角色、行動資源與策略、影響力等方面存在明顯的差異。考察利益集團作用的最有效的起點是看其如何參與到公共政策設置的，是如何影響公共政策執行的。

17　《警惕部門利益膨脹》，載《瞭望新聞週刊》，2006年10月號。

（一）政治過程中的機構型利益集團

機構型利益集團，本身具有組織制度、資源與權力上的天然優勢，同時又是政策的決策者，對政策的議題、議程和決策起著決定作用，甚至在多數情況下還是政治過程的壟斷者。因此，這類利益集團對中國政策的制定、執行、回饋等各個階段、政策的價值取向等方面的影響最大。2006年10月，《瞭望新聞週刊》刊文指出包括機構型利益集團在內的行政部門利益極度擴張，在決策或履行職能過程中，有些部門過多從本部門利益出發，過於強調、維護與謀取本部門利益，影響了決策的戰略性、全局性和前瞻性，損害了社會公正與大眾利益，增添了國家經濟及政治風險。[18]在我們看來，建立在政府部門、行業和產品基礎上的機構型利益集團利用法定的國家權力而扭曲著公共政策。

首先是使部門利益國家化、制度化。儘管是建立在行業和產品的基礎上的經濟主管部門，它們畢竟是國家權力機關。官僚政治的一個規律是，每個部門都會在已經獲得授權的基礎上而擴展自己的權力，行業主管部門更是如此，時常以「國家利益」之名而實現部門利益，並且將部門利益制度化。在中國，將部門利益升格為國家利益的管道之一是行業報紙，每個部委都有自己的機關報，行業報紙是部門利益的有力鼓吹者。將部門制度化的管道之一是行政部門立法權。中央機構廣泛存在借法律規章來鞏固、謀取部門利益的現象。如透過「職權法定」、「行為法定」與「程序法定」使部門利益法定化。由於立法機構本身的因素，導致人大常委會審議的法律草案多由政府部門起草。這樣，有些政府部門就利用政策資源優勢，在制定有關法律草案時，千方百計為部門爭權力、爭利益，藉法律來鞏固部門利益，獲取法律執行權，進而獲得相應的機構設置權和財權。在全國人大通過的法律中，由國務院各相關部門提交的法律提案占總量的75%～85%，此外還有大量由行政部門制定的行政法規、部門規章，同樣具有法律約束力。[19]如此一來，透過立法過程這些機構型利益集團就將自己的利益法律化，進而將部門利益制度化。因為很多法規都是由部委起

---

[18]　《警惕部門利益膨脹》，載《瞭望新聞週刊》，2006年10月號。

[19]　楊軍：《部委「利益分殊」進行時》，載《南風窗》，2006年12月B期。

草，然後人大通過，很多時候，通過幾乎成了一種形式，負責起草的部委對內容的自主度非常大。

其次是阻礙公平競爭。建立在行業基礎上的行政機關自然要保護其屬下的壟斷利益，排斥他人進入，阻礙公平競爭。在電信、電力、郵政、鐵路、石油、銀行、保險、證券等幾乎於國計民生比較重要的所有行業都有主管部門或者監管機構，國有壟斷行業和主管部門結合在一起，自然會形成一股巨大的阻礙公平競爭的政治經濟力量。這就是為什麼被稱為「經濟憲法」的《反壟斷法》爭論了13年而才能執行的主要原因。再次是製造社會不公。行政壟斷必然導致很多負面效應，比如增加行政成本、效率低下、妨礙技術創新等等。這裡所關注的是行政領壟斷所帶來的社會不公問題：(1)在收入水準上，2005年電力、電信、石油、金融、保險、水電氣供應、煙草等壟斷行業共有職工833萬人，不到全國職工人數的8%，但工資和工資外收入總額估算相當於當年全國職工工資總額的55%。[20]據國家統計局2006年初公布：壟斷行業的平均工資是其他行業的2～3倍，加上工資外收入和福利，是其他行業的5～10倍。這些壟斷企業經常以虧損為由漲價，以維持壟斷收入，而成本由民眾買單；(2)社會不公不僅表現在收入分配上，還體現在教育和醫療制度的扭曲，但是相關的問題政策並不能得到及時調整；(3)社會不公還赤裸裸地表現為這些行業對消費者的剝奪。例如，由於電信壟斷，中國消費者打國際長途的話費是其他國家（如新加坡、美國、英國等）的10倍以上，因為中國不允許私營公司開展網路電話和電話卡業務。再如，近年來國際油價劇烈波動，廣東省等中國南方地區多次出現「油荒」，許多加油站無油可加，增大中國大多數依賴石油的部門的成本，減弱企業的國際競爭力，損害廣大消費者的利益，並造成尋租和腐敗的空間。原因在於石油壟斷體制。雖然政府沒有給予兩大巨頭石油專營權，但它們事實上在從事石油的專營。有了石油專營權，企業在虧損的情況下也要保證市場供應，這是它的責任，也是其專營必須付出的代價。要解決油荒問題，減少成品油漲價對中國經濟和民生造成的影響，辦法就是打破壟斷，建立起以競爭性市場為主、以政府監管為輔的制度，

20　《中國經濟時報》，2007年6月28日，http://www.jjxww.com/show.aspx?id=9224&cid=131.

（二）政治過程中的公司型利益集團

公司型利益集團中的國有壟斷公司主要通過影響政府主管部門或監管部門而形成有利於自己的政策。如「金融（四大銀行、一大保險）、能源（電力、石油）、郵電（郵政、電信）、運輸（鐵路、民航）、基礎建設等領域的國有壟斷企業，長期依託行政壟斷，擁有強大的博弈能力。為維護龍頭地位、持續獲得壟斷利潤，有些壟斷企業在政界、學界、傳媒界網羅代言人，影響甚至操縱話語權，為其壟斷地位辯護，極力排斥行業競爭與民營經濟介入，抵制《反壟斷法》等於己不利的法律政策執行，或以本行業的特殊情況（如自然壟斷、國家安全、為政府賺錢等）為由要求從相關法律政策中得到豁免，維持壟斷。」[21]另外，它們還利用強大的經濟資源和政治優勢，組成更大的利益集團。如中國集團公司促進會（下稱中促會）是由包括寶鋼、一汽、東風汽車製造廠等幾個大型國有企業的老總於1987年倡議發起的。其會員都是大型國有企業。除了幫助解決會員企業體制轉型過程中遇到的問題以外，中國集團公司促進會還代表其會員企業向政府反映這些大企業的意見和要求，並組織有關政策研究來影響決策機構。自1990年代以來，每年促進會都就有關重要的政策或問題邀請專家，企業代表和政府有關部門進行調研，然後將研究報告提供給政府決策機構。從1998年到2000年，促進會上報了16個專題報告，其中有7件得到國務院總理、副總理的批示。中促進會的個案表明一些自發性協會為分散的經濟實體提供了利益表達與綜合，甚至影響決策的管道，它表明當利益集團的力量達到一定分量，並以自主型集團的形式表達利益時，就會產生更大的影響。[22]

同時，有著特殊的官商關係的採礦和土地開發等行業的暴利公司則以合法或非法的形式在政治過程中發揮著影響。例如，土地開發中形成的官商同盟既有合法行為，也有非法行為。土地開發已經成為地方政府政績的重要來源。浙

---

21 《警惕部門利益膨脹》，載《瞭望新聞週刊》，2006年10月號。

22 案例來源：馬秋莎：《比較視角下中國合作主義的發展：以經濟社會團為例》，載《清華大學學報》，第2期（哲學社會科學版），2007。

江省一項調查表明，如果征地收益是100%，各利益關聯方分配比例是：地方政府20～30%，開發商40～50%，村級組織25～30%，農民5～10%。[23]在房屋價格中，政府的稅、費收入占房價的50%，房地產利潤占25%以上，而地產商的資金則來自銀行貸款。典型的官商同盟的作業程序是：「地方政府土地項目立項──引入外來投資者──完成批地手續──脅迫投資者同意分肥，不就範就踢走──引入新的關聯代理人開發商──代理人開發住宅獲利──官員以及特殊利益群體分贓」。[24]

　　大權在握的公司型利益集團，不僅利用各種資源將自己偏好和利益要求輸入政治過程，影響政策決策的指向，而且當它們成為政策目標時，還極力採取選擇性服從，即支持對自己有利的政策，抵制甚至是暗中改變不利於自己的政策。例如，地產開發商不但可以透過非法手段而實現具體專案的開發，還有能力透過合法手段而形成有利於自己的行業政策，推動國務院認可房地產業是「國民經濟的支柱產業」，以抵消不利於自己的行業政策。[25]國務院的文件至少為地方政府土地開發提供了支援政策，在客觀上甚至為官商同盟提供了合法性藉口。正是因為地方政府與地產商的結盟，和採礦業一樣，中央政府近兩年控制房價的政策失效，很多城市的房價不降反升。

三、治理利益集團政治

　　利益集團在政治過程中扮演的角色似乎有些矛盾。一方面，它們能為政府與社會之間的政治溝通提供一種垂直的管道，利益團體的仲介角色可以保護公

[23] 汝信等編：《2005年：中國社會形勢分析與預測》，6頁，社會科學文獻出版社，2004。

[24] 參見《財經》2007年7月23日，《失意潛規則》一文關於「上海松江交通樞紐開發案」的深度報導。

[25] 2003年6月13日央行執行了《關於進一步加強房地產信貸業務管理的通知》，要求商業銀行對開發貸款、土地儲備貸款、建築貸款墊資和個人住房貸款嚴格控制，被認為是「房地產的冬天」。與此同時，在地產商的推動下，全國工商聯與眾多地產商一道上書國務院，促成了國務院18號文件的執行，該文件指出，「房地產業關聯度高，帶動力強，已經成為國民經濟的支柱產業」，並且發展是健康的。資料來源：李曙光：《立法背後的博弈》，載《中國改革》2006年12期。

民，免受國家機制的壓迫。另一方面，利益集團就是代表部分人的利益，從而有可能與國家利益和公共利益形成衝突。大多數嚴肅地對待利益集團的人，都同意詹姆斯‧麥迪森的觀點，即利益集團是一種必要的惡，最好是控制它而不是消滅它。[26]

在當代中國，利益集團是國家放權和市場經濟的一種必然結果，但是從它在中國社會政治經濟全面轉型中的實際作用來看，不同的利益集團扮演著不同的角色，同一集團在不同方面也起著或積極或消極的影響。概而言之，中國的利益集團興起不久，利益集團政治遠未成熟，其利益表達能力有限，不同利益集團之間的權力與資源分配嚴重不均衡。中國利益集團政治的此種狀況對中國治理的影響越來越深刻，就正面影響而言，它為社會中的一些利益集團，主要是強勢集團，提供了表達和實現集團利益的垂直管道；就其不利影響來說，主要是各利益集團之間權力與資源分配的極度不均衡造成了嚴重的社會不公正和腐敗，特別是在轉型中國，弱勢群體還沒有政治資源或能力、激勵去組織起有效的利益團體的情況下，在一些關鍵性政治過程中，這種現象已經發展得相當嚴重。因此需要認真對待利益集團政治，對之進行治理。

根據前述中國利益集團政治的現狀與存在的問題，我們認為，利益集團的治理基本目標：透過制度建設，抑制利益集團的不良影響，擴大其有利影響。

1. 改革政府體制、立法體制

在政府設置上，除了保留和加強任何國家都需要的政務部門和宏觀經濟調控部門外，徹底廢除建立在行業和產品基礎上的政府經濟主管部門，相關部門的規制功能由國家改革與發展委員會執行；實行大部委制度，合併功能交叉或功能相近的部門，比如由文化部統一行使廣播電視、新聞出版、文物等事務的規制權。在行政決策程序上，實行決策權、執行權和監督權的部門分立，行政過程透明化，最大限度地減少官商同盟。立法體制必須改革。在全國人大常委

---

[26]　Frank R. Baumgartner and Beth L. Leech, *Basic Interests: The Importance of Groups in Politics and in Political Science*, Princeton University Press, 1998, Preface.

會成立立法室，專門負責各種法律的起草工作，取消各行政管理部門的法律起草權，它們的立法權限只限於為執行法律而制定的規則。這些制度建設，可以減少部門或機構型利益集團之間利益紛爭，消解這類利益集團用法定的國家權力而扭曲公共政策、侵蝕公共利益的行為，規避機構型利益集團利用立法過程中的資訊、權力優勢，謀求自身利益，置國家利益與公共利益而不顧的行為。

2. 完善市場機制建設

中國的市場經濟體制所以為人詬病，這一方面是由於市場機制本身不會給經濟社會中各個集團帶來公平的結果，更為關鍵的問題在於，處於轉型過程中的中國市場經濟存在比較嚴重的行業壟斷和官商同盟，這些利益集團在市場經濟運行和相關政治過程中，擁有制度、組織資源、權力資源等優勢，並由此引發嚴重的社會不公正。為此，需要進一步完善市場機制和制度建設。比如依據《反壟斷法》，打破壟斷，實行投資主體的多元化，促進公平競爭，提高弱勢集團的議價能力。建立國家部門退出市場的制度，使國家和政府在市場經濟中真正能夠扮演裁判員，而不是運動員的角色。

第十章　中央—地方關係：政治單一制與經濟聯邦主義

重點問題

◎如何認識中國中央—地方之間的民主集中制原則？
◎如何認識中國政府結構中的「條塊關係」？
◎如何認識中國中央—地方之間的經濟關係？

　　大國之治的關鍵之一在於處理好中央—地方關係。在傳統理論上，中國是單一制形式，地方政府的許可權由中央政府授權。改革開放以前，中國在經濟上實行中央高度集權的計畫經濟體制，在政治上實行中央集權的一體化管理。改革開放以後，中央政府和地方政府的經濟與政治關係發生了不同程度的變化。

第一節　關於中央—地方關係的政體結構與利益結構

一、政體結構

　　在政治學理論上，單一制是一個不斷式微而聯邦主義是一個不斷張揚的概念，但是對於轉型時期的中國而言，制度變遷所體現的政治—經濟形態更為複雜，既不能簡單地將中國定性為單一制國家，更不能定性為聯邦主義國家。但是如果進行政治和經濟的二元化處理，我們很容易發現，中國兼具單一制和聯邦主義的特徵。

　　或許是因爲看到經濟改革帶來的巨變，或許是因爲香港和澳門回歸帶來的新元素，或許是因爲憲法中關於民族區域自治的規定，政治學和法學界的一些學者開始不滿足於傳統的中國國家結構的單一制定性，因此提出了各種樣式的新看法，比如民主集中單一制說[1]、複合式單一制說[2]、混合制說[3]，甚至還有聯邦制體制的政治制度說[4]等等。我認爲，將中國的國家結構（這裡暫且還借用「國家結構」概念）籠統地定義爲各式各樣的單一制，[5]只是看到了政治關係而忽視了經濟關係的重要性；因香港和澳門的特殊性而規定爲混合制，模糊了中國政治的主體性質；而因民族區域自治的憲法規定將中國視爲聯邦制體制，表明作者伊拉縈缺少中國政治的基本常識，儘管他對聯邦主義理論有重要貢獻。

　　認識中國政治的第一個前提是，在政治結構基本不變的前提下，中國的經濟關係已經發生了革命性變革，這一常識要求我們必須對政治關係和經濟關係進行二元化處理，儘管不能忽視二者之間的互動關係。認識中國政治的第二個前提，也是最爲基本的常識是，共產黨領導和黨政關係是理解中國政治的基本入口。這一常識就要求我們，考察中國的國家結構，不但要理解憲法上的規定，更要解讀黨章上的規定。與第二個前提相聯繫，關於中國政治的第三個前提是，不但要從結構上即法律關係上理解國家結構，更要從程序上即事實關係上理解國家結構，比如憲法上關於共產黨的領導就一句話即「堅持共產黨的領導」，而事實上共產黨的領導體現在政治生活的每一個層面。另外，關於中國

1　童之偉：「單一制、聯邦制的區別及其分類問題」，《法律科學》，1995(1)；童之偉：「論有中國特色的民主集中單一制」，《江蘇社會科學》，1997(5)。

2　艾曉金：「中央與地方關係的在思考：從國家權力看中國國家結構形式」，《浙江社會科學》，2001(1)。

3　參見楊宏山：《府際關係論》，北京，中國社會科學出版社，2005年9月。

4　〔以色列〕伊拉縈：《聯邦主義探索》，彭利平譯，53頁，上海三聯書店，2004。

5　在此需要指出的是，如果在單一制前面附加各種首碼，作爲社會科學的國家結構理論變成了無限繁衍的化學分子式。社會科學的生命力在於對理論的簡約性處理進而具有的通識性，如果就一個問題得出眾多的命題式概念，該理論就失去了應有價值。

政治歷來有正式政治與「非正式政治」（informal politics）之說，[6]非正式政治在一定程度上就是描述事實上的程序問題。

　　上述三個方面是我們認識中國中央一地方關係的出發點。在中央一地方的政治關係上，中國憲法第三條規定，「中華人民共和國的國家機構實行民主集中制的原則」，即「一府兩院」都由人民代表大會產生，對它負責，受它監督；中央和地方的國家機構職權的劃分，遵循在中央的統一領導下，充分發揮地方的主動性、積極性的原則。憲法第八十九條規定中央政府即國務院的職權之一是「統一領導全國地方各級國家行政機關的工作，規定中央和省、自治區、直轄市的國家行政機關的職權的具體劃分」。上述兩條以中國特色的「民主集中制」表述了人民代表大會與政府關係以及中央政府與地方的單一制性質。

　　那麼在黨章中關於黨政關係是怎麼規定的呢？每一個黨員耳熟能詳的規定就是「下級服從上級，全黨服從中央」這樣一個民主集中制組織原則。為了確保「全黨服從中央」，黨章及其相關文件規定了黨委制、黨組制、歸口管理制以及黨管幹部制度和原則。這些制度規定既是法律上的結構，又是事實上的程序。憲法的民主集中制組織原則詳細規定了人大與政府的關係，黨章中的民主集中制原則詳細規定了黨與人大、黨與政府的事實性關係。在黨一人大一政府關係中，涉及的政治關係是複雜的，多方面的，但是最能體現民主集中制原則的是黨管幹部制度。

　　根據1998年中共中央頒布的《中共中央管理幹部名稱表》，所有副省級以上的幹部均由中央直接考察和管理，地方主要正局級崗位的幹部向中央備案。應該說，幹部名稱表延續了1980年代幹部管理體制。1984年中央將對地方幹部管理的許可權由下管兩級（省部級和正局級）改革為下管一級，即直接管理副省以上幹部的考察和任免。這樣中央直接管理的幹部人數由原來的15,000人左右下降到3,000人左右。與1990年頒布的《中共中央管理幹部名稱表》相比，

6　有關中國非正式政治的集中研討，參見Jonathan Ubger, ed., *The Nature of Chinese Politics: From Mao to Jiang*, M. E. Sharpe, Inc. 2002.

中央對地方幹部的管理許可權基本沒有變化。但是，在1990年代初期，隨著地方政府作為利益主體的角色突顯，地方保護主義傾向日趨明顯，地方人大否定中央推薦的候選人而選舉本地人為副省級幹部的事並不只是發生在一、二個省份，維護和加強中央權威也就成為當時的重要議題。加強中央權威的最為便捷的辦法就是加強對地方幹部管理的力度。

中共中央組織部1999年6月頒發了「幹部交流規定」，在地方領導選拔上實行非本地原則和定期調換制度。關於省級領導的具體規定是應更加頻繁地調到另一個省或調到中央任職。現行領導班子的構成模式是，作為正職的省委書記和省長從別的省或中央部委調來，而副職則主要出自本省。在實行中國傳統上的回避原則的同時，中央對省級正職領導的任期也有嚴格的控制，1990年代後期以來地方領導的任期更短，更替更快。[7]

總之，自1990年代後期以來，中央政府對地方政府的省級核心領導幹部的管理大大加強了，這樣做的主要目的是遏制地方主義和宗派主義，加強中央政府的權威，以便保持政治上的統一和穩定。在中國的經濟轉型中，控制地方核心領導幹部成為中央約束地方政府行為的一種主要手段，也是政治單一制的核心特徵。

二、民主集中制政體下的「條塊」關係

系統考察從中央政府到基層政府的基本機構與職能以後，我們可以清楚地看到中國政府體制的「條塊」結構。[8]

「條」是指從中央政府到縣政府，所有的政府部門的設置都是對應的，即下級政府都是按照上級政府的結構而設置政府部門，實行分口管理。從中央到地方，政府一般都有八大口，即綜合口、計畫口、工交口、財貿口、農林口、

7　資料來源：《中國年鑒》（1985年、1990年、1995年和2000年），東京：廣播電視出版社。轉引自：李成：「中國省級領導的機構：國家整合與地方自主」，《中國社會科學評論》（香港）2002年，第1卷第3期。

8　參見謝慶奎等：《中國地方政府體制概論》，7頁，北京，中國廣播電視出版社，1998。

文教衛口、科技口和政法口。這些口的設置和領導體制上的特徵是：第一，一級政府中的部門和機構與上下相互對口的部門和機構組成專業性條條，這種條條中的部門和機構以本級政府領導為主，受上級對口部門和機構工作指導為輔。很多專業經濟部門屬於這種情況。第二，一級政府部門或機構是上級部門或機構的派出機關，人事、財務和業務歸本系統的上級部門和機構主管，所在地的地方政府協管，例如稅務和金融機構。第三，事業單位和國有大中型企業的管理權直接歸上級政府甚至中央有關部門。可見，垂直性的機構設置不但有政府主管部門之間的，還有金融、監督系統之間和企事業管理單位之間的條條安排。

「塊」式結構很容易理解，各級政府的職權幾乎無所不包，轄區內的政治、經濟和社會文化生活都處在政府的管理之下。為此，各級政府設置了數十個機構和部門，分門別類配置其職能，實行對口管理。

在制度化的條塊之中，權威結構具有人格化的特徵。在自上而下的「條」的管理和「塊」的對口領導中，具有明顯的對人負責的傾向，人格權威大於機構權威和法律權威。具體表現在：政府管理中的負責人往往以言代法，政府的法令和政策往往受到個人意志的左右，法律的效力往往因人而異，結果在實踐中出現職務與權威的分離，有職務而無權威，有權威不一定有職務。[9]

中國政府體制條塊特徵的優勢眾所周知，那就是能夠集中力量，政府的組織動員能力無與倫比，這就是我們通常所說的社會主義制度的優越性所在。

但是，條塊結構的問題也是很明顯的，其中最大的問題是管理許可權歸屬不清，有時很多有關部門都要管，每一個部門都有行政執法權，為了收取「服務費」，幾乎所有的部門都要重複執法，導致管理環節脫節，並造成權威資源的浪費。在現實生活中，無論是經營什麼，幾乎所有的有關部門都以行政執法的名義對廠家的同一種商品重複檢驗以收取「服務費」，造成企業難以承擔的制度成本或交易費用。就政府部門之間的關係而言，實行的是多頭領導制度。

9　參見謝慶奎等：《中國政府體制分析》，92～93頁。

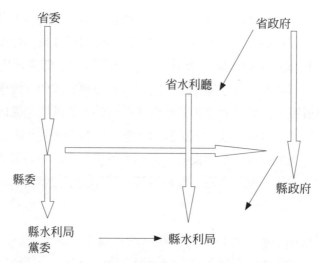

圖10-1　中國政府條塊結構示意圖（以縣水利局為例）

以縣政府的能源部門水利局為例，有權對縣水利局進行管理的至少有4個部門，即省水利廳、縣委、縣政府和縣水利局黨組織，這種複雜的政治關係可以用圖10-1來表示。

從圖10-1可以看出，作為縣政府職能部門的縣水利局不但要服從縣政府，還要服從省水利廳。與此同時，縣政府還要對縣委和省政府負責，而縣委組織部決定著縣水利局局長的升遷機會，同時，局長作為一名黨員幹部，還必須服從水利局黨組織的決定。很明顯，任何一個政府部門和政府官員都有很多來自不同方面的「婆婆」。

事實上，上下級政府部門之間的關係絕不止於「領導關係」和「業務關係」，很多機構或個人都可以透過不同的管道就某個問題施加影響。結果，一個部門要解決一個問題，往往牽扯到很多部門；如果是利益，很多部門和機關都會透過不同的管道參與進來。這樣，權威資源被大大分散了。事實是，在中央集權下的各級政府及其部門，很難明確官員個人到底對哪些單位和部門享有領導權威。

　　這樣，儘管中國是單一制的中央集權制國家，看上去是一個高度的威權主義結構，但實踐中的條塊關係決定了中國高度集中的政府體制及其權威具有高度的分散性，這種條塊結構中的權威的分散化，很容易使不同的部門和個人抵制政策的貫徹和執行，造成行政效能低下，並導致行政腐敗。因此，必須進行進一步的政治改革，建立現代化的國家治理體系。

第二節　中央─地方的經濟關係

一、經濟分權與治權共用

　　在「大躍進」期間的1959年和準備打仗的1969年，中央政府曾兩度對地方政府實施大規模的經濟放權，但由於效果不理想又收回了權力。1980年代中國所進行的經濟改革是以分權讓利為指導思想的行政性放權改革，最終形成了今日中國的地方分權，重塑了中央與地方政府間的關係。中國的經濟改革必然是從放權開始的，因為國家發展的停止實際上是以計畫經濟為基礎的中央集權制的失敗，而改革這種體制的出發點自然就從分散權力開始。

　　以分權為主要特徵的經濟改革雖然走過了30多年，經濟生活中中央政府的權力和計畫性調配權還是無處不在。突出表現在以下幾個方面：第一，對國土資源的直接管理權。首先是《土地管理法》中規定的國務院對於土地資源利用上的管理權，2003年以來，國務院撤銷了很多地方以「經濟開發區」為名的商業「圈地」。其次，在礦產資源方面，中央政府享有直接的計畫性質的調配權。以西煤東送為例，西部每年向東部輸送5,000萬噸煤，每噸補貼是10元，收入是5億；按市場價是140億元；若用5,000萬噸的煤發電，以火電上網價0.23元計，收入是340億元。同樣由於西氣東送，當地人不可以用天然氣而東部優先。[10]第二，對專案投資的直接管理權。投資什麼樣的大專案以及當專案的規模大到一定程度時，都需要國家發展與改革委員會的批准，以避免重複

10　2005年4月1日，中央電視臺「新聞會客廳」：國務院西部開發辦副主任李子彬談話。

建設、破壞生態或盲目上馬。例如，中央政府否定了地方政府在怒江建壩的建議，各地方的地鐵工程需要得到發改委的批准方能立項。第三，宏觀經濟調控中的強制性權力的運用。1980年代的宏觀調控方法主要是行政手段，1990年代以來越來越以貨幣政策為主，但是並不排除比行政手段更為強硬的強制性權力的運用。當貨幣政策不能發揮有效作用時，中央就毫不猶疑地運用強制性權力，江蘇「鐵本事件」就是最好的例證。上述案例中的中央政府的權力和權威都不是典型的聯邦主義國家所能擁有的。

儘管對事權的管理範圍是衡量中央—地方經濟關係的一個重要指標，但是衡量中央—地方關係的最為核心的指標體系卻是財政體制。從計畫經濟時代的統收統支「大鍋飯」財政到1980年代的「分灶吃飯」的財政包乾，再到1994年以後在全國實行的分稅制，中國的財政體制已經發生了革命性變化。無論是財政包乾體制還是分稅制，說到底都是財政分權，儘管分稅制大大提高了中央財政在全國財政收入中的比例，即從1992年的20%左右提升到目前的50%左右。如有些研究人員所說，財政分權、尤其是分稅制的兩個最明顯的結果是：在中央—地方關係上，中央直接管理經濟的作用下降而宏觀調控能力增強，地方政府的作用加強；在政治—市場關係上，削弱了政府的作用，加強了市場的作用。[11]

地方政府從過去的代理人到今天的利益主體角色、市場從過去的輔助性角色到今天的主導作用，已經成為一種新的制度安排，而這樣的或類似的制度安排所導致的理論話語就是「財政聯邦主義」、甚至是「維護市場型聯邦主義」即「經濟聯邦主義」。在國內政治中，分權不等於聯邦主義，或者說聯邦主義也不是簡單地等於分權。但是，分權是聯邦主義的重要基礎，當地方政府是有選民直接選舉的時候，或者說地方政府通過法律規定而獲得一定程度的地方性政策的自主權和自主的財政權時，中央—地方關係就可能演變成以契約為基礎的合作和討價還價關係，而這些就符合前述的聯邦主義的內涵。因此，聯邦主

---

[11] 閻坤、陳昌盛：「中國財政分權的實踐與評價」，《廣東社會科學》，2003(5)。

義與財政分權、政策分權和政治分權的舉措呈正比例關係。[12]因此，把分稅制下的中央—地方經濟關係描述爲財政聯邦主義，並非是經濟學家的心血來潮，已經是中國經濟學界的一種共識。

在比較研究其他國家和改革開放時期的中國的中央—地方關係基礎上，有學者提出了「維護市場型聯邦主義」（Market-Preserving Federalism）即經濟聯邦制。

在溫加斯特（Barry Weingast）看來，傳統上公認的聯邦制的兩個基本特徵是：1.存在一個政府內的層級體系，在政府之間存在權力劃分，任何一級政府都不擁有絕對的制定政策法規的壟斷權，同時又在自己的權力範圍內享有充分的自主權；2.每一級政府的自主權都是制度化的，從而是聯邦主義的約束能夠自我實施。所謂「維護市場的經濟聯邦制」是在以上兩個條件外再加上三個條件：3.地方政府對轄區內的經濟事務享有主要的管理權；4.一個統一市場的形成，使得地方政府不能利用它們的經濟管理權而製造貿易壁壘；5.各級政府都面對著硬預算約束。[13]

溫加斯特和錢穎一認爲，在引入地方政府之間的競爭時，「維護市場的經濟聯邦制」經濟效果是：第一，地方政府之間的競爭會使地方政府努力提供一個良好的環境以吸納經濟要素；第二，硬預算約束意味著地方政府可能破產，地方政府因而在財政上愼重行事；第三，地區間的競爭還意味著，沒有任何一級政府擁有對其經濟政策制定的全部壟斷權。第四，地區之間的競爭無疑會約束強大的中央政府的經濟功能，但是這種約束必須建立在制度之上，僅僅依靠觀念的約束是不可靠的。[14]

---

[12] Jonathan Rodden, "Comparative Federalism and Decentralization: On Meaning and Measurement," *Comparative Politics*, July 2004, pp. 481～500.

[13] Barry R. Weingast: "The Economic Role of Political Institutions: Market-preserving Federalism and Economic Development," *Journal of Law, Economics, and Organization*, April 1995.

[14] Qian Yinyi and Barry Weingast, "China's Transition to Markets: Market-Preserving Federalism, Chinese Style," *Journal of Policy Reform,* 1996, 1:2, pp. 149～186.

在中國的語境下，「聯邦主義」是一種原始語義學上的現實性運用，意在描述在以分權爲邏輯起點的改革中地方政府所享有的自治與分享治理狀態，是一種完全不同於過去單一制下的地方政府的代理人角色。

二、二元結構下的國家治理

政治單一制即政治上的中央集權和經濟聯邦主義即經濟上的地方自治與治理分享並存的局面，是一種典型的政治—經濟關係中的二元化結構。對於這種政治權力集中而經濟權力分散的結構，很多學者看到的往往是問題。問題無疑是存在的，但是對於轉型時期的中國而言，二元化結構下的優勢也是明顯的。無論是對優勢的總結還是對問題的討論都可能是不全面的，這裡只選擇與本題最關切的話題加以討論。

（一）二元結構之於轉型中國的優勢

在從計畫經濟向市場經濟轉軌的過程中，中央政府、地方政府和市場的力量無疑都是推動市場經濟的重要力量，其中制度創新的第一推動力應該是地方政府與市場力量的合力。[15]但是，不同的力量代表著不同的利益取向，如果僅有地方政府與市場主體的合力而推動市場經濟，中國統一的市場經濟就難於形成，市場秩序就可能處於無序狀態。因此，中國經濟轉型中政治單一制的優勢主要表現在：

1. 有利於維護國內市場的統一和市場秩序

當地方政府從計畫經濟下的代理人轉變爲市場經濟下的利益主體時，其行爲模式也就發生了重大變化，從過去的以執行中央計畫爲主轉變爲以實現地方利益爲驅動力。其中既有來自社會的就業、社會福利等自下而上的壓力，也有經濟增長指標的自上而下的壓力，因爲政治單一制下的幹部管理體制的用人標準主要是以經濟增長爲指標的政績標準，從而導致地方政府行爲的畸形，比如1980年代的「羊毛大戰」、「棉花大戰」、「大米大戰」等各種資源爭奪戰，

15　楊光斌：「中國權力主體的市場化動力比較研究」，《學海》，2003(1)。

1990年代地方政府競爭中競相實行的政策優惠大比拼而導致的「開發區」建設中的「圈地運動」、設立貿易關卡的諸侯經濟行為等等，嚴重地危害了統一的國內市場形成，發展下去就可能形成16～18世紀法國式的地區經濟，而不是統一的國家經濟。

令人尷尬的是，畸形的地方行為在很大程度上恰恰是政治—經濟的結構性矛盾導致，而矯正這種畸形最終還得依賴單一制下的中央權力和權威。以整治「開發區」[16]為例，2003年8月，國務院辦公廳在3天之內連下兩道命令，緊急叫停各類開發區的審批，號令地方清理整頓各類開發區加強建設用地管理。同月，由國土資源部等5部委組成的聯合督察組，分兵十路，對全國31個省區市土地市場秩序治理整頓工作進行聯合督察。

在向市場經濟的轉型中，僅依靠貨幣政策進行宏觀調控是不夠的，維護國內統一的市場和形成良好的市場秩序，還必須依靠國家的強制性權力，而以黨管幹部原則為主要特徵的政治單一制就是一種立竿見影的強制性權力。儘管我們不能誇大這種強制性權力的政治和經濟效力，但是它的維護市場的作用則是明顯的事實，至於如何完善黨管幹部原則並進而健全以此為核心的政治單一制，那是另一個層面的問題。在以後相當長的時間內，在進一步健全市場機制和進行以法律、經濟手段為主的宏觀經濟調控中，行政手段甚至是強制性權力都是不可或缺的輔助工具，而政治單一制將能有效地保證行政手段的經濟效益。

2. 在保持區域平衡發展中實現多經濟中心治理

由於可分配資源的有限性，中國改革開放初期實行的讓一部分人和地區先

---

[16] 到2003年中，全國有各類開發區3837家，其中經國務院批准的只有232家，省級批准的有1019家。據不完全統計，各類開發區規劃面積達到3.6萬平方公里，超過了現有城鎮建設用地總量，而許多地方違法授予園區土地供應園區審批權，園區用地未批先用、非法占用、違法交易的現象十分嚴重。根據對10個省市的統計，在458.1萬畝園區實際用地中，未經依法批准的用地就達314.6萬畝，占68.7%。僅北京市的國家級、區級、鄉級開發區的總數就多達340家。參見章敬平著：《拐點》，北京：新世界出版社，2005。

富裕起來的政策是一項正確的戰略選擇。同樣，當改革開放使中國成為世界上
最大經濟體的時候，「共用改革開放成果」就是一種必然的發展戰略，而政治
單一制能夠有效地保證這種發展戰略的轉移。首先是開發大西北，接著是開發
東北地區，這種政府主導的大戰略必然會對縮小東西差異、南北差異起到相應
的作用。

　　在保持區域平衡發展過程還應該實行重點突破。經濟全球化也是一個區域
化的過程，而對於中國這樣的巨型國家而言，區域化不但包括與其他鄰國的經
濟一體化，還特別指國內經濟的區域化，比如以珠三角、長三角、京津唐為代
表的區域經濟，國內經濟的區域化特徵已經很明顯了，經濟學家早已對此進行
過深入研究。但是，僅有區域化是不夠的，如果僅有區域化而無中心城市，這
樣的區域化就是一個低水準的地域性的概念。國內外的經驗表明，只有存在一
個中心城市，才能帶動該區域經濟的高水準發展；而多經濟中心不但是一個大
型國家經濟發達的象徵，也是均衡發展的結果。因此，在區域化的基礎上，還
應該實現多經濟中心治理的格局。

　　建立多經濟中心的國家理論（所謂國家理論其實就是發展共性經驗的總
結）基礎是，幾乎所有的聯邦主義國家都是多中心格局，單一制是單一中心結
構，而中國事實上已經具有了經濟聯邦主義的制度特徵。在典型的單一制國家
比如法國，一般只有一個中心，巴黎集政治中心、經濟中心和文化中心為一
體。而在典型的聯邦制國家比如美國，基本格局是一個政治中心多個經濟－文
化中心，政治中心是華盛頓特區，文化中心是波士頓，金融中心是紐約，東部
的芝加哥、西部的舊金山市和洛杉磯都是經濟中心。就連德國這樣規模的聯邦
制國家，政治中心是柏林，而經濟中心則有法蘭克福、波恩、科隆等。中國有
些不同，即使在政治和經濟都是單一制的計畫經濟時代，不但有北京這個政
治－經濟－文化中心，還有上海這樣的經濟－文化中心，基本原因是上海曾有
「東方巴黎」的輝煌以及中國的超大規模領土面積。在中國經濟已經具有聯邦
主義特徵的今天，在區域化的基礎上，建成多經濟中心共用治理格局不但是人
類經驗的必然反映，更是一種現實需要。超大的國家規模、超多的人口數量都
意味著不是兩個經濟－文化中心所能滿足的。除了華北的北京、華東的上海，

至少還應該有華南的廣州、華中的武漢或鄭州、西北的西安、西南的重慶、東北的瀋陽或大連。當然，我們所指稱的中心城市都是大都市的概念，比如「大鄭州」至少應該包括距鄭州只有一個小時行程的東面的開封、西面的洛陽、北面的新鄉和南面的許昌。這樣一個多中心格局的形成，既可以有效地減輕北京、上海作爲特大規模城市的環境、資源等方面的壓力，也可以實現國家整體經濟的均衡發展。

（二）二元結構下的問題

1. 權威資源流失問題

我們曾經提出這樣的觀點，控制一切資源的權力並不必然是強大的，因爲存在權威資源流失和權威分散化的可能。[17]權威不同於權力，前者是一種讓人心理認同並自願服從的力量，而後者就是一種強制性力量。由於現行的政治單一制直接來源於計劃經濟時代的政治—經濟單一制結構，國家的一種慣性行爲就是儘量地控制，這是難以避免的。作爲國家代表的中央政府並不總是直接行使控制和管理的權力，這種權力通常由其代理人即形形色色的行政機關去執行，而我們的行政機關除了擁有世界上通行的政務機關如外交部和司法部等，宏觀經濟調控部門如中央銀行和財政部等，還有直接建立在行業和產品基礎上的經濟管理部門如鐵道部和資訊產業部等，以及各種功能交叉、重疊的執法部門。作爲政策執行機關的行政部門同時又具有事實上的立法權和政策解釋權，而每一個部門執行的法律性規定和政策都可能在自覺不自覺地擴展自己的權力，從而形成我們通常所說的「條條關係」之間的矛盾。由於在委託人—代理人之間的資訊不對稱，作爲代理人的行政部門都會利用已經得到的授權而拓展自己的權力。[18]在中國，由於行政部門設置的基礎有問題——即存在基於行業的部門，又由於存在職能交叉和重疊問題，行政部門的執法欲望更高，立法衝動更強，從而形成了以部門主義爲中心的政府管制，而這種現象的直接後果

17　楊光斌：《中國經濟轉型中的國家權力》，68頁，北京，當代世界出版社，2003。

18　〔美〕林德布洛姆：《政治與市場：世界的政治—經濟制度》，30頁，王逸舟譯，上海三聯書店和上海人民出版社，1991。

就是分割或分散中央政府的政策權威，中央政府的法律／政策效力因不合理的
「條條關係」而打折扣。[19]

　　不僅如此，老「條條」遇到了新「塊塊」即財政聯邦主義化的地方政府，
使得國家的權威資源有可能進一步流失。爲了保證國家意志的實現，中國的單
一制體制往往是各種職能部門垂直對應，從中央、省、市最後到縣，存在一一
對應的職能相同的黨政部門。中央與地方的職能部門之間存在三種管理模式：
中央直接管理的部門如銀行；中央和地方雙管的部門即中央管業務而地方管黨
務和人事；地方管理的部門即地方政府的各種職能部門。這樣，我們看到，每
一個部門都存在多頭管理的現象，既要執行上一級主管部門的命令，又要執行
同級政府的政策，而每一個的幹部管理權則來自上級或同級黨委。也就是說，
受到多重制約的政府部門很有可能執行多重意志，從而大大降低其行政效能。

　　更嚴重的是，按政府層級而一一對應的部門設置原則，在經濟聯邦主義大
大加強了地方政府行政管理許可權的情況下，有些部門則有可能成爲保護地方
主義利益的工具，從而直接耗散作爲國家權力基礎的經濟資源甚至是作爲國家
意志的法律權威。最典型的司法體制和環境保護部門，由於按照政府等級設置
各級法院、檢察院和環保部門，司法部門的地方保護主義現象人盡皆知。當企
業與銀行發生債務糾紛的時候，法院往往執行當地政府的意志而偏袒企業，因
爲企業是地方的，銀行是國家的。當本地企業與外地企業發生糾紛時，法院總
是傾向保護本地企業的利益，因而新時期地方保護主義的一個重要表現是地方
政府鼓勵當地企業「逃廢債」。作爲一級政府職能部門的環保部門更不可能監
督政府的危害環境的行爲。我們看到，在現有的制度安排下，作爲國家意志的
法律因地方保護主義而被不同程度地虛化。

　　針對性的治理方案至少有三點：

　　(1) 是進一步的行政改革而理順「條條關係」，這已經是一個老生常談但
依然沒有理清的問題。

---

[19]　楊光斌：「制度化權利的制度成本」，《天津社會科學》，2005(1)。

(2) 改變計畫經濟體制下機構設置上的一桿子插到底的做法：在市場經濟條件下，地方、尤其是市縣一級的經濟管理部門已經沒有存在的必要。一則是因為市縣兩級的國有企業已經微乎其微，因而基於行業和產品而設置的部門隨同虛化；二則是經濟的運行越來越依靠國家的宏觀調控政策。因此，地方政府的職能部門有很大的空間去瘦身。遺憾的是，由於傳統思維的影響，一些新設的系統如國家農業開發銀行也實行一桿子插到底的做法，居然把它辦到縣一級。一桿子插到底的做法不但膨脹了政府機構，使很多地方政府的財政變成了吃飯財政，也使很多地方職能部門事實上成為地方保護主義的工具。

(3) 收放有度：該放權的放權，如地方行政管理權，該集權的集權，如作為執行國家意志的司法和執法系統。我們的改革是以分權為邏輯起點的，而且分權貫穿始終，但是對有些領域而言，並不是越分權越好，而是需要集權。在經濟分權和行政管理權放權的時候，司法和執法系統就需要集權。行政管理權更多的具有地方性，因而需要放；而法律則更多的是國家性，因而需要集中。不要說在政治單一制的中國，就是在典型的聯邦制的美國，司法和執法權力都是集權的，體現了更多的國家性，而不應該是地方性。由於中國是一個強行政弱法律的體制，在現行的司法和執法體制下，國家性的法律很容易為地方行政權所操縱，因此必須重組中國的司法和執法體制。司法體制和環保這樣的執法體制至少應該像人民銀行系統一樣重新建構，還應該參照其他國家的成熟經驗。

2. 基層財政狀況惡化

分稅制只解決中央一省的關係，但是沒有涉及省與市、縣、鄉的財政關係。分稅制無疑增加了國家財政總量，減少了一些省份的省級財政收入。在這種條件下，省級政府利用政治單一制的便利而上收下一級的財政權，而最低一級的政府是鄉，而鄉政府博弈的對象就是農民個人。在基層財政空殼化的同時，基層政府承擔的任務空前加重，上級政府把來自「條條」的各種「達標」任務轉移到下一級政府、最後是基層政府。這是一種典型的壓力型體制。這樣我們看到，在基層政府財政空殼化的同時，負荷卻越來越重，結果不但是基層政府財政狀況的惡化，還加劇了基層政府與民眾的矛盾。這是1990年代的普遍

現象。

2003年以後，新一屆政府的減免農業稅等保護農民的政策大大改善了農民的境況，也改善了黨群關係。這樣立竿見影的政策是必須的，但還不夠，因為政策是由人制定和執行的，是可以改變的。更重要的制度建設。目前鄉鎮機構的人事減半的機構改革是制度建設的重要一步，這樣將會進一步減輕農民負擔。地方政府的機構改革應該進一步上移，減少地方政府的層級結構。

首先，在地級以上的城市中，都存在事實上的四級行政管理機關，即市政府、區政府、街道辦事處和居民委員會。區政府下屬的處級單位不下70個，再加上黨的職能部門、人大、政協和人民群眾團體，處級單位都在百家以上，很難想像很多地方政府怎麼能夠承擔如此財政壓力，地方財政也只能成為吃飯財政。有必要存在這麼多的機構嗎？另外一個常識是，設置地方政府的原因是因為地域的廣袤性和差異性，而在市場經濟體制下一個城市內設置那麼多區政府又是為什麼？這些都是應該省思的。

其次，在中央─地方關係的政府層級上，憲法規定有中央政府、省政府、市政府（過去是地區或行署）、縣政府和鄉政府五級。這種設置不但是計畫經濟的需要，還是1950年代軍事管制的需要，是國家建設中政治權力的無限延伸，因而這種世界上獨特的超多的政府層級事實上是特殊歷史背景的產物。現在中國已經進入常態時期，還需要這麼多層級的政府嗎？不但要「強縣擴權」，實行省管縣，最終淡化甚至取消地級市政府。關於市級市的地位可以參照臺灣的經驗，將經濟上和地位上特別重要的市如臺北市和高雄市劃歸為直轄市，享受更高的待遇，而將大多數市改變為縣級市。中國大陸現行的大多數地級市可以變成縣級城市，市政府只管轄城區。

我們相信，在保持政治和社會穩定的前提下，漸進的政府層級設置的改革一定會使中央─地方的關係更加順暢，政府體制運行更加有效，成本更加低廉，人民群眾的利益因而會得到更好保障。

第三，社會公正問題。在政治權力集中和經濟權力分散的二元體制下，在

市場經濟的大潮中，不同的政治—經濟力量具有不同的價值取向和利益驅動。在現行的權力機制中，我們所看到的政治—經濟主體主要是中央政府、地方政府和作為微觀市場主體的企業即直接以利潤為最大化的市場的力量，那麼公眾的力量呢？毫無疑問，中央政府是代表國家利益和公眾利益的，也是主導市場經濟的主體。保護公眾利益就需要公平的政策，而推動市場就需要效率的政策，這樣中央政府需要在公平與效率之間進行選擇和平衡，有的時期是一種兩難選擇。另外，儘管中央政府是以國家利益和民眾利益最大化為政策導向的，但是它只是政策的制定者，而不是執行者，並不直接面對基層和民眾，執行者和面對民眾的機關是作為代理人的行政機關和各級地方政府，這樣中央政府的保護民眾的政策可能在執行中被扭曲和變形，這樣的例子並不少見。

爲什麼呢？毫無疑問，地方政府都是人民的政府，在本質上保護民眾利益的。但是我們的地方政府還是一種利益主體，和企業一道構成市場經濟制度創新的「第一行動集團」。從某種意義上說，地方政府和中央政府一樣，既要保護民眾的利益，又要進行制度創新以推動市場經濟。但是，根本不同於中央政府的是，第一，地方政府只是本地利益的代表者，如果說中央政府實行的公正與效率相平衡的政策，那麼面對公平與效率的選擇時，地方政府往往有可能傾向效率而忽視公平。第二，這種行為取向的動力是，地方政府直接面對市場的力量和利益，在監督機制不健全的條件下，有的地方官員在執行政策和法律的過程中，國家的政策和法律有可能物化為官員個人的權力，從而形成權力尋租，並進而形成官商勾結，形成不正當甚至是非法的官商同盟，社會不公正由此產生。農村中的群體性事件、城市中的強制性拆遷而導致的種種問題、煤礦安全生產問題、發達地區工人的不合理報酬問題，都與官商勾結或地方政府的不作為有關。中國現階段的這種現象並不是孤立的存在，比較政治發展的一般經驗是，在市場經濟的初級階段或不健全的市場經濟體制，當市場的力量急劇擴張的時候，貧富懸殊和社會不公正就會加劇，因為市場經濟是一個優勝劣汰的過程，農民和工人就是市場經濟中的弱勢群體，因此國家的干預和保護就特別必要。

在中國，單一制體制下的中央政府雖然擁有強大的權力，但是在經濟聯邦

主義化和官商勾結的條件下，中央政府的權威有可能被分散，國家的公平性政策有可能被扭曲而不能直達民眾。我們認為，除了國家的保護性立法外，國家還應該把民眾有效地組織起來而合法地保護自己的利益，否則有時只能以極端的、甚至是非法的形式進行利益表達。如何把民眾組織起來？比如，改革現行的工會體制。首先是工會成分的拓展，即將工會成員擴展到農民。其次是工會領導體制的改革，作為監督性的機制，實行垂直管理，而不再隸屬於各級單位內部，因為凡是執法和監督體制，都需要一種獨立性存在才可能有效地運行。或者，在黨和政府的組織下成立垂直管理性質的農民協會。不管以什麼方法，必須進行制度創新，必須讓民眾合法地、有序地進行政治參與，建立中央政府與民眾之間上下互動的管道，建立中央政府、地方政府、市場主體和民眾之間均衡互動的機制，實現社會的和諧發展。

第十一章　公民參與─政策過程

重點問題

◎公共參與的主體類型有哪些？

◎公共參與的管道有哪些？

◎如何認識公共參與對中國民主政治建設的影響？

◎公共參與對政策議程設置有什麼樣的影響？

　　中國政治的結構性變化，即前述的黨政關係的變化、國家社會關係的變化、政治與市場關係的變化，以及中央─地方關係的變化，最終都會帶來公眾觀念─行為的變化以及由此而來的政策過程的變化。公眾參與的程度、政策過程以及政策的性質最能說明一個國家的政治性質。

第一節　公共參與

　　經典的政治參與概念是公民透過一定的方式直接或間接地影響政府的決定或與政府活動相關的公共政治生活的政治行為。政治參與的主體一般是指公民個體，政治參與活動主要包括公民個體的投票、選舉、主動接觸和結社活動。中國的政治發展狀況意味著不能簡單地套用西方語境中的政治參與概念，其主體和活動方式都可能有所不同，且政治參與的目的指向也有「中國特色」（除了影響政府的活動，還有大量的「維權」行動）。第一，選舉政治並不是中國政治過程中最為常見的政治活動，間接選舉制度讓一般公民不能參與中、上層的人事安排，縣及縣以下的直接選舉制度還有很多需要完善的地方，因此一般公民較難透過選舉而表達自己的利益訴求。第二，中國的法治化程度有待提

高，且有些制度安排並不合理，很多利益糾紛在制度框架內不能得到及時而有效的解決，被迫採取非法律或非制度性手段來捍衛自己的權益。第三，中國政府體制是由5級政府（中央—省—市—縣—鄉）構成的金字塔結構，且實行以「幹部委任制」爲支柱的政治單一制。[1]在這種體制下，很多發生在村、鄉一級的利益糾紛以及村民與基層政府的衝突不能得到有效化解，被迫選擇非制度性的行爲來表達自己的利益訴求。

特定的語境決定了不能簡單地套用既定的「政治參與」概念而分析中國的政治發展與政治過程，因而選擇「公民參與」概念。公民參與的主體不但包括公民個體，還包括無組織的群體、民間社團以及線民這樣的新興公共群體，其活動不但包括爲了影響公共權力的行爲，還包括因受公共權力侵害而捍衛自身權益的活動，有的甚至因爲純粹爲發洩對社會的不滿而發生。因此，公民參與是一個比政治參與外延更廣的概念。

一、公民參與主體：理想型—利益型—洩憤型

在公民參與的制度環境發生變化的條件下，公民參與的主體類型也在發生著變化。中國政治發展的基本狀況就決定了，公民參與的主體不但有參加選舉政治的公民個體，更多的是無組織的「群體」（大學生、弱勢群體以及線民）以及爲實現特定利益而結成的「團體」。在某種意義上，這種主體特徵是由制度環境以及由此而導致的政治行爲方式決定，可以分爲制度性與非制度性的公民參與，這些參與方式決定了中國的公民參與既有影響政府的活動，也有爲了直接維護參與者自身權益的活動，而有的政治性活動只是爲了洩憤。根據公民參與所要實現的目的，我把公民參與的主體劃分爲「理想型公民參與主體」、「利益型公民參與主體」和「洩憤型公民參與主體」。

（一）理想型主體

理想型主體主要是指1980年代的大學生群體和新世紀以來的部分線民。

---

[1]　楊光斌：「轉型時期中國中央—地方關係新論：理論、政策與實踐」，載《學海》（江蘇），2007(1)。

1. 大學生群體

在整個1980年代，中國最引人注目的政治參與活動主要表現爲以大學生群體爲主體、以追求政治理想爲目標的「街頭政治」活動。爲什麼整個1980年代的政治參與主體都是只有理想而無個人利益的大學生群體？原因很複雜，至少以下兩點是不容質疑的。第一，政治體制改革的浪潮。十年「文革」使很多人認識到，中國決不能再發生因不能糾錯體制而導致的災難，因而以民主政治爲取向的政治改革在「文革」結束以後立即啓動，1980年代的政治改革和經濟改革一樣轟轟烈烈，1987年黨的十三大把政治改革推向高潮。這些改革誘發了充滿激情和理想的大學生群體的參政熱情。第二，國家與社會關係。反思「文革」與改革開放同步進行。在反思中，很多人產生信仰危機；在改革開放中，人們更多地瞭解了外部世界，而改革不同於革命，不可能和過去斷裂。這樣，思想與思想之間、理想與現實之間都形成巨大衝突。國家與社會的緊張關係必然在充滿激情和理想的群體中爆發出發。

在上述政治和法律背景下，在改革開放後的第一次換屆選舉即1980年選舉中，候選人、尤其是一些高校的大學生候選人，以競爭式選舉的方式向選民推廣自己的政治主張。可以認爲，1980年選舉是「文革」以後第一次大規模的以民主政治爲取向的政治參與活動，儘管此前還有以「西單民主牆」爲代表的「大鳴、大放」活動。從此以後，在整個1980年代，幾乎每年都發生規模不等的學生運動，其中規模最大的是1986年底和1989年春天的學生運動。不管是因爲什麼原因而誘發的學生運動，運動中的口號和目標最終都是「民主、自由」。

即使在利益政治的今天，大學生群體依然可能是理想型主體，他們的活動方式可能從「街頭政治」轉向互聯網參與。當然，理想型線民決不只包括大學生群體。

2. 理想型線民

和大多數國家一樣，中國的社會經濟轉型和經濟增長帶動了公民參與，經濟增長和公民參與要求的增加又推動著政府的制度化建設。和早發達國家和早

轉型國家不一樣的是，中國和其他國家類似的政治經濟關係遇上了其他轉型國家沒有見過的網際網路。這個前所未有的技術革命對中國的政治發展構成重大挑戰，也為中國民眾的公民參與提供了一個前所未有的平台。

線民是近十年來新興的政治力量，但是不能把線民當作一個整體。不但線民之間存在巨大分歧，同一個線民還可能充當多個角色或彼此衝突的角色，對待不同的問題有不同的態度。就作為一個群體而言，有的線民更關注理想性議題，有的線民更關心利益性話題，有的線民只不過洩憤而已，有的線民甚至同時可能在上述三個領域遊走。據此，我們分為理想型主體、利益型主體和洩憤型主體。

理想型主體是指那些因公共利益或公共話題而影響公共權力的線民。盛行於1980年代的理想型政治參與在1990年代一度沉寂，但是到了本世紀，網路技術為理想型政治參與提供了一個新的平台和契機，理想型政治參與又重新成為中國政治過程中的一種重要的政治變數。但是不同於1980年代的理想型參與，新世紀以來的理想型參與大多著眼於具體的公共議題，而非1980年代的那種動輒自由民主這種抽象的訴求，因而透過網路而進行的理想型參與更能到達目的。例如，從幾年前的南丹礦難和寶馬車主故意碾人案，到2007年的「黑磚窯」事件和「最牛縣委書記」案，[2]都因線民的參與而東窗事發或改變了事件的結局。參與這些公共性事件的線民就屬於理想型主體。

（二）利益型主體

由於1980年代的經濟改革在計畫與市場之間徘徊，傳統的利益結構並沒有發生革命性變化。1992年鄧小平南巡講話所推動的社會主義市場經濟體制使社會結構發生了深刻變化，並開啓了中國利益政治的新紀元。市場經濟其實是一種經濟權力，權力主體是企業家階層，企業家階層的利益最大化必然造就了一

---

[2]　2008年1月，《中國法制報》下屬的《法人》雜誌刊發了一篇報導遼寧西豐縣商人趙俊萍遭遇官司的文章。西豐縣委書記張志國派員警到北京，稱記者涉嫌「誹謗罪」，並要拘傳。此事在網路上引起強烈反響，西豐縣公安局1月8日正式撤銷立案、撤銷拘傳，張志國因此被撤職。

個社會弱勢群體。市場經濟的推進又是政府退出某些領域和政府職能轉變的過程，因而一種新型社會組織出現了，替代政府而行使傳統的管理職能，或者與政府一道而成爲治理的主體。因此，這裡的利益型主體專指具有公民屬性的弱勢群體和新興社會組織，而不包括其他的具有「官」的屬性的利益集團，比如行政壟斷特徵的企業型利益集團和官商同盟性質的企業型利益集團。[3]

1. 社會弱勢群體

　　大體包括農民、農民工、藍領產業工人與雇員、個體工商戶、城鄉貧困人口和失業半失業人員等，他們是一種潛在的、非組織化利益集團。這種潛在的利益集團則因爲具體的特定利益而形成，具有來得快、去得快的組織特徵。他們既是社會弱勢群體，更是政治弱勢群體，政治上處於原子化生存狀態，沒有組成社團的動力、能力、資源與相應而有效的法律制度支持；他們掌握的經濟資源僅能維持生存，大規模地轉換成爲政治資源的可能性很小，幾乎沒有政治上和文化上的話語權；但在實際政治運作中，其政治權利又被排斥，還不時受到政治權力的侵犯；利益表達能力低下，在與其利益相關的決策制定與實施過程沒有發言權，其利益受到政府侵犯時，出於搭便車意識、解決成本過高等因素考慮，一般很少採取集體行動，除非其群體性生存受到極度威脅。總體上來說，他們在階級現實和階段意識方面都處於一種碎片化的狀態，按照查特吉的說法：「底層歷史是碎片化的、不連續的、不完整的，底層意識的內部是分裂的，它是由來自支配和從屬階級雙方經驗的元素建構起來的。」[4]由於上述諸多原因，它們基本上是一個被遺忘的「忍氣吞聲的集團」。[5]

　　非組織化利益集團雖然不如組織化利益集團那樣明晰可辨，但並不能因此而忽視它們在中國政治過程中的重要性。部分無組織利益集團恰恰是暴利行業

3　關於這些問題的深入討論參見楊光斌、李月軍的「中國政治過程中的利益集團及其治理」，30～48頁，《學海》2008年第2期。

4　〔印度〕查特吉：《關注底層》，《讀書》，1988年，第8期。

5　〔美〕奧爾森：《集體行動的邏輯》，191頁，上海，上海三聯書店、上海人民出版社，1994。

利益集團崛起的產物。儘管由弱勢群體形成的利益集團在多數情況下採取忍氣
吞聲策略，然而，一旦採取行動，就可能對政治過程產生重大影響。這些群體
的活動已經是過去十年裡最重要的一種社會政治現象，並對於公共政策的改變
有著重要影響，因而是一種不可忽視的利益政治現象。

2. 自治性民間社團

　　改革開放以來，由於經濟結構和社會結構的變化與國家治理的需要，黨和
國家也逐步而謹慎地退出一些原來嚴格控制的領域，交由民間社會實行自治，
並允許一些有共同利益的群體組建社團。官方統計表明，近10年，民間組織
（主要包括社會團體、民辦非企業單位、基金會）迅速發展，從1996年的18.4
萬個增加到2005年達到32萬個（其中全國性社團1500多個），預計到2010年
將達到53.2萬個。[6]

　　需要指出的是，在這些民間社團中，有相當一部分的組織者是新興中產階
級或企業主階層，由於巨大的攸關利益，企業主階層既以個體身分參與政治過
程中，也以組織化的方式即組建社團而表達自己的利益。中國的民間組織還不
是典型意義上的政治性利益集團，但其中也包括許多能夠在相關政策決策過程
中起不同程度作用的利益集團。也就是說，很多全國性社團在政治過程中並沒
有西方背景中的社團型利益集團的作用那麼大，但是在一些地區，地方性民間
社團在地方治理中的作用已經不可忽視。

3. 利益型線民

　　利益型線民是指那些自身權益受到公共權力侵害而通過網路進行利益表達
的線民。不同於傳統的無組織的社會弱勢群體，能夠利用網路而表達利益的線
民往往是那些受過良好教育或有體面職業的公民群體。在2003年安徽蕪湖市
發生「乙肝歧視案」後，全國乙肝病毒攜帶者透過一波又一波的網路討論，迫
使國家人事部和衛生部在2005年1月執行的《公務員錄用體檢通用標準》中規
定，乙肝病毒攜帶者可以任公務員。同樣地，2007年夏天，廈門市民透過網路

6　資料來源：中華人民共和國民政部網站，http://www.mca.gov.cn.

動員而抗議政府規劃的威脅到居民健康和生活品質的化工專案，迫使廈門市政府停建能爲廈門市帶來巨額財政收入的歷史上最大的化工專案。這樣，爲特定利益而透過網路參與的利益攸關者，都是典型的利益型主體。

（三）洩憤型主體

洩憤型主體是指那些無特定目標、爲發洩私憤而臨時聚集起來的無組織化社會群體和線民。在洩憤型線民中，其中不排除與理想型線民和利益型線民部分重疊的可能性。

現代性社會的一個重要特點是受挫人群急劇增加，他們可能在家庭中受挫、在社會交往中受挫、在體制中受挫。而在中國這樣的轉型社會，受挫人群更加龐大，他們除了面對現代性困惑外，還可能面臨失業、生活困難的壓力。從心理學上說，發洩有利於抒解因挫折而形成的壓力和鬱悶，網路事實上已經成爲一種最大的發洩管道。很多非理性、非規範化、甚至違法的「群體性事件」和網路事件，其實都是在發洩私憤，有的進而演變爲「暴民政治」和「網路暴民」，不顧法律和道德底線而一味地宣洩情感和不滿，[7]由洩憤導致的「群體性事件」甚至演變爲打、砸、搶、燒。[8]在這類事件中，看不出參與者的私憤以外的動機和目的。

我們將會看到，不同類型的參與主體以不同的方式表達願望和訴求，從而也產生了不同的政治結局和政治產品，有的公民參與事實上中斷了既定的政治建設方向，而有的公民參與則積極推動著政治建設，促進治道變革。

二、公民參與的形式與機制

在學術界，人們習慣於把那些根據法律規定而參與政治的活動成爲制度性

---

[7] 一個跳樓自殺女子在博客中控訴丈夫的婚外情，引發無數線民對「第三者」的違反道德底線的「人肉搜索」，甚至不斷地打電話騷擾、恐嚇「第三者」及其家庭。

[8] 比如重慶萬州事件和安徽池州事件，分別參見范偉國：「重慶萬州臨時工冒充公務員打人引發群體性事件」（《北京青年報》2004年10月20日），王吉陸：「安徽池州群體性事件調查：普通車禍變打砸搶燒」（《南方都市報》2005年7月1日）。

參與，比如投票、信訪、網路參與、參與政府聽證會以及民間組織的公共治理行為，而把那些沒有法律規定或在某種程度上與法律有衝突的行為稱為非制度性參與，比如「街頭政治」和被稱為「群體性事件」的政治抗爭。這種分類並不十分準確，因為所謂制度性參與含有非法律性的行為，比如網路參與中的一些違法言論；所謂的非制度性參與也並非沒有合法的成分，比如「群體性事件」中的「依法維權」行為。為了描述上的方便，本章還是接受公民參與形式的「二分法」。[9]在此需要指出的是，在洩憤型活動中，洩憤型網路事件在法律上具有模糊的空間，而由洩憤導致的具有暴力色彩的「群體性事件」是典型的違法活動。

（一）制度性參與

1. 選舉與信訪

民主選舉、尤其是村民選舉是中國政治發展中的新生事物，本書已經有所交代，這裡不再贅述，在此主要觀察作為制度性參與的信訪問題。

依據1996年國務院信訪條例，信訪是指社會成員利用來信、來訪等形式，向社會組織管理者（包括黨政機關、人民團體、企事業單位及其領導）反映情況、提出要求和建議、申訴問題以及檢舉揭發，並依法由相關機關進行受理和處理的活動。可見，信訪既是公民因自己的利益而主動接觸公共權力機關的一種管道，也是上級瞭解社情民意、監督下級的一種制度安排。

信訪制度在新中國建立時就有了，只不過那時是為了瞭解民意，而到改革開放以後信訪制度才具有更多的利益表達功能。處理信訪的重要原則是「分級負責、歸口管理」，做到「小事不出村、鄉（車間），大事不出縣」。但是，在實踐中，信訪制度的功能出現變形。比如信訪條例規定的「回避制度」（即案件有關的政府一方當事人應該迴避案件的處理）不能落實。更重要的是，信訪主管部門在整個體制的地位決定了它不能有效地實現信訪制度中的利益表達

9　除了這裡列舉的參與形式外，還有公民加入社團（黨、團）、黨政系統的利益表達等機制。因篇幅的限制，本文只評論那些影響較大的活動。

功能，因爲它只不過是黨政機關的一個職能部門，而被訴對象大多是信訪部門的上級領導或者同級同僚。過去，「越級上訪」就成爲一種普遍現象。

2. 民間組織的公共治理

在一定程度上可以這麽說，信訪是弱勢公民個體或弱勢公民群體的非組織化的制度性活動，而改革開放中的新興階層（比如企業主階層和其他中間階層）則以組織化的方式成爲公共治理的主體，比較有效地表達和實現自己的利益。

作爲新出現的現代社會組織，民間組織在保持基本自治的基礎上積極地與國家進行互動。同時民間組織面臨法律、人力、資金、信任和知識技術方面的困境，在政治過程中處於弱勢地位。因爲，國家對民間組織的態度具有二重性，即國家意識到必須讓這些社團承擔一定的功能，以減輕政府的負擔，促進政府職能的轉換，也有利於實現「良治」。同時，由於中亞國家「顏色革命」以及國內不良組織如「法輪功」的影響，執政者自然擔心一些社會組織的政治性目的。因此，可以理解的是，國家對民間社團必然要實行「分類控制」，限制其自主性和在具體區域或行業內的數量與密度。

在地方治理中，尤其是沿海發達地區，一些民間組織起到了聚合、表達其成員利益的角色。在溫州，2002年至2003年間，82.3%的溫州商會向國家或當地政府有關部門提出過建議；超過50%的溫州商會中有1～3人甚至多達15人參與人大和政協。[10]另外，在外經商的溫州商人也紛紛在經商地組建商會，並以其獨特的組織優勢公開地介入當地的社會公共事務的治理之中了，成爲不同於國家力量的一種自下而上的組織力量，對社會的運作甚至是政府的決策和目標都產生了重要的影響。

中國新興的民間組織不但影響和改變著政府的政策，還直接推動著治理結構的創新，從而爲「善治」提供了可能。

---

10 郁建興：《行業協會：尋求與企業、政府之間的良性互動》，中國選舉與治理網，http://www.chinaelections.org/NewsInfo.asp?NewsID=107649.

3. 網路參與

　　網路的出現爲公共領域的重構提供了可能。網路公共領域的輿論力量有時候非常強大，足以促使事件和人物發生重要的變化，以凸顯其影響力。線民的網路參與議題主要集中於公共政策、公民權利、民族主義、自身利益以及情感宣洩等方面。我們把圍繞公共政策、公民權利和民族主義的活動稱爲理想型參與，但是其中並不排除洩憤的成分，比如利用民族主義議題；因自身利益的參與是一種典型的利益型參與；爲純粹宣洩情感的活動是洩憤型參與。

4. 參與公共政策討論

　　線民參與公共政策的討論，既是線民的主動訴求，也是政府法治化建設的推動。當中國最高領導人說從網上瞭解民意後，線民參加公共政策討論的熱情更加高漲。2006年《勞動法（草案）》在全國範圍內徵求修改意見，短短1個月的時間裡就收到了19萬件意見。網路使得公民參與公共政策的意識增強，同時也降低了參與的成本。

5. 伸張公民權利

　　在現實政治中，司法不公正是誘發事端的一個重要原因。司法不公既可能表現爲對弱勢群體利益的侵害，也可能表現爲對強勢群體的不正當保護，因而線民維護公民權利的行爲既可能是爲受害的弱勢群體伸張正義，也可能是對不當保護的強勢群體的聲討，並最終改變司法結果，正義得到伸張。例如，瀋陽黑社會頭目劉湧案在網上公布後，新浪網、新華網、搜狐網、人民網等網站的留言一天之內合計就達到萬條，對判刑輕重表示質疑，以至最高法院後來要求重新審理。在2003年哈爾濱市「寶馬車撞人事件」和2007年山西「黑磚窯事件」中，正是由於有了眾多線民的熱切關注，事件的眞相才得以最終向公眾披露，正義才最終得以伸張。

6. 張揚民族主義

　　2003年被稱爲網路民族主義的發韌年，其突出表現是一些網站組織了包括

網上簽名在內的多起抗議活動。6月，組織了登釣魚島的保釣活動。8月初，
在網上組織萬人簽名反對京滬高速鐵路使用日本新幹線技術，趕在日本高官來
華遊說前將徵集到的8萬個簽名送交鐵道部。8月底，在北京和上海的日本使領
館進行小規模的示威，抗議日本政府允許本國民間人士登上釣魚島。「8‧4」
日軍遺留齊齊哈爾毒劑洩漏事件發生後，又組織「聲援侵華日軍化學武器受害
者，網站聯合聲明和網路簽名行動」，僅僅在一個月內就得到來自國內各省市
和港、澳、台及海外民眾人數逾100萬之多的簽名支持。網路參與的群體容易
出現「群體極化」的表現，即團體成員一開始即有某些偏向，在商議後，人們
朝偏向的方向繼續移動，最後形成極端的觀點。[11]在民族主義問題上，更容易
出現「群體極化」現象。因此，網路民族主義雖然具有價值追求和理想主義的
成分，但是其中的非理性和情感宣洩成分也是不容否認的。

7. 維護自身利益

與涉及全國性的理想型議題相比較，維護利益型的網路參與往往限定於特
定人群和特定地域，同時參與的目標更明確，網路表達也更理性。視利益的類
型，維護利益型的網路參與不僅有可能改變著國家的法律法規，讓作為制度的
法律更合理，如前述的「乙型肝炎病毒攜帶者事件」，還可能能夠直接改變政
府的具體政策。網路利益表達已經構成國家立法和政府決策的不可忽視的因
素。

8. 網路洩憤行為

現實生活中的洩憤行為會有很多代價，而網路的虛擬性、匿名性和便捷性
決定了很多人選擇網路事件而發洩自己的情感和不滿。一個13歲的女孩因為
說一個網頁「很黃很暴力」，便成為很多線民的攻擊對象，人肉搜索、謾罵、
嘲弄甚至是侮辱，到處是攻擊這樣一個小孩子的視頻、圖片、漫畫、文字，甚
至充斥著真正「很黃很暴力」的謾罵和色情。針對類似的網路事件，有人這樣

11　（美）凱斯‧桑斯坦《網路共和國──網路社會中的民主問題》，黃維明譯，上海，上海
　　人民出版社，2003。

評論：「全部是針對普通人：以眞假難辨的事實，行道德判斷之高標，聚匿名不負責之群眾，曝普通人之隱私——所有事件，全部是被煽動的弱勢線民，去傷害更弱勢的個體。讓群眾去鬥爭群眾，讓弱者去攻擊更弱者，讓謊言去揭露謊言，讓流氓去批判強權。」[12]稱這樣的線民爲「暴力群體」並不過分。事實上，洩憤事件往往會變異，在洩憤中否定任何權威，挑戰現存秩序。美國著名學者克利福特・斯托爾所言：「網路是歷史上存在的最接近眞正的無政府主義狀態的東西。」[13]因此，這種不受任何規範制約的自由參與極有可能導致政治資訊的氾濫。

網路已經成爲一種重要的公共領域，甚至是一種新型市民社會即網路市民社會。[14]網路市民社會的虛擬性是線民們大規模直接參與政治的重要前提。

（二）非制度性參與

最爲典型的非制度性參與是1980年代的大學生「街頭政治」和1990年代開始的弱勢群體的「群體性事件」。二者之間既有相似之處，也有不同的地方。由於「街頭政治」已經是過去時，而「群體性事件」已經成爲中國政治生活中的常態，論說的重點是常態性政治現象。

1.「街頭政治」

如前所述，在整個1980年代，幾乎每一年都會發生規模不等的以大學生爲主體的社會運動，無論是什麼原因誘發，最終目標都是民主和自由這樣的理想價值。1989年政治風波，標誌著「街頭政治」走上了不歸路。

「街頭政治」的首要特點是無組織性，或者說是無組織化政治力量的活動——儘管每次運動中都有主導者。無組織性就決定了它的無目標性，儘管每次都要求民主自由，但是民主自由這樣的目標是空洞的，空洞的目標等於沒有目

12　麥田：「很黃很暴力」事件背後的文化怪胎，《新京報》2008年1月10日。

13　比爾・蓋茨：《未來之路》，北京大學出版社，1996年版。

14　曾凡斌，「BBS的資訊傳播與政治民主」，《暨南學報》（哲學社會科學版），總第128期，2007年第3期。

標，沒有目標的活動是不能達到其目的的。因而，無組織性和無目標性又決定了「街頭政治」來也匆匆，去也匆匆的特點。

2.「群體性事件」

　　弱勢群體更關注與自己利益相關的具體問題，對改變宏大的國家結構和法律缺乏興趣。當前的問題是，即使在與自己具體利益相關的問題上，弱勢群體基本上不能通過制度化的政治過程表達個人利益和共同利益。這與制度安排有關。以人大制度爲例，人大代表是代表國家還是社會？在各級人大代表中，政府官員代表占總代表的比例高達60～70%，近幾屆全國人大代表構成中，工人和農民代表比例呈下降趨勢，尤其是一線工人、農民代表人數偏少。[15]這無疑大大縮小了人大代表的代表範圍與廣度，實際上是使權力更加集中。一些重要的制度設計，也忽視了提高弱勢群體的集體行動的合法性與能力。如中國勞動立法側重增加工人的個人權利，而沒有爲他們提供有重要意義的集體權利，如承認工人的罷工和集體談判等權利。工人集體權利的缺失，使個人權利很脆弱、空洞，不能得到有效實施，常常被忽視。[16]如此的制度設計，無組織化利益群體沒有利益表達機制，那麼，參決策過程也就無從談起，衝突因之難以避免。他們中間普遍存在著對體制內利益表達管道的「不利用」，以及「表達無門」、「表達無用」的現象。他們的表達管道，基本上也被局限在最基層的行政機構，[17]以及事後表達，即政策實施過程中權利受到侵犯後，再進行維權，以引人注目的「政治抗爭」（在中國被稱爲「群體性事件」—mass distur-bances）的方式進行利益表達。正如阿爾蒙德所說，「在貧富差距巨大的社會裏，正規的利益表達管道很可能由富人掌握，而窮人要麼是保持沉默，要麼是裡面採取暴力的或激進的手段來使人們聽到他們的呼聲」。[18]

15　王貴秀：《是人民代表大會而不是官員代表大會》，載《華夏時報》，2005年2月23日。

16　Feng Chen, *Individual Rights and Collective Rights: Labor's Predicament in China*, Communist and Post-Communist Studies 40 (2007), pp. 59～79.

17　陳映芳：《貧困群體利益表達管道調查》，載《戰略與管理》2003年，第6期。

18　〔美〕阿爾蒙德：《比較政治學：體系、過程和政策》，230頁，上海譯文出版社，1987。

　　從1990年初以來，「社會抗爭」以幾何級數增長。「社會抗爭」在不同的歷史時期有著不同的原因：1990年代中期前後有30%因為企業改制過程職工工資、退休金、養老金、醫療保險等不到位引發的；到了本世紀初，由於「經營城市」和農村中的土地徵用高潮，從2003年到2005年，「社會抗爭」事件急劇增加，65%是由土地徵用和房屋拆遷引起的，失地農民多達4000多萬。[19]但是，很多「群體性事件」並非因民生或經濟利益而起，而是因為民眾中存在不滿情緒一個偶然的事件而誘發的暴力活動。如果說大多數「群體性事件」是「維權抗爭」，那麼因不滿情緒而誘發的具有一定規模的「群體性事件」稱為「社會洩憤事件」，其特點是因偶然事件而突發、無明確組織者、參與者無利益關聯而只是為了表達對社會的不滿、有打砸搶燒等違反犯罪行為。

　　可以對「街頭政治」和「群體性事件」做一簡單比較。無疑地，它們都是在制度化不高的情況下的政治選擇，但是一個是典型的理想型參與，一個典型的利益型參與。這種差別就決定其影響的不同。在理想型參與中，發生在一所學校或一個城市的事很容易波及到其他學校和城市，甚至演變為全國性政治。這是因為大學生群體具有共同的或類似的理想與要求。因此，理想型參與具有共振性。在單一化的社會結構，這個特點足以威脅政治穩定。在利益型的「群體性事件」中，絕大多數事件都是針對特定的利益目標，彼此孤立而不相互結合，不具有共振性，因此它們又是個體性事件。在多元化的社會結構中，不具有利益關聯性的「群體性事件」應該被當作利益表達的常態，它們與政治穩定沒有必然的因果關係。

三、公民參與與民主政治的成長

　　公民參與不但改變著不同層次的政府政策，還直接推動著國家的制度建設和制度創新，具體表現為選舉民主、協商民主和直接參與民主的興起。

（一）選舉民主

　　在公民參與的意義上，選舉民主主要是指社會自治活動中所自發形成的、

---

[19]　汝信等編：《2005年：中國社會形勢分析與預測》，177頁。

以村民選舉和鄉鎮一級「公推公選」爲代表的基層民主。

（二）協商民主

選舉只是解決「誰統治」的政治問題，並不能回答「如何統治」這種更具程式性的行政難題。正因爲如此，雖然村民選舉早就轟轟烈烈地開始了，但是「群體性事件」卻越來越多，倒是協商民主提供了救濟之道。著名的浙江溫嶺民主懇談會都屬於協商民主的範疇。

中國沒有像西方那樣發展出一套成熟的協商民主理論，但存在著豐富的、多層次的體現協商民主特徵的社會主義民主制度和政治實踐，例如政治協商制度、聽證會、民主懇談、公民評議會、村民（居民）代表會等。協商民主的核心要素是主體在理性基礎上的對話、討論、辯論和審議。協商民主屬於一種程序性民主，強調的是公共權力運行和達成共識的過程。如果將協商民主理解爲「政府與公民之間的協商」，協商民主也是一種治理形式。何包鋼歸納了這些制度和實踐的共同特徵：(1)在下結論前，讓人們到桌邊並鼓勵他們暢所欲言；(2)參與者有充分的時間來參與協商過程，並有少量的時間參與討論；(3)在協商的過程中，儘管有不同的意見，參與者被要求在相互尊重的基礎上交換意見。他認爲，社會主義政治系統和文化鼓勵群眾參與、強調磋商的傳統成爲推動協商民主制度發展的重要因素。[20]因此，協商民主理論一登陸中國，就吸引了知識界和政界的關注。選舉加協商的互補性民主制度是中國特色的民主政治，協商民主可以彌補選舉民主的不足。

在地方實踐中，協商民主以官民共治的形式體現出來。官民共治主要體現在兩個領域，一是公共利益，二是參與者的切身利益。在公共利益如動物保護和環境保護上，有時國家或上級政府需要民間組織的參與以制約地方政府或特殊部門的利益，如前述的金絲猴保護和「怒江爭壩」專案中，民間組織與政府的合作而達到初衷。但是，同樣是環境保護專案，比如太湖水污染問題上，環

20　何包鋼：《中國的參與和協商制度》，載陳剩勇、何包鋼編：《協商民主的發展：協商民主理論與中國地方民主國際學術研討會論文集》，94頁，中國社會科學出版社，2006。

保組織的作用就很有限。因此，民間組織在中國政治過程中的作用，因組織的類型、所處政治時空等因素而存在很大差異。整體上看，民間組織顯示出一定的自主性和行動能力，仍然受到國家的控制，總體上還是屬於國家統合主義。

同樣地，在涉及參與者切身利益的議題上，官民的合作博弈已經出現沿海發達地區的中層政治中。例如，2005年開工的深港西部通道側接線（公路）在深圳遇到20多萬居民的反對，因為擔心每天6萬輛車的流量會嚴重污染環境和影響生活品質。居民們組織起來，捐款集資，聘請名律師與政府談判。在這種條件下，政府也沒有強行施工，而是聘請北大和清華的環境工程專家參與評估。最後，政府修改了施工方案，從原初的地上公路修改為半地下公路，最後變為全封閉地下公路。在該事件中，官民談判持續兩年，政府增加預算13億人民幣，但是居民卻很滿意，把公路上面的城市公園命名為「和諧公園」。該案例說明，在一些發達地區，公民的權利意識已經成為公共政策過程中的不可忽視的因素。當然，在利益攸關問題上，官民合作的程度以及最後的結果取決於參與者的組織能力和談判能力。

（三）參與式直接民主

選舉民主和協商民主在本質上都屬於參與式直接民主的範疇。美國民主理論家科恩認為，民主政治無論採取何種形式，其關鍵都是民眾參與。[21]目前，民眾直接參與的民主至少有兩種形式：自主性治理和網路參與。

1. 自主性治理

在一些地區，在政府退出的領域，民間組織已經享有完全的自主性治理權，並且效果比政府的管理更好，有效地促進了地方治理的轉型。例如，浙江省義烏市是中國小商品交易中心，假冒偽劣商品曾經氾濫，政府屢禁不止，不得已，1995年，義烏市政府把治理責任交給「義烏市個體勞動者協會」所組織的「義烏市保護名牌產品聯合會」，假冒偽劣產品基本得到抑制。再如，溫州以煙具產品而聞名世界，曾何幾時，品質低劣和價格惡性競爭讓溫州煙具行業

21　〔美〕科恩：《論民主》，40頁，商務印書館，1988。

處於蕭條狀態。[22]

　　這些案例說明，在地方治理中，一些自治性民間組織具有較強的公共參與意識，能夠積極彙聚表達成員共同利益，與政府達成良性互動。這既改善了地方政府的形象，也實現了社會利益最大化，因而國家應該大力推動這類組織的發展。宣導發展這類民間組織還有更重要的政治邏輯，即根據一般經驗，基於私有產權的民間組織最終必然在政治上形成自主性利益訴求並推動民主政治建設。但是也有研究並不完全支援這種政治邏輯，認爲「紅色資本家」雖然有自己的利益要求，但是他們更願意在既定的體制內進行利益表達。[23]

2. 網路參與

　　公民的全面的參與是網路民主區別於以往民主形式的最典型的特徵。網路民主是一種成本低廉、操作簡單並快捷地實現公民要求的一種民主形式。與流行的代議制民主體制比較，網路民主不需要中間環節，大大激發了公民參與的熱情。因而，無論是在中國還是在西方，網路民主都是一種最受歡迎的新型民主形式。並不誇張地說，網路正在改變著中國執政黨和政府的施政方式。原因在於，第一，網際網路改變了傳統的資訊溝通體制和資訊傳遞方式，傳統的等級式的、以行政爲主導的單一資訊溝通體制不再有效，資訊溝通變得平面化、快捷和多元，因而「黑箱資訊」越來越困難，資訊更加公開化和透明化。資訊溝通體制的改變在很大程度上影響著人們對政治對象的認知、情感和評價。第二，政府面對的「群眾」（線民）不再是一個固定的、具有明確身分的群體，而是一個流動著的、甚至是身分不明的群體。線民的這種新型群眾特徵無疑是對習慣於傳統「群眾路線」的政府的挑戰，執政黨和政府必須走一條「新群眾路線」。

　　從中央政府到地方政府，都建立起了電子政務系統，新華網、人民網、新

22　參見餘暉等著：《行業協會及其在中國的發展：理論與案例》，39～42頁，43～45頁，北京，經濟管理出版社，2002。

23　Bruce J. Dickson, *Red Capitalists in China: The Party, Private Entrepreneurs and prospects for Political Change*, Cambridge University Press, 2003.

浪網等幾大網站既是線民瞭解資訊的管道，也是他們表達利益和傳遞資訊的平台；從總書記、總理到省委書記、省長，再到書委書記、市長，都直接從互聯網上瞭解社情民意。

但是，既然是一種參與式直接民主，今天的網路民主就不可避免地存在著奴隸制社會的直接民主一樣的問題，那就是「暴民專政」和無政府狀態的可能。網路技術帶來「數位落差」（digital divided），將大部分公民「拒之門外」，使公民參與處於不均衡狀態，形成了少數人的「資訊霸權」和事實上的「少數派權力」格局。在資訊化時代，在網路民主中，似乎有無數個參與者，由於他們很難達成共識，結果整合嚴密的少數派異軍突起。「以那些能最有效地動員自己特殊利益的部隊的人為特徵的時代即將到來。少數派的否決代替了多數派的表決。」[24]少數派透過「資訊轟炸」和「資訊偽造」，使互聯網成為全世界都在閱讀的「一面大牆」。例如，在網路洩憤事件中，鋪天蓋地的「民意」並不是社會多數成員的意志；在網路民族主義事件中，以極端言行構建「我們」和故意搗亂的意識也不容忽視。[25]因此，「少數派權力」可能導致無政府狀態或控制的強化，「在直接民主的幌子下，建立以公民投票為基礎的專政」。[26]必須認識到大規模的參與式直接民主的痼疾。

第二節　政策過程

一、政策議程設置模式的變化

政策過程至少包括兩個最為重要的階段，第一是政策議程的形成，即什麼

---

[24] 萊斯特·瑟羅：《資本主義的未來》，255頁，中國社會科學出版社，1998。

[25] 王軍，「試析當代中國的網路民族主義」，《世界經濟與政治》，2006 (2)。

[26] C. I. Alexander and L. A. Pal, *Digital Democracy: Policy and Politics in the Wired World*, Toronto, Oxford University Press, 1998, p. xiv，轉引自劉文富《網路政治——網路社會與國家治理》，289頁。

樣的問題能夠進入決策者的視野而受到關注、並有可能成為政策，第二是政策決策過程。一般認為，決策過程是一個「黑箱」（black box），尤其那些事關全局的重大安全政策，任何國家都是一個封閉的、難以弄清楚的過程。在這種情況下，政策議程設置就成為理解中國政策過程的一個前提和重要方面。

一個國家的民眾是多層次的，其利益需求千差萬別，那麼什麼樣的訴求能夠到達決策者那裡？這裡的關鍵之一就是政策的議程問題。我們認為，談到議程設置，必須考慮到兩大方面，一是民眾的需求如何傳遞到決策者那裡，這是我們常講的下情上達的模式。僅有此還是不夠的，因為在一個資訊化社會，決策者瞭解民意並不難，他們瞭解多個層次民眾的不同訴求，但是決策者自己能夠滿足哪些需求呢？這要看決策者所掌握的資源。我們應該認識到，任何制度的空間都是有限度的，即其不可能容納所有的不同的訴求，必然會擠壓掉一些制度難以負荷的訴求。這樣，社會有什麼訴求以及透過什麼樣的管道傳遞到決策者那裡，而決策者有多少資源以及制度空間去容納相應的利益訴求，就有可能成為優先的政策議程。簡單地說，社會訴求能夠傳遞上去、而且決策者又有能力滿足其訴求的部分，就是政策的優先議程。為此，在具體決策之前，政府不得不做出抉擇。

政策議程設置最生動地體現了官民關係以及公民參與的程度。根據公民參與程度的高低，王紹光教授將改革開放以來的政策議程設置劃分為關門模式、動員模式、借力模式、內參模式、上書模式、外壓模式等六種模式，[27]這裡介紹其中的四種模式即關門模式、動員模式、內參模式和上書模式。

（一）關門模式

這是最傳統的議程設置模式。在這種模式裡，沒有公眾議程的位置；議程的提出者是決策者自身，他們在決定議事日程時沒有、或者認為沒必要爭取大眾的支持。在傳統社會裡，當一般老百姓沒有什麼政治參與意識時，這是議程設置的主要模式。在當代中國，這種議程設置模式也沒有完全消失，當然越來

---

[27] 王紹光，「中國公共政策議程設置的模式」，《中國社會科學》2006(5)。

越少。

（二）動員模式

與關門模式一樣，動員模式裡的議程也是由決策者提出的；與關門模式不同的是，在動員模式裡，確定一項議程後，決策者會千方百計引起民眾對該議程的興趣、爭取他們對該議程的支持。也就是先有政策議程、後有公眾議程。1980年代的很多政策就屬於這種模式，比如「反對資產階級自由化」、計畫生育政策。今天這種模式依然存在，比如週期性的「群眾路線」教育實踐活動。

（三）內參模式

在內參模式裡，議程不是由決策者提出的，而是由接近權力核心的政府智囊們提出的。形形色色的智囊通過各種管道向決策者提出建議，希望自己的建議能被列入決策議程。他們往往不會努力爭取民眾的支持，而更看重決策者的賞識；他們有時甚至不希望所討論的問題變成公眾議程，因為擔心自己的議案可能招致民眾的反對，最終導致決策者的否決。在這個模式裡沒有民眾與決策者的互動，只有智囊們與決策者的互動。

新中國成立以後，建立了一整套十分完備的內部資訊交流機制，其中「內參」最爲典型。不同於政府部門的工作報告，「內參」是不宜公開發布的政治資訊，包括負面的政治資訊，因此「內參」都被列入保密範圍，不得隨意擴散。在過去，「內參」體系主要由新華社、《人民日報》等官方媒體組成。尤其是新華社，至今仍維持著最爲重要的高層決策所依據的「內參」體系，包括《參考要聞》、《國內動態清樣》、《內部參考》、《內參選編》、《參考清樣》等。1990年代後，中共決策系統中的這一「內參」制度進一步發展，除了傳統的官方媒體的內參管道外，中央多數部委也各有其向中央決策層報送的「內參」，一些重要智庫如中央政策研究室、中央黨校、中央編譯局、國家行政學院、國務院發展研究中心、中國社會科學院、中國科學院等，都各有其多種「內參」直接報送中央決策層。一些地方政府近年來也開始建立自己的「內參」體系，作爲地方黨政機關瞭解當地民情和制定地方政策的重要依據。

近年來，中國最重要的一些大學也開始加入「內參」序列，這是因爲中央要求加強大學的智庫功能建設，北京大學、中國人民大學等有了「問題與對策」這類的內參報告，定期或不定期地就特定政策問題和思想性問題向上呈送其研究成果。

（四）上書模式

這裡的「上書」是指給決策者寫信，提出政策建議，不包括爲個人或小群體作利益申述之類的行爲。上書模式與內參模式十分相似，都是有人向決策者提出建言，不同之處在於建言人的身分。在內參模式裡，建言人是政府的智囊或智囊機構；在上書模式裡，建言人不是專職的政府智囊。不過，建言人也未必是一介平民，他們往往是具有知識優勢、社會地位的人。只有這種人才擁有某種話語權，才瞭解上書的管道，提出的建議才可能被重視。其實，即便是精英們的上書，往往也是石沉大海，毫無反響。

「上書」模式的最成功的案例是怒江開發案。反對開發怒江的民間組織上書國務院，而支持開發怒江水電的政府部門和地方政府也上書中央領導，希望該工程早日上馬。正反兩方面的上書形成拉鋸戰，使中央到目前爲止還沒有對怒江工程定案。民間組織的活動與上書如此影響中央政府的決策，這在中國恐怕還是第一次，成爲一個標誌性的事件。隨著社會自由度的加大，社會地位不同、立場各異的人將會更積極地運用自己的發言權。因此，上書今後有可能變成影響中國議程設置的主要模式之一。

（五）壓力模式

不同於內參模式和上書模式的「說」的特徵，壓力模式主要在於「做」即行動，即利益攸關方透過「焦點事件」等壓力行動而改變政府的政策議程。在壓力模式中，媒體、尤其是新媒體的作用不可忽視，即利益攸關方通過媒體施壓而改變政策走向，透過媒體把「事件焦點」變成「公眾議程」。這樣，利益攸關方借助於媒體而形成的公眾關注的「焦點事件」，迫使政府改變政策議程。最典型的莫過於PX專案，雖然是中國化工產品之急需，而且其危害性絕

沒有傳聞中的那麼大，但是房地產開發商、居民聯合媒體，釀造了一個有一個「群體性事件」，比如最早的廈門、到大連、再到茂名，「PX專案」都因「群體性事件」而流產。

壓力模式不但對地方政府的政策議程產生直接影響，也對中央政策有一定的影響，最典型的是2003年房地產政策的變化。2003年6月，央行執行了限制房地產發展的剛性規定。這一規定如果得到實施，很多房地產企業就會破產，房價也不會如此虛高。但是，以任志強為代表的開發商迅速行動起來，首先向主管部門遊說，動員學者撰文，在不同地方召開研討會，當年的博鰲論壇的主題也變成了中國的房地產市場問題。結果，不到兩個月的時間裡，國務院執行了房地產是中國經濟支柱產業的規定。國務院當然高於人民銀行，這樣銀行又不得不大肆向房地產企業放貸。任志強不無得意地說：這是第一次市場的聲音大於政府的聲音。

隨著社會主體的多元化以及更多的社會自主性的形成，在互聯網時代，民眾的壓力將越來越大，壓力性的「焦點事件」有增無減。「回應性」是衡量民主化的一個重要指標。

「壓力模式」表明，中國政治結構和政治過程已經發生了巨大變化，不能再用老眼光或帶著有色眼鏡看中國政治。但是，也需要指出的是，網際網路時代的一個重要特徵是全球政治中的民粹主義化，如果一味地迎合民粹主義，比如臺灣停止「核四」項目，民生反受民粹主義的民主之害。其實，一次又一次的「PX專案」的流產，在某種程度上也是民粹主義氾濫的結果。

二、公民參與與政策轉型

公民參與所帶來的政策議程設置的變化必然帶來政策上的影響。在大多數情況下，利益型公民參與直接針對的就是政府的政策個案，因而最常見的結果公民參與改變具體的政策，這是第一個層次的政策改變，比如前述的PX項目的流產以及怒江開放的擱置。

第二個層次是社會政策的改變。一些能夠直接影響到政治穩定和政治秩序

的特殊群體，如知識份子、大型企業的工人和退伍軍人，其「社會抗爭」能夠直接爭取到有利於自己的社會政策。例如，1980年代知識份子與黨的矛盾經常轉化爲社會衝突（學生運動和意識形態對抗），在1990年代後期大幅度改善教師的住房和提高工資以後，知識份子和共產黨的關係空前融洽；當幾萬大慶石油工人上街抗議不利於自己的企業改革措施時，中央政府就決定停止執行「買斷工齡」的改革；當退伍軍人開始有組織地抗議時，中央政府執行了提高他們福利待遇的規定。[28]

第三個層次是國家公共政策的轉型。那些看上去彼此不關聯的「群體性事件」，卻因爲其不斷攀升的數量和規模而促使公共政策轉型。任何國家政治現代化過程中都會出現「社會抗爭」政治。西方國家的「社會抗爭」主要是因爲國家干預不力、勞資關係引起的，而中國的「社會抗爭」則主要是由於政府過度干預引發的。根據中國官方的最新資訊，80%的土地違法案件都是由地方政府引發的。[29]我們已經知道，地方政府在土地開發中的過度干預是因爲它們與房地產商形成了一個事實上的利益同盟。因此，政府過度干預中而形成的官商同盟是群體性事件的一個重要誘因。數量如此大的「社會抗爭」意味著很多領域內的政策出現了問題，社會不公正現象加劇，執政者必須對此做出回應。作爲對過去社會──經濟政策重新審視的結果，就是胡錦濤─溫家寶所提出的新型公共政策即「建設社會主義新農村」和和諧社會。在某種意義上，中國的「社會抗爭」政治就如同西方的選舉政治，是一種遲鈍但有力的改變政策的方式。

根據中國政策過程的變化意味著中國政治結構的重大變化，因此很多用來

28　新華社北京7月22日電，經黨中央、國務院批准，國家有關部門針對當前優撫對象和部分軍隊退役人員存在的實際困難，本著需要解決而又能夠解決的原則，統籌研究執行了提高優撫對象撫恤補助標準、給予部分曾參加作戰和核子試驗軍隊退役人員生活補助、完善優撫對象醫療保障以及部分軍隊退役人員再就業、住房、社會保險接續等方面的政策措施。參見http://www.gov.cn/jrzg/2007-07/22/content_692768.htm.

29　人民網2007年7月16日：「國土部要求嚴懲土地違法違規縣鄉成重災區」，http://news.sina.com.cn/c/2007-07-16/025613453036.shtml.

分析中國的、基於毛澤東時期政治的概念需要更新。正如王紹光教授所言，「中國政治的邏輯已經發生了根本性的變化，而西方舶來的『威權主義』分析框架則完全無力把握中國政治中這些深刻的變化。在過去幾十年裡，這個標籤像狗皮膏藥一樣往往被隨處亂貼。中國政治在此期間發生了翻天覆地的變化，貼在中國政治上的標籤卻一成不變。如此荒唐的概念與其說是學術分析工具，不如說是意識形態的詛咒。現在已經到了徹底擺脫這類夢魘的時候了。」[30]

　　我們也早就指出，不應停留在用既定的概念分析中國是什麼樣的，中國是否正確，而應該用中國的經驗檢驗既定的理論和概念是否正確或者是否有解釋力和適用性。改革開放以來，中國政治已經發生結構性變革。簡要地說，在黨政關係上，共產黨正在從革命黨向執政黨的轉型，其標誌是制度化與法治化；在政治─市場關係上，幾次重大的行政管理體制的改革促進並保護了市場經濟，利益集團政治因而得以出現；在中央─地方關係方面，形成了政治─經濟二元化結構，即政治單一制與經濟聯邦主義；在國家─社會關係上，形成了新的公共領域（新型民間組織和互聯網），出現了國家統合主義政治。所有這些，都不是西方既有的政治理論所能解釋的。已經到了這樣的時代，中國不應該只是理論的實驗場，還應該是理論的發源地。[31]

30　王紹光，「中國公共政策議程設置的模式」，《中國社會科學》，2006(5)。

31　楊光斌，「不該再用舊標籤看待變化了的中國政治」，《社會科學報》，2009年5月15日。

第十二章　結語：推進國家治理現代化

重點問題

◎如何認識國家治理體系與治理能力現代化的內在邏輯？

◎如何認識「有能力的有限政府」？

◎如何認識國家能力與有限政府的關係？

2013年中共十八屆三中全會在《關於全面深化改革的決定》（又稱「改革60條」）中提出「推進國家治理體系和治理能力的現代化」，這是對中國政治發展、中國政治制度建設和制度能力的總概括，也是未來中國政治的總目標。因此，以此作爲本書的結束語。

改革開放以來，大概沒有哪一個官方概念像「國家治理」一樣能引起學術界如此強烈的呼應，這是國家與社會相互傳遞正能量的表現。從過去的政治統治、政治管理向國家治理的轉變，無疑是觀念上的革命，因爲政治統治就意味著專政和鎮壓，而政治管理也是權力的強制性、單向性的自上而下的運動。而「國家治理」則意味著，從權力的單向度強制性行駛轉變爲國家與社會的良性互動，從而在社會協商中達成國家與社會的共治。這種政治模式意味著，政治權力的來源和合法性基礎都發生了變化，即社會參與到政治權力的運作之中，治理的好壞社會也負有責任。

一、「國家治理現代化」的內涵

根據官方表述，國家治理體系與治理能力的現代化的內涵至少包括五大方面：

1. 制度和制度績效的統一性

　　一個制度的好壞，老百姓是否最終接受，說到底是這個制度的「制度執行能力」即我們常說的制度績效所決定的，坊間流行的「好制度」如果不能有效治理，最終也會失去傳說中的合法性。其實，從「冷戰」時期兩大陣營相互競爭而推銷自己的「好制度」到冷戰後很多國家實行「好制度」後而出現的「民主的回潮」、「無效的民主」甚至是政治衰敗，都是徒有「好制度」的空殼而無實際的好績效所致。一般老百姓最終都是靠腳來說話。

2. 政治屬性

　　這是前提性的應有之義，「國家治理體系和治理能力的現代化」是爲了完善中國特色社會主義制度，因而抽象的概念是由政治價值屬性的，那就是社會主義。

3. 價值觀

　　任何一種政治制度都不能沒有相應的價值體系支撐，既然是社會主義的，作爲一種制度建設，必然離不開價值觀建設，因此國家治理體系當然包括社會主義核心價值觀。

4. 歷史條件

　　之所以將國家治理置於社會主義的旗幟下闡述，是歷史條件所決定的，因爲任何政體、哪怕是人們心目中所謂的「好制度」、「好政體」，脫離一個國家的歷史條件即國情和民情即政治文化，所謂的「好制度」都會變成病害百姓的壞制度，因此，眞正的好制度是基於自己歷史條件基礎上的「長期發展、漸進改革、內生性演化的結果。」

5. 適應性與包容性

　　適應性和包容性是中華民族所以是中華民族的一個根本特徵或者歷史寫照，所以作爲堅持和完善中國特色社會主義制度的國家治理體系與治理能力的

現代化的改革，必須在堅持制度自信的同時而不能故步自封，自信地進行自我變革，否則，「制度自信也不可能徹底、不可能久遠」。

這些是「國家治理」本身的含義。但是，作爲一種改革所要達成的總目標或者說一種政治模式，國家與社會的互動只不過是一種政治模式下的一個方面或者至多是核心方面。那麼，到底應該怎麼概括或者理解這一總目標呢？

從目前學術界討論和媒體報導看，有狹義和廣義的兩種完全不同的理解。狹義的理解主要來自法學界，認爲總目標就是以法治化爲核心的「法治中國」。法治化無疑是國家治理體系現代化必須具備的，但這樣狹義地理解總目標顯然不是「全面深化改革」本身所要追求的目標，不能解釋「改革60條」。法治充其量是回答如何制約權力問題，對此「改革60條」有所涉及，但「改革60條」所要實現的目標顯然更多。

廣義的理解就是政治體制、經濟體制、社會體制、軍事體制等所有方面的現代化。這樣說當然很全面也不會有什麼問題，但是也正是因爲「全面的正確」，反而淹沒了「改革60條」的良苦用心，也不能告訴我們改革所要達成的目標到底是什麼，因爲我們已經太熟悉「現代化」一詞，比如過去上說的「四個現代化」。「全面的正確」其實又回到「四個現代化」意義上了，而且制度上和體制上的「現代化」的標準到底什麼？都是很難斷定的事。換句話說，要在7年內即到2020年實現與「傳統」相對應的「現代化」，也是不可能的事，沒有任何制度和體制能在如此短的時間內實現這樣的結構性質變。因此，要準確地把握「國家治理體系和治理能力現代化」，我們必須找到最能讓老百姓能理解、一目了然的概念或標準。

這就需要我們跳出字面本身，回到本次改革的形成歷程以及「改革60條」──而不僅僅是政治學字面意義上的「國家治理」和「現代化」概念。十八屆三中全會之前的政治局會議已經很明確地指出，本次改革的主題將有3個：地方政府職能轉變、上海自貿區和廉政建設。果然，「改革60條」基本上圍繞這三項主題展開的：地方政府職能轉變和上海自貿區在《決定》中體現爲壓縮政府權力邊界並約束政府，廉政建設體現爲控制政府權力，而且壓縮政府權力

邊界和控制政府權力是以建設有能力的國家為前提的。這樣，「國家治理體系和治理能力現代化」這個總體目標就很清楚了：建設一個「有能力的有限政府」！

什麼是「有限政府」？政治學理論上講的「有限政府」就是兩種要素：權力有邊界和權力受制約。西方國家都以此為標準，比如發達國家美國是這樣，發展中國家印度和墨西哥也是這樣。這樣類型的政府的問題是，別說印度、墨西哥這樣的發展中國家，就是美國也面臨國家治理難題，因為彼此制約的權力最後變成了福山所說的「否決型政體」，這樣的體制不僅導致美國聯邦政府關門和停擺，還使得氾濫的槍支難以得到控制，保護多數下層階級的全民醫保方案屢屢流產。對此，今天的美國人已經開始反思、甚至懷疑自己的政治制度問題了，不再是信心滿滿地認為「歷史終結」了。提出過「歷史的終結」的福山甚至說曾經優越的制度並不意味著永遠優越，但它不能與時俱進地解決社會重大問題時，這樣曾經優越的制度就是需要改革的制度。儘管有識之士已經意識到美國自身的制度問題，但要動一動美國的政治制度，比登天還難，因為動美國的制度就需要修改憲法，而修憲的法律障礙幾乎是難以跨越的。

美國尚且如此，對很多發展中國家來說，如果國家無能力而僅有西方的有限政府標準，簡直就是災難。在印度，聯邦政府經過幾十年的努力，貧困人口依然在4億以上，比非洲人口總和還要多。印度德里、孟買和墨西哥的墨西哥城的貧民窟蔚為壯觀，舉世聞名，但每年的改造速度只是幾百間，如此下去需要一千年！關鍵原因在於，權力有邊界而又受到約束的有限政府沒有行動能力。

同樣是發展中國家，為什麼有的國家能避免南美式的「中等收入陷阱」？比如韓國，說到底是有一個有能力的政府和自主性國家。因為政府能力的差異，1980年代同屬「東亞四小龍」的幾個經濟體，如今其命運大不一樣，比如當時臺灣發展的最好，香港經濟比新加坡好，現如今，「四小龍」中最差的是臺灣，最好的是新加坡，其中的關鍵就是有沒有一個有能力的政府。

比較政治經濟學和比較政治發展的基本結論告訴我們，「有限政府」是必

要的，但是「有限政府」如果不以國家能力爲前提，政府就失去了其存在的應有價值——對人民的信託責任。何況，今日的國家之間的競爭已經不再是過去的企業競爭力問題，而是國家競爭力問題，是作爲一個整體的國家與國家之間的競爭。因此，對於中國的大國而言，「有能力的有限政府」更必不可少。我們不喜歡全能主義政府即無處不在的權力，爲此，改革的目標就是要限制政府權力，激發社會和市場的活力；但是如果有限政府是西方式的而不能有所作爲，中國必然重蹈很多國家的覆轍。改革本身需要有能力的政府，否則改革就只是口頭上的；公正社會需要有能力的政府，否則衡量社會公正基本指標的城鄉差異、地區差異、貧富差異等諸多民生問題都無從解決。

不同於「全面的正確」對「國家治理能力與治理能力的現代化」的理解，「有能力的有限政府」是一個看得見摸得著的、可以衡量的目標。

（一）國家能力

所謂「國家能力」就是權力中樞超越社會利益集團和部門政治的約束而將自己意志變爲現實的能力。國家能力的實現首先要有一個強有力的沒有部門利益的決策機關，其次是政府在市場經濟中的合理作用。相比較過去十年只有改革願望而無改革頂層設計機關而導致的種種改革的流產，比如紅十字會社會化改革、新舊非公36條，「改革60條」中決定成立的中央全面深化改革領導小組，是一個比1980年代的國家體制改革委員會更沒有部門利益色彩的超級改革機構。我們知道，1980年代的國家體制改革委員會在改革開放中曾發揮著巨大作用，其屬下的體制改革研究所提出了一系列讓人耳目一新的觀念和政策，比如「社會主義商品經濟」。2003年，由國家體改委演變而來的國家體改辦併入國家發展與改革委員會，發改委成爲一個改革的牽頭部門。我們知道，發改委本身是一個功能部門，比如投資審批，讓這樣一個具有部門利益的功能部門去帶頭搞改革，無疑是勉爲其難。因此，發改委帶頭的一些重大改革最終流產。

（二）政府有作爲

在強調市場的決定性作用的同時，沒有忘記政府這隻看得見的手，因爲市

場失靈屢見不鮮，最近的失靈就是2008年開始的金融海嘯。這且不說。對於很多發展中國家、甚至美國這樣的發達國家而言，僅靠市場和社會，很多重大問題根本無法自動解決，比如貧困問題，而且弱政府也無力解決。因此，既讓市場起決定性作用，又充分發揮政府的作用，這是對人類治理經驗教訓的總結。在這個意義上，這也是理論上和制度上的「後發優勢」，即把別人的教訓而變成自己的優勢。

（三）權力有邊界

　　與前幾次以機構調整為主的改革相比，本輪改革的最大亮點是圍繞政府職能轉變，由此將形成權力有邊界、權力受約束的有限政府。

　　中國過去的幾次改革的偉大成就不容置疑，比如開放網際網路、加入世界貿易組織、分稅制改革、金融體制改革、機構大改革、以及軍隊與商業脫鉤等等，這些改革基本上建成了社會主義市場經濟制度。沒有什麼比建設一個新制度更偉大的改革了。正是因為社會主義市場經濟制度的建成，之後的經濟增長才得以保證，財富滾滾而來。[1]

　　但是，和任何制度變遷的規律一樣，改革也會帶來「非預期結果」。過去改革的一個非預期結果便是：因沒有相應的政府職能改革而使得政府占有資源越來越多，以及由此而形成的社會結構的利益集團化。比如，國家財政增長速度遠遠高於GDP的增長速度，進而又遠遠高於居民收入的增長速度，結果國家占有越來越多的財富和資源，國家又透過轉移支付和發包的方式花錢。這樣，很多非公企業只有承包政府的專案才能賺錢，官商勾結嚴重，腐敗也因此而頻發。另一方面，由於沒有以轉變「職能」為主，而且以國家控制資源為導向，國家壟斷的行業就越來越多，導致每個重要的行業都有幾個大型國有企業壟斷，比如金融、電信、石油等等，結果便是壟斷性利益結構的形成。官商勾結加壟斷聯盟，就形成了中國社會結構的利益集團化。為此，必須壓縮政府的權

---

[1]　參見楊光斌，「中國政治發展的戰略選擇：2000～2030」，見楊光斌著，《中國政治發展的戰略選擇》，中國人民大學出版社，2011。

力邊界。

「改革60條」大多數條款屬於壓縮政府的權力邊界。讓市場在資源分配中發揮決定性作用就意味著政府退出相應的領域，比如上海自貿區的負面清單制度、統一市場監管、城鄉統一的建設用地市場、打破行政主導和部門分割而建設市場主導的科研經費分配體制、投資體制中建少政府審批，放寬投資准入，社會組織成立由審批制改為登記制等等，所有這些都是事實上壓縮了政府權力邊界、尤其是清理一減少地方政府對經濟活動的干預。可以想見，壓縮政府權力邊界就等於激發了市場主體的活力。比如，如果改革了投資體制並放寬投資准入，政府的作用只是提供相應的公共產品服務而不體現在審批權上，讓市場主體即企業自動地平衡市場關係。又比如，如果改革了傳統的由部門分割的科研經費分配體制，相關的政府主管部門就不再是一個利益主體，由市場來決定的科研經費的分配會更加公平，不再因為認為的等級身分比如所謂的「98-5學校」、「211學校」而獲得不平等的資源，也不能因為部屬、地方管理的身分不同而區別對待。再比如，如果真的能同意城鄉建設用地市場，鄉政府、縣政府和市政府等地方政府就不能再輕易地侵害農民的土地權益，因為徵用農民土地的成本也非常高，農民甚至因此和城市居民一樣盼望被拆遷。因此，壓縮政府權力邊界的收益是難以估量的。

（四）權力受約束

過去若干年裡，地方一把手成為腐敗重災區，這是因為他既管人事資源又管經濟資源，權力空前增大而又不受約束。1980年代，鄧小平說權力的總病根是書記一把手集權問題。比較而言，當時的書記一把手並沒有今天的一把手權力大：在人事安排上，有幾個副書記都要參與，而且有書記辦公會，今天取消了書記辦公會，一般的黨委常委會成員根本沒有與書記一把手對話的資格，更談不上彼此之間的權力制約，只有書記管常委的權力，因此可謂人事大權獨攬；在經濟事務上，過去書記的權力也不是很大，因為計劃經濟時代一則資源有限，二則是國家自上而下的資源調配，而現在不但掌握著城市發展中的土地開發權，還直接影響或決定著各種巨額的轉移支付資金的使用和各種各樣的工

程項目。就這樣，既管人又管財的地方一把手擁有了空前大的權力，而與此同時權力約束和監督機制又沒能跟上，怎麼可能不腐敗頻發？當制度拷問人性，輸家肯定是人性；一個人處於沒有監督的關鍵崗位，出問題也不是新鮮事。這應該是中國式的權力定律了。

有鑒於此，如何約束和監督權力就成為「改革60條」的一個重點。「改革60條」一方面決定加強地方人大的財政監督權和人事決定權，同時改革司法體制和紀檢體制，實行省以下法院的垂直管理，上級紀檢部門提名下級紀檢負責人，這些無疑是從縱橫兩方面加大對地方一把手的約束。在過去相當長的一段時間內，人大的監督作用被忽視，人大的人事決定權更被淡化，很多的地方政府的「制度創新」也不見地方人大的蹤影，結果憲法規定的監督機制事實上被擱置，這樣地方一把手看上去辦事方便了，有效率了，結果最終是害了自己。僅在2008～2009年間，河南省的24個縣委書記被雙規，這難道不是因為監督機制的結構性問題所致？因此，從權力的縱橫方向制約地方一把手，實在是當務之急且切中要害。

「事業單位去行政化」既是壓縮政府的權力邊界，也是制約政府權力。過去若干年內很多事業單位問題重重，比如大學自主招生中的腐敗，教育行政化難辭其咎；再則把大學區分為不同的等級，本身就是人為製造不平等的傷害千千萬萬大學生利益的教育行政化的產物，為此「改革60條」決定事業單位去行政化。

「建立公開透明的預算制度」意味著，每一分錢到哪裡、怎麼花，都有了明確的規定，而預算不再是一筆糊塗帳。過去，預算只是一個大致的比例，比如教育、衛生、科研、社會保障、國防、農業、水利、基礎建設等等，各個行業占多少比例，但是各個行業下到底怎麼細分，比如高等教育中各個學校多少錢，都沒有具體而細緻的規定，這樣一筆糊塗帳就為腐敗和不公正的開支留下很大空間，各省各部門為此而「跑部錢進」。我相信，公開透明的預算制度，既約束了財政主管部門的權力，又保護了掌握財政分配權的幹部。預算公開透明，事實上就向有限政府邁出了一大步。道理很簡單，怎麼掙錢（稅）怎麼花

錢（預算）就是一個國家的最大的政治。

這樣，「推進國家治理體系和治理能力的現代化」這一改革總目標，事實上是可以量化的、看得見摸得著的一個又一個具體的制度安排的總和，即由國家有能力、政府有作為、權力有邊界和權力受約束而構成的「有能力的有限政府」。

二、「國家能力」與「有限政府」的內在邏輯關係

如何理解「國家能力」與「有限政府」的內在一致性而非悖論關係呢？這裡可以透過集權與分權的關係得到更好的認識，即集權是國家能力的一個重要方面，而分權則是有限政府的核心要素。

（一）行政性分權與市場性分權的關係

這是1980年代西方學者研究蘇聯—東歐改革時提出的分權概念，對認識中國的分權改革依然有幫助。所謂行政性分權就是上級向下級讓渡、下放管理權和事權。這樣，行政性分權既包括中央政府向行政主管部門分權，更多的是指中央政府向地方政府分權。行政性分權的問題是，收放自如，約束性不大，既可以分權又可以隨時集權。中國從1950年代、1960年代和1980年代的改革屬於行政性分權，結果形成了「收放循環」，一放就亂，一收就死。

市場性分權是指改變權力性質的分權，更多的是所有權和產權意義上的改革，即從國家所有或國家所有制一元化改變為多種經濟成分共存或多種所有制平等的產權變革。相對於行政性分權，市場性分權更具有根本性和不可逆轉性，因為任何正常的國家都不會隨意侵害非國有的產權和權益。很明顯地，「改革60條」圍繞讓市場在資源分配中發揮決定性作用就是一種市場性分權。

行政性分權與市場性分權的關係。行政性分權和市場性分權的概念很好理解，分權的性質和範圍也很好界定，這裡的關鍵是二者的關係。中央政府或國家把權力下放給行政部門和地方政府，並不必然意味著有利於市場經濟的發育，因為行政主管部門和地方政府都有自己的利益，為了自己的利益就有可能

擠壓市場的邊界。因此，行政性分權和市場性分權之間事實上具有內在的衝突性，而且這種衝突性關係在現實中處處可見。

比如，教育行政化—官僚化意味著教育主管部門與國立大學—民營大學之間的權力博弈，形成了大學對政府的嚴重的傳統的身分依附關係。經濟主管部門構成的「審批制」搞亂了能源市場，從鋼產品嚴重過剩到光伏企業大批倒閉，都是主管部門「為了控制產量」而審批的產物。審批制同樣使得社會組織發育不良，使得大量的社會組織因得不到「批准」而事實上形成了「非法存在合法運營」的格局。

現實告訴我們，同樣是分權改革，要看什麼樣的分權，是行政性分權還是市場性分權。在中國，透過分權改革而獲得大量審批權的行政主管部門和地方政府，嚴重壓制著市場和社會的活力。怎麼辦？這就需要尋求中央集權的解決之道。

（二）國家能力—行政性分權—市場性分權的關係

既然行政性分權和市場性分權存在利益上的衝突，那麼如何培育市場性分權？這就需要借助於國家能力，依靠有能力的國家去破除行政部門的特權（壟斷利益）和地方政府的特權，因此有能力的中央政府反而有助於推動市場性分權。要做到這一點，關鍵看國家的觀念和定位，是傾向於政府部門和地方政府，還是傾向於保護市場。這樣，國家能力與行政性分權存在兩種可能性關係：共謀與壓力。在分權問題上，中央與行政部門—地方政府的共謀就意味著市場的萎縮，中央對行政部門—地方政府的壓力就意味著市場的活力。由此帶來的是有能力的中央集權與市場性分權的二重關係：緊張與和諧。

我們已經看到，當下的改革就是中央政府鼓勵市場性分權，也可以看著是上下的合力改變中間的權力，即以國家與社會—市場的合力來改變來自中間的阻力。在十八屆三中全會前的政治局會議決定，改革的主題是地方政府職能轉變、上海自貿區和反腐與廉政建設；「改革60條」更是力主發揮市場的決定性作用。所有這些，都是中央政府改革行政部門—地方政府職能而培育市場的

舉措。比如，上海自貿區本身和社會組織登記制改革就是要徹底改變「審批制」，統一市場監管、城鄉一體化建設用地市場、司法權的上收等等，事實上就是壓縮地方政府的權力邊界。

這樣，當我們把分權區分為行政性分權和市場性分權、並具體剖析二者之間的衝突性關係後，我們突然發現，原來有能力的國家有助於消減和壓縮行政權力，有助於市場化改革而形成的「有限政府」。

（三）法權的國家性（集權）與治權的地方性（分權）

中國的改革以分權為出發點，但並不意味越分權越好，該分權的分權，該集權的集權，該放的放，該收的收。那麼到底什麼權力該放、什麼權力該收呢？這就需要區分權力的屬性。

1. 該集中的法權

法學界鼓吹的法律的權利主義只是立法的一個方面，其實任何法律首先都是工具主義的，即實現國家意志（且不說統治階級意志）。也就是說，法律首先具有國家性，是國家意志的代表和實現。也正因為法權的國家性，法權必須是高度集中化的，或者說是統一化的。由此意味著，作為法權載體的司法機關，也必須是國家性的集權。要更好地理解這一道理，需要理解美國政治。美國開國之父在《聯邦黨人文集》說得明白，為了避免地方政治影響全國，須建立超越地方政治的司法體制，以把地方政治限定在地方範圍內。為此，設計了超越地方政治的聯邦最高法院和聯邦巡迴法院。這就很有意思了，美國的政體是聯邦制即分權化，而司法體制則是國家性的即集權制。美國開國之父深諳治國之道。後來，美國政治最偉大的觀察家托克維爾在《論美國的民主》中指出，高度地方自治的美國所以能自治而不至於混亂，關鍵就是地方化的行政權力受制於「政府集權」（注：國家性集權在托克維爾那裡表述為政府集權）。托克維爾主張政府集權，反對行政集權。

對比而言，中國的政體是中央集權制的，但是司法體制確實地方化的，即依附於地方政府，這樣司法地方保護主義就在所難免，有的地方黨政大員如薄

熙來甚至在重慶濫用司法權「打黑」。因此，過去太多的教訓告訴我們，司法權必須上收。如前，「改革60條」中有法院體制和紀檢體制的集中化。在條件成熟時，還需要進一步改革，像人民銀行（央行）體制一樣，做到司法權力的國家性管理。

2. 該分權的治權

治權就是過去常說的政府的行政管理權，必須是分權化的。實踐已經告訴我們，任何計畫式的中央集權管理都不可能管理好形形色色的地方事務、部門政治與老百姓的生活，地方的事只能讓地方去管，百姓的事只能讓百姓自己去管，否則政府管不好百姓也有意見，社會也沒了活力和動力。這是說的傳統的分權思想。今天，治權的分權不但是中央向地方政府放權，還意味著中央與地方政府向社會分權，實現官民互動式治理。「國家治理」概念和思想的提出，本身就是一種新型的治權的分權，即從中央向地方政府分權轉變為治權的官民共用。這裡首先是社會自治問題，比如「改革60條」規定社會組織成立的審批制改為登記制，以及事業單位的去行政化；其次是官民共治，比如市場和政府的平衡作用。應該看到，如果真能做到社會自治以及官民共治，合法性結構會發生重大變化，過去總是老百姓問政府的權力合法性問題，而在社會自治和官民共治的情況下，社會和市場本身對治權的合法性負有責任。這也是治權的分權的好處，共擔風險。

3. 法權之下的治權

我們強調治權分權的合理性，但無論治權如何分散和分權，都必須在統一的法權之下進行，尤其是在中央—地方關係維度上的治權的分權。如前，即使在一個聯邦制的美國，自治的地方政治都服從統一的法律。這一點對一個已經習慣於地方分權的國家而言尤其重要。而要更好地做到這一點，需要進一步改革中國的司法體制，即司法體制、行政執法體制應該更體現國家性，應該更集權化，否則環保執法等行政執法就會被地方利益綁架，司法地方主義化程度不一。

（三）國家建設中的「時間性」

　　早發達國家與後發國家的國家建設路徑上的差異，導致了集權與分權時序上的不同。早發達國家的國家成長路徑是：先有社會組織，再有經濟組織，最後是政治組織即國家和政府。這一路徑特徵在英國和美國特別明顯。比如美國，從最早的13個州到後來的開發西部，被稱爲「實業家」的帶頭大哥領著一幫人馬，到一個地方後比如芝加哥、丹佛等地安營以後，首先建立教會、學校、醫院等社會組織，在此基礎上發展經濟，而當發展遇到困難後申請加入地方政府，進而成爲聯邦政府的一個組成部分。所以人們常說，哈佛大學的歷史比政府長。因此，對於英美這樣的早發達國家而言，國家的任務似乎是如何集權的問題。事實上，凱因斯主義就是西方國家建設的轉捩點，國家權力開始滲透到市場中，國家擴大稅收以搞社會福利建設。結果，國家權力越來越大，政府部門也越來越多。

　　相反地，對於中國這樣的發展中國家而言，其現代國家建設路徑是「國家權力—經濟組織—社會組織」。這是因爲，前現代國家雖然也有經濟組織和自治性的社會組織，但因爲社會的「總體性危機」（1840s～1940s）而無力承擔國家發展的任何任務，一盤散沙的國家最後是透過戰爭而組織起來，即典型的「戰爭製造的國家」。解決了國家權力危機的政權首先面臨如何把社會組織起來的任務，於是我們看到的就是單位制的具有政治功能的經濟組織，城市如此，農村也是這樣，比如人民公社。結果，社會被完全淹沒在一體化的政治經濟體中。這樣一來的問題是，社會和個人失去了活力。於是開始搞經濟改革，經濟體制改革的一個意外結果就是社會組織的出現。

　　國家建設路徑上的鮮明對比告訴我們，如果說英美式的西方國家面臨的主要問題是如何集權問題，而中國等發展中國家則是如何分權的問題。英美式的集權是以分權爲基礎和前提的，即無論如何集權都不可能動搖既有的自治和分權，而中國式的分權則是以集權爲前提和基礎的，而且作爲前提性和基礎性條件的集權必須具有權威性，否者就很難分權。這是因爲，在長期的計畫經濟式的集權體制下，形成了我們所熟悉的「條—塊」利益矩陣，沒有權威性的中央

集權是打破不了既定的利益格局的。因此，擁有權威的鄧小平能夠改革，現在的改革同樣離不開擁有權威的集權。

（四）制度變遷中的「關鍵時刻」與「常規時期」

制度變遷分為關鍵時刻（即關鍵點）和常規時期，其中關鍵時刻所形成的制度與規則決定著常規時期的基本走向；而決定關鍵時刻成敗的是觀念和關鍵人物的權威大小。[2]這當然是根據中國歷史以及很多其他國家歷史的基本經驗而總結出來的。

比如在1860年代，中國、日本、德國和俄國等重要國家同時啟動現代化議程，但最後的大輸家為什麼單單是中國、而其他國家都更成功或基本成功？這就是關鍵時刻的觀念與關鍵時刻的「玩家」（players）有沒有權威以及權威大小。別國且不說，就中國的「同治中興」以及隨後的洋務運動而言，當最需要有權威的中央政府去推動現代化的時候，這一時期的清廷卻因為太平天國運動而敗落了，政權滑落到地方大員那裡，而且愚昧的慈禧太后根本沒有意識到「三千年之大變局」的挑戰。相反地，無論是日本的明治維新所強化的天皇，還是德國1862年憲政危機後出現的一代梟雄俾斯麥，甚至是沙皇尼古拉二世，都有與時俱進的觀念和大變革所需的權威。

如果說中國曾經因為落後的觀念和缺失權威政府而失去了第一次現代化的機遇，而1980年代開始的中國改革的成功以及蘇聯改革的失敗同樣證明了觀念以及權威的重要性。首先，改革本身就是與時俱進的觀念的體現，這沒問題。其次，中蘇改革的差異在於，鄧小平多次說可以試錯，不行就收回來。關鍵是能收得回來，這就是權威的最好證明。而戈巴契夫的改革一亂就收不回來了，他本人沒有應有的權威。

比較歷史告訴我們，制度變遷中的「關鍵時刻」需要權威，只有權威才能把握得住關鍵時刻，即擺平各方利益；而且在關鍵時刻的威權和集權所塑造制

2　楊光斌，《制度的形式與國家的興衰：比較政治發展的理論與經驗》，北京大學出版社，2005。

度和規則恰恰可能是分權化的，成爲常規時期的制度遺產。這是世界的歷史，也是中國改革歷史經驗的寫照。到目前爲此，中國改革已經進行了35年，可以分爲三波次，即1980年代的改革、1990年代開始的改革以及十八屆三中全會所啓動的第三波改革。前兩波改革爲什麼能取得巨大成就？比如在1990年代的改革中，無論是把中國與世界徹底聯繫起來的制度安排比如開放互聯網和加入WTO，還是國內以社會主義市場經濟爲取向的分稅制、金融體制改革所形成的今天超越於地方利益的人民銀行體制、軍隊與商業脫鉤、1998年國務院機構大改革，都是在新觀念即社會主義市場經濟的指導下硬碰硬、眞刀眞槍的改革，最終基本上建成了社會主義經濟體制。透過改革而破除舊體制並建成了新體制，實在是人類改革史的創舉。成功的密碼就是觀念與權威。

一句話，只有擁有國家能力的改革才能破除行政性分權所導致的社會結構的利益集團化。第二次改革的一個意外後果是，由於進行的是以機構改革爲主而不是政府職能轉變，結果權力在市場化中更加重要，政府壟斷的資源更多了。爲此，2003年只有不到8萬人參加公務員考試，10年後則有140多萬，這個數字本身就意味著畸形的就業傾向，而這個選擇的背後則是政府壟斷資源所帶來的誘惑。另一方面，國家行政權力保護下的行業壟斷使得國有壟斷企業成爲重要的利益集團。這樣，無論是觸動政府的利益即壓縮政府的權力邊界還是制約政府的權力，以及破解壟斷性利益，非有能力的中央政府所不及。

參考文獻

【中文部分】

1. 《毛澤東選集》，2版，1～4卷，北京，人民出版社，1991年。
2. 《鄧小平文選》，2版，第2卷，北京，人民出版社，1994年。
3. 《鄧小平文選》，1版，第3卷，北京，人民出版社，1993年。
4. 《江澤民文選》，1版，1～3卷，北京，人民出版社，2006年。
5. 朱鎔基，《朱鎔基講話實錄》，1～4卷本，北京，人民出版社，2011年。
6. 薄一波，《若干重大決策與事件的回顧》，上卷，北京，中共中央黨校出版社，1991年。
7. 薄一波，《若干重大決策與事件的回顧》，下卷，北京，中共中央黨校出版社，1993年。
8. 何沁主編，《中華人民共和國史》，2版，北京，高等教育出版社，1999年。
9. 鄭謙，龐松，《當代中國政治體制發展概要》，北京，中共黨史資料出版社，1988年。
10. 關海庭主編，《20世紀中國政治發展史論》，北京，北京大學出版社，2002年。
11. 程天權主編，《中國之路——改革開放三十年的歷史進程和基本經驗》，中國人民大學出版社，2008年。
12. 俞可平主編，《中國治理變革30年（1978～2008）》，北京，社會科學文獻出版社，2008年。
13. 李強主編，《中國社會變遷30年（1978～2008）》，北京，社會科學文獻出版社，2008年。
14. 許崇德主編，《憲法》，北京，中國人民大學出版社，2002年。
15. 謝慶奎等，《中國政府體制分析》，北京，中國廣播電視出版社，1995年。
16. 刁田丁主編，《中國地方國家機構概要》，北京，法律出版社，1989年。
17. 徐湘林，《尋求漸進政治改革的理性：理論、路徑與政策過程》，北京，中國物資出版社，2009年。
18. 林尚立，《當代中國的政治形態研究》，天津人民出版社，2000年
19. 胡偉，《政府過程》，杭州，浙江人民出版社，1998年。
20. 楊光斌，《中國經濟轉型中的國家權力》，北京，當代世界出版社，2003年。
21. 楊光斌，《制度的形式與國家的興衰：比較政治發展的理論與經驗研究》，北京，北京大學出版社，2005年。
22. 楊光斌，《制度變遷與國家治理：中國政治發展研究》，北京，人民出版社，2006年。
23. 楊光斌，《中國政治發展的戰略選擇》，中國人民大學出版社，2011年。
24. 楊光斌，《政治學的基礎理論與重大問題》，中國人民大學出版社，2011年。

25. 楊光斌，《政治變革中的國家與制度》，中央編譯出版社，2011年。
26. 〔美〕鄒讜，《二十世紀中國政治》，中文版，香港，牛津大學出版社，1994年。
27. 〔美〕費正清，〔美〕F. R.麥克法考爾主編，《劍橋中華人民共和國史（1949～1965年）》，中譯本，北京，中國社會科學出版社，1992年。
28. 〔美〕費正清，〔美〕F. R.麥克法考爾主編，《劍橋中華人民共和國史（1966～1982年）》，中譯本，海口，海南出版社，1992年。
29. 〔美〕塞繆爾，杭廷頓，《變遷中社會的政治秩序》，北京，華夏出版社，1987年。
30. 【美〕庫恩，《他改變了中國：江澤民傳》，上海譯文出版社，2005年。

【英文部分】

1. Doak A. Barnett, *The Making of Foreign Policy in China: Structure and Process*, Western Press, 1985.
2. Bruce J. Dickson, *Democratization in China and Taiwan: The adaptability of Leninist Parties*, Oxford: Clarendon Press, 1997.
3. Roderick Macfarquhar, *The Politics of China: the Eras of Mao and Deng*, Cambridge: Cambridge University Press, Second edition, 1997.
4. Kenneth Lieberthal, *Governing China*, London: W. W. Norton & Company, Inc., NY, 1995.
5. Tony Saich, *Governance and Politics of China*, New York: Palgrave Publishers Ltd., 2001.
6. Jonathan Unger, *The Nature of Chinese Politics: From Mao to Jiang*, New York: M. E. Sharp Inc., 2002.

國家圖書館出版品預行編目資料

中國政府與政治新論：政治發展、政治制度
及政治過程／楊光斌著. 一 二版. 一 臺北
市：五南，2014.10
　　面；　　公分
ISBN 978-957-11-7837-0（平裝）

1.中國大陸研究　2.中國政治制度

571.1　　　　　　　　　103018113

1PS1

中國政府與政治新論：政治發展、政治制度及政治過程

作　　者一 楊光斌 (314.4)

發 行 人一 楊榮川

總 編 輯一 王翠華

執行主編一 劉靜芬

責任編輯一 陳相怡

封面設計一 P.Design視覺企劃

出 版 者一 五南圖書出版股份有限公司

地　　址：106台北市大安區和平東路二段339號4樓

電　　話：(02)2705-5066　　傳　　真：(02)2706-6100

網　　址：http://www.wunan.com.tw

電子郵件：wunan@wunan.com.tw

劃撥帳號：01068953

戶　　名：五南圖書出版股份有限公司

台中市駐區辦公室/台中市中區中山路6號

電　　話：(04)2223-0891　　傳　　真：(04)2223-3549

高雄市駐區辦公室/高雄市新興區中山一路290號

電　　話：(07)2358-702　　傳　　真：(07)2350-236

法律顧問　林勝安律師事務所　林勝安律師

出版日期　2014年9月初版一刷
　　　　　2014年10月二版一刷

定　　價　新臺幣500元